현상학과 한국사상

한국현상학회 편

철학과현실사

철학과 현상학 연구

제 9 집

머리말

제9집의 제목을 「현상학과 한국사상」이라 잡았다. 이 제목 아래 우리는 이 책에서 한국의 전통적 사상과 넓은 뜻에서의 현상학적 접근을 연결해 보려 시도했다. 이 시도는 동양과 서양의 문화적 특성을 살리면서 이 양대산맥의 밑바닥에 흐르고 있는 「인간종」으로서의 문화의 보편성을 찾으려는 것이다. 이러한 시도는 어떤 경우든 매우 위험한 모험을 감수하여야 한다는 점을 우리는 잘 알고 있다. 그것은 일반적으로 비교철학이 갖는 숙명과 연관된다. 더군다나 유교와 불교를 그리고 우리 민족의 고유한 정서를 서양의 언어로 재해석하려는 이 시도는 까딱 잘못하다가는 동·서 어느쪽에서도 지지받지 못하고 배척당하는, 그리하여 양편 모두에게서 배반자로 낙인찍히는 비극을 초래할지 모른다는 두려움이 앞섬을 부정할 수 없다. 그러나 모든 지적인 시도는 결국 모험이라는 일반명법에 호소해 다소의 위안을 삼으며 여기에 이 책을 출간하기로 한다. 독자의 가차없는 질책을 기대하는 바이다.

문제는 넓은 지평에서 비교철학이 실제로 가능한가? 또는 가능하다 하더라도 이것이 실제로 어디에 기여하며, 기여하는 방향이 건전한가? 오히려 비교철학적 논의는 많은 경우에 어떤 특정한 의도나 목적에 의해 악용 내지는 오용될 수 있는 소지가 있는 것은 아닌가? 하는 등의 비교철학 일반의 문제로 승화시켜 논의될 수 있겠다. 오용의 소지는 많은 경우에 자국의 문화의 우월성을 강조하려는 선입견에 있다. 그리하여 문화 국수주의의 기치를 마음껏 휘날리는 문화 열등의식의 희생이 되는 위험을 안게 된다. 그러나 비교철학이 반드시 이같은 부정적 시각만을 갖고 있는 것은 아니다. 비교철학을 철학의 한 분야로 전공하는 쪽에서는 철학은 그것이 어떤 철학이든지간에 비교철학일 수밖에 없다는 입장이다. 이 점 또한 호소력을 갖는다 하겠다. 이들의 논의 중 그런대로 호소력을 갖는 주장은 철학의 보편성에 관한 것이다. 보편학으로서의 철학이 시간이나 공간을 넘어서 보편적 진리를 탐구한다면, 시대나 지역의 특수성에 제약을 받는 철학적 논의는 마땅히 자신의 한계를 초월할 수 있어야 하며, 초월하려 노력하여야 한다는 주장이다. 또 설혹 어떤 특수한 문화가 갖는 개성이나 특성을 인정한다 하더라도 그것이 곧 문화나 사상의 보편성을 원론적으로 부정하는 것은 아니라는 입장이다. 그런 의미로 그들의 입론에서 보면 세계철학의 이념은 단순한 공상만이 아니다. 오히려 철학은 세계철학을 지향하여야 하며 그런 지향과정에서 철학적 사색은 심화·확장된다는 것이다.

그러나 특수성 위의 보편성 또는 보편성 안에서의 특수성을 보존하는 작업이 성공하기 위해서는 그 방법적인 엄정성이 수반되어야 한다. 「비교철학」에서 「비교」는 이념이자 방법이라는 두 측면에서 이해된다. 서로 다른 문화를 비교함으로써 그 다름과 같음을 밝히고 이 밝힘을 통하여 더 넓고 깊은 문화나 사상의 이해를 도모한다는 입장에서 비교는 이념에 속한다 하겠다. 그러나 비교가 하나의 방법으로 생각될 때 우리는 조심하여야 할 몇 가지 점을 간과하여서는 안 된다. 비교는 많은 경우에 주관적인 가치를 배제하지 못한다. 다시 말하면 우열을 비교하는 것이 비교의 본래적인 뜻으로 파악되는 경우가

혼하다. 더군다나 대상의 성격상 물리적 현상이 아니라 문화나 사상의 경우 이 점은 더욱 두드러진다. 더 심각한 문제는, 설혹 논자가 출발선에서는 객관성을 유지한다 할지라도, 비교된 사상은 결론이나 그 결론을 보는 제삼자의 입장에서 결국 우열로 나타나거나 그렇게 보여진다는 데에 있다. 이런 점을 감안하면 문화의 비교는 수직적인 것이 아니라 수평적이어야 한다는 점을 명심하여야 한다. 수평적 비교가 성공하기 위하여서 우리는 방법적인 엄정함을 항상 고려하여야 하리라. 이 방법의 엄정성을 우리는 현상학에서 찾고자 하였다. 현상학은 결국 어느 하나의 이해에 사로잡히지 않은 익명적 주관을, 현상학적 자아를 환원을 통하여 확보하려는 것이고 이를 통하여 선험적 상호주관의 가능근거와 그 영역을 밝히려 한다.

우리 생각으로는 이런 여러 가지 어려운 문제들이 있긴 하지만 그래도 문화나 사상의 상호성에 관한 논의의 중요성이나 필요성이 지금처럼 절실한 시대는 없었던 것 같다. 그 이유는 세계가 정보기술의 발전으로 하나의 문화권으로 좁아졌다는 데에도 있고 또 실제로 무역이나 통상분야에서 세계는 이미 1일 생활권으로 진행되고 있는 현실이 그 이유를 여실하게 보여 주고 있는 것이다. 이미 세계는 문화적인 면에서는 아직 분명한 것이 아니라 할지라도 현실 속에서는 하나의 촌락의 구조를 갖고 있으며, 앞으로는 당연히 사상면에 있어서도 그렇게 될 것이라는 예측이 다른 어떤 예측보다 정확하다고 하겠다. 다만 상품정보와 사상이 다른 것은 전자가 그 시대에 따라 일회적인데 비해 그 상품을 선택하는 문화의 잣대는 일회적이면서 또한 역사적이라는 데 있다는 점을 유의하여야 하리라. 이 점에 상호문화성(interculturality)의 문제가 요즈음 새로이 제기되는 현실적인 원인의 하나가 된다고 하겠다.

상호문화성의 문제는 서로 다른 문화의 뿌리를 찾아서 그

문화의 친화성과 이질성을 함께 찾아보는 일이다. 이번 현상학회 제9집의 주제를 「현상학과 한국사상」으로 한 것은, 그렇게 한 현실적인 다른 이유도 있으나, 본래적으로 위의 문제영역을 다루어 보려는 의도이다. 이 뿌리를 찾아가는 작업에 있어 현상학은 어떤 다른 현대철학과 비교해서 그 탁월함을 갖는다. 이 점을 우리는 우리의 학회지 제8집에서 다루었다. 그곳에서도 지적하였지만 현상학은 그것이 기술현상학이든 지각현상학이든 생활세계 현상학이든 또는 발생현상학이든간에 선험적 성격을 갖는다는 면에서, 즉 「시원학」이라는 측면에서 이질적 문화의 뿌리를 찾아가는 지적 모색을 그의 본래적인 작업영역으로 갖는다 할 수도 있다.

이번 호의 주제를 이렇게 잡은 현실적인 동기는 독일과 일본 그리고 한국의 대표적인 현상학자들, 특히 조가경 교수가 주축이 되어 최근에 창간되어 유럽에서 저명한 현상학 연구의 새로운 중심이 되고 있는 Orbis phaenomenologicus의 계획의 일환으로 한국현상학회가 Koreanische Beitraege zur Phaenomenologie를 알버 출판사에서 독어로 출간키로 한 데 있다.

이번 호를 내면서 특기할 것은 이 책을 玄巖 韓荃淑 교수의 고희기념 논문으로 봉정하게 되었다는 점이다. 선생님께 정년퇴임 논문을 증정한 때(1992)가 엊그제 같은데 벌써 고희를 맞이하셨으니 이 글을 쓰고 있는 나로서 그 감회가 남다르다 할 수밖에 없다. 지금도 선생님을 뵈면 黑髮 청년의 외모에 학적 정열과 엄숙함을 늘 느끼는 터인데 벌써 칠순이시라니 정말 실감이 안 난다는 것이 솔직한 심정이다. 칠순이 古來稀라는 말은 이미 옛이야기임에 틀림없는 듯하다. 그때, 정년기념호를 내면서 선생님의 건강과 더 많은 학적 업적이 있으시기를 비는 글을 썼는데, 이제 선생님께서는 이런 후학의 기원을 철저하게 들어주신 셈이다. 건강하신 것은 물론이고 금년(1996) 초에 『현상학』이라는 대저를 출간하시었다. 이 책은 선생의 그간의 후설 연구를 망라한 대저로 한국에서 현상학을 연구하는 젊은 학자에게는 일면 좋은 지침서로 많은 도움이 되겠으나 다른 면으로 그들이 앞으로 할 일이 없어진 것이 아닌가 하는 두려움이 들 정도의 큰 업적이라 하겠다. 부디 더욱 건강하시어서 喜壽와 米壽를 축복하는 잔치를 차리는 즐거움을 기대하고 더 큰 학문적 업적으로 우리 후학을 채찍질하여 주시기 바라며 이만 줄인다.

1996년 6월

한국현상학회장 이영호

차　　례

퇴계의 居敬窮理의 성리학과 후설의 본질직관의 현상학에 관한 비교고찰

신 귀 현

시작하는 말

오늘날의 과학과 기술, 산업과 경제의 급속한 발전 그리고 언어와 풍습, 이념과 체제를 달리하는 다양한 국가와 민족간의 빈번한 접촉과 활발한 교류는 이념의 장벽을 허물고 시장과 국경의 개방을 촉진하였다. 그리하여 미·소진영의 이념적 갈등의 상징이었던 베를린 장벽이 무너지고 각종의 법적 규제와 관세의 보호조치하에 굳게 폐쇄되었던 세계각국의 농업, 상업, 공업, 금융업, 봉사업 분야의 시장은 새로운 국제무역기구(WTO)의 창설로 인하여 무제한의 자유경쟁이 가능하도록 개방화되기에 이르렀다.

이와는 대조적으로 각국의 종교와 민족문화의 영역에 있어서는 여전히 강한 폐쇄성과 배타성을 극복하지 못하고 서로 끝없는 갈등과 분쟁을 계속하고 있는 실정이다. 그 대표적인 예가 중동지방의 아랍 민족들이 신봉하는 이슬람교와 이스라엘 민족이 신봉하는 유태교, 옛 유고연방에서 계속되고 있는 이스람교도와 기독교도들간의 참혹한 전쟁 등이다.

이처럼 과학과 기술 그리고 그것을 토대로 하여 발전하는 산업과 경제는 점점 더 많은 개방을 추구하고 실현하는 반면 종교와 민족문화는 여전히 폐쇄와 배타를 고수하는 이유는 어디에 있을까? 그것은 근본적으로 베버(Alfred Weber)와 멕리어(R. M. Maclyer)가 이해한 문화와 문명의[1] 본질적인 차이에 있는 것으로 간주된다. 문명은 과학기술, 산업경제 등과 같은 인류의 물질적인 활동의 산물이며 문화는 철학과 종교, 문학이나 예술과 같은 인류의 정신적인 활동의 산물이다.

빈델반트(Windelband)에 의하면 문명을 형성하는 요인들, 예컨대 과학 혹은 기술 등에 관한 학문의 특징은 법칙정립적(nomothetisch)인 반면, 문화를 형성하는 요인들, 즉 종교, 예술, 역사, 철학 등에 관한 학문의 특징은 개성기술적(ideographisch)이다. 그러므로 딜타이(Dilthey)에 의하면 법칙정립적인 학문과 개성기술적인 학문은 그 대상을 탐구하는 방법과 목적에 있어서도 상이하다. 전자는 근본적으로 경험적인 사실을 인과적으로 설명하고 법칙적으로 인식함으로써 거기에 내재하는 보편성과 객관성을 파악하려 하는 반면, 후자는 모든 경험적 사실이 인간의 존재지평 속에서 갖는 의미연관성을 각자의 체험을 통하여 해석하고 이해함으로써 상호주관적인 이해의 지평을 넓히려 한다.

이처럼 보편성과 객관성을 특징으로 하는 문명 및 그것을 형성하는 요인들을 탐구하는 학문은 본질적으로 개방적이며 획일적인 반면 각자의 체험과 해석을 통하여 이해된 문화 및 그것을 형성하는 요인들을 탐구하는 학문은 역시 본질적으로 개별적이고 특수적일 뿐만 아니라 일회적이고 상대적인 동시에 폐쇄적이고 배타적이다.

문명 및 이와 관련된 학문의 법칙정립적 특성과 문화 및 이와 관련된 학문의 개성기술적 특성은 각기 장단점을 지니고

---

1) Paul Edwards(1972), The Encyclopedia of Philosophy, (New York : Macmillan), reprint, vol. 2, "Culture and Civilization"항 참조.

있다. 전자의 개방성, 보편성, 객관성 등은 장점이라면 획일성은 단점으로 간주될 수 있을 것이며 후자의 개별성, 특수성, 일회성은 장점에 해당하는 반면 상대성, 폐쇄성, 배타성 등은 단점에 속할 것이다. 이러한 장단점은 상호대립적으로만이 아니라 보완적으로도 작용한다. 문명의 획일성과 몰개성화는 문화의 다양성과 개별성에 대립적인 반면 문화의 폐쇄성, 배타성, 특수성에 대해 문명의 개방성과 보편성은 보완적이다. 이 때문에 인류역사의 과정 속에서 문명과 문화는 항상 함께 발전해 왔다.

그런데 철학은 문화를 형성하는 한 요인이므로 그것은 개성기술적인 특성을 지닌 학문이다. 바로 이 점에 동양철학, 인도철학, 서양철학이 상호간의 이론과 사상을 깊이 이해하고 그것을 수용하기가 본질적으로 쉽지 않은 원인이 있다. 이러한 어려움을 극복하고 현대의 해석학이 주장하는 상호이해의 지평을 확대하고 개방함으로써 궁극적으로는 상호의 이론과 사상을 수용하고 융합하는 데까지 도달한다면 인류문화는 훨씬 더 풍부하고 다채로운 발전을 할 수 있을 것이다.

이런 배경에서 19세기 말경부터 동서문화의 여러 분야에 있어서 비교연구가 추진되어 비교철학은 물론 비교종교학, 비교언어학, 비교법학, 비교심리학, 비교문학 등이 성립하였으며 이들은 상당한 연구의 성과와 업적을 이미 축적하고 있는 사실이 확인된다.[2] 이러한 성과와 업적을 수용하면서 본 논문은 16세기에 생존했던 한국의 대표적인 한 철학자 퇴계 이황의 성리학과 19세기 후반부터 20세기 중반까지 생존했으며 현대

2) J. Ritter(1971), Historisches Wörterbuch der philosophischen Begriffe, (Basel/Stuttgard : Schwabe), Bd. 1, "Philosophy, Compative" 항 ; A. J. 베임 외(1989), 『비교철학 입문』, 황필호 편역, (서울 : 철학과 현실사), 89-98쪽 참조.

철학에 지대한 영향을 끼치고 있는 독일의 철학자 후설의 현상학을 비교·고찰함으로써 동서철학 상호간의 보다 더 깊은 이해를 촉진함과 동시에 상호간의 공통점을 통해 이해지평을 개방하고 융합하며 차이점을 통해 상호보완하는 데 기여하고자 한다.

본 말

Ⅰ. 비교연구의 조건과 방법론에 관한 검토

1. 비교연구의 조건

버트(E. A. Burt)와 코플스톤(F. Copleston)은 비교연구의 가능조건으로 각각 3가지를 제시한다. 전자는 첫째로 동서철학의 이해와 어느 정도의 종합은 가능하며, 둘째로 동서철학의 조화는 본질적으로 동일한 전통에 속해 있는 각기 다른 철학들을 조화시키는 문제와 동일하고, 셋째로 가치론적 상대주의를 타당한 진리로 받아들이는 것이라고 하며,[3] 후자는 비교연구자가 첫째로 철학이 무엇이냐를 이미 알고 있으면서 그것을 다른 학문과 구별할 수 있어야 하고, 둘째로 각기 다른 문화권을 또한 구별할 줄 알아야 하며, 셋째로 다른 사람들의 철학을 알고 있어야 하는 것이라고 한다.[4] 이 두 사람은 각각

3) 에드윈 버트(1988), "동서철학을 화해시키는 방법론의 문제들", 베임 외 저, 『비교철학 입문』, 황필호 편역, (서울 : 철학과 현실사), 48-68쪽 참조.
4) 황필호(1988), "비교철학이란 무엇인가?", 『철학』, (한국철학회), 제29집(봄) 23쪽 참조.

비교연구의 방법적 원칙과 일반적 원칙을 제시한 것이라고 할 수 있다. 여기에 우리는 약간의 조건이 더 필요함을 확인하고자 한다.

1) 비교연구는 비교되는 대상이 완전히 같거나 완전히 다르지도 않고 유사할 때에만 가능하다. 두 개의 삼각형을 비교하는 것처럼 완전히 같은 두 대상을 비교연구하는 것은 아무런 새로운 결과를 가져오지 못할 뿐만 아니라 공연한 노력의 낭비만을 초래한다. 반면 완전히 상이한 두 대상, 예컨대 화학과 법학, 지질학과 철학, 식물과 조각을 상호 비교연구하는 것은 불가능하다. 왜냐하면 이들은 서로 공통점을 하나도 갖고 있지 않기 때문이다. 따라서 비교연구는 오직 같으면서도 다르고 다르면서도 같은 대상에 관해서만 가능하다.

2) 비교연구의 두 연구대상에 관해서 해석학이 말하는 선이해(先理解)가 있어야 비교연구는 비로소 가능하다. 예컨대 칸트의 윤리학에 있어서 도덕법칙에 대한 존경심과 이퇴계의 철학에 있어서 거경사상(居敬思想)이나 기독교의 하느님과 유학의 상제개념(上帝概念)을 비교연구하기 위해서는 적어도 이 두 개념들이 각각 유사하다는 것을 알아야 한다. 그렇지 않으면 그것을 연구의 대상으로 선택하는 것 자체가 불가능하다. 이 때문에 비교연구에 있어서는 비교되는 대상에 관한 선이해가 필수적이다.

3) 연구대상에 관한 선이해를 얻기 위해서는 관련분야의 원서 독해력이 요구된다. 따라서 외국어를 습득하지 않고는 비교연구가 불가능한 반면 그 가능성이 증대되는 만큼 비교의 폭도 확대된다. 그러므로 외국어를 많이 이해하면 할수록 비교연구의 역량도 이에 비례해서 증대된다. 이와 관련해서 번역서를 통한 비교연구의 가능성에 관한 문제가 제기된다. 그러나 많은 비교연구의 선구자들이 이미 번역서를 통한 비교연

구의 불충분성을 지적하고 있으며 그 대표자들로는 크리슈난과 버트를 지적할 수 있다.[5] 왜냐하면 한 철학의 가장 핵심적이고 보편적인 개념들은 대부분 다른 철학의 개념으로 그 의미가 옳게 전달될 수 없기 때문이다. 예를 들면 서양의 '정신', '경험', '진리' 등의 어휘를 동양어로 번역하려면 언제나 골치아픈 문제들이 발생하며 동양의 '해탈', '카르마', '예(禮)', '도(道)' 등의 어휘를 서양어로 번역할 때도 마찬가지이며 이런 어휘들은 서양, 인도, 중국의 독특한 전통을 표현하고 있으므로 그 내용은 서로 전혀 다르다. 이처럼 번역서를 통한 비교연구는 곧바로 한계에 직면한다. 이 때문에 중국인들은 불교의 많은 개념들을 산스크리트와 파리어로부터 중국어로 성공적으로 번역하였음에도 불구하고 '보디사트바'나 '니르바나'와 같은 어휘들은 음역하여 원어를 사용하였으며 다섯 단계로 나누어지는 과정을 거쳐 중국인들이 자신들의 심정에 맞게 불교의 개념들을 수용하는 데에는 5-6백 년의 시간이 걸렸다고 버트는 설명한다.[6] 이러한 사실을 고려할 때 원어의 깊은 이해없는 비교연구는 불가능함을 알 수 있다.

2. 비교연구의 방법론

1) 비교기준의 설정

비교연구는 일정한 비교의 기준이 설정되어야 한다. 이를 위해서는 먼저 무엇을 어떻게 비교할 것인가를 검토해야 할 것이다. 그러나 이것은 연구자의 목적의지, 연구대상의 종류와 그 특성 등에 따라 다를 수 있으므로 언제나 상대적이다.

---

5) 황필호(1988), 앞의 논문, 『철학』, 한국철학회편, 제29집(봄), 9쪽 ; 에드윈 버트, 앞의 논문, 베임 외 저, 앞의 책, 66쪽 참조.

6) 버트, 앞의 논문, 베임 외 저, 앞의 책, 66쪽 참조.

그러므로 하나의 보편적인 기준을 설정하기는 어려운 일이다. 이런 사실은 비교연구자들마다 각기 다른 기준을 제시하고 있는 데서도 잘 확인된다.

아리스토텔레스는 상이한 존재를 비교할 때 실체와 속성을, 여러 식물과 동물을 분류할 때는 잎이나 생식기의 형태를, 동물의 폐와 어류의 아가미를 비교할 때는 기능을 기준으로 하였으며, 동양의 성리학자들은 理와 氣를 비교할 때는 체용(體用), 본말(本末), 정조(精粗) 등을, 기질(氣質)을 비교할 때는 청탁(淸濁), 수박(粹粕) 등을 기준으로 하였다. 오늘날에 와서는 더욱 다양한 기준이 제시된다. 그리하여 동서철학을 비교할 때 흔히 적용되는 기준은 종합과 분석, 연역과 귀납, 직관과 개념, 주관과 객관, 대립과 조화, 해석과 논증 등등이다.[7)]

이와 같이 다양한 기준 가운데에서도 철학, 종교, 문학과 같은 순수한 정신문화를 비교연구하는 데에는 그 실체와 속성, 구조와 기능을 비교하는 것이 가장 적절한 기준이 되리라고 생각된다. 그러므로 비교연구를 위해서는 철학, 종교, 문학의 실체, 구조, 기능 등을 발견하는 것이 필수적이며, 이를 위해서는 언어, 문화, 사회의 구조를 파악하고 사물의 본질을 직관하는 구조주의적 현상학적 방법의 적용이 요구된다.[8)] 우리가 동서철학을 비교할 때는 이렇게 찾아진 동서철학의 본질, 구조, 기능 등을 상호 비교·대비·분석하고 그 결과에

---

7) 이에 관해서는 앞에서 이미 인용된 책들 외에 라주(P. T. Raju) (1989), 『비교철학이란 무엇인가』, 최홍순 역, (서울 : 서광사) ; 삼릉해웅(1990), 『비교사상의 연구』, (동경 : 북수출판) 참조.

8) 리차드 커니(1992), 『현대 유럽 철학의 흐름』, 임현규 외 역, (서울 : 한울) ; 신귀현(1983), "현상학의 철학이념과 방법", 『사회과학 방법론 비판』, 한동일 편, (서울 : 청림문화사) ; 신귀현(1983), "현상학적 환원과 그 철학적 의의", 『현상학연구』, 제1집, 한국현상학회 편, (서울 : 심설당) 참조.

따라 공통점과 차이점을 찾아내야 한다.

2) 비교분석과 대비분석 및 유추

(1) 비교분석

비교하려는 두 대상의 본질, 구조, 기능 등을 위에서 고찰한 바와 같은 방법에 따라 발견하면 그들을 비교분석하여야 한다. 이 분석은 두 대상이 문화적인 교류나 영향관계를 통하여 상호교섭(交涉)이나 습합(習合)이 있을 때에 가능하며 주로 습합되고 교섭이 이루어진 사상의 공통적인 내용과 속성뿐만 아니라 상이한 내용과 속성을 찾아내는 분석을 말한다. 예를 들면 주자학과 퇴계학, 인도불교와 중국불교 등을 비교연구할 때에는 이런 비교분석을 적용할 수 있다.

(2) 대비분석

두 대상간에 상호 아무런 교섭이나 영향관계가 없을 때에는 대비분석을 하여야 한다. 대비분석은 대비되는 두 대상간에 상호 아무런 교섭이나 영향관계가 없기 때문에 그들의 내용이나 속성에 있어서 공통성을 찾을 수 없는 것은 당연하다. 그러므로 대비분석을 통하여서는 사상의 구조나 기능의 유사성을 발견할 수 있을 뿐이다. 이러한 대비분석의 대상으로 우리는 공자의 호학정신(好學精神)과 소크라테스의 애지정신(愛智精神), 석가의 자비와 예수의 박애, 맹자와 루소의 성선설, 순자와 홉스의 성악설 등을 예로 들 수 있다.

(3) 유비

유비는 두 개 혹은 그 이상의 대상들을 상호관련시켜 그들 사이에 어떤 비례관계가 성립하는가를 찾아내는 절차를 말한다. 이 방법은 원래 수학에서 유래하였다. 예를 들면 6:3=4:2와 같이 두 관계의 동등성이나 2배 3배와 같이 한 양의 다른 양에 대한 초과에 의한 관계뿐만 아니라 부분의 전체에 대한 비례나 몸에 잘 조화된 옷과 같이 한 사물의 다른 사물에 대한 관계 등도 유비를 통해 파악되었다. 이러한 유비는 동일한 것과 서로 다른 것을 그리고 서로 다른 것과 동일한 것을 함께 파악함으로써 모든 대상을 단적으로 동일시하거나 차별시하는 극단적인 입장을 극복하고 사물에 관해 공정하고 균형과 조화있는 인식을 가능케 한다. 동양에 있어서도 이러한 유비의 방법이 철학적인 논의에 적용된 예를 찾아보기 어렵지 않다.[9)]

유비는 더 세분하면 비례성의 유비(Proportionalitätsanalogie) 혹은 외적인 유비와 속성의 유비(Attributionsanalogie) 혹은 내적 유비로 구분된다. 외적인 유비는 대비분석의 결과에 적용될 수 있으며 유비되는 대상이 각기 독립성을 유지할 수 있는 반면, 속성(屬性)의 유비는 비교분석의 결과에 적용될 수 있는 유비로서 무한한 하느님의 인식에 유한한 인간의 인식이 의존하고 있듯이 하나의 속성이 다른 하나에 의존관계를 갖는 유비를 의미한다.[10)]

① 일치점의 귀납

두 대상을 서로 유비하면 일치점과 차이점이 밝혀진다. 이때 먼저 일치점을 귀납함으로써 우리는 유비된 두 대상에 있어서 하나의 동일하거나 유사한 구조, 기능, 속성 등을 파악할 수 있다. 이를 통하여 우리는 동양과 서양의 철학을 본질적으로 더 정확히 이해할 수 있다. 예를 들면 우리가 공자와 소크라테스의 철학을 대비분석하여 그 결과를 유비하면 우리는 다음과 같은 공통점을 발견할 수 있다.[11)]

---

9) 정범진(1985), 『증보퇴계전서』, 권1, (서울 : 성균관대학교 출판부), 406쪽 참조. 就同中 而知其有異 就異中而知其有同.

10) 요한네스 힐쉬베르거(1983), 『서양철학사』, 강성위 역, 상권, (대구 : 이문출판사), 562-566쪽 참조.

11) 신귀현(1985), "공자의 호학정신과 소크라테스의 애지정신의 한 비교고찰",

공　　　자 : 무지자, 호학자, 조문도 석사가의(朝聞道 夕死可矣), 정명(正名), 목탁역할(木鐸役割) 등등

소크라테스 : 무지자, 애지자, 죽음을 배움, 개념정의, 등애역할 등등

이처럼 공자와 소크라테스의 사상은 상당한 유사성이 있음이 확인된다. 이를 통하여 동양철학과 서양철학은 각기 자기중심적인 편견이나 독단에서 벗어날 수 있다.

② 차이점의 확인

유비에 있어서는 공통점 외에도 반드시 차이점이 있게 마련이다. 왜냐하면 공통점만 있고 차이점이 없다면 그것은 동일한 것이며 반대로 차이점만 있고 공통점이 없다면 비교는 근본적으로 불가능하기 때문이다. 그러면 공자와 소크라테스의 사상에 있어서 차이점은 무엇인가? 그것에 관한 몇 가지 예를 들면 다음과 같다.[12)]

공　　　자 : 지식보다 덕의 우위, 감정의 순화를 위한 문학과 예술의 중요성 강조, 영혼과 육체의 조화, 현세지향 등등

소크라테스 : 덕보다 지식의 우위, 감정의 배제를 위한 문학과 예술의 거부배척, 영혼과 육체의 분리, 내세지향 등등

이 차이점들은 공자와 소크라테스 사상의 고유한 특징을 형성한다. 그리고 유비되는 두 사상간에 공통점이 많고 차이점이 적을수록 상호이해와 수용이 용이하고 그 폭이 넓어지나 반대의 경우에는 상호이해와 수용이 더욱 어려워지고 그 가능성의 폭도 더욱 좁아진다.

『공자사상과 현대』, 정종 편, (서울 : 사상연) 참조.

12) 신귀현, 앞의 논문 참조.

3. 이해지평의 융합과 확대

비교연구는 먼저 비교되는 두 대상에 관한 선이해에서 출발하나 비교와 대비분석을 토대로 한 유비를 통하여 두 대상간의 공통점과 차이점을 발견하기에 이르면 선이해는 고도의 분석적이고 반성적이며 이론적인 이해에 도달하며 이를 통하여 이해지평의 융합과 확장이 이루어진다. 이 문제는 오늘날 철학적 해석학의 중요한 주제 중의 하나이다.

현대의 해석학에 의하면 지평의 융합은 변증법적인 매개에 의하여 이루어지며 이를 통하여 공통성을 가진 외래문화나 사상은 전통문화나 사상에 쉽게 흡수·동화될 수 있다. 그러나 차이점의 이해는 곧 한계에 부딪쳐 역진(逆進)과 돌진(突進)을 거듭한다.

역진은 대상에 관한 이해가 한계에 부딪쳤을 때 이해의 주체는 자신에게로 되돌아와 지금까지의 이해방식이나 기본자세를 반성하고 독단적이거나 독선적이며 편견적인 그 제약성과 제한성을 투시(透視)하는 것을 의미한다. 이를 통하여 우리는 문화적 및 사상적인 배타주의와 독선주의를 배제·극복하고 새로운 이해를 위해 돌진할 수 있다. 이와 같이 역진과 돌진은 상관적이다.

유비를 통해 밝혀지는 각 문화나 사상의 차이점은 그것이 각 문화나 사상의 본질적인 특징이기 때문에 상호공통적인 점과 같이 용이하게 다른 문화나 사상에로 수용·습합되지는 않는다. 그러나 그것의 이해지평도 근본적으로 폐쇄되어 있지 않고 개방되어 있다. 이 때문에 여기에도 새로운 이해를 위한 돌진은 가능하며 이를 통하여 이해지평은 더욱 확대될 수 있다. 역사적으로 모든 외래문화나 사상의 수용은 이 지평의 융합과 확대를 통하여 가능하게 되었다.

Ⅱ. 퇴계의 생애와 그의 성리학의 중심문제

1. 퇴계의 생애

퇴계 이황(1501-1570)은 경북 예안현 온계리라는 궁벽한 산골 마을에 살고 있던 한 사대부의 가문에서 7남매 중 막내 아들로 태어났다. 자(字)는 경호(景浩)이고 퇴계(退溪)는 호(號)이다. 그가 태어난 지 6개월 만에 진사(進士)였던 아버지 이식(李埴)을 여의고 홀어머니 춘천 박씨의 보육하에 자랐다. 그녀는 농사를 짓고 누에를 쳐서 아이들을 양육하였으며 그들이 성장하자 가난을 무릅쓰고 학비를 대어 교육을 시키면서 문예를 열심히 학습할 뿐만 아니라 몸가짐과 행동을 더욱 조심하도록 훈계하면서 "사람들이 늘 과부의 자식은 교양이 없다고 하니 너희들이 백배 더 공부하지 않으면 어찌 이 비난을 면할 수 있겠는가"[13]라고 경고하였다고 퇴계는 만년에 회상했다. 이 점은 퇴계의 인격형성과 학문의 성취가 그의 어머니로부터 많은 영향을 받았음을 알 수 있게 한다.

퇴계의 타고난 자질은 아주 총명하였으며 성품은 단정하고 의젓하여 어려서도 장난을 좋아하지 않았으며 신체는 매우 연약하였으나 공부를 하려는 의지는 금석과 같이 굳었다.

6세 때 이웃집 노인에게 『천자문』을 배웠으며 12세 때 숙부 송재공에게 『논어』를 배웠는데 하루는 "일의 옳은 것이 이치입니까?"[14]라고 물으니 송재공이 기뻐하면서 "너는 이미 글

13) 정범진(1985), 앞의 책, 113쪽.
14) 앞의 책, 114쪽.

뜻을 이해한다"[15]고 칭찬하고 "우리 가문을 지탱할 사람은 틀림없이 이 아이일 것이다"[16]라고 하였다.

18세 때 퇴계는 이미 깊은 철학적인 사색의 수준에 도달했음을 보여 주는 시를 각 한 편씩 지었다. 18세 때에 읊은 시는 이러하다 : 이슬맺힌 야들야들한 봄풀은 물가에 둘러 있고 작은 연못은 맑고 넓으며 티끌없이 맑다. 새와 구름이 날아 지나가면 원래 모습 그대로 비치는데 제비가 물결을 찰까 두렵다."[17] 이 시는 사람의 마음이 물과 같아서 고요히 안정되어 있을 때는 이성에 따라 사물의 참모습인 본질을 명증적으로 직관할 수 있으나 감성과 본능적인 충동에 의하여 흔들렸을 때에는 사물의 일그러진 가상밖에 볼 수 없는 현상을 상징적으로 묘사하고 있다.

19세 때 숙부 송재공 댁에 있는 『성리대전(性理大全)』 중 첫째와 마지막의 두 권을 빌려 시험삼아 읽어 봐도 마음이 즐겁고 눈이 뜨이는 것을 깨닫지 못했으나 오랫동안 읽다 보니 차츰 그 뜻을 알게 되어 그것을 공부하는 요령을 깨닫게 되었다고 말하곤 하였다. 이 해에 퇴계가 자신의 회포를 읊은 시는 이러하다 : "홀로 숲속의 집에서 만 권의 책을 사랑하여 10여 년이나 마음 공부를 하였더니 요즈음에는 한마디로 말해서 나의 마음으로 우주를 직관한다는 근본원리를 깨달았다."[18] 이 시는 진리인식의 궁극적인 근원이 바로 마음이라는 사실을 표현하고 있다.

20세 때 『주역』을 독학하면서 그 뜻을 강구하는 데 침식을 잊고 열중하다가 허약증에 걸려 평생 동안 고생을 하였다.

---

15) 같은 곳.
16) 같은 곳.
17) 앞의 책, 114쪽.
18) 같은 곳.

23세 때 당시 국립대학이었던 성균관에 유학하였다. 이때는 소위 기묘사화(己卯士禍)가[19] 일어났던 직후여서 성균관의 면학 분위기와 기강이 극도로 해이해졌으나 퇴계만은 그래도 학구에 전념하니 다른 유생들이 모두 그를 비웃으므로 오직 하서(河西) 김인후(金麟厚)와만 교유하였다. 이런 분위기 때문에 퇴계는 곧 고향으로 돌아왔다. 성균관을 떠날 때 하서가 "그대는 영남의 수재이며 문장은 이태백이나 두보와 같고 글씨는 왕희지와 조맹부 같다"[20]라는 시를 지어 주면서 작별하였다. 27세 때 퇴계는 생원(生員)과 진사(進士) 일차시험에 각각 2등과 1등으로 합격하고 다음해 봄에 진사회시에서 2등으로 합격하였다.[21] 33세 때 봄에 다시 성균관에 유학하였다가 가을에 고향으로 돌아와 향시에 두번째로 응시하여 1등으로 합격하였다. 이때까지는 퇴계의 생애에 있어서 수학기(修學期)이다.

34세 때 고급관리의 후보자를 뽑는 대과시험(大科試驗)에 급제한 뒤 곧바로 정부관리로 임명되어 55세까지 약 20년간 중앙정부의 여러 기관과 부서에서 다양한 직책을 수행했음은 물론 군수와 같은 지방관서의 장까지를 역임하였다. 그러므로 이 시기는 퇴계가 관료로서 활동하던 시기였다. 그가 맡았던

---

19) 도덕적으로 타락하여 학정을 일삼던 조선조의 제10대 왕이었던 연산군이 박원종을 위시한 몇몇의 신하들에 의하여 축출되고 제11대 왕으로 중종이 즉위하여 조광조와 같은 유학자로 하여금 도덕정치를 실현하기 위한 개혁을 추진하다가 기득권의 상실에 불만을 품은 보수관료들이 그를 모략하여 사형을 당하게 한 사건을 말함.

20) 같은 곳.

21) 생원(生員)과 진사(進士)는 오늘의 학사 정도의 학력시험을 통과한 사람을 지칭하며 이 시험은 2차에 걸쳐 실시되었는데, 1차시험(初試)은 각 도에서 가을에 실시하였고 이를 향시(鄕試)라 하였으며, 2차시험(覆試)은 다음해 봄에 1차시험 합격자만을 서울에 모아 예조가 실시했는데 이를 회시(會試)라 한다. 생원은 원래 향교와 같은 각 지방의 공립 교육기관에 재학중인 학생을 지칭하고 이들 중 향시에 합격한 자를 진사라고 하였으나 나중에는 양자의 구별이 없어짐.

가장 초급의 직책은 오늘날 외무부에 해당하는 승문원(承文院) 부정자(副正字)였고, 가장 높은 직책은 국립대학 총장에 해당하는 성균관 대사성(大司成)이었다.

48세 때 자기 고향에서 가깝고 서울로부터 멀리 떨어진 한 지방행정 구역이었던 단양군의 군수로 파견해 줄 것을 자청하여 그 직책에 취임한 뒤부터 본격적인 학구생활을 시작한다. 군수에 부임한 지 1년이 지나자 퇴계는 주자가 중국 강서성에 있는 백록동서원을 위해 했던 바와 같이 경상도 감사에게 편지를 올려 왕에게 이 군의 백운동에 있는 서원에 왕의 친필 편액(扁額)과 서적을 하사해 주도록 요청할 것을 건의했다. 이 건의가 받아들여져서 인종은 '소수서원(紹修書院)'이라는 편액과 『사서』, 『오경』, 『성리대전』 등의 서적을 하사하였다. 이렇게 함으로써 퇴계는 한국의 서원교육을 진흥시키는 선구자가 되었다.

52세 때 지금의 서울대학 총장에 해당하는 성균관 대사성의 직책이 비어 있었기 때문에 오늘의 총무처에 해당하는 이조(吏曹)가 대신들에게 적임자를 추천하도록 명령하자, 대신들은 퇴계를 가장 적임자로 추천하였다. 그리하여 그는 승문원의 교리에서 대사성으로 승진임명되었으나 3개월 뒤에 사임하였다. 다음해 4월에 다시 임명되자 또 사임하였으나 허락을 받지 못하고, 인종으로부터 당시의 무너진 학교교육을 바로잡기 위해 내려준 권학절목(勸學節目)을 확실하게 시행하라는 명령을 받고 서울에 있는 4개의 고등학교(四學) 교사와 학생들에게, 국가가 학교를 설립하여 선비를 기르는 의의는 매우 높으므로 스승과 제자들간에는 예의를 서로 앞세우며 스승은 엄하고 학생은 그를 존경하여 각각 그 도리를 다하여야 할 것이니 이제부터 학생들은 일상생활에서 반드시 예절을 지키고 서로 구습을 씻어 버리도록 격려하며 집에서 부모를 섬기는 마음을 사회에 나가서 어른을 섬기는 마음으로 삼아 속으로는 충신(忠信)을 주로 하고 밖으로는 겸손을 실천하므로써 학교를 설립하여 문화발전을 진흥시키고 촉진하려는 국가의 의도에 부응하도록 힘쓰라는 내용의 면학을 권유하는 담화문을 발표하였다.[22)]

그는 장관에 해당하는 판서(判書) 이상의 직책을 9번이나 발령받았으나 모두 사퇴하고 하나도 취임하지 않았다. 이 사실은 그가 높은 벼슬보다는 깊은 학문에 더 큰 뜻이 있었음을 증명해 준다.

일생 동안 무수히 많은 크고 작은 저술과 길고 짧은 글을 그는 발표했을 뿐만 아니라 많은 사람들과 서신을 주고받으면서 학술토론을 활발히 하였다. 이 자료들의 대부분은 『퇴계선생 문집』에 수록되어 있다. 뿐만 아니라 그는 도산에 서당을 건립하여 많은 제자들에게 성리학을 가르치는 동시에 서원교육을 크게 진흥시켰으며 향약이라는 규정을 만들어 향촌사회의 도덕적 질서확립에 크게 기여하였다.

그의 논문과 저술 가운데 철학적으로 중요한 것만 열거하면 다음과 같다 : 53세 때 정지운(鄭之雲)이 우주와 만물의 생성원리에 관해 그림을 그리고 설명을 붙인 "천명도설(天命圖說)"을 개정하고, 56세 때 주자의 편지들 중 중요한 부분만을 발췌하고 요약한 『주서절요(朱書節要)』, 57세 때는 주자가 『주역』을 공부하는 초보자를 위해 그 '입문서'로 지은 『계몽전(啓蒙傳)』의 의문점을 풀이한 『계몽전의(啓蒙傳疑)』를 저술하였다. 58세 때 자신의 공부와 인격수양을 끊임없이 반성하기 위해 『자성록(自省錄)』을 저술하고, 59세 때는 송대 말부터 원대와 명대에 이르기까지의 철학사에 해당하며 미완성의 유

---

22) "유사학제생문(諭四學師生文)", 정범진(1985), 앞의 책, 권2, 338-340쪽 참조.

고로 사후에 출간된 『송계원명이학통록(宋季元明理學通錄)』의 편집을 시작하였으며, 60세 때는 이후 약 10년간 계속된 고봉 기대성과의 사단칠정에 관한 논변을 시작하였다. 63세 때 마음에는 체(體)와 용(用)의 구분이 없다는 이구(李球)의 주장을 논박하는 "심무체용변(心無體用辯)"이라는 논문을 발표했으며, 66세 때는 "심경후론(心經後論)"을 지어 주자가 배척한 양명의 심학을 옹호한 오징(吳澄)과 정민정(程敏政)의 학설을 비판하였다. 68세 때에는 국가통치의 6가지 근본원리를 제시하는 "육조소(六條疏)"와 퇴계 자신이 일생 동안 연구하고 실천하면서 파악한 성리학의 근본사상을 체계화한 "성학십도와 차자(聖學十圖幷箚子)"를 새로 즉위한 선조대왕에게 지어 바쳤다. 70세 때 퇴계는 자신이 그린 심통성정도(心統性情圖)를 기고봉이 개정하고 그것에 관해 논술한 편지를 받고는 고봉의 견해가 타당하지 않음을 예리하게 비판·거부하는 답장을[23] 보낸 반면, 고봉이 『대학』의 격물치지설에 관한 자신의 설명을 수정한 편지를 받고는 그 설명이 온당치 못하였음을 솔직히 시인하고 고봉의 견해를 수용하는 답장을[24] 썼다. 이 점은 우리로 하여금 퇴계의 학구적 태도를 이해할 수 있게 하는 하나의 좋은 예로 간주된다. 이 두 편지는 퇴계가 서거하기 전에 마지막으로 쓴 철학적 내용의 글이다. 이러한 퇴계의 학구 활동도 1570년 70세를 일기로 한 그의 서거로 마무리되었다.[25]

앞에서 소개된 학술활동과 저술을 통해서 파악되는 퇴계사상의 중심문제에 관해서 우리는 다음에 좀더 자세히 고찰하기

23) "답기명언서논개심통성정도(答奇明彦書論改心統性情圖)", 앞의 책, 권1, 462-464쪽 참조.

24) "답기명언서개치지격물설(答奇明彦書改致知格物說)", 같은 책, 464-465쪽 "별지" 참조.

25) 앞의 책, 권4, 113-152쪽 참조.

로 하고 여기서는 그가 후세에 끼친 영향을 간단히 소개하기로 한다.

퇴계의 서거 이후 국가는 그의 학덕을 기념하여 그에게 영의정의 벼슬뿐만 아니라 도덕박문(道德博問)과 중정정수(中正精粹)를 의미하는 문순(文純)이라는 시호를 제수하였고, 전국의 여러 서원은 그를 조선조 오현의 한 분으로 모셨다. 그는 전국 각지에서 찾아온 300명이 넘는 제자를 지도·양성하였으며, 이들 중에는 위대한 학자나 영의정을 지낸 훌륭한 정치가들도 많았다. 그의 사상을 계승하는 제자들과 그렇지 않은 학자들간에는 물론 퇴계의 제자들간에도 그의 사상을 계승하는 입장의 차이에 따라 주리파(主理派)와 주기파(主氣派), 영남학파와 기호학파 등과 같은 학파를 형성하였다. 이를 통해 중국의 송나라로부터 전래된 신유학은 그 본고장에서도 찾아볼 수 없는 큰 발전을 이룩함과 동시에 한국적인 신유학으로 정착된다.

임진왜란 때 『퇴계문집』이 일본으로 전파되었으며 그중 11종의 저술 46권 45책이 일본 판각으로 다시 출판되어 일본 근세유학의 3 대표자 후지와라(藤原惺窩), 야마사키(山崎闇齋), 시조 오쓰카(大塚退野)에게 깊은 영향을 주었으며, 모도다(元田東野, 1816-1891)는 일본의 근대화를 추진하던 메이지왕에게 퇴계의 교육사상을 받아들여 작성한 교육칙어의 초안을 바친 사실은 이미 잘 알려져 있다.

중국에서는 1926년에 상덕여자대학(尙德女子大學)이 증축기금을 마련하기 위해서 퇴계의 "성학십도"를 목판으로 출판할 때 당시 중국의 세계적인 학자 량치차오(楊啓超)는 찬시(讚詩)를 지어 퇴계는 주자 이후의 제일인자라고 격찬하였다.

오늘날 퇴계연구는 한국에서뿐만 아니라 국제적으로도 활발히 진행되고 있다. 1970년 서울에 퇴계학연구원이 설립되어 현재까지 80여 집에 달하는 『퇴계학보』를 출간하고 국제학술상을 수여하며 많은 번역과 간행사업을 하고 있다. 부산에도 퇴계학연구원이 설립되어 일본과 활발한 교류를 하고 있으며, 경북대학교와 단국대학교도 퇴계학연구소를 설립하였고 단국대학교는 퇴계기념 도서관까지 건립하여 많은 연구자료를 수집·보존하고 있다. 1986년에 국제퇴계학회가 창설되어 한국에는 서울, 부산, 경남, 경북, 충북, 강원도, 대만에는 국립사범대학, 일본에는 도쿄와 후쿠오카, 미국에는 워싱턴, 뉴욕, LA, 하와이, 서독에는 함부르크, 본, 중국에는 북경에 지부를 두고 있으며 한국, 대만, 일본, 홍콩, 중국, 미국, 독일, 소련 등지에서 지금까지 13차에 걸친 국제학술회의가 개최되어 많은 연구성과를 거두고 있는 동시에, 대구지부는 매년 번역이나 연구총서를 추간하고 부산지부는 일본과의 학술회의를 개최하여 퇴계학의 국제화에 역시 크게 기여하고 있다.[26]

2. 철학함의 근본동기

퇴계가 성리학을 공부한 근본동기는 풍부한 교양적이며 문예적인 지식을 쌓아 과거에 합격함으로써 관리로 출세하여 부귀와 영화를 누리는 데 있지 않고, 심성을 수양하여 훌륭한 인격을 완성함으로써 자신의 타고난 선한 본성을 실현함은 물론 모든 사람들로 하여금 그렇게 할 수 있도록 하는 데 있다. 이러한 동기는 퇴계에게 결코 우연히 유발된 것이 아니라 그가 수학시기에 읽은 『논어』, 『주역』, 『성리대전』 등과 같은 유교의 고전을 통해서 유발되었음은 앞에서 고찰한 퇴계의 생

26) 한국정신문화연구원 편(1993), 『한국민족문화대백과사전』, 권18, (서울 : 웅진출판사), 377-380쪽 참조.

애와 사상에서 확인된다.

이외에도 퇴계는 『심경』, 『주자대전』 등과 같은 성리학에 관한 문헌을 통해 사상적으로 결정적인 영향을 받은 사실을 그의 제자들이 증언한다. 이덕홍(李德弘)에 의하면 퇴계가 성균관에서 공부하는 동안 황씨라는 사람의 집을 방문하여 『심경부주(心經附註)』를 처음 보았는데 그 내용은 마음의 수양방법에 관한 설명이었다. 그런데 이 책의 주석이 모두 정자와 주자를 대표로 한 성리학자들이 한 말을 기록한 것이어서 사람들이 그것의 구두(句讀)를 분간할 수조차 없었다. 그러나 퇴계는 수개월간 문을 닫고 그 책을 반복하여 읽는 데 열중한 나머지 결국 그 내용을 깊이 이해하기에 이르렀다. 이 뒤부터 그는 이 책을 신명과 같이 믿고 엄한 아버지와 같이 존경하였다.[27] 또 김성일(金誠一)에 의하면 퇴계가 서울에서 『주자전서(朱子全書)』를 구득하여 여름 내내 문을 닫고 조용히 읽자 사람들이 더위로 병이 날까 염려하였다. 그러나 퇴계는 이 책을 읽으면 가슴이 시원해져서 더운 줄 모르니 어찌 병이 나겠느냐라고 하였을 뿐만 아니라, 사람들이 이 책을 읽으면 학문하는 방법을 알 것이며 그 방법을 알면 반드시 힘이 나서 떨쳐 일어날 것이니 이로부터 공부를 하여 오래도록 노력을 쌓은 뒤에 『사서(四書)』를 다시 읽으면 성현의 말씀이 마디마디 우리의 몸에 대해 의미가 있어서 그것을 받아들여 사용할 수 있을 것이라고 하면서, 집에 있는 『주자서(朱子書)』 사본 한 질을 다 낡아서 글자가 보이지 않을 정도로 읽었다고 한다.[28] 이 결과 퇴계는 학문적으로 오직 정자와 주자만을 표준으로 삼아 한국의 위대한 성리학자가 되었다.

이와 같이 퇴계의 철학함의 결정적인 동기를 유발한 것은

---

27) 정범진(1985), 앞의 책, 권4, 167쪽 참조.

28) 같은 책, 170-171쪽 참조.

유교의 기본경전과 송대 성리학의 공부이다. 그러므로 그의 사상을 이해하려면 유교와 성리학의 근본사상이 무엇인가를 이해하여야 한다.

유교의 근본사상은 인(仁)이다. 인은 인간의 이기심을 극복하고 예(禮)를 회복하며 사람을 사랑하는 정신이다. 이 사실을 우리는 제자 안연(顔洲)과 번지(樊遲)의 인에 관한 질문에 공자가 한 다음과 같은 대답을 통해 확인할 수 있다 : 안연에게는 "극기복례(克己復禮)",[29] 즉 사리사욕(私利私慾)을 버리고 천리(天理)를 회복하는 것이라고 대답하고 또 번지에게는 "애인(愛人)",[30] 즉 사람을 사랑하는 것이라고 설명하였다. 맹자도 역시 "인자애인(仁者愛人)",[31] 즉 인은 사람을 사랑하는 것이라고 한다.

이러한 사랑은 무엇으로부터 유래하는가? 그것은 인간의 타고난 선한 본성으로부터 유래한다. "이 본성은 하늘이 명하며 이 본성을 따르는 것이 도이고 이 도를 닦는 것이 교육"[32] 이라고 『중용』은 설명하며, 이러한 교육의 목적은 인간의 본성에 내재하는 "밝은 덕을 밝혀서 백성들을 새롭게 하며 지극한 선에 머무르게 하는 것"[33]이라고 『대학』은 밝힌다.

이 문제와 관련해서 우리는 동양철학에 있어서 형이상학의 한 근본문제, 즉 인간의 본성이 과연 근본적으로 선한지 혹은 악한지의 문제에 직면한다. 이에 대한 유학자들의 견해는 두 갈래로 나뉘어진다. 하나는 순자가 주장한 성악설이고,[34] 다

29) 이정규(1985), 『경서』, (서울 : 성균관대학교 출판부), 287쪽.
30) 같은 책, 307쪽.
31) 『맹자』, 이루(離婁) 하, 앞의 책, 623쪽.
32) 같은 책, 769쪽.
33) 같은 책, 11쪽.
34) 荀況(1988), 『荀子』, 권 제17, 성악편 제23, 『文洲閣四庫全書』, 제695책, (서울 : 여강출판사), 695-265쪽 참조.

른 하나는 맹자가 주장한 성선설이다.[35] 이 두 학설 중 맹자의 성선설이 유학의 정통으로 확립되었다.

송대의 성리학자들은 유학의 이러한 정통사상을 우주론과 결부시켜 철학적으로 더욱 심화·확대하였다. 그리하여 그들은 종래의 인간심성 문제를 우주의 근본원리인 이기(理氣)문제와 결부시켜 설명한다. 이렇게 함으로써 그들은 악의 원인이 기의 작용에 있음을 규명하는 동시에, 그 악을 배제하기 위한 방법으로 궁리성찰(窮理省察)과 거경존양(居敬存養)을 주축으로 하는 심성수양론을 제시하여 악의 원인인 인욕을 막고 공평한 천리(天理)인 성선을 실현하는 것이 철학의 궁극목적임을 역설한다.

위와 같은 전통유학과 성리학의 근본사상이 퇴계의 철학함의 근본동기를 유발하였다. 그리하여 그는 과거에 합격하여 입신출세함으로써 다른 사람들로부터 칭찬과 존경을 받기 위해 공부하는 위인지학(爲人之學)에 열중하지 않고, 일찍부터 인욕을 막고 성선을 회복하여 스스로 성인이 되기 위해 공부하는 위기지학(爲己之學), 즉 성인이 되는 법을 가르쳐 주는 성학(聖學)에 일생 동안 전념하였다.

3. 성리학의 이념 : 성인이 되는 학문, 즉 성학의 추구실현

위와 같은 철학의 동기에 근거하여 퇴계는 그의 철학이념을 성학으로 설정하고, 일생 동안 한편으로는 그 이론을 탐구하면서 다른 한편으로는 탐구한 이론을 일상생활을 통해 실천함으로써 그 진정한 의미를 체험하였다. 이러한 탐구와 체험을 토대로 하여 퇴계는 68세 때 "성학십도"를 체계화하여 당시에

---

35) 이정규(1965), 『경서』, 541쪽 참조.

어린 나이로 즉위한 선조 임금에게 올렸으며 거기에는 퇴계철학의 핵심적인 사상이 아주 간결하게 총망라되어 있다.[36] 이 10도 중 제1도부터 제5도까지는 천도(天道)에 근본하면서도 그 공효는 인륜을 밝히고 덕업을 힘쓰게 하는 것을 목적으로 하며, 제6도부터 제10도까지는 심성에 근원을 두면서도 요점은 일용에 힘쓰고 경외(敬畏)를 숭상하는 데 목적이 있다.

이 도에 체계화된 성학이란 구체적으로 어떤 학문인가? 그것은 두 가지 의미로 해석될 수 있으나 결국은 하나의 의미로 귀결된다. 첫째는 권력으로만 나라를 다스리지 않고 윤리도덕으로 나라를 다스리는 성군이 되기를 배우는 학문(聖君之學)이란 뜻이며, 둘째는 가장 훌륭한 도덕적인 인격에 도달한 사람이 되기를 배우는 학문(聖人之學)을 의미한다. 군왕들이 배우는 성학은 첫번째 의미의 성학이고, 범인이 배우는 성학은 두번째 의미의 성학이다. 그러나 성왕이 되기 위해서는 먼저 성인이 되어야 함으로 결국 성군지학도 성인지학에 근거하지 않으면 안 되므로 성군지학은 결국 성인지학으로 귀결되고 만다.

그러면 유학자들이 이렇게도 동경하고 존경하는 성인이란 어떤 사람인가?[37] 그들은 대표적인 성군으로 요(堯), 순(舜), 우(禹), 탕(湯), 문왕(文王), 무왕(武王)을, 그리고 대표적인 성인으로 백이(伯夷), 숙제(叔齊), 유하혜(柳下惠), 이윤(伊尹), 주공(周公), 공자, 맹자 등을 지칭한다. 공자와 맹자 이전의 성군과 성인들은 대개 신비적 존재로 인

36) 10도의 명칭은 이러하다 : 제1 태극도(太極圖), 제2 서명도(西銘圖), 제3 소학도(小學圖), 제4 대학도(大學圖), 제5 백록동규도(白鹿通規圖), 제6 심통성정도(心統性情圖), 제7 인설도(仁說圖), 제8 심학도(心學圖), 제9 경재잠도(敬齊箴圖), 제10 숙흥야매잠도(夙興夜昧箴圖). 정범진(1985), 『증보퇴계전서』, 권1, 198-210쪽 참조.

37) 儒教事典編纂委員會編(1990), 『儒學大事典』, (서울 : 박영사), 731쪽 참조.

식되었으나 그 이후에는 이 신비성이 배제되고 윤리도덕적으로 가장 성숙된 경지에 도달한 모범적인 인격자로 부각된다. 그리하여 맹자는 유약(有若)의 말을 인용하여, 성인도 많은 백성들과 같은 사람이었으나 이러한 사람으로 태어나 공자보다도 더 훌륭하게 그 무리를 뛰어난 사람은 백성이 태어난 뒤에 아무도 없었다고 말할 뿐만 아니라,[38] 또 성인은 나와 같은 사람이나 다만 자신과 나의 속에 다 같이 들어 있는 착한 마음을 먼저 깨달았을 뿐이라고 한다.[39]

송대의 성리학자 주돈이는 위와 같은 사상에 근거하여 그의 『주자통서(周子通書)』 성학장 제20에서 이렇게 설명한다:

> 성인을 배울 수 있습니까? 배울 수 있다. 요령이 있습니까? 있다. 듣고자 합니다. 한 가지가 요령이다. 한 가지는 욕심을 없애는 것이다. 욕심이 없으면 [마음이] 고요하고 허하며 고요하고 허하면 행동할 때 바르고 고요하고 허하면 밝으며 밝으면 통달한다. 행동할 때 정직하면 공평하고 공평하면 널리 미친다. [마음이] 밝고 통달하며 공평하고 널리 미치면 성인이 되는 것이다.[40]

퇴계도 이러한 사상을 계승하여 자신의 철학이념을 성학으로 설정하고, 그것을 추구하고 실현하는 방법으로 궁리성찰과 거경존양을 선택한 사실을 우리는 앞의 "성학십도"에서 이미 확인하였다.

그러나 우리는 여기서 다시 한 번 평범한 인간이 과연 성인이 되는 것을 배울 수 있는가라는 의문을 제기해 보고 이에

38) 이정규(1965), 『경서』, (서울 : 성균관대학교 대동문화연구원), 510쪽 참조.
39) 앞의 책, 671-672쪽 참조.
40) 주돈이(1988), 『周子通書一』, 성학 제20, 『文洲閣四庫全書』, 제710책, (서울 : 여강출판사), 710-782쪽 참조.

대한 대답을 찾아보기로 하자. 예를 들면 예·체능분야에 있어서 천재적 소질을 타고난 사람도 각고의 노력과 연습없이는 위대한 예술가와 운동선수가 될 수 없다. 누구나 오직 각고의 노력과 연습에 의해서만 위대한 예술가와 운동선수가 될 수 있을 뿐이다. 만약 이것이 사실이라면 인간이 노력에 의하여 성인이 되는 것도 결코 불가능하지 않을 것이다. 위대한 예술가, 운동선수, 성인은 다 같이 태어나는 것이 아니라 스스로의 노력에 의하여 되어진다는 점에 있어서는 공통적이다. 그러나 예술가는 가장 완전한 감각과 감정의 능력을, 그리고 운동선수는 가장 완전한 육체적인 능력을 발휘하는 사람을 지칭하는 반면, 성인은 가장 완전한 도덕적인 인격의 능력을 발휘하는 사람을 지칭하는 점이 다를 뿐이다.

4. 성리학의 주제 : 이(理)와 기(氣), 심(心)과 성(性)

퇴계철학의 주제는 이와 기, 심과 성의 문제이다. 공맹(孔孟)의 유학에서는 이 문제가 아직 활발히 논의되지 않았음이 『십삼경인득(十三經引得)』을 통해 확인된다.[41] 따라서 이 개념들은 아직 철학적으로 그 의미가 깊이 있게 설명되지 못했을 뿐만 아니라 유학의 중심문제로 주제화되지 못했다. 다만

41) 중화민국공맹학회, 사서연구회 편(중화민국59 : 1970), 『십삼경인득』, 권8, (대북 : 남악출판사). 이 인덱스에 의하면 사서에는 이, 기, 심, 성의 단어가 다음과 같은 횟수로 나타난다:

	이	기	심	성
중 용	2	1	0	9
대 학	4	0	13	1
논 어	0	6	6	2
맹 자	7	19	121	36
총 계	13	26	140	46

이기의 문제에 비해 심성의 문제가 더 많이 언급되고 있는 사실은 공맹유학의 근본관심사가 어디에 있는가를 이해하는 데 많은 시사를 한다.

송대의 성리학자들에 의해서 이 개념들은 유학의 근본개념으로 주제화됨과 동시에 그 의미가 철학적으로 보다 더 깊이 있고 자세하게 규정되고 있는 사실을 우리는 『성리대전(性理大全)』을 통해 확인할 수 있다.[42] 그 한 예로서 주자는 이와 기, 심과 성을 다음과 같이 규정한다:

천지간에 이도 있고 기도 있다. 이는 형이상의 도이니 사물이 생성하는 근본이고, 기는 형이하의 그릇이니 사물이 생성하는 도구이다. 이 때문에 사람과 사물이 생성할 때 반드시 이 이가 부여되어야 성을 지니고 반드시 이 기가 부여되어야 형체를 지닌다.[43]

성은 곧 이이나 마음에 있으면 성이라 하고 사물에 있으면 이라고 한다.[44]

"성은 도의 형체이고 심은 성을 둘러싸는 성곽이다"라는 강절(康節)의[45] 이 두 문구는 아주 좋다. 대개 도는 곧 이이니 부자유친과 군신유의가 이러한 것이다. 그러나 성이 아니면 어떻게 이가 있다는 사실을 알 수 있겠는가? 이 때문에 성은 도의 형체라고 하며 인의예지는 성이고 이인데 이 성을 갖추고 있는 것은 마음이므로 마음은 성을 둘러싼 성곽이다.[46]

---

42) 호광(胡廣) 등 찬(1988), 『성리대전』, 권26-37, 『文淵閣四庫全書』, 제710책, (서울 : 여강출판사) 참조.

43) 앞의 책, 710-562쪽.

44) 앞의 책, 710-637쪽.

45) 송대의 성리학자 소옹(邵雍)의 호.

46) 앞의 책, 710-638쪽.

퇴계는 이기심성에 관한 송대 성리학자들의 이러한 유추적인 규정들을 수용하면서 사람들이 그것을 보다 더 쉽게 이해할 수 있도록 하기 위해 이기에 관해서는 다음과 같은 구체적인 예를 들어 설명한다:

> 대저 배는 물에 다닐 수 있고 수레는 땅에 다닐 수 있는 것, 이것이 이이다. 배가 땅에 다니고 수레가 물에 다니는 것은 그 이치가 아니다. 임금은 마땅히 어질어야 하고 신하는 마땅히 공경해야 하며 아버지는 마땅히 자애로워야 하고 자식은 마땅히 효도해야 하는 것, 이것이 이이다. 임금이면서 어질지 아니하고 신하이면서 공경하지 아니하고 아버지이면서 자애롭지 아니하며 자식이면서 효도하지 아니하면 그 이치가 아니다. 무릇 천하에 마땅히 행해야 할 것은 이이고 마땅히 행해서는 아니 되는 것은 이가 아니다. 이로써 미루어 생각하면 이의 실처(實處)를 알 수 있을 것이다.[47]

> 기는 기운이라는 세속적인 말과 같으며 질은 형질이라는 세속적인 말과 같다. 사람이 태어나고 사물이 생겨나는 처음에는 기가 질을 이루고 태어나고 생겨난 후에는 기가 질 가운데 유행한다. 대저 호흡과 운동은 기이니 모든 사람이 다 이 기를 갖고 있으나 성인은 그것을 알지만 중인은 그것을 알지 못하는 것은 기의 청탁이 같지 않기 때문이며, 이목과 형체는 질이며 모든 사람이 다 이 형체를 갖고 있으나 성인은 잘 행동할 수 있고 중인은 잘 행동할 수 없는 것은 질의 순수함과 뒤섞임이 같지 않기 때문이다.[48]

47) 정범진(1985), 앞의 책, 권5, 188쪽.
48) 앞의 책, 204쪽.

그리고 심성의 개념에 관해서는 고봉 기대승과의 사단칠정에 관한 논변과 『심경』에 관한 제자들과의 문답, "성학십도" 등을 통해 여러 맥락에서 자주 언급하고 있으나 이기의 개념에 관해서와 같은 간단명료한 설명을 찾아보기는 어렵다. 그러나 우리는 여기서 다음과 같은 설명을 인용하고자 한다:

> 성은 사람과 사물이 [하늘로부터] 부여받은 공평하고 공통적이며 깊고 미묘한 이치이며, 밝은 덕은 사람이 얻은 신령스럽고 밝으며 모든 것을 포괄하는 명칭을 가리키는 것이니, 이는 비록 본래 같으나 이름을 얻는 까닭은 조금 다르다.[49]

> 사람의 마음은 체와 용을 갖추고 가만히 있기도 하며 감응하기도 하고, 운동과 정지를 관통하기 때문에 사물에 감응하지 않을 때에는 가만히 있으면서 움직이지 아니해도 만가지 이를 다 갖추어서 마음의 전체가 있지 아니함이 없고, 사물이 다가올 때 감응해서 마침내 통해도 이를 조절하여 어긋나지 아니하므로 마음의 큰 작용이 행하여지지 아니함이 없다.[50]

이러한 이기심성은 인간의 존재를 구성하는 근본요소이며 이들은 본질적으로 상이함에도 불구하고 현실적으로는 통합적으로 작용하고 있다. 이 통합을 이루는 것은 바로 마음이다. 그리하여 퇴계는 마음이 이기뿐만 아니라 성정을 통일하고 있음을 "성학십도" 중 제6 심통성정도에서 자세히 설명하고 있다.[51] 이 도표에 의하면 마음은 허령(虛靈)하면서도 지각활동

49) 앞의 책, 202쪽.

50) 앞의 책, 205쪽.

51) 정범진 편(1985), 『증보퇴계전서』, 권1, (서울 : 성균관대학교 출판부), 204쪽. 이 "성학십도"는 미국 위치타 대학의 마이클 칼턴(Micle Calton) 교수에 의해 영어로 번역되어 『퇴계학계 소식』(1987-88), (서울 : 퇴계학연구원), No. 32, 33, 38, 39, 41, 42, 43, 44, 45, 46에 발표되었고 한글로는 이 "성학십도"를 올리는 차자

을 하고 있으며 그 본체는 발하지 않은 이이며 그 작용은 발한 정이다. 이러한 마음이 일신을 주재하는데 그것이 발하여 사단과 칠정이 된다. 그것이 발할 때 이가 먼저 발하여 기가 그것에 따르면 근원적으로 선한 사단이 되며, 기가 먼저 발하고 이가 그것을 탈 때 경우에 따라 선하기도 하고 악하기도 한 칠정이 된다. 이러한 문제가 퇴계철학의 주제이다. 여기서 우리가 특히 주목하고자 하는 것은 퇴계를 포함한 모든 성리학자들이 마음을 고정된 실체가 아니라 허령하면서도 지각하는 작용으로 파악한다는 사실이다. 왜냐하면 이 점에서 우리는 퇴계의 성리학과 후설 현상학의 주제적 공통점을 발견하기 때문이다.

5. 성리학의 방법 : 궁리성찰(窮理省察)과 거경존양(居敬存養)

1) 궁리・성찰

위에서 퇴계철학의 주제는 이기와 심성이며, 이들은 본질적으로 각각 상이함에도 불구하고 실재하는 모든 사물에 있어서는 불가분하게 통합되어 있고, 인간에 있어서는 그 작용이 바로 마음을 통하여 나타난다는 사실이 밝혀졌다.[52)]

이제 여기에서 퇴계철학의 방법론에 관한 문제가 제기된다. 퇴계의 철학함의 근본동기는 많은 학식을 쌓아 과거에 합격함으로써 높은 관리로 출세하는 것이 아니고 바로 인간의 선한 본성을 회복・실현함으로써 최고의 도덕적 인격을 갖춘 성인군자의 경지에 도달하는 것이었다. 그러면 이렇게 할 수 있는

(箚子)와 도에 관한 이은상 교수의 번역구고(舊稿)는 이광호 교수에 의해 새로 정리보충되어 퇴계학연구원(1989), 『퇴계전서』, 『퇴계학역주총서』, 제3권, (서울 : 여강출판사), 95-155쪽에 수록되어 있음.

52) 이 점에 관해서는 특히 앞의 각주에 인용된 도표 참조.

방법은 무엇일까? 퇴계는 그것을 궁리성찰과 거경존양이라고 한다. 이에 관한 자세한 설명을 우리는 그의 『자성록(自省錄)』에서[53] 찾아볼 수 있다. 여기서 그는 성학을 배우는 초학자들을 위해 여러 가지 공부요령을 제시한다. 첫째는 성학을 공부하는 초학자들이 공통적으로 겪는 심기(心氣)의 병을 다스리는 방법, 둘째는 올바로 학문을 하는 기본자세, 셋째는 궁리·성찰과 거경·존양, 넷째는 명성을 경계해야 할 일 등을 설명하고 있다.[54]

이러한 요령들 중에서 성학을 공부하는 핵심적인 방법은 궁리·성찰과 거경·존양이며 여타는 보조적인 방법에 불과하다.

그러면 궁리·성찰을 어떻게 해야 하는가? 그것은 독서에서부터 출발한다. 이기심성에 관한 문헌은 다독과 속독보다는 숙독과 정독을 해야 한다. 만약 다독을 하면 그 내용을 쉽게 잊어버리고 멍청해져서 마침내는 책을 한 권도 읽지 않은 것과 같아지며, 또한 속독을 하면 온고지신(溫古知新)할 수 없고 읽고 있는 책도 정사숙고할 수 없어서 마음이 급하여 늘 쫓기는 것같이 되기 때문이다. 따라서 속독과 다독을 피하고 낮에 읽은 것을 밤에 심사숙고하여야 한다.

이렇게 하면서 사물의 이치를 탐구해야 한다. 그런데 사물의 이치를 탐구하기 위한 실마리, 즉 관점은 다양하다. 퇴계가 적용한 관점은 예를 들면 '무엇을 좇는가?(所就)', '무엇에서 유래하는가?(所從來)', '같은 것과 다른 것(同異)', '앞과 뒤(先後)', 잘 드러난 것과 드러나지 않은 것(顯微)', '본

53) 정범진(1985), 『증보퇴계전서』, 권3, (서울 : 성균관대학교 출판부), 151-190쪽 참조.

54) 신귀현(1985), "『자성록』을 통해 본 퇴계의 위학방법론", 『퇴계학보』, (서울 : 퇴계학연구원), 제48집, 51-64쪽 참조.

체와 작용(體用)', '운동과 정지(動靜)', '분석과 종합(分合)', '순수함과 뒤섞임(粹粕)', '겉과 속(表裏)', '정밀함과 조잡함(精粗)', '꼭 그러함과 마땅히 그러함(必然과 當然)' 등등이다. 이렇게 다양한 관점들 중에 한 가지에 따라서만 궁리를 하면 사물의 전체적인 현상을 파악할 수 없으므로 관점을 항상 자유로이 바꾸어서 궁리를 하여야 하며, 하나의 동일한 관점도 그것을 고정적으로가 아니라 경우에 따라서 상대적으로 간주, 즉 활간(活看)하여야 한다. 이렇게 해야만 사물의 변화를 파악할 수 있다. 왜냐하면 체와 용은 형이상학적인 경우와 형이하학적인 경우에 따라서 그 관계가 바뀌어지기 때문이다. 예를 들면 형이상학적으로는 깊고 아득한 것이 체이고 사물에 나타난 것이 용이나 형이하학적인 관점에서는 이와 반대이다.

이러한 궁리의 방법은 다음과 같은 특징을 갖는다 : 첫째는 사물을 철저히 분석한다. 그래서 퇴계는 학문을 강론하면서 분석을 싫어하고 종합에만 힘쓰며, 하나의 관점에서만 설명하는 것을 옛사람들은 곤륜이라는 새가 대추를 씨째로 먹는 것에 비유하였다고 지적하고, 분석은 궁리의 전제조건임을 강조한다. 둘째로 분석을 다시 종합한다. 분석은 부분의 이해를 가능케 하는 반면 종합은 부분들의 전체연관성을 파악하게 한다. 부분의 이해없는 전체의 이해는 피상적이고 전체의 이해없는 부분의 이해는 단편적이다. 따라서 퇴계는 "같은 것에 나아가서도 다른 것이 있음을 알고 다른 것에 나아가서도 같은 것이 있음을 보아야 하며, 둘로 나누어도 일찍이 분리되지 않는 것을 해치지 아니하며 합쳐서 하나로 만들어도 실지로는 서로 뒤섞이지 않는 데 귀착되어야 두루 다 설명해서 한쪽으로 치우치지 아니한다"[55]라고 주장한다. 셋째는 궁리를 하나의 관점에 고정시키거나 국한하지 않고 자유로이 변경하여 다양한 관점에 따라 분석할 뿐만 아니라, 관점 자체를 상대화하여 고찰함으로써 사물의 변화까지를 파악할 수 있다.

이러한 방법에 따라 퇴계는 궁리를 하면서 동시에 자신의 행위에 관해 항상 성찰을 한다. 왜냐하면 이를 통해서 인간은 악을 배제하고 선을 실현할 수 있기 때문이다. 성찰은 시와 비, 선과 악처럼 두 가지 상반된 가치를 엄격히 구별하여 옳은 것과 선한 것을 선택하고 옳지 않은 것과 악한 것을 배제하는 것을 말한다. 퇴계의 『자성록』에서 정도(正道)와 사설(邪說), 의(義)와 이(利), 출처(出處)와 거취(去就), 본원(本源)과 심지(心地) 등이다.

만약 사람들이 이단과 사설에 미혹되면 정도가 인멸되어 합리적인 원리와 원칙이 무너지고 비합리적이고 맹목적인 미신이나 기만과 사기가 유행한다. 또한 사람들이 만약 정의에 부합되는 이익을 추구하지 않고 이기적인 이익만을 추구한다면 공동생활의 화합이 파괴된다. 따라서 퇴계는 정도와 정의에 부합하는 이익은 어떤 것이며 이단사설과 이기적인 이익은 어떤 것인가를 항상 철저히 성찰하여 엄격히 구별하여야 한다는 것을 강조한다. 벼슬에 나아가고 물러가는 것도 적절한 명분과 시기가 있다고 퇴계는 인식하고, 그 명분과 시기를 철저히 성찰하여 그것이 적절하면 나아가고 그렇지 않으면 언제나 물러나는 데 주저하지 않았다. 또한 퇴계는 본원의 공부를 하고 심지의 공부를 하지 않기 위해서 양자에 관해 철저히 성찰한다. 본원은 인간의 본성을 말하며 심지는 인간의 기질을 말한다. 그런데 유학은 단순히 기질의 순화에 머무르지 않고 더 나아가 인간본성의 실현을 근본목적으로 한다. 퇴계는 무엇이 본원에 관한 공부이고 무엇이 심지에 관한 공부인가를 부단히

---

55) 정범진(1985), 『증보퇴계전서』, 권3, 183쪽.

성찰한다.[56] 퇴계는 자신의 체험과 송대 성리학자들의 설명을 근거로 하여 궁리와 성찰의 노력을 오랫동안 계속하면 언젠가는 갑자기 사물의 이치를 직관할 수 있다는 것을(闊然貫通) 강조한다.

2) 거경 · 존양

궁리 · 성찰은 객관적이고 보편적인 원리나 가치를 탐구하고 파악하는 활동을 의미하는 반면 거경존양은 자신의 심신을 주관적으로 수양하는 활동을 말한다. 거경은 자신의 마음이 경(敬)의 상태에 항상 머무르게 하는 것을 말한다. 그러면 경의 상태란 어떤 것을 의미하는가? 이것은 성리학자들이 제시한 수양론의 핵심개념이다. 그리하여 이미 송대 성리학자들이 그것에 관해 많은 논의를 하였으며, 주자는 그 결과를 종합하여 경에 관한 4개조 설을 확립한다. 이에 의하면 경은 다음과 같은 4가지 마음의 상태를 말한다:

첫째는 하나의 일에 마음을 통일하고 집중하여 그 상태에서 떠나지 않는 것이다(主一無適). 여기서 말하는 "하나"는 결코 유일성이나 단수성이 아니라 오직 전체 중의 개별성을 의미한다. 만약 마음이 여러 가지 일에 개별적으로 그러면서도 동시에 전체적으로 주의를 집중하지 않고 오직 한 가지 일에만 집중하면 복잡한 일에 대응하는 우리의 행동은 헷갈려서 혼란에 빠지고 만다. 예를 들면 운전자는 전후좌우를 하나하나 주목하면서 동시에 운전해야 안전하며 앞만 보고 운전하면 교통사고를 일으키기 쉽다. 앞의 경우는 주일무적을 올바로 이해한 것이나 후자의 경우는 잘못 이해한 것이다.[57]

---

56) 신귀현(1985), "『자성록』을 통해 본 퇴계의 위학방법론", 앞의 책, 58-60쪽 참조.

57) 정범진 편(1985), 『퇴계전서』, 권3, (서울 : 성균관대학교 출판부), 166-167쪽.

둘째는 마음을 거두어들여서 하나의 잡념도 그 속에 들어오지 못하게 하는 것을 의미한다(其心收斂 不容一物). 이렇게 하기 위해서는 마음이 아직 다가오지 않은 일을 미리 나가서 맞아 오지 아니하고 이미 지나간 일을 뒤쫓아가지 말아야 한다. 이렇게 함으로써 마음의 순수함과 평온함을 확보할 수 있다. 이러한 마음의 상태를 퇴계는 하나의 비유로 설명한다 : 한 집의 주인이 항상 집안에 머무르며 그 집안일을 주간하고, 외부에서 손님이 오면 그 주인은 뜰 안에서 그를 맞이하고 떠나가면 또 뜰 안에서 그를 보낸다. 이렇게 하면 날마다 손님을 맞고 보낸들 가계에 아무런 해가 없을 것이다. 이렇게 하지 않고 사방으로부터 손님이 오면 자신이 뜰 밖으로 나가서 바쁘게 맞이하고 가는 손님을 뒤따라가서 쉴 틈 없이 송별하면서 또다시 이렇게 한다면 자신의 집은 주관하는 사람이 없어서 도둑이 마음대로 훔쳐가도 주인은 골몰에 빠져 종신토록 헤어나지 못하게 되니 이 어찌 큰 슬픔이 아니겠느냐라고 한다.[58]

셋째는 항상 마음이 또렷또렷하게 깨어 있는 상태이다(常惺惺). 이 상태는 평상시에 아무 일이 없을 때의 마음의 상태인데 이것은 우리가 마음의 근본 뿌리를 기르는 곳이다. 이런 상태에서는 누구나 겉으로 의젓하여 생각하는 듯하고 속으로는 마음이 집중되어 또렷또렷한 때이다. 그리하여 하나의 생각이 맹동할 때 간사한 생각만 막아 버리면 이치만 마음에 남게 되어 그것을 아무리 없애 버리려 해도 없앨 수 없다. 대개 무사할 때는 마땅히 고요하게 마음을 붙잡아서 기르고, 만약 일이 있으면 마땅히 생각해야 하나 이때에도 생각이 하나로 집중되어 딴 곳으로 달려가지 아니하니, 이것은 바로 고요한 가운데에도 움직이고 있는 것이니 마음을 가지는 데 해롭지

58) 앞의 책, 169쪽.

않다. 그런데 이렇게 하지 않고 마음갖기를 한결같이 또렷또렷하게 하여 모든 생각을 없애 버리면 이것은 한결같이 고요하게 하여 움직이려 하지 아니하는 것이며, 한결같이 쉬지 않고 궁리하기를 그치지 아니하면 이것은 움직이는 데 치우쳐서 고요함이 없을 때이다. 이러한 상태는 바로 주자가 항상 졸면서 깨지 않는 상태이며 항상 움직이기만 하고 그칠 줄 모르는 병이니 다 옳지 않다고 한 말이라고 퇴계는 지적한다.[59]

넷째는 용모와 의복을 가지런히 하고 행동과 태도를 엄숙히 하는 것을 의미한다(整齊嚴肅). 이 조항은 경의 외면적인 상태를 말하는 반면, 앞의 3조항은 내면적인 상태를 말한다. 초보자들이 거경을 하는 데에는 이 외면적인 데서부터 시작하는 것이 효과적이라고 성리학자들은 강조한다.[60]

이러한 마음의 상태를 지속적으로 갖고 그것을 습관화되도록 하기 위해서 아무 일이 없는 평상시에 우리는 마음을 잡아두고 기르는 존양(存養)을 필요로 한다. 그렇지 않으면 그것은 쉽게 흩어져 없어지기 때문이다. 그리고 이 존양은 느긋하게 실컷 하여 싫어질 때까지(優游厭饒) 오랜 기간 계속해야 하며(持以悠久) 거경의 상태가 습성화되도록 하여야 한다. 이렇게 하지 않으면 인간의 선한 마음은 항상 감각적인 탐욕과 물질적인 이익의 유혹에 침식되어 마침내 사라지고 만다. 이 때문에 퇴계는 "성학십도"에 제8 심학도(心學圖),[61] 제9 경제잠도(敬齊箴圖),[62] 제10 숙흥야매잠도(夙興夜昧箴圖)[63]를 수록하여 성학의 방법론으로 삼았다.

---

59) 앞의 책, 169쪽 참조.

60) 신귀현(1985), "『자성록』을 통해 본 퇴계의 위학방법론", 『퇴계학보』, 제48집, 58쪽 참조.

61) 퇴계학연구원(1988), 『퇴계학계 소식』, 44호, 8쪽.

62) 같은 곳, 45호, 7쪽.

63) 같은 곳, 46호, 8쪽.

위에서 고찰한 궁리성찰과 거경존양은 성학을 공부하는 방법의 수미(首尾)이나 실지는 양단공부라고 퇴계는 설명한다.[64)]

그러나 이것은 마치 새의 두 날개와 수레의 두 바퀴처럼 두 가지가 서로 동시에 진행되어야 하며, 궁리를 하여 실천에서 경험하여야 비로소 참으로 아는 것이 되고, 거경을 주로 해서 마음이 두 갈래 세 갈래로 흩어지지 않아야 바야흐로 정말 실천의 힘을 얻은 것이라고 한다.

Ⅲ. 후설의 생애와 현상학의 중심문제

1. 후설의 생애와 사상의 발전과정

전세계적으로 현대철학에 지대한 영향을 끼친 독일의 철학자 후설은 1959년 4월 8일 당시 오스트리아의 영토였던 메에렌(Mähren) 주(州) 프로스니츠(Prosnitz, 현 체코 영토)에 정착한 중산층의 유태인 가정에서 태어났다. 그의 부친은 피복상을 했으나 후설이 대학재학중 사망했으며 그의 모친과 가정교육에 관해서는 알려진 바가 없다. 후설은 그의 부친을 매우 존경했고 가족들이 그를 위해 바친 희생을 길이 추억했다고 한다. 10세 때 후설은 빈(Wien) 고등학교에 입학했다가 이듬해인 1870년에 그의 고장에서 아주 가까운 옛 대학도시 올뮈츠(Olmütz) 고등학교로 전학했다. 여기서 그는 고등학교 교육을 마쳤다.

그의 외모는 황색 머리에 얼굴은 창백했으나 건강했으며 명

64) 정범진(1985), 『증보퇴계전서』, 권3, 171쪽 참조.

상적이고 수업시간중에 주의가 산만했다. 성적과 교수들의 품행평가는 올뮈츠 재학중 언제나 보통이었다. 그러나 그는 수학과 과학을 정열적으로 공부했고 1876년 6월 30일 졸업시험에 통과했을 때 스승들은 그의 합격에 놀랐다고 한다. 왜냐하면 그들은 후설이 이 시험에 합격하리라고 기대하지 않았는데도 합격했기 때문이었다.

고교졸업 후 그는 천문학과 광학에 취미를 가졌고 라이프치히(Leipzig) 대학에 입학하여 수학, 물리학, 천문학, 철학을 수학했다. 1878년에 그는 수학을 전공으로 선택하고 당시 유명한 수학자였던 크로네커(Kronecker)와 바이어슈트라스(Weierstrass)가 있는 베를린(Berlin) 대학으로 전학했다. 여기서 크로네커의 수에 관한 이론과 파울젠(Paulsen)의 철학강의에 깊은 영향을 받았다. 그리하여 크로네커의 지도하에 후설은 "변수계산의 이론을 위한 기여(Beiträge zur Theorie der Variationsrechnung)"란 학위논문 제목을 결정하고 이 논문을 쓰기 위해서 그는 1882-1883년에 걸쳐 쾨니히스베르거(Leo Königsberger) 교수의 지도하에 학위논문을 완성하고 바이어슈트라스 교수의 개인조교가 되어 베를린으로 되돌아왔다. 그러나 바이어슈트라스 교수는 이때 벌써 노령으로 강의를 제대로 할 수 없었다. 후설은 그래서 다음해인 1884년에 오스트리아의 빈으로 되돌아갔으며, 이때부터 그의 생애에 있어서 새로운 장이 펼쳐진다.

빈 대학에서 후설은 브렌타노(Brentano)를 알게 되며 그로부터 사상적으로뿐만 아니라 인격적으로도 일생 동안 결정적인 깊은 영향을 받는다. 사상적으로 브렌타노의 기술심리학(記述心理學, Deskriptive Psychologie)에 영향을 받고, 인격적으로 후설은 브렌타노에게서 친절감을 느꼈다고 한다. 일찍이 부친을 여읜 후설이 노은사(老恩師)에게서 심리적인 "대부(代父)를 발견했기 때문인지도 모르겠다. 그래서 후설은 만년에 진정한 교수는 아버지와 같다"고 술회했다고 한다. 그는 방학을 은사 댁에서 보내는 특전을 받기도 했다. 1887년에 후설은 그의 동향인이며 같은 유태혈통의 여교사 말빈 슈타인슈나이더(Malvin Charlotte Steinschneider)와 결혼, 2남(장남 Wolfgang, 1차대전시 전사. 차남 Gerhart, 법률학 교수) 1녀(Elisabeth, 하버드대 교수 J. Rosenberg의 부인)를 두었다.

후설의 학자로서의 인생경력은 그의 결혼 무렵인 1887년부터 시작된다. 결혼하기 한달 전 1887년 7월 6일, 후설은 심리학자 슈툼프(Carl Stumpf) 교수의 지도하에 "수개념에 관하여—심리학적 분석(Über den Begriff der Zahl-Psychologische Analysen)"이란 교수자격 논문이 통과되어 할레(Halle) 대학의 철학담당 사강사로 취임하게 되었고, "인식론과 형이상학 입문"이란 제목으로 첫 강의를 개설했다. 후설은 원래 수학에서부터 출발하여 이제 철학에로 전향했다. 이 전향은 후설의 사상발전에 있어서 한 단절과 같은 다른 새 출발을 의미하는 것이 아니고 내면적인 연속성을 지닌다.

우리는 여기서 잠깐 그 이유를 간단히 살펴보고자 한다. 후설이 베를린 대학에서 크로네커와 바이어슈트라스 교수에게 수학할 당시, 수학계에서는 수학의 기초이론에 관한 연구가 활발히 추진되었다. 이러한 연구를 통해서 칸토르(G. Cantor)의 초한수론(transfinite Zahl)과 크로네커의 정수론(finite Zahl)이 대립하게 되었다. 전자는 초한수도 유한수도 모두 수학의 영역에 포함시키려고 한 반면, 후자는 수학의 대상을 유한수에만 국한시키려고 한 것 같다. 당시 수학계의 이러한 논쟁점을 간파한 후설은 수란 무엇인가? 즉 수의 기원부터 해결하려고 시도했다. 이러한 시도는 수학 자체에서 해결될 수 없다고 보고 후설은 비수학적인 영역, 즉 논리학과 심리학의 영역으로 그의 관심을 돌린다. 여기에 후설이 수학에서 철학으로 전향하는 동기를 찾아볼 수 있다.

후설은 할레 대학에서 1887-1901년까지 14년간이나 사강사를 지냈다. 이 시기는 후설의 학문적인 자립기라고 할 수 있으며 이론적인 논쟁기였다고도 할 수 있다. 그는 여기서 1891년 그의 교수자격 논문 "수의 개념에 관하여"를 증보하여 『산술의 철학(Philosophir der Arithmetik)』으로 출판했고, 프레게(G. Frege)와 수학의 기초에 관한 이론논쟁을 한 것은 유명한 사실로 되어 있다. 1900년에 그의 명저 『논리연구(Logische Untersuchungen)』의 제1권 『순수논리학 서설(Prolegomena zur reinen Logik)』을, 이듬해인 1901년에 그것의 제2권 『현상학과 인식론의 연구(Untersuchungen zur Phänomenologie und Theorie der Erkenntnis)』를 출간했다. 이 저술을 통해 후설은 일약 저명한 철학자로 입증되었으며, 뿐만 아니라 당시 논리학계의 지배적인 경향이었던 심리학주의를 완전히 논파함으로써 큰 사상적인 영향을 끼쳤다.

그는 한동안 마흐(E. Mach) 교수의 후계자로 빈 대학에 가기를 희망했으나 이 소망을 성취하지 못하고 1901년 괴팅겐(Göttingen) 대학 부교수로 초청되었다. 괴팅겐 시절은 후설의 생애에 있어서 매우 뜻깊은 시절이었다. 왜냐하면 이 당시 독일에서 현상학이 형성되었기 때문이다. 1903년 뮌헨(München)에서, 다음 괴팅겐에서 후설 주위에는 라이히(Reich), 마티우스(Conrad Matius), 코예(A. Koyre), 헤링(J. Hering), 인가르덴(R. Ingarden), 카우프만(F. Kaufmann), 슈타인(E. Stein) 등의 제자들이 모여들었다. 이 당시 후설은 활발한 학술활동을 계속했으나 저술은 거의 없었다. 『논리연구』 이후 근 10년의 공백기간 뒤 1910년 "엄밀한 학문으로서의 철학"이란 논문을 『로고스(Logos)』란 철학잡지 제1권에 발표하고, 1913년에 그의 주저 『순수현상학과 현상학적 철학을 위한 제이념(Ideen zu einer reinen Phänomenologie und phänomenologischen Philosophie)』 제1권을 『철학과 현상학 연구연보(Jahrbuch für Philosophie und Phänomenologie)』 제1권에 발표했다.

1914년 1차 세계대전이 발발하자 후설은 55세로 모든 군무에서 면제되었으나 그의 두 아들 볼프강과 게아하르트는 참전하게 되었고, 그의 딸 엘리자벳도 간호원으로 종군하게 되었다. 후설은 이 전쟁을 통해 많은 비운을 체험했다. 왜냐하면 1916년 그의 장남이, 1917년 그의 제자이자 친구인 라이히가 전사하고 이 해에 모친도 사망했다. 이리하여 후설은 1년간이나 비통에 잠겨 침묵 속에서 살았다고 한다. 1916년 3월 후설은 프라이부르크(Freiburg) 대학으로 초청되었다. 그는 다시 정신적인 안정을 차츰 회복하고 여기서 아직 소장철학자였던 하이데거(Heidegger)와 교류하게 되었다. 후설은 정치에 적극참여하지 않고 오로지 학문연구에만 전심했으며, 특히 미국, 일본, 영국 등지에 현상학을 전파시키는 데 더 많은 노력을 경주했다. 1922년 4회에 걸친 현상학 강의를 위해 런던으로 초대되었고, 1923년 베를린 대학 교수로 초청되었으나 이 제안은 거절했다. 왜냐하면 수도의 번잡보다는 프라이부르크의 한적한 분위기를 그는 더 좋아했기 때문이다. 1928년 후설은 67세로 교단에서 은퇴한 뒤 하이데거에게 그 후계의 자리를 넘겨주고 1930년까지 강의를 계속했다. 1929년 후설은 『형식논리학과 선험논리학(Formale und transzendentale Logik)』을 출간했으며, 이것은 1913년 『순수현상학과 현상학적 철학의 제이념』 이후 후설이 직접 출간한 유일하고 방대한 저술이다. (1928년 『내적 시간의식을 위한 강의〔Vorlesungen zur Phänomenologie des inneren Zeitbewusstseins〕』가 나왔으나 이것은 하이데거가 편집 · 출간함)

1928년 암스텔담(Amsterdam)에서 현상학적 심리학에 관해 강연을 하고, 1929년 프랑스 철학회와 독일학연구소의 초청으로 "데카르트적 성찰"이란 제목으로 현상학 입문 강연을 할 때 사회자 아들러(Adler)는 헤겔 이후의 가장 위대한 고전철학이라 평가했다. 프라이부르크로 돌아오는 도중 슈트라스부르크(Strassburg)에서 같은 강연을 반복하였으며, 이 해에 이 강연원고가 불어로 번역되어 출판되었고 이것은 그의 생전의 마지막 저술이었다.

1929년경 후설은 미국, 영국, 독일, 프랑스 학술원의 회원이 되었다. 이와 같은 명예와 학술적인 업적에도 불구하고 1933년부터 후설에게는 견디기 어려운 곤욕이 찾아왔다. 나치 정권은 후설이 유태인이라는 이유로 대학과의 모든 관계를 단절시키고 공적 활동을 일체 금지시켰고, 하이데거로 하여금 그가 『존재와 시간』 초판(1927)에서 후설에게 바친 헌사(獻辭)를 삭제케 하였다. 1933년 12월 후설은 미국 로스앤젤레스(Los Angeles) 대학으로부터 초빙을 받았으나 나치 정권은 이를 취소케 하였으므로 그는 취임을 포기하였다. 1935년 5월 빈의 문화협회가 "유럽 인류의 위기와 철학"이란 제목으로 강연하도록 초청하자 그는 이 제목을 약간 바꾸어 "유럽 인간성의 위기와 철학"이란 제목으로 강연을 하였으며, 나중에 이것이 다시 『유럽 학문의 위기와 선험적 현상학』이란 제목으로 변경되어 현재의 책으로 보완 · 출간되었다.

그 해 11월에 체코의 수도 프라하(Prag)의 인간이성의 탐구를 위한 프라하 철학회(cercles phiosophique de Prague pour les recherches sur l'entandment humain) 초청으로 앞에서와 같은 제목으로 강연을 하였으며 이것이 후설의 최후의 공적인 학술활동이었다.

1938년 4월 27일 후설은 79세를 일기로 영면한 뒤 독일 프라이부르크의 귄트스탈(Günterstal) 묘지에 안장되었으며 그의 부인도 현재 그와 나란히 묻혀 있다.

후설의 생애는 한마디로 시종 학구의 정신으로 일관된 전형적인 학자생활이었다. 그는 그의 사상발전의 어느 한 단계에 안주하지 않고 끊임없이 자기반성과 비판을 연속하였으며 만년에도 즐겨 철학의 진정한 초보자로 자처했다.

그의 사후 얼마 안 되어서 장서와 유고가 신부로서 후설의 제자였던 반 브레다(H. Leo Van Breda)에 의해 비밀리에 벨기에(Belgie)의 루벵(Rouvin) 대학으로 옮겨졌고, 이것이 현재의 후설 문고를 이루게 되었다.[65] 그의 두 수제자 중의 한 사람인 란트그레베(L. Landgrebe)가 있던 쾰른(Köln) 대학뿐만 아니라 또 다른 한 수제자인 핑크(E. Fink)가 있었고, 후설 자신이 봉직했던 프라이부르크 대학에도 현재 후설 문고에 보관된 유고의 사본들이 소장되어 있다. 미국에서는 파버(M. Faber)가 활약하던 버팔로(Buffalo) 대학과 프랑스 파리 대학에도 후설 유고의 사본이 소장되어 있다고 한다.

루벵 대학과 쾰른 대학 후설 문고에서는 그의 유고를 정리하여 후설 전집인 『후서리아나(Husserliana)』를 1948년부터 출간하기 시작하여 현재까지 26권에 이르렀으나, 아직 정리되지 않은 채로 공개되지 않고 있는 유고의 총분량이 45, 000매나 된다.

위와 같은 후설의 생애를 칼 슈만(Karl Schumann)의 『후

---

65) Vgl. H. L. Van Breda (1959), "Le sauvetage de l'héritage husserien et la fondation des Archives-Husserl, " "Die Bedeutung von Husserl Nachlass und die Gründung des Husserl-Archivs, " in Husserl et la pensée moderne, Phaenomenologica, Bd. 2, (The Hague : Nijhoff), S. 42-77.

설 연보(Husserl-Chronik)』는 유소년 시기(1859-1876), 수학시기(1876-1887), 할레 대학 사강사 시기(1887-1901), 괴팅겐 대학 부교수 시기(1901-1916), 프라이부르크 대학 정교수 시기(1916-1928), 정년 이후의 시기(1928-1938)로 구분한다. 후설의 이러한 생활과 학문활동의 과정을 통하여 형성된 그의 사상의 발전과정을 우리는 『논리연구』 제1권이 출간된 1900년을 분기점으로 하여 전현상학기와 현상학기로 구분할 수 있다.

앞의 시기를 대표하는 후설의 사상은 심리학주의에 대한 비판이다. 심리학주의는 논리학, 수학, 철학의 토대가 심리학에 있다는 철학적 주장을 말한다. 그러나 후설에 의하면 심리학은 본질적으로 상대적인 타당성만을 갖는 경험과학인 반면, 논리학, 수학, 철학은 절대적인 타당성을 갖는 선천적인 학문이다. 그러므로 만약 선천적인 학문의 토대가 경험과학에 있다면 그 절대적인 타당성은 상실되고 말 것이다. 여기에 후설이 심리학주의를 비판하는 근본이유가 있다.

뒤의 시기에는 후설의 현상학이 정립되었으며 그 내용을 우리는 다시 3단계로 구분할 수 있다. 제1단계는 1901년에 출간된 『논리연구』 제2권에서 기술심리학적(deskriptiv-psychologisch) 방법을 적용하여 지향성 구조를 분석함으로써 성립된 기술심리학적 현상학, 제2단계는 1907년 괴팅겐 대학에서 행한 현상학의 이념에 관한 강의를 할 때부터 환원이란 방법을 적용함으로써 사물의 보편적인 의미구조로서의 본질을 직관하는 순수현상학 내지 선험현상학, 제3단계는 1929년 『형식논리학과 선험논리학(Formale und transzendentale Logik)』을 출간한 이후부터 모든 본질구성의 최종근거를 추적·해명하는 발생현상학으로 구분된다. 이러한 현상학의 중심문제를 우리는 곧 이어서 다시 고찰할 것이므로 여기서는 현상학이 전세계적으로 거의 모든 학문분야에 주도적인 영향을 끼치고 있으며, 한국에서도 1976년에 현상학회가 창립된 이후 매월 회원들이 연구발표를 하고 매년 겨울방학 때는 현상학회 단독으로나 혹은 다른 학회와 공동으로 세미나를 개최할 뿐만 아니라, 『현상학 연구』라는 학회지를 연간(年刊)으로 출판하고 있는 사실을 밝히는 데 그친다.

2. 철학함의 근본동기

후설은 원래 수학을 전공하여 박사학위까지 받았으나 교수자격 논문을 쓸 당시에 철학에로 전향하였으며, 철학에 있어서도 특히 논리학을 체계적으로 연구한 결과 다시 새로운 철학인 현상학을 정초하기에 이른다. 이러한 과정을 추적하면 우리는 후설의 철학하는 동기를 파악할 수 있다.

앞에서 이미 언급된 바와 같이 후설이 학위논문을 작성할 당시 수학계에서는 수학의 기초이론, 즉 수의 개념규정에 관한 논의가 활발히 진행되었고, 이 문제와 관련하여 유한수뿐만 아니라 초한수도 수의 대상에 포함시켜야 한다는 칸토르(G. Cantor)의 초한수론(transfinite Zahl)과 유한수만을 수의 대상으로 간주해야 한다는 크로네커의 정수론(finite Zahl)이 대립하여 논쟁을 하였다. 당시 수학계를 주도하던 가장 대표적인 이 두 수학자들의 이러한 논쟁점을 간파한 후설은 “수란 무엇인가?”라는 문제, 즉 수의 기원부터 해명하려고 시도한다. 그러나 그는 곧 이러한 시도가 수학 자체에서 해결될 수 없다는 사실을 확신하고 비수학적인 영역, 즉 논리학과 인식심리학의 영역으로 그의 관심을 돌린다. 왜냐하면 어떤 대상의 기원을 밝히고 그것을 정의하는 문제는 어떤 대상의 양만을 연산하는 수학으로는 해결할 수 없기 때문이다.

그리하여 그는 이제 수학에서 철학으로 전향한다.

이와 같이 후설은 수학에서 철학에로 전향하여 심리학자 슈툼프(Carl Stumpf) 교수의 지도하에 수의 기원문제를 심리학적으로 연구하였다. 이 결과 그는 결혼하기 바로 한달 전인 1887년 7월 6일 할레(Halle) 대학에 "수개념에 관하여—심리학적 분석(Über den Begriff der Zahl - Psychologische Analysen)"이란 제목의 교수자격 논문을 제출하여 통과되었다. 여기서 그는 수의 개념이 다(多, Vielheit) 혹은 집합(Inbegriff)이란 개념에서 도출되는 과정을 밝힌다.[66] 다와 집합은 심리적인 "집합적 결합"[67]작용의 반성에 의하여 형성되며 그것은 일종의 "관계(Relation)"[68]에 불과하다. 따라서 다는 무엇과 무엇과 무엇……, 더 간단히 말하면 하나와 하나와 하나와 하나……의 집합에 불과하며 이런 다가 개수이다.[69] 그러므로 개수는 둘, 셋, 넷……이라는 개념들에 대한 공통적인 명칭이며 이 계열에서 어느 한 지절(枝節, Glied)을 잘라 내면 우리는 수를 얻는다고 한다.

후설의 이러한 분석에 대해 프레게(Frege)는 그것을 통하여 수의 기원을 완전히 설명하지 못한다고 비판한다. 왜냐하면 1이나 0에는 집합개념이 전제되지 않으며 따라서 이런 경우 그것은 수가 아니기 때문이다. 이 때문에 후설은 1과 0을 수에서 제외하지 않을 수 없었다. 바로 이 점에 수의 기원에 관한 후설의 이론이 결정적인 난관에 빠지고 말았다.[70]

이런 배경에서 후설은 이제 새로이 논리학 연구에로 관심을

---

66) Vgl. Husserl(1970), Philosophie der Arithmetik, Husserliana, Bd. XII. hrsg. von L. Eley, (Haag : Nijhoff), I. Kap., S. 14-21.

67) Vgl. a. a. O., S. 17ff.

68) A. a. O., S. 72.

69) Vgl. A. a. O., IV. Kap. S. 77-89.

70) 신귀현(1979), "E. Husserl의 心理學主義에 대한 批判", 『철학회지』, 제6집, (경산 : 영대 출판부), 57쪽 참조.

돌린다. 그리하여 그는 1900/01년에 걸쳐 『논리연구(Logische Untersuchungen)』를 출간한다. 1900년에 출간한 제1권 『순수논리학 서설(Prolegomena zur reinen Logik)』에서는 심리학주의를 철저히 비판하고, 1901년에 출간한 제2권 『현상학과 인식의 이론에 관한 연구(Untersuchungen zur Phänomenologie und Theorie der Erkenntnis)』에서는 심리현상에 근거한 논리학이 아니라 사고의 본질과 그 선험적 법칙에 근거한 순수논리학의 이념을 제시한다.

후설이 논리학 연구에로 전향했을 당시 수학에 있어서와 마찬가지로 논리학에 있어서도 그 기초이론을 정립하기 위한 다음과 같은 4가지 문제에 관해 활발한 논쟁이 전개되고 있었다. 1) 논리학이 하나의 이론적인 분과인가 혹은 실천적인 분과(하나의 기술론, Kunstlehre)인가? 2) 논리학은 다른 학문들, 특히 심리학과 형이상학으로부터 독립된 학문인가 혹은 종속된 학문인가? 3) 논리학은 인식의 단순한 형식과만 관계하는 형식적인 분과인가 혹은 인식의 내용을 고려해야 하는 실질적인 분과인가? 이 4가지 문제에 대한 논리학자들의 견해는 두 가지로 대립되었다 : 하나의 견해는 논리학이 심리학에서 독립된 이론적이며 형식적이고 증명적인 분과라고 주장한 반면, 다른 견해는 논리학이 심리학에 의존하는 사고의 기술론이며 경험적이고 규범적인 분과라고 주장한다.[71] 이 후자의 견해를 후설은 논리학적 심리학주의라고 지칭하며 그 이론의 상대주의적인 본질을 예리하게 그리고 치명적으로 비판함으로써[72] 논리학의 순수성, 객관성, 보편성을 입증한다. 후설에 의하면 만일 논리학이 상대적인 타당성만을 갖는 이론이라면 그것을 도구로 하는 모든 학문은 상대적인 타당성을 가질

71) 신귀현(1979), 앞의 논문, 59-63쪽 참조.
72) 앞의 논문, 63-71쪽 참조.

뿐이며 철학도 예외일 수 없다. 그렇다면 모든 학문은 파산선고를 당하고 말게 된다. 이 때문에 후설의 심리학주의에 대한 비판은 철저하고 단호했다.

3. 현상학의 철학이념 : 엄밀한 학문으로서의 철학

후설은 『논리연구』를 출간한 이후 근 10년간 한 권의 책도 더 출간하지 못한다. 그동안 그는 이미 심리학주의를 비판함으로써 논리학을 보편학으로 정립했듯이, 이제 상대주의 철학을 비판함으로써 보편철학을 정립할 수 있는 과제를 해결하기 위한 심각한 정신적 긴장과 갈등 속에 빠져 있었다.[73] 이를 극복하기 위해서 그는 지칠 줄 모르고 연구에 열중한다. 그리하여 1905년경에 그는 스위스의 제펠트(Seefeld)에서 한 제자들과의 세미나에서 환원의 방법을 창안하고, 1906년에 괴팅겐 대학에서 5회에 걸친 "현상학의 이념"이란 제목의 강의를 하였으며, 1910/11년 『로고스(Logos)』란 철학잡지에 "엄밀한 학문으로서의 철학"이란 제목의 논문을 발표한다. 이 논문을 통하여 후설은 이제 자신이 진정한 철학자가 되기 위해서뿐만 아니라 철학을 엄밀한 기초 위에 정초하기 위해 겪었던 정신적 갈등을 극복하고 새로운 철학의 이념을 제시한다. 그것이 바로 앞에서 지적한 논문의 제목으로 표현된 것이다.

이 논문에서 후설은 먼저 옛부터 철학이 하나의 엄밀한, 즉 정확한, 원칙에 근거한, 보편타당하며 절대적이고 명증적인 학문이려고 노력하였으나 이러한 조건을 충족할 수 있는 이론체계를 전혀 갖지 못했다고 한다. 그럼에도 불구하고 저와 같은 노력만은 중단된 적이 없었으나 낭만주의 철학, 특히 헤겔

73) Vgl. Husserl(1958), Idee er Phänomenologie, Husserliana, hrsg. von W. Biemel, Bd. II, (Haag : Nijihoff), S. VII-VIII.

이 그 노력을 약화시키고 왜곡시켰으며, 이에 대한 반발로 한편으로는 자연과학주의가 대두하여 철학을 확고한 지반 위에 새로이 정립하려고 노력한 반면, 다른 한편으로는 회의주의, 역사주의, 세계관의 철학은 반자연과학주의적이었음에도 불구하고 철학의 보편성을 부정하고 상대성만을 인정함으로써 낭만주의와 함께 철학의 학문적 성격을 약화시키고 왜곡시키는 것을 조장하였다고 지적하고 이들을 비판한다.[74)]

이 비판에 의하면 자연과학주의는 자연을 탐구하는 정밀역학(精密力學)의 방법에 따라 인간의 의식까지도 자연화하며, 이러한 시도를 한 대표적인 학문분과는 실험심리학이다. 그러나 어떠한 사실과학도 모든 규범의 순수한 원리를, 다시 말하면 철학의 근거를 결코 제공할 수 없다. 왜냐하면 첫째로 자연과학은 자연이 이미 주어져 있으므로 그것을 자명하게 확인된 것으로 단순히 소박하게 받아들이며, 둘째로 경험논리학적인 의식의 활동이 어떻게 객관적인 타당성을 파악할 수 있는가의 문제에 대답할 수 없는 회의론에 빠지기 때문이다.[75)] 역사주의도 경험적인 정신생활의 사실영역에서 움직이고 있으므로 자연과학주의와 마찬가지로 회의론과 상대주의에 빠지며,[76)] 세계관의 철학은 역사주의의 회의론을 극복하기 위해 이 세계 내에서의 삶에 관한 확고한 태도를 취하도록 요구하는 점에서는 철학을 엄밀한 학문으로 정초하려는 요구에 위배되지 않으나 이러한 세계관은 결국 개인의 생활에 제한되어 있는 상대주의에 빠지고 만다.[77)]

자연과학주의, 역사주의, 세계관의 철학의 이러한 상대주의

---

74) Vgl. Husserl(1965), Philosophie als strenge Wissenschaft, (Frankfurt a. M. : Vittorio Klostermann), S. 75f.

75) 앞의 책, 77쪽 참조.

76) 앞의 책, 82쪽 참조.

77) 앞의 책, 83-84쪽 참조.

와 회의론을 극복하기 위해서는 의식의 경험적인 존재사실이 아니라 선천적인 본질구조를 파악하여야 한다. 이렇게 할 때 비로소 보편타당한 인식론이 성립되고 이 위에 철학을 위시한 모든 이론이 엄밀한 학문으로 정초될 수 있다.

그런데 의식의 본질을 탐구하는 학문은 현상학이다. 이 학문은 오직 문제 자체에로 자유로이 몰두하여 그것으로부터 출발하는 지시에 따라 철학을 엄밀한 학문으로 정초하기 위한 원리, 즉 출발점을 찾으려 하고 과거로부터 전래되어 오는 것은 아무것도 타당한 것으로 받아들이지 않는다. 이러한 철학은 철저한 무전제의 학문이고 근원적인 단초의, 모든 학문을 근거지우는 원리의, 인간의 지식과 태도의 뿌리에 관한 학문이며, 그 철저하고 뿌리에서부터 솟아오르는 절차는 절대적으로 명석한 단초, 방법, 사태에 대한 명석한 통찰을 요구한다. 이러한 요구를 충족하는 철학의 고유한 성과는 그 정초의 궁극적인 근원에로 복귀하여 추리와 논증의 도구없이 철학적 직관, 즉 현상학적인 본질파악을 통하여 가장 엄밀한 근거를 제공하는 인식을 얻는 것이다.[78)]

이와 같은 엄밀한 학문으로서의 철학의 이념과 방법을 후설은 1913년에 출간한 그의 주저 『순수현상학과 현상학적 철학을 위한 제이념(Ideen zu einer reinen Phänomenologie und phänomenologischen Philosophie)』과 1923/24년에 프라이부르크 대학에서 한 『제일철학(Erste Philosophie)』에 관한 강의에서 구체적으로 제시한다.

4. 현상학의 주제 : 지향성

엄밀한 학문으로서의 철학의 이념을 실현할 수 있는 근거

78) 앞의 책, 85쪽 참조.

내지 토대는 자연이나 세계존재가 아니라 의식 내지 자아존재임이 위에서 암시되었다. 후설은 이 문제를 『제일철학』의 제2권에서 자세히 설명한다.[79] 이에 의하면 세계존재는 지양(止揚)할 수 없는 우연성을 지니고 있는 반면, 자아존재는 어떤 회의에도 부정될 수 없는 명증성과 필증성을 지니고 있다. 따라서 엄밀한 학문으로서의 철학의 단초는 우리의 의식과 그 근거를 이루는 자아존재의 절대적 주관성이어야 한다.

그런데 이러한 의식과 주관성을 자연화하지 않고 그 선천적인 본질구조를 탐구하는 학문은 바로 현상학이다. 따라서 현상학이 일차적으로 탐구의 주제로 삼는 것은 의식이다. 그리하여 후설은 순수의식의 보편적인 구조, 즉 지향성을 현상학의 주제라고 규정한다.[80]

후설에 의하면 의식의 본질은 합리론자들이 주장한 바와 같이 고정불변의 실체도 아니고, 경험론자들이 가정한 바와 같이 방이나 창고와 같은 공간도 아니며, 라이프니츠가 말하는 바와 같이 지각(知覺, Perzeption)과 각지(覺知, Apperzeption)가 교차하는 장(場)도 아니고, 사물에 지향하는 작용에 불과하다.[81] 따라서 의식은 사물에 지향하는 작용, 즉 사물과 관계를 맺는 활동을 중단하고 그 자체로만 있을 때에는 아무런 고정된 실체도 갖고 있지 않으므로 그것은 무와 같다. 그러면서도 그것이 사물과 관계할 때 그 작용은 빛처럼 항상 공허하면서도 밝다. 이 때문에 일찍이 서양철학에서도 의식, 마

79) Vgl. E. Husserl(1959), Erste Philosophie(1923/24), Zweiter Teil, Husserliana Bd. VIII, hrsg. von R. Boehm, Haag : (Matinus Nijhoff), 32. Vorlesung, S. 36-43 ; 33. Vorlesung, S. 44-50.

80) Vgl. E. Husserl(1950), Ideen zu einer reinen Phänomenologie und phänomenologischen Philosophie, erster Teil, Husserliana, Bd. III, hrsg. von W. Biemel, (Haag : Nijhoff), S. 203.

81) 신귀현(1982), "志向性에 관한 연구", 『철학회지』, 제9집, (경산 : 영대 출판부), 2-3쪽 참조.

음, 이성 등을 자연의 빛(lumen naturale)[82]에 비유하기도 하였다.

의식이 작용하는 양상은 너무나 복잡하고 다양하며 광범하고 다층적임에도 불구하고 후설은 『논리연구』의 제6 연구와[83) 『순수현상학과 현상학적 철학의 제이념』 제1권에서[84] 그것을 자세히 분석하고 설명한다. 그 내용에 의하면 의식의 본질은 체험이고 작용이다. 이 작용은 크게 표상, 의지, 정서의 3영역으로 나누어지며, 이중 표상작용은 객관화하는 능력이 있는 반면 의지와 정서작용은 그것이 없다. 그러므로 표상작용은 모든 인식의 토대가 된다.

의식의 작용은 세 가지 계기로 구성된다. 첫째는 내실적 계기로서 지향적 형상(intentionale morphe)과 감각적 질료(sensuelle hyle)가 여기에 속한다. 전자는 의식의 순전한 지각과 사유의 기능인 노에시스(noesis)를 의미하며, 후자는 이 노에시스에 의하여 오관을 통해 의식 속으로 받아들여진 사물에 관한 감각내용을 지칭한다. 둘째는 지향적 계기로서[85] 의

82) Vgl. J. Hoffmeister(1955), Wörterbuch der philosophischen Begriffe, (Hamburg : Meiner) 387f.

83) Vgl. E. Husserl(1968), Logische Untersuchungen, II-2, (Tübingen : Niemeyer), Erster Abschnitt, 3. Kapitel.

84) Vgl. E. Husserl(1950), Ideen zu einer reinen Phänomenologie und phänomenologischen Philosophie, hrsg. von W. Biemel, Erstes Buch, Husserliana, Bd. III, (Haag : Nijihoff), dritter Abschnitt, 2. - 4. Kap.

85) 지향작용을 구성하는 내실적 계기와 지향적 계기의 관계에 관해서 R. Boehm은 다음과 같은 도식으로 설명한다:

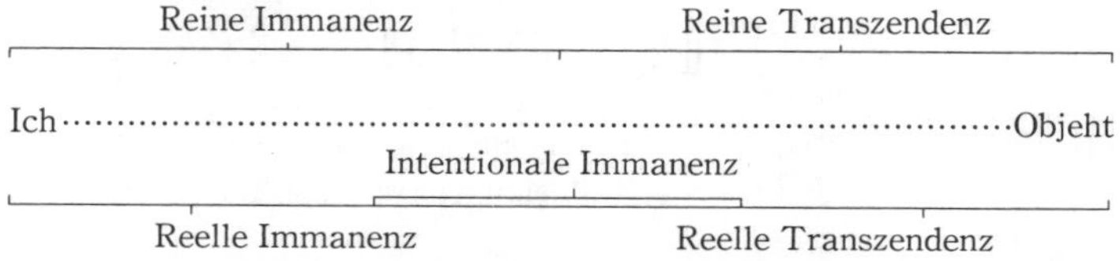

Reine Immanenz　　　Reine Transzendenz

Ich ·· Objeht

Intentionale Immanenz

Reelle Immanenz　　　Reelle Transzendenz

R. Boehm(1986), Vom Gesichtspunkt der Phänomenologie, Phaenomenologica Bd. 26, (Haag:Nijhoff) S. 149.

식 속으로 받아들여진 감각내용에 노에시스가 이성적인 혼을 불어넣음으로써 형상화, 의미화, 개념화한 지향작용의 내용인 노에마(noema)를 의미한다. 셋째는 지향성이 단일적으로 작용하는가 종합적으로 작용하는가를 결정하는 방사작용이다. 이렇게 구성된 의식은 심층과 표층의 중층구조로 작용한다.

심층은 지향작용이 해소되고 단지 시간적인 흐름의 현상을 이루고 있다. 그러나 이러한 흐름은 직선적인 흐름이 아니라 현재의 순간에서 형성되는 인상(Impression)을 중심으로 방금 지나간 것이 혜성의 꼬리처럼 붙잡혀 있는 파지(Retention)와 금방 다가올 미래로 있다가 현재의 인상을 곧 뒤로 밀어내고 그 자체가 인상으로 되는 예지(Protention)가 하나의 지평구조를 형성하고 있는 것이 특징이다.[86)]

표층은 지향작용을 하는 것이 특징이며, 이 지향작용은 다양한 성격과 변양(變樣)을 나타내므로 천변만화하는 의식활동은 모두 여기에서 유래한다. 지향작용의 성격에 따라 의식이 대상과 관계하는 방식이 달라지는데, 이 성격은 크게 신념적 성격, 즉 의식된 대상을 객관화하는 성격과 비신념적 성격, 즉 의식된 대상을 객관화하지 않는 성격으로 구분된다. 전자의 성격을 가진 작용은 표상, 판단, 인식, 사고, 직관 등이며 이들은 다시 직관적 작용과 의미적 작용으로 구분되고 직관적 작용은 다시 지각적 작용과 상징적 작용으로 구분된다. 후자, 즉 비신념적 성격을 가진 작용은 느낌, 소망, 의욕, 두려움, 희망 등이다.[87)]

이러한 지향작용의 내용은 지향적 대상, 작용의 질료, 즉

86) Vgl. E. Husserl (1966), Zur Phänomenologie des inneren Zeitwewusstseins (1893-1917), hrsg. von R. Boehm, Husserliana, Bd. X, (Haag : Nijhoff).

87) Vgl. J. N. Mohanty (1969), Edmund Husserl's Theory of Meaning, Phaenomenologica, Bd. 14, (Haag : Nijhoff), S. 47 ; 97 ; 116 Diagram.

지향적 의미, 작용의 질, 즉 정립성격, 직관적인 충족의 방식에 의하여 결정되며, 이렇게 결정된 내용이 지향작용의 충만한 인식적 본질을 형성한다.[88)]

지향작용의 성격과 내용에 관한 고찰은 원본적인 상태, 즉 지각의 상태에 있는 하나의 작용을 대상으로 하였으나, 지향작용의 변양을 고찰하기 위해서는 지각상태가 기억이나 상상으로 바뀌거나 이들의 혼합상태에 있는 작용을 대상으로 한다. 지각상태에 있는 어떤 작용이 기억이나 상상으로 바뀔 때 지향작용의 변양이 나타나는데, 그 원인은 첫째 주의력의 변화, 둘째 노에시스의 소여성 방식의 변화, 셋째 노에시스의 신념성격의 변화이다. 주의력의 변화는 지향성을 정립성에서 중립성에로 혹은 중립성에서 정립성에로, 작용의 맹동에서 수행에로 혹은 수행에서 중지에로 변화시킨다. 노에시스가 원본적으로 주어질 때 우리는 지각을 하나 이 상태는 곧 기억이나 상상으로 변화되며, 기억은 다시 기억의 기억으로, 상상 또한 상상의 상상으로 단계를 형성할 뿐만 아니라, 기억과 상상, 지각과 기억이 서로 혼합된 작용을 의식은 동시에 수행할 수 있다. 그런가 하면 주의력의 변화에 따라 노에시스의 신념성격도 다양한 변양을 나타낸다. 지각의 확실성을 우리는 긍정이나 부정을 함으로써 더욱 강화할 수도 있으며, 긍정과 부정은 다시 긍정의 긍정, 부정의 부정, 의문의 의문으로 단계를 형성하며 긍정과 부정, 부정과 의문, 의문과 부정이 서로 혼합될 수도 있다.

이와 같이 후설은 우리 의식의 인식작용을 철학적으로 철저히 분석·설명함으로써 이것을 철학의 명증적인 출발점으로 삼는다. 이것은 마치 데카르트가 cogito ergo sum이라는 명

88) Vgl. E. Husserl(1968), Logische Untersuchungen, II-2, (Tübingen: Niemeyer), erster Abschnitt, 3. Kap.

제를 철학의 확실한 출발점으로 삼았던 동기와 같으나, 데카르트는 이 cogito의 작용 자체를 더 이상 탐구하지 않고 자명한 것으로 소박하게 받아들인 반면, 후설은 그 본질을 철학적으로 해명한 점에서 철학을 엄밀한 학문으로 정초하기 위한 하나의 새로운 지평을 열 수 있었다.

5. 현상학의 방법 : 환원과 본질직관

우리의 의식을 심리학주의자들이나 자연과학주의자들처럼 자연화, 사물화하지 않고 철학적으로 그 본질을 탐구하기 위해서는 자연과학처럼 관찰과 실험을 하고 그 결과를 귀납하여 보편화하는 방법과는 다른 방법을 적용하여야 한다. 왜냐하면 저러한 자연과학적인 방법은 결국 상대주의, 회의주의에 빠지게 되며, 그것이 철학에도 적용될 때 결국 그 철학은 보편타당성을 상실하고 한갓 상대적인 이론의 체계로 전락하고 말겠기 때문이다. 바로 이 때문에 후설은 새로운 현상학적인 방법을 모색하지 않을 수 없었던 것이다.

자연과학적 방법은 자연뿐만 아니라 영혼이나 의식까지도 그 경험적인 사실성만을 파악하는데 반해, 현상학적 방법은 그 관념적인 본질을 파악한다. 이렇게 하기 위해서 후설은 형상적 환원과 분석기술(記述), 선험적 환원과 본질직관이라는 두 가지 절차를 거친다.[89)]

형상적 환원은 인식하는 우리의 태도를 근본적으로 변화시킨다. 이것은 유학의 "극기복례"에 비교될 수 있을 것이다. 현상학은 철학을 엄밀한 학문으로 정립하는 것을 그 이념으로 하기 때문에 자연적 태도의 모든 소박한 존재정립, 즉 후설이

89) 신귀현(1983), "현상학적 환원과 그 철학적 의의", 『현상학 연구』, 제1집, 한국현상학회 편, (서울 : 심설당), 59-79쪽 참조.

말하는 "자연적 태도의 일반정립"[90]을 배제한다. 이것은 사물의 경험적인 현상에 관한 우리의 관심을 배제하고 그것에 관한 우리의 판단을 중지하며 그것에 관한 우리의 존재확신을 인식비판적으로 아무런 타당성도 갖지 못한다는 의미에서 영(零)이란 지표를 붙여 괄호 속에 보류한다.

이렇게 한 다음 문제의 사물에 관해서 상상을 통한 "자유로운 변경"[91]을 수행한다. 이 자유변경을 수행하면서 전 변경계열을 통해 변경되는 것과 되지 않는 것을 분석해야 한다. 삼각형을 예로 들면, 그 크기와 형태는 무한히 변하나 그 변의 수와 세 각의 총합의 크기는 결코 변하지 않는다. 이러한 요소들을 분석하는 동시에 각 요소들에 있어서 공통적인 것을 종합하여 그 속성을 설명하는 것이 기술이다. 분석과 기술이 자세하면 할수록 사물의 본질규정도 그만큼 더 자세하게 이루어진다. 형상적 환원은 이와 같이 자연적 태도의 일반정립에 관한 판단중지, 탐구대상의 자유변경, 분석과 기술의 절차로 이루어져 있다.

선험적 환원은 형상적 환원을 통하여 파악된 사물의 본질을 의식내재화하여 명증적으로 직관하는 절차이다. 경험세계를 초월해 있는 플라톤의 이데아나 수학의 수, 논리학의 개념 등은 모두 사물의 본질에 속하나, 이들이 의식내재화되어 직관되지 않으면 실재물과 같은 어떤 것으로나 혹은 단순한 명칭에 불과한 것으로 오해되기 쉽다. 그러나 사물의 본질은 관념적인 의미의 통일체에 불과하며 결코 실재물과 같은 어떤 것이나 단순한 명칭은 결코 아니다. 그것이 의식내재화되고 명

---

90) E. Husserl(1950), Ideen zu einer reinen Phänomenologie und phänomenologischen Philosophie, hrsg. von W. Biemel, erstes Buch, Husserliana, Bd. III, (Haag : Nijihoff), S. 63.

91) E. Husserl(1968), Phänomenologische Psychologie, hrsg. von W Biemel, Husserliana, Bd. IX, (Haag : Nijihoff), S. 72.

증적으로 직관되기 위해서는 체험되고 이해되어야 한다.[92)]

이러한 본질직관은 시각을 통하여 사물을 바라보는 감성적 직관과는 근본적으로 다르다. 따라서 후설은 전자의 직관을 후자의 직관과 구별하여 범주적 직관이라고 한다.[93)] 감성적 직관은 사물이 우리 시각에 나타나는 그대로 단번에 파악하는 것이 특징이다. 이와는 달리 범주적 직관은 사물의 여러 개념적 속성들을 개별적으로 직관하면서도, 동시에 그 속성들이 구성하는 하나의 통일적인 의미체를 직관하기 때문에 하나의 작용단계가 아니라 여러 작용단계를 거쳐 이루어지는 분석적이며 동시에 종합적인 것이 특징이다. 이러한 직관을 통해 우리는 바로 사물의 보편적인 의미를 인식할 수 있으며, 이러한 인식에 근거한 이론체계 위에서 엄밀한 학문으로서의 철학은 정초될 수 있다고 후설은 확신한다.

이렇게 파악된 사물이나 사태의 본질이 경험적인 실재를 통해 충족될 때 우리는 사물이나 사태 자체를 인식하게 된다. 그렇지 않으면 사물의 본질은 단지 관념적이고 논리적인 허구에 불과할 것이며 본질인식없이 단순히 지각만 된 개별적인 사물은 일종의 환영에 불과할 것이다. 그래서 후설은 현상학의 방법론적 표어로 "사태 자체에로 돌아가는 것(auf 'die Sachen' selbst zurückgehen)"[94)]을 주장하였다.

이때의 사태 자체는 바로 보편적인 본질을 지니는 동시에 이것이 실재하는 사실을 통해 충족된 사태를 의미하는 것이다. 이러한 사태 자체의 인식에 근거한 철학은 결코 공허한 관념의 유희가 아니고 명증적이며 필증적으로 엄밀히 정초된

92) 이러한 사실은 오늘날 언어장애 아동의 치료에서 확인되고 있는 듯하다.

93) Vgl. E. Husserl(1968), Logische Untersuchungen, II-2, (Tübingen : Niemeyer), Zweiter Abschnitt, 6. Kap.

94) E. Husserl(1986), Logische Untersuchungen, II-1, (Tübingen : Niemeyer), S. 6.

인식의 체계이다.

Ⅳ. 성리학과 현상학의 유사점과 차이점

위에서 고찰한 퇴계의 성리학과 후설의 현상학의 중심문제를 토대로 하여 이제 그 두 철학의 유사점과 차이점을 확인해 보기로 하자.

1. 유사점

1) 철학의 동기

퇴계가 성리학을 공부한 동기는, 유학의 근본사상을 이어받아 인간의 근원적으로 선한 본성을 해명하고 일상생활을 통해 그것을 실현하는 데 있었으며, 이러한 학문을 그는 성학이라고 지칭하였다. 성학은 그러므로 인간의 깊은 심성을 근원으로 하고 우주의 근본원리인 이기를 토대로 하며 선의 실현을 궁극목적으로 하는 학문이다. 따라서 그것은 모든 학문 중에 가장 근원적이고 기초적이며 궁극적인 학문이다. 퇴계는 이러한 학문을 추구한 반면, 입신출세의 수단인 과거시험에 합격하기 위해 아름다운 시나 짓고 수사학적이며 논리적인 문장을 잘 쓰기 위한 기교나 공부하는 위인지학은 비판·배제하였다.

후설이 철학을 공부한 근본동기도 수학과 논리학뿐만 아니라 철학 자체의 토대를 근원적으로 새로이 정립하는 것이었다. 이 점은 퇴계가 성학을 근원적이며 기초적이고 궁극적인 학문으로 간주한 것과 유사하다. 그리하여 그는 심리학주의자들이 논리학을 사고의 보편적인 원리와 법칙을 제시하는 순수한 학문이 아니라 현실적으로 하나하나의 사고를 보다 더 합리적으로 할 수 있도록 하는 사고의 실천적인 규범을 제시하는 학문, 다시 말하면 사고의 실천적인 기술론(技術論, Kunstlehre)이라는 주장과, 자연과학주의자들이 철학도 모든 경험과학과 마찬가지로 근원적이고 궁극적인 토대에 근거한 학문이 아니라 경험적인 사실을 보편화한 상대적인 이론체계에 불과한 것으로 간주하는 견해를 비판하고 배제한다. 이와 같이 후설이 논리학을 사고의 기술론으로 간주한 심리학주의자들의 견해를 비판하고 배제한 점은 퇴계가 유학을 입신출세의 도구로 간주한 견해를 비판하고 배제한 것과 유사하다.

2) 철학의 이념

퇴계는 성리학을 사람들이 입신·출세하여 다른 사람들로부터 존경과 칭찬을 받기 위해 공부하는 위인지학이 아니라 자기자신이 성인이 되기 위해 공부하는 위기지학으로 정초하려 한다. 그리하여 그는 철학의 이념을 성학으로 설정한다. 따라서 성학은 인격의 기초를 확립하고 그것을 함양하는 것을 유일한 목적으로 하는 학문이다. 이와 같은 성학은 다른 학문들과 같은 하나의 학문이 아니라 모든 학문에 윤리적이며 인격적인 토대와 가치를 부여하는, 그 유래에 있어서 근원적이고 그 역할에 있어서 기본적이며 그 가치에 있어서 궁극적인 학문이다.

이와 유사하게 후설은 논리학이나 철학이 심리학에 근거하고 있다고 주장한 심리학주의자들이나 철학을 여러 학문들과 똑같은 하나의 상대적인 학문에 불과한 것으로 간주한 자연과학주의자들이나 역사주의와 세계관의 철학자들과는 달리, 그의 현상학을 모든 학문에 보편적인 인식의 토대를 제공하는, 그 유래에 있어서 근원적이고 그 역할에 있어서 기본적이며 그 가치에 있어서 궁극적인 엄밀한 학문으로 정립하려 한다.

이와 같이 퇴계의 성학과 후설 현상학의 이념은 다 같이 철학을 여타의 학문들과 같은 하나의 특수하고 상대적인 학문이 아니라 근원적이며 기본적이고 궁극적이며 보편적인 학문으로 정립하는 점에서 유사하다. 또한 양자는 성학과 엄밀한 학문의 근원적이고 기본적이며 궁극적인 특성이 세계존재의 확실성에 근거하고 있는 것이 아니라, 이와 반대로 퇴계에 있어서는 인간의 선한 본성에 그리고 후설에 있어서는 인간의 선험적이며 보편적인 주관성에 근거하고 있다는 점에서도 유사하다.

3) 철학의 주제

퇴계의 성리학은 이기와 심성을 주제로 삼는다. 그러나 이들은 엄밀한 논리적인 분석에 의해서만 서로 구분될 뿐이며 현실적으로는 하나로 통합되어 있고 이러한 통합을 이루는 것은 바로 마음이다. 따라서 종합적인 관점에서 볼 때 성리학의 주제는 바로 마음이다. 이 마음의 본체는 허령하면서도 지각활동을 하고 있으며 결코 굳어진 사물과 같은 고정불변의 실체가 아니다. 그리고 이 마음이 발동하여 작용할 때에는 언제나 이와 기의 영향을 받아 때로는 선하기만 한 인, 의, 예, 지의 사단이 되기도 하고 때로는 선할 수도 있지만 또한 악할 수도 있는 희, 노, 애, 구, 애, 오, 욕과 같은 칠정이 될 수도 있다. 이처럼 복잡다단한 마음의 작용양상과 구조를 해명하는 것이 퇴계 성리학의 주제이다.

후설 현상학의 주제는 지향성이다. 지향성은 바로 의식이 사물과 관계를 맺는 근본적인 특성을 지칭한다. 그러므로 후설 현상학의 주제는 다른 말로 표현하면 의식, 즉 마음이다. 이 의식은 퇴계의 마음과 유사하게 활동하는 작용이며 고착된 실체가 아니므로 그 작용을 중지하고 있을 때에는 공허하다. 따라서 후설은 의식을 고착된 실체나 입체적인 공간 혹은 평면적인 장으로 간주한 서양 근세철학자들의 견해를 모두 비판하고 거부한다. 퇴계에 있어서 마음이 이기를 통합하고 있듯이, 후설에 있어서 의식은 지향적 형상과 감각적 질료로 구성되어 있고, 이 양자가 통합되어 작용하는 양상도 앞에서 지적한 사단칠정의 작용보다 더 복잡하고 다양하게 분석·설명되고 있다.

4) 철학의 방법

퇴계의 철학하는 방법은 궁리성찰과 거경존양이라는 절차로 형성된다. 이 절차들 중 궁리가 후설 현상학의 환원과 본질직관의 방법과 유사하다. 궁리는 사물의 현상이 아니라 그 이법을 탐구하는 것을 말한다. 이를 위해서는 자연적 사물에 대한 욕심을 배제하고 천리를 회복해야 한다. 이것은 "극기복례"와도 상통한다. 이 점은 후설이 자연적 태도의 일반정립을 배제하고 사물의 본질을 파악하려는 것과 유사하다. 사물의 이법을 파악하기 위해서는 그 관점을 다양하게 변경하여 고찰하여야 한다. 그렇지 않을 경우 사물의 이법을 전면적으로 파악할 수 없다. 따라서 그는 항상 상반된 두 측면, 예를 들면 같은 점과 다른 점, 본체와 작용 등의 관점에 따라 궁리를 한다. 이 점은 후설이 사물의 본질을 파악하기 위해서 고찰의 대상이 되는 사물의 형태를 자유로이 변경하여 고찰하는 것과 유사하다.

이와 같이 다양한 관점에 따라 궁리를 하기 위해서는 고찰의 대상을 철저히 분석한 다음 그 결과를 다시 종합하여야 한다. 왜냐하면 분석은 부분의 이해를 가능케 하고 종합은 각 부분들의 전체적인 연관성을 파악할 수 있게 하기 때문이다.

그러므로 부분의 이해없는 전체의 이해는 피상적이고 전체의 이해없는 부분만의 이해는 단편적이기 때문이다. 이와 같이 어떤 사물의 부분과 전체의 이해가 가능할 때 우리는 그 사물의 이법을 꿰뚫어볼 수 있다. 이와 같이 사물의 이법을 파악하는 것을 퇴계는 송대의 성리학자들의 표현에 따라 "활연관통(闊然貫通)"이라고 한다. 이것은 후설의 범주적 본질직관과 유사하다.

2. 차이점

1) 철학의 동기

퇴계가 성리학을 공부한 동기는 단순히 풍부한 지식을 추구하기 위해서가 아니고, 유학의 근본사상을 계승하여 궁리성찰과 거경존양의 실천적인 방법을 적용함으로써 자신의 타고난 선한 본성을 회복하여 훌륭한 인격을 지닌 성인이 되는 것이었다. 이러한 동기는 근본적으로 보편적인 지식과 논리적인 사고보다는 도덕적인 인격과 실천적인 능력의 함양을 더 중시하는 경향을 지닌다. 따라서 퇴계의 철학하는 동기는 도덕지향적이다.

퇴계와는 반대로 후설이 철학을 공부한 근본동기는 그 당시 수학, 논리학, 철학과 같은 학문의 기초가 근본적으로 붕괴되어 이들 학문의 파산선고를 의미하는 회의주의를 극복하기 위해 이 학문들의 보편타당한 이론적인 근거를 정립하는 것이며, 결코 도덕적인 인격이나 실천의 능력을 함양하는 것이 아니다. 이러한 동기는 본질적으로 윤리도덕과 그 실천보다는 보편적인 사고와 이에 근거한 이론의 정립을 더 중요시하는 경향을 지닌다. 따라서 후설의 철학하는 동기는 이론이나 인식지향적이다.[95]

2) 철학의 이념

퇴계의 철학이념은 성학이다. 성학은 그 이론을 정초하기 위한 엄밀성보다는 현실적으로 성인이 되기 위한 실천의 성실성을 더 철저히 추구한다. 이런 관점에서 볼 때 퇴계의 성학이념은 "배우면서 때로 [그것을] 연습하면 즐겁지 아니한가?"[96]라고 공자가 『논어』에서 말한 학문이념에 근거를 두고 있음을 알 수 있다.

이와 반대로 후설의 철학이념은 철학을 엄밀한 학문으로 정초하는 것이다. 엄밀한 학문은 철저한 무전제의 학문이고 근원적인 단초의 학문이며 모든 학문을 근거지우는 근본원리의 학문이고 인간의 지식과 인식태도의 뿌리에 관한 학문이며 그 철저하고 뿌리에서부터 솟아오르는 절차는 절대적으로 명석한 단초, 방법, 사태에 대한 통찰을 요구하는 학문이다. 이러한 요구를 충족하는 철학의 고유한 성과는 그 정초의 궁극적인 근원에로 복귀하여 추리와 논증의 도구없이 철학적 직관, 즉 현상학적인 본질파악을 통하여 가장 엄밀한 근거를 제공하는 학문이다.[97] 후설의 이러한 엄밀한 학문으로서의 철학이념은 아리스토텔레스의 "제일철학(Erste Philosophie)"[98]의 이념에 근거하고 있다.

3) 철학의 주제

퇴계 성리학의 주제는 이·기와 심·성이다. 이·기는 천도

95) 퇴계 성리학의 실천과 수양지향적인 경향을 확인하기 위해서는 이 논문의 부록 1-3을 참고하고, 후설 현상학의 인식지향적인 경향을 확인하기 위해서는 부록 4-5를 참조.

96) 이정규(1965), 『經書』, (서울 : 성균관대학교 대동문화연구원), 53쪽. 學而時習之 不亦悅乎.

97) 이 논문 III 3 참조.

98) E. Husserl(1956), Erste Philosophie(1923/24), erster Teil, hrsg. von R. Boehm, Husserliana, Bd. VII, (Haag : Nijhoff), erstes Kap. , 1. Vorl.

론, 즉 유학적 우주론의 근본개념이고 심·성은 유학적 인성론, 즉 존재론과 인식론의 근본개념이다. 따라서 퇴계 성리학의 주제는 복합적이다. 그리하여 그것은 첫째로 천도에 근본하여 인륜을 밝히고 덕업을 힘쓰게 하도록 하는 것을 과제로 삼으며, 둘째로는 심·성에 근본하여 일용에 힘쓰고 경외(敬畏)를 숭상하게 하는 것을 과제로 삼는다.

이와는 달리 후설 현상학의 주제는 지향성이며 이것은 표상, 의지, 정서와 같은 모든 의식작용의 근본특징이다. 이러한 작용들 중에서도 후설은 특히 지향된 대상을 객관화할 수 있는 능력을 가진 표상작용을 탐구의 주대상으로 삼는다. 이렇게 함으로써 그는 보편적인 인식의 근거를 정립하고 이것을 명증적이고 필증적인 철학, 즉 엄밀한 학문으로서의 철학의 출발점으로 삼으려 한다. 이러한 관점에서 볼 때 후설 현상학의 주제는 인식론의 한 문제영역에 국한되어 있음을 알 수 있다.

4) 철학의 방법

퇴계 성리학의 방법은 궁리와 성찰, 거경과 존양이다. 궁리와 성찰은 이론적인 탐구의 방법이고 거경과 존양은 실천의 방법이다. 이 두 방법은 각각 별개로 적용되는 것이 아니라 새의 두 날개나 수레의 두 바퀴처럼 상호병진 내지 호진적으로 적용되어야 한다. 따라서 퇴계의 방법론을 성리학자들은 지행병진설이라고 지칭한다. 그러면서도 궁리와 성찰보다는 거경과 존양에 더 노력할 것을 강조한다. 이 점은 바로 "행하고 남은 힘이 있거든 곧 글을 배우라"[99]고 『논어』에서 공자가 한 말과 내용적으로 서로 통함을 알 수 있다.

---

99) 이정규(1965), 『經書』, (서울 : 성균관대학교 대동문화연구소), 62쪽.

후설 현상학의 방법은 형상적 환원과 분석기술(記述), 선험적 환원과 본질직관이라는 두 가지 절차를 거쳐서 사물의 본질을 직관한다. 이렇게 함으로써 보편타당한 인식에 도달한다. 따라서 현상학의 방법은 사물의 본질인식만을 추구하고 그 의미를 우리의 일상생활에서 실천하고 체험하는 것을 추구하지는 않는다. 이 점에서 현상학의 방법은 주지주의적(主知主義的)인 특성을 지니고 있음을 알 수 있다.

맺음말

위에서 수행한 퇴계의 성리학과 후설의 현상학과의 비교연구를 통해서 우리는 어떤 결론을 도출할 수 있는가? 첫째로 두 철학은 각각 시대와 지역을 달리하여 대두되었기 때문에 아무런 문화적인 교섭이 없었음에도 불구하고 상당한 공통점이 있음을 우리는 확인할 수 있다. 이 공통점을 두 철학은 상호이해하고 수용할 수 있으며 이것은 결국 그들 지평의 융합과 확대를 가능하게 한다. 그러나 두 철학이 아무런 상호교섭이나 영향관계가 없었음에도 불구하고 공통점을 갖고 있다는 사실은 무엇을 의미하는가? 그것은 인류의 정신문화에 어떤 보편적인 유형이 내재하고 있음을 암시하는 것인지도 모른다. 둘째로 그럼에도 불구하고 두 철학에는 공통점과 못지않게 차이점이 있음을 우리는 또한 확인하였다. 이 사실은 정신과학이나 역사과학이 빈델반트의 견해처럼 개성기술적임을 입증한다. 이 차이점은 개별적인 철학이나 문화의 특성을 나타내는 장점을 지니는 동시에 상호이해와 수용을 어렵게 하는 단점이기도 하다. 이것은 비교연구가 항상 극복해야 할 어려운 과제이다. 이러한 결론은 각기 다른 문명의 철학을 비교연구한 결과를 토대로 하여 다음과 같은 사실을 주장한 바임의 견해와도 일치한다 :

첫째, 모든 비교연구는 다른 문명의 철학을 이해하려고 노력한다. 이렇게 함으로써 그것은 새로운 사상에 직면하게 되며 비교연구를 하는 자는 자신의 철학에 대한 도전을 받게 된다.

둘째, 비교연구는 각기 다른 문명의 철학을 유비적으로 이해함으로써 그들의 유사성과 차이성을 다 함께 파악한다. 이를 통하여 다른 문명이나 철학의 특성을 용이하게 파악할 수 있는 일반화의 근거가 제공될 수 있으며 각 철학은 자체에 대한 새로운 이해를 얻게 되고 각기 다른 문명의 철학은 상호보조적임을 인식하게 됨으로써 다른 문명으로부터 더욱 많은 것을 배우게 된다.

셋째, 비교연구는 상이한 이상과 전제조건에서 형성된 각 철학이 상호의 배타성과 불신으로 분쟁과 갈등을 산출한 전통에서 벗어나 상호의 공통점과 차이점에 대한 보다 더 자세한 이해를 갖게 됨으로써 상호교류와 수용의 길을 열어 줄 수 있다.

넷째, 이를 통하여 둘 혹은 그 이상의 사상이나 문화가 서로 교섭하고 영향을 미침으로써 하나의 새로운, 보다 더 포괄적이고 고차원적인 사상이나 문화의 건설이 가능할 수 있다.

이러한 기여도 그러나 여러 가지 한계와 제약을 지니지 않을 수 없다. 이에 관한 몇 가지 예를 들면 다음과 같다.

첫째, 외국어 습득의 한계이다. 앞에서 이미 지적한 바와 같이 비교연구는 관련분야의 원어이해가 필수적이나 그 수에 있어서도 제한이 큰 것은 사실이며 그보다도 질적인 수준에 있어서는 더 큰 한계에 부딪치게 마련이다. 이 한계를 극복할 비교연구자는 아무도 없다.

둘째, 선이해의 결핍에서 오는 한계이다. 비교연구는 언제나 비교되는 두 대상에 관한 선이해에서부터 출발한다. 그러나 우리가 선이해를 갖고 있는 대상, 특히 다른 문화권의 그것에 관해서는 그 범위가 너무나 제한되어 있다. 우리는 마야 문명이나 이슬람 문명과 신라문명을 비교연구하기가 어려우며 한국인의 철학과 터키인의 철학을 비교연구하는 것도 쉬운 일이 아니다.

셋째, 전통의 편견에 기인하는 한계이다. 전통은 인류에게 끊임없이 계승되면서 영향을 미친다. 그것은 본질적으로 자기중심적이며 따라서 배타적이다. 이러한 편견을 극복하지 않고는 다른 세계의 새로운 사상이나 문화를 이해할 수 있는 지평을 개방할 수 없다. 그러나 이 전통의 편견은 쉽게 극복되지 않기 때문에 여기에 비교연구는 한계에 부딪친다.

넷째, 비교연구의 관점과 기준설정의 상대성에 의한 한계이다. 비교연구는 많은 관점과 기준을 설정할수록 그만큼 더 많은 공통점과 차이점을 발견할 수 있고 이에 따라 우리의 이해지평도 그만큼 확대될 것이다. 그러나 관점과 기준은 주제나 사람에 따라 다르기 때문에 그 보편성을 확보하기가 어렵다. 여기에 비교연구는 또한 한계가 있다.

그럼에도 불구하고 이 비교연구가 퇴계의 성리학과 후설 현상학의 공통점과 차이점을 분명히 밝힘으로써 상호의 이해지평을 확대하는 데 많은 기여를 할 수 있을 것으로 기대된다.

참고문헌

라주 P. T. (1989), 『비교철학이란 무엇인가』, 최홍순 역, (서

울 : 서광사).
베임 A. J. 외(1989), 『비교철학 입문』, 황필호 편역, (서울 : 철학과 현실사).
삼릉해웅(1990), 『비교사상의 연구』, (동경 : 북수출판).
荀況(1988), 『荀子』, 『文淵閣四庫全書』, 제695책, (서울 : 여강출판사).
신귀현(1979), "E. Husserl의 心理學主義에 대한 批判", 『철학회지』, 제6집, (경산 : 영대 출판부).
신귀현(1982), "志向性에 관한 연구", 『철학회지』, 제9집, (경산 : 영대 출판부).
신귀현(1983), "현상학의 철학이념과 방법", 『사회과학 방법론 비판』, 한동일 편, (서울 : 청림문화사).
신귀현(1983), "현상학적 환원과 그 철학적 의의", 『현상학 연구』, 제1집, 한국현상학회 편, (서울 : 심설당).
신귀현(1985), "공자의 호학정신과 소크라테스의 애지정신의 한 비교고찰", 『공자사상과 현대』, 정종 편, (서울 : 사상연).
신귀현(1985), "『자성록』을 통해 본 퇴계의 위학방법론", 『퇴계학보』, (서울 : 퇴계학연구원), 제48집.
儒教事典編纂委員會編(1990), 『儒學大事典』, (서울 : 박영사).
이동준(1987-88), 『퇴계학계 소식』, (서울 : 퇴계학연구원), No. 32, 33, 38, 39, 41, 42, 43, 44, 45, 46.
이정규(1985), 『경서』, (성균관대학교 대동문화연구원).
정범진 편(1985), 『증보퇴계전서』, 5권, (서울 : 성균관대학교 출판부).
주돈이(1988), 『주자통서』, 『文淵閣四庫全書』, 제710책, (서울 : 여강출판사).
중화민국공맹학회, 사서연구회 편(중화민국59 : 1970), 『십삼경인득』, 권8, (대북 : 남악출판사).
커니 리차드(1992), 『현대 유럽 철학의 흐름』, 임현규 외 역, (서울 : 한울).

퇴계학연구원(1989), 『퇴계전서』, 『퇴계학역주총서』, 제3권, (서울 : 여강출판사).

한국정신문화연구원 편(1993), 『한국민족문화대백과사전』, 권18, (서울 : 웅진출판사).

호광(胡廣) 등 찬(1988), 『성리대전』, 권26-37, 『文淵閣四庫全書』, 제710책, (서울 : 여강출판사) 참조.

황필호(1988), "비교철학이란 무엇인가?", 『철학』, (한국철학회), 제29집(봄).

힐쉬베르거 요한네스(1983), 『서양철학사』, 강성위 역, 상권, (대구 : 이문출판사).

Boehm R. (1986), *Vom Gesichtspunkt der Phänomenologie, Phaenomenologica*, Bd. 26, (Haag : Nijhoff).

Edwards P. (1972), *The Encyclopedia of Philosophy*, (New York : Macmillan), reprint, vol. 2.

Hoffmeister J. (1955), *Wörterbuch der philosophischen Begriffe*, (Hamburg : Meiner).

Husserl E. (1950), *Ideen zu einer reinen Phänomenologie und phänomenologischen Philosophie*, erster Teil, *Husserliana*, Bd. III, hrsg. von W. Biemel, (Haag : Nijhoff).

Husserl E. (1956), *Erste Philosophie (1923/24)*, erster Teil, hrsg. von R. Boehm, *Husserliana*, Bd. VII, (Haag : Nijhoff).

Husserl E. (1958), *Idee der Phänomenologie, Husserliana*, hrsg. von W. Biemel, Bd. II, (Haag : Nijihoff).

Husserl E. (1959), *Erste Philosophie (1923/24)*, Zweiter Teil, *Husserliana* Bd. VIII, hrsg. von R. Boehm, Haag : (Matinus Nijhoff).

Husserl E. (1965), *Philosophie als strenge Wissenschaft*, (Frankfurt a. M. :Vittorio Klostermann).

Husserl E. (1966), *Zur Phänomenologie des inneren Zeitbe-*

wusstseins (*1893-1917*), hrsg. von R. Boehm, *Husserliana*, Bd. X, (Haag : Nijhoff).

Husserl E. (1966), *Zur Phänomenologie des inneren Zeitbewusstseins* (*1893-1917*), hrsg. von R. Boehm, *Husserliana*, Bd. X, (Haag : Nijhoff).

Husserl E. (1968), *Logische Untersuchungen*, II-2, (Tübingen : Niemeyer).

Husserl E. (1968), *Logische Untersuchungen*, II-2, (Tübingen : Niemeyer).

Husserl E. (1968), *Phänomenologische Psychologie*, hrsg. von W. Biemel, *Husserliana*, Bd. IX, (Haag : Nijihoff), S. 72.

Husserl E. (1968), *Logische Untersuchungen*, II-2, (Tübingen : Niemeyer).

Husserl E. (1986), *Logische Untersuchungen*, II-1, (Tübingen : Niemeyer).

Husserl E. (1970), *Philosophie der Arithmetik, Husserliana*, Bd. XII. hrsg. von L. Eley, (Haag : Nijhoff).

Mohanty l. J. N. (1969), *Edmund Husserl's Theory of Meaning, Phaenomenologica*, Bd. 14, (Haag : Nijhoff).

Ritter J. (1971), *Historisches Wörterbuch der philosophischen Begriffe*, (Basel/Stuttgard : Schwabe), Bd. 1.

부록 1 : 심통성정도(心統性情圖)

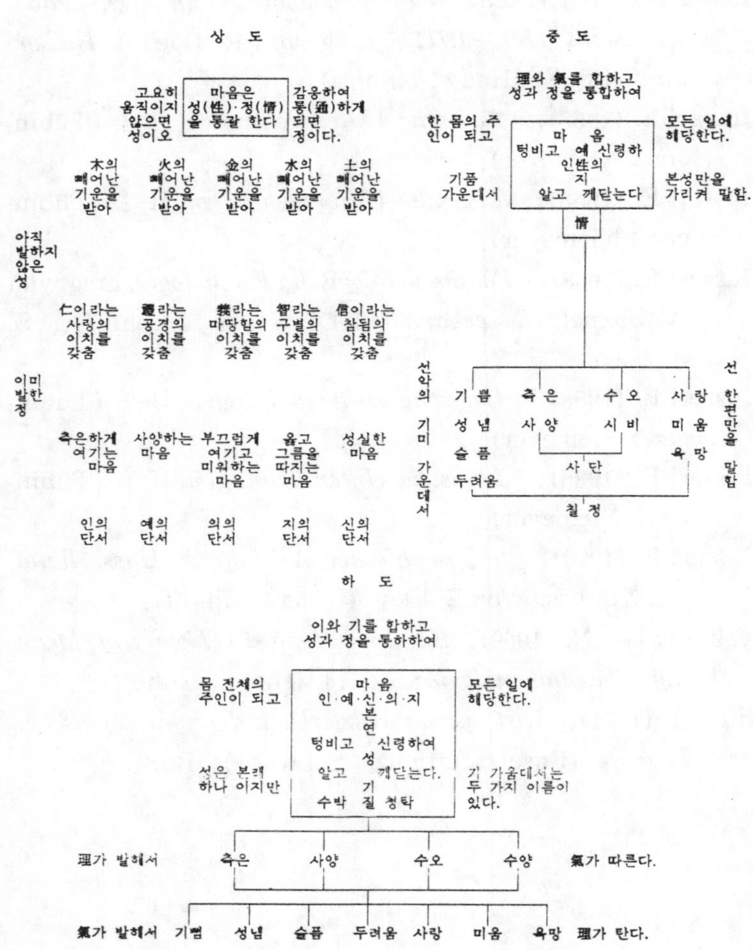

이 도는 마음이 이와 기, 성과 정을 통합하고 있으며 그것이 발동할 때 선에 이를 수도 있고 악에 빠질 수도 있는 가능성을 밝히고 있다. 원문과 번역은 퇴계학편간위원회(1989), 『퇴계전서』, (서울 : 여강출판사), 45쪽과 132-133쪽 참조.

부록 2 : 심학도(心學圖)

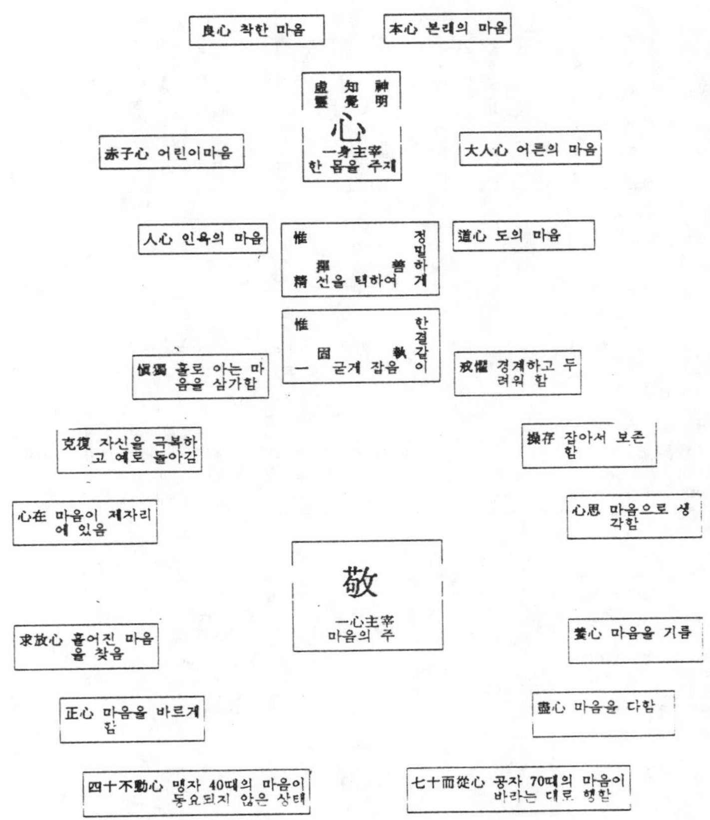

이 도는 성학십도 중 제8도로서 윗부분은 몸 전체를 주재하는 마음의 본체와 양상을 설명하고 아랫부분은 마음이 선을 택하여 그것을 경을 통해 한결같이 굳게 잡기 위한 여러 가지 방법을 설명하고 있다. 이 도에서 우리는 마음의 구조론적인 문제보다는 수양론적인 문제가 더 자세히 논의되고 있음을 알 수 있다. 원문과 번역은 퇴계학편간위원회(1989), 『퇴계전서』, (서울 : 여강출판사), 49쪽과 144쪽 참조.

부록 3. 경재잠도(敬齋箴圖)

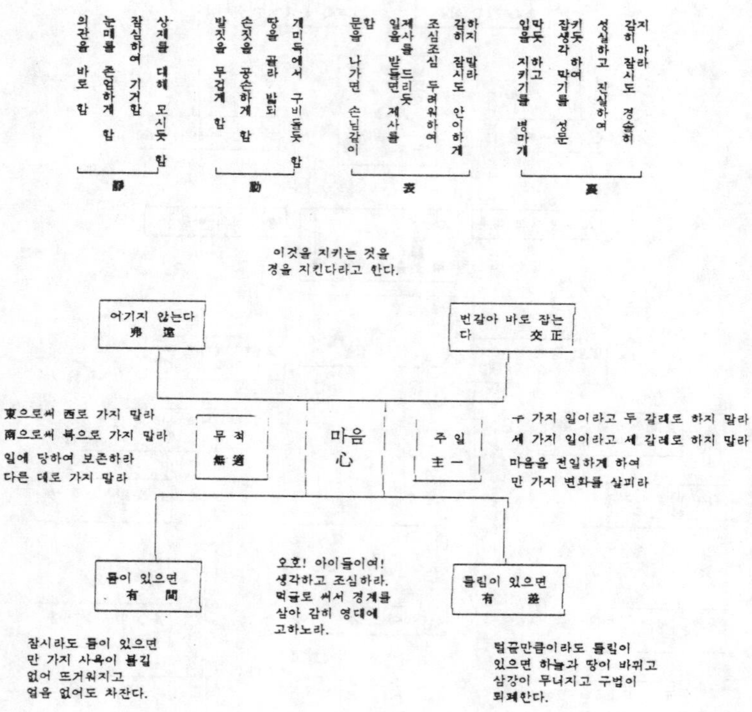

이 도는 성학십도 중 제9도로서 경의 요령을 설명한 것이다. 원문과 번역은 퇴계학편간위원회(1989), 『퇴계전서』, (서울 : 여강출판사), 50쪽과 148쪽 참조.

위의 3도에는 인식의 개념들이 아니라 수양과 실천의 개념들이 주로 사용되고 있음이 주목된다.

부록 4 : 지향성의 구조도 1

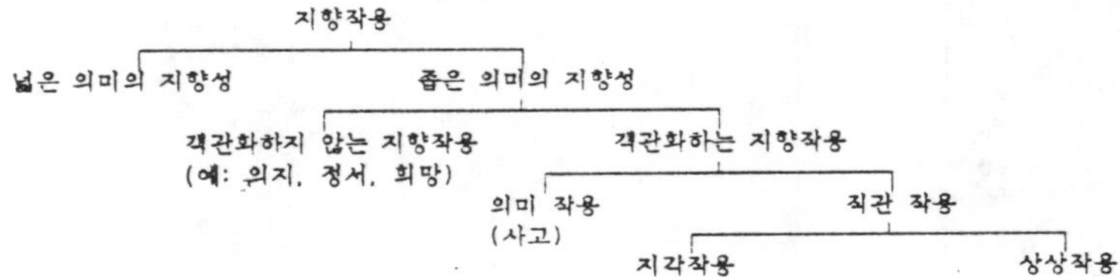

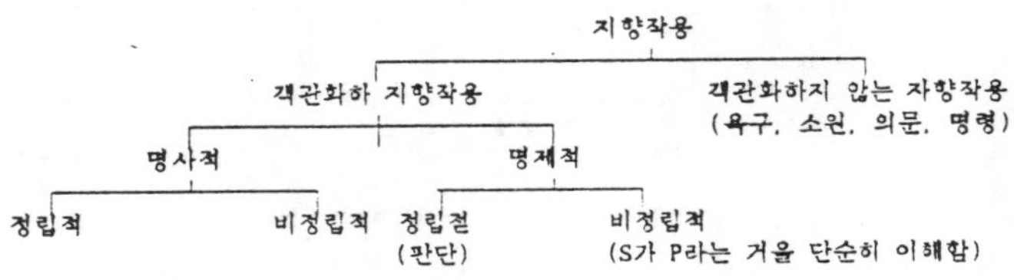

이 도표는 J. N. Mohanty(1969), *Edmund Husserl's Theory of Maening, Phaenomenologica* Bd. 4, (Hague : Nijihoff), 37 ; 97쪽에서 인용한 것임.

부록5 : 지향성의 구조도 2

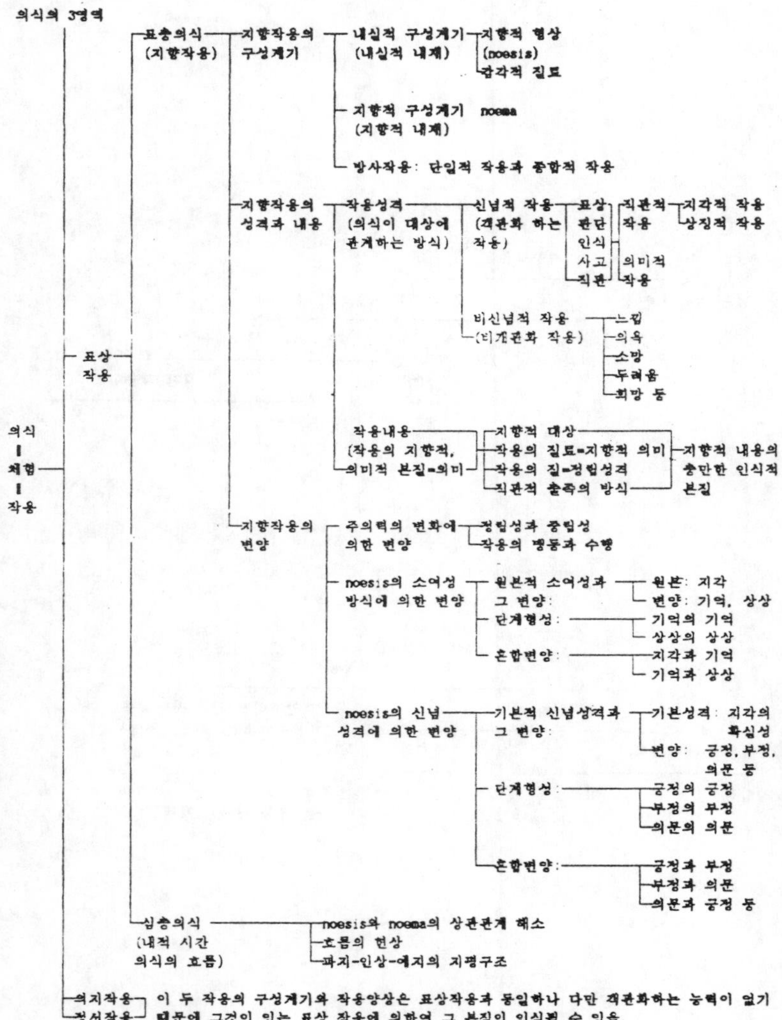

이 도표는 후설의 『논리연구』 제3권과 『순수현상학과 현상학적 철학의 제이념』 제1권에 있는 지향성에 관한 분석을 참고하여 필자가 작성한 것임. 앞의 도표와 함께 이 도표는 의식의 수양이나 실천의 방법에 관한 문제보다는 표상이나 인식작용과 그 구조를 주로 분석하고 있음이 주목된다.

율곡 이이와 메를로-뽕띠

김형효

Ⅰ. 理氣관계와 지각의 현상

16세기는 한국사에 있어서 조선시대로서 유교를 국교로 채택하던 중세기의 와중이었다. 栗谷 李珥는 그런 시대에 생존했던 성리학자인데, 그의 생각을 20세기의 프랑스 철학자인 메를로-뽕띠(M. Merleau-Ponty)의 현상학과 비교한다는 것은 논리적인 비약과 견강부회의 주관적 환상에 빠지는 것이 아니라면, 적어도 시공적으로 공통분모가 없는 두 철학자의 이론들을 병렬하는 현학적 과시인 것처럼 보인다. 이런 우려가 불식될 수 있을는지의 여부는 이 논문의 끝에 가서 독자들에 의하여 판단되어질 수밖에 없다. 이 논문은 적어도 하나의 의식만을 분명히 갖고 있다. 유학자로서의 李珥의 성리학은 그동안 한국에서 많이 해설되어 왔지만, 그의 성리학이 400년을 넘어 오늘날에 있어서도 왜 여전히 철학적인 가치와 의미를 함유하고 있는가를 밝히는 20세기의 살아 있는 작업은 별로 개발되지 못했다. 우리는 20세기에 살아 있는 栗谷 李珥의 철학적 생각들을 보고 싶을 뿐이다.

그런데 우리가 메를로-뽕띠의 현상학적 생각들의 일단만을 여기서 검토할 수밖에 없듯이, 李珥의 성리학의 제반요소들을 동시적으로 개진한다는 것도 현실적으로 불가능하다. 그 까닭은 이 논문이 양적인 제약을 받고 있다는 사실에만 기인하는 것이 아니라, 李珥의 성리학이 지니고 있는 사유의 이중성 때문에 특히 그러하다. 무엇보다도 李珥는 유학자다. 그의 유학은 朱熹의 성리학적 정신에 따라 '內聖外王'의 이념을 구현하려는 道學과 다른 것이 아니다. 도학은 堯舜처럼 안으로 성인이 되고 밖으로 왕도의 정치를 이루어 내면적 도덕과 사회적 정치가 어긋남이 없는 至善에 이르기 위하여 요청되는 수행의 道를 공부하는 배움이다. 그런데 李珥가 도학자로서의 이런 수행의 道에 대한 의미부여를 강조했다는 점에서 그는 조선시대의 다른 유학자들과 다른 점이 거의 없다. 그러나 그는 이런 도학적 성향의 생각들을 공식적으로 펼쳐 나가면서, 다른 한편으로 反도학적인 내용은 아니지만 도학적 수행과는 결이 다른 탐구의 學에 해당되는 사유를 사랑했고, 그 논리를 이론적으로 정립시켜 나갔다. 그런 점에서 李珥의 성리학에는 수행의 道를 함영하고 성찰해 나가는 도학적 국면과 탐구의 학을 기술하고 표현하는 철학적 국면이 이중적으로 나누어져 있는 셈이다. 그러므로 그의 성리학의 제반사상을 여기서 논의하는 것이 불가능하려니와 알맞지도 않다. 왜냐하면 그의 성리학의 도학적 측면은 메를로-뽕띠적인 현상학과는 다른 곳에 등록되어 있기 때문이다. 단적으로 메를로-뽕띠의 철학은 내면적 수양의 길을 가고 있지 않다. 그러나 李珥의 성리학이 內聖外王의 이념구현을 위하여 성현의 말씀을 따르기를 종용하지 않고, 스스로의 생각에 따라 세계와 인간과 역사를 보는 논리를 경험적으로 계발할 때, 그의 철학적 사유방식은 메를로-뽕띠적인 현상학과 같은 길을 가고 있다.

이와 같은 그의 경험적 사유의 철학은 '四端七情論', '人心道心說', '理氣論'의 비전으로 채워진다. 특히 그의 理氣論은 사유하는 인간이 순수하고 선험적인 주체로서 살아가지 않고, 그를 둘러싸고 있는 세계 속에 짜여져 있고, 그가 살고 있는 세계라는 직물과 함께 엉켜 있음을 말하고 있다. 즉 그의 理氣論은 메를로-뽕띠가 말한 사이세계(l'inter-monde)의 현상을 뜻하기에, 그 理氣論은 동시에 理와 氣의 '사이세계'를 표현하는 관계론일 수밖에 없다. 그래서 그의 理氣論은 理나 또는 氣를 각각 절대적인 원리나 실체로서 간주하여 거기에 따라 이론적으로 성립하는 主理論이나 또는 主氣論의 어느 한 쪽을 선택하지 않고 양자를 다 거부하는 경향을 갖게 된다. 그의 철학은 성현의 말씀을 이해하고 따르는 선험적 또는 準선험적 공부인 도학과 달리 理氣관계에 의하여 우리가 살고 있는 생활세계를 다시 보는 법을 알려 주는 데 있다. 그렇다고 그의 철학이 애오라지 경험론적인 것은 아니다. 경험론이 감각적 所與를 인식의 근본으로 여기고, 의미는 단지 감각적 소여들간의 관계가 추후적으로 파생시키는 부산물에 불과하다고 여기는 점에서 그의 理氣관계론의 철학과 다르다. 또 그의 철학이 세계라는 경험의 場을 이성의 구성으로 생각하는 그런 이성론일 수가 없다. 그의 理氣철학을 읽으면, 그는 인간이 운명적으로 생활세계의 특수성에 바쳐진 그런 제한적 지평의 존재임을 고려하고 있었던 것으로 보인다.

그가 자신의 독창적인 생각으로서 자부하고 있었던 이론인 '理通氣局'이 이런 뜻을 함의하고 있다고 봐야 한다. 그의 말을 들어 보자. "理와 氣는 본디 서로 분리되지 않아서 一物과 같지만, 그 다른 것은 理는 무형이고 氣는 유형하며 理는 무위고 氣는 유위하다는 것이다. 무형무위하여 유형유위한 것의 주체(主)가 된 것은 理요, 유형유위하여 무형무위한 것의 기관(器)이 된 것은 氣다. 理는 무형하고 氣는 유형하니 고로 理는 보편적으로 통하고 氣는 국한적인 것이며, 理는 무위요,

氣는 유위이므로 氣가 발하면 理가 타게 된다."[1]

이 인용된 구절에서 우리가 주목해야 하는 것은 理는 氣의 주체(主)가 되고, 氣는 理의 기관(器)이라는 언표며, 理氣의 관계를 '理通氣局(理는 보편적으로 통하고 氣는 그 理를 특수하게 제한시킴)'이나 '氣發理乘(氣가 발하면 그 속에 理가 내재해 있음)'이라고 집약한 명제다. 理와 氣의 본질적 성격을 그가 이미 밝혔기 때문에 여기서 다시 부연설명할 필요는 없다. 단지 번역상의 문제에서 전통적으로 理는 '氣之主'라는 것을 '理가 氣의 주재'로, 氣는 '理之器'라는 것을 '氣는 理의 그릇'으로 생각하여 왔었다. 이런 번역은 栗谷 李珥가 理氣관계를 예시할 때, 물과 그릇, 사람과 말(馬)의 관계로서 각각 표상한 데 기인한다. 그러나 李珥의 저런 표상은 理氣관계의 '不相離'와 '不相雜'의 '非동시적인 것의 동시적'인 성격을 설명하지 못한다. 조금 전에 우리가 李珥의 理氣관계가 '不相離'함을 보았지만, 그는 또 그 관계가 '不相雜'함을 기술하였다. "理와 氣가 서로 분리되지 못한다 하여도 묘합한 그 가운데서 理는 스스로 理요, 氣는 스스로 氣니 서로 섞이지 아니하므로 一物이 아니다."[2] 이처럼 理와 氣가 분리되지도 않기에 二物도 아니고, 합하여지지도 않기에 一物도 아닌 이런 관계를 그는 '理氣之妙'라고 칭하였다. 이런 '理氣之妙'를 그는 해석하기를 "一物이 아니기에 一而二요, 二物이 아니기에 二而一"[3]이라고 하였다.

이런 진술들은 栗谷 철학의 논리적 무게중심에 해당한다. 理氣관계가 '非一物'이고 동시에 '非二物'이며, 이런 관계를 다

---

1) 『栗谷全書』 上, 卷10, 書2, 答成浩原. 208쪽 하단-209쪽 상단, 成大 大東文化研究院刊.

2) 같은 책, 卷10, 書2, 答成浩原(壬申), 197쪽 상단.

3) 같은 책, 卷10, 書2, 答成浩原(壬申), 197쪽 상단.

른 말로 풀어서 '一而二'요 '二而一'이라고 하였다. 이런 진술은 데리다(J. Derrida)적인 差延(la différance)의 철학적 논리와 비슷하다. 왜냐하면 李珥가 말한 理氣관계는 데리다가 말한 "非동시적인 것들의 동시성(la simultanéité des non-simutanés)"이나 "불가능한 것들의 共가능성(la co-possibilité des impossibles)"과 같은 差延의 논리를 연상시켜 주기 때문이다. 현상학적 관점에서 李珥와 메를로-뽕띠를 비교하는 마당에 갑자기 反현상학적인 데리다의 해체적 사고가 등장하니 의아스럽게 여겨지는 것이 당연하리라. 그러나 현상학자인 메를로-뽕띠도 그의 유작인 『보이는 것과 안 보이는 것(*Le Visible et l'invisible*)』에서 데리다적인 사고문법을 암시하고 있음을 알아야 한다. 그의 만년의 사상을 대변하는 이 책에서 그는 초기의 『지각의 현상학(*Phénoménologie de la perception*)』과는 다른 뉘앙스에서 존재론을 전개하면서 안 보이는 존재와 보이는 현상과의 관계를 "멀리서부터의 일치(la coïncidence de loin)"나 "어긋남이 있는 일치(la coïncidence en écart)"[4]라고 말하였고, 안 보이는 존재와 보이는 현상과의 관계를 "거리에 의하여 거리 속에 있는 모든 것들의 공존(la co-existence du tout dans et par la distance)"[5]과 같다고 언명하였다. 이런 언명을 그가 데리다처럼 '差延'이라는 용어로 집약시킨 것은 아니지만, 메를로-뽕띠의 후기 현상학이 상반된 것들의 어긋남 속에서 동거하는 이 세계의 존재론적 異他性을 그가 보았던 것은 사실이다. 이런 그의 철학은 데리다의 출현을 알리는 전조에 해당되리라.

그런 점에서 李珥가 말한 '理氣之妙'는 단순히 理와 氣의 妙合이라고만 생각되어서는 안 된다. 그렇게 본다면, 우리는 자

---

4) M. Merleau-Ponty, *Le Visible et l'invisible*, 166쪽, N. R. F.
5) M. Merleau-Ponty, 같은 책, 154쪽.

칫 그의 생각을 理氣의 신비주의적 합일처럼 오독할 과오에 빠질 수 있다. 그가 말한 '理氣之妙'는 일원적 합일도 이원적 분리도 아니기에 그가 그것을 또다시 '氣發理乘'이라는 명제에로 탈바꿈시켰다. 이 명제는 우리가 앞에서 검토하였듯이 그릇의 氣와 물의 理, 말(馬)의 氣와 그 말을 부리는 사람의 理로 예시화될 수가 없다. 李珥가 그런 비유를 든 것은 그 당시의 지적 정보의 제약 때문이리라. 더구나 그의 氣發理乘論을 '氣發理乘一途'라 한다. 그것은 문자 그대로 옮기면 氣가 발하고 理가 타서 한 길을 간다는 뜻이다. 그런데 그릇과 물, 말(馬)과 사람은 그런 의미를 본질적으로 지닐 수가 없다. 오히려 그것은 메를로-뽕띠적인 의미에서 사물과 몸과 의식이 하나의 근원적인 행위로서 함께 더불어 작용하면서 모든 것이 인간에게 함께 주어진다는 뜻으로 해석되어야 옳다. 즉 의식의 理가 사물과 몸의 氣와 애매하게 뒤엉킨 그런 현상으로서 인간이 세계를 살아가는 것을 상징하는 것이 '氣發理乘一途'의 본디의 의미로 해석되어야 한다.

이런 우리의 주장이 자의적인 것이 아니라고 입증되어야 한다. 메를로-뽕띠에 의하면 의식은 운동적 지향성에 의하여 언제나 자기 아닌 다른 것에로 향하고 있다. 현상학에서는 이것을 의식의 지향성이라고 부른다. 이런 메를로-뽕띠적인 현상학에 따르면, 인간은 신체적 자아고 동시에 생각하는 주체다. 즉 인간존재는 몸이고 동시에 생각인데 이 둘은 결단코 분리될 수 없다고 보는 것이 그의 현상학이다. 인간의식의 생각은 어떤 경우에도 감각적 느낌과 몸의 지각에서 단절되지 않는다. 그래서 타인의 몸을 바깥에서 보기만 하여도, 그 몸이 이미 어떤 의미작용이나 의도를 표현하고 있는가를 우리가 즉각 이해한다. 인간의 생각이 인간의 몸을 떠나서 별도로 먼저 존재하다가 필요하면 몸속으로 들어오는 것이 아니다. 몸이 이미 의미를 표현하는 작용과 같다.

이 점을 메를로-뽕띠는 다음과 같이 종합적으로 기술하고 있다. "세계는 내가 생각하는 것이 아니고 내가 살아가는 것이다. 나는 세계에로 열려 있고, 나는 의심할 나위 없이 세계와 교감하고 있다."[6] 이러한 인용구절은 그가 말한 "주체는 세계에 속한 존재(l'être au monde)고 세계도 주관적인 것으로 남아 있다"[7]는 언표와 짝짓고 있다. 즉 의식의 심리적 요소와 세계라는 물리적 요소와 몸의 생리적 요소가 각각 독립적인 봉토를 구성하고 있는 것이 아니라 서로 상감현상을 이룩하는 정체불명, 경계 불확정의 애매성을 나타내고 있다. 그런 애매성의 뭉뚱그려진 현상에서 "내가 생각한다"는 '*cogito*'의 영역과 세계가 바깥에 있다는 사실성의 실재가 나의 몸이 체험하고 있는 두께를 통하여 '理氣之妙'처럼 짜여져 있다. 그러므로 우리의 생활체험과 같은 자연적 경험에서 의식의 순수활동과 질료적 자료와 감각 등을 구분한다는 것은 무의미하다. 나를 둘러싼 모든 주위가 다 의미작용에 젖어 있고, 거기에 사는 나의 행동도 일거수 일투족 어떤 의미를 표현하고 있기에 나의 몸은 이미 주관과 객관, 정신의 생각과 물질의 자료를 종합하고 있는 터전이다. 그러므로 나의 몸의 지각현상인 氣發 속에 이미 의미부여의 理가 내재되어 있는 셈이다. 李珥가 비록 '理乘'이라는 표현을 사용하여 마치 理는 氣와 다른 바깥에 있다가 氣發에 올라타기 위하여 추후에 움직이는 것과 같은 인상을 주고 있지만, 그의 理氣관계론의 문맥을 전후로 결합시키면 전혀 그런 의미를 갖고 있지 않다. 오히려 그의 氣發理乘一途의 논리는 모든 氣發이 의미나 의미작용의 理에 의하여 이미 충전되어 있거나 장전되어 있음을 말한다.

---

6) M. Merleau-Ponty, *Phénoménologie de la perception*, XII쪽.
7) M. Merleau-Ponty, 같은 책, 492쪽.

따라서 理乘은 사람이 말(馬)을 타는 것과 같은 그런 물리적 운동관계를 뜻하지 않고, 氣發의 현상 속에 理가 이미 실려 있거나 磁化되어 있는 내재성을 뜻한다.

이 점을 좀더 구체적으로 살펴보자. 우리는 다양한 색깔들을 붉음, 푸름, 노랑 등과 같은 추상적 명칭으로만 생각하기 쉽다. 그러나 그런 추상적 명명은 늦게 도착한 오성적 일반화의 결과를 구체적 현장에서 분리시킨 것에 지나지 않는다. 메를로-뽕띠가 말하였듯이, 우리가 붉은 색을 지각하였을 때는 언제나 어떤 것의 붉은 색이다. 즉 윤기가 흐르는 부드러운 융단의 붉은 색, 유혈이 낭자한 피의 붉은 색, 부드럽다 못해 감미로운 듯이 보이는 장미꽃의 붉은 색 등이 그것이다. 그러므로 추상적이고 순수한 氣的 느낌만이 있는 것이 아니라, 아무리 하찮은 氣發에도 이미 어떤 것의 메시지가 담겨 있다(理乘). 그런 점에서 우리가 매일매일 경험하는 무수한 지각현상들의 성좌 속에는 이미 어떤 의미부여나 의미작용이 지각현상과 함께 솟아나 있다. 모든 지각현상(氣發) 속에 의미가 이미 충전되어 있다(理發)는 것은 결국 몸의 가교적 매개역할 때문에 가능하다. 몸은 객관적으로 세계 속에 있지 않고 시공적으로 세계에 살고 있고, 또 동시에 몸의 구석구석에 이미 영혼의 숨소리가 퍼져 있어서 그 영혼의 호흡은 몸을 통하여 세계와 함께 살기 위하여 거기에로 스며들어 간다. "몸의 경험은 보편적이고 구성적인 의식에 의한 부과가 아닌 의미의 부과를, 즉 어떤 내용에 접착된 의미를 승인케 한다. 나의 몸은 일반적 기능으로서 행동하나 그럼에도 불구하고 실존하고 병이 걸릴 수도 있는 의미작용의 핵심이다. 나의 몸속에서 재발견하게 될 본질(理)과 실존(氣)의 매듭을 인식하는 것을 우리가 배운다."[8)]

8) M. Merleau-Ponty, 같은 책, 172쪽.

우리는 우리의 몸의 각 부분들을 개별적으로 먼저 인지하고 그 다음에 하나로 연결시켜 나가는 것이 아니며, 또 촉각의 여건들을 시각의 언어로 그 다음에 번역하지 않는다. 유리를 긁는 예리한 소리를 듣자마자 나의 몸은 거부감으로 움츠리는 반응을 동시에 나타내며, 보드라운 아기의 손발을 만지는 순간의 눈동자는 이미 미소로 가득 차 있다. “몸 자체는 하나의 법칙 아래에 포섭되지 아니하는 통일의 양식을 우리에게 가르쳐 준다…… 나는 내 몸 앞에 있지 않고, 나는 내 몸속에 있다. 오히려 나는 나의 몸이다.”[9] 몸의 지각이 이미 해석이다.

그런데 栗谷 李珥가 말한 氣發理乘一途의 설이 과연 메를로-뽕띠가 생각한 몸과 지각의 현상학과 같은 것인가 하는 의문은 여전히 남아 있으리라 추측된다. 물론 16세기의 李珥는 20세기의 메를로-뽕띠가 알고 있었던 심리학적 생리학적 지식을 갖추지 못했다. 그래서 그의 理氣철학이 메를로-뽕띠의 철학만큼 우리를 설득시킬 만한 많은 지적 정보를 이용하고 있는 것은 아니다. 그럼에도 불구하고 우리가 그의 理氣철학을 메를로-뽕띠적인 현상학으로 조명해야 할 필요성을 느끼는 것은 그의 철학적 사유의 발상이 20세기의 현대철학의 관점에서 재음미되고 20세기의 栗谷 李珥로서 현존화시켜야 마땅하다는 요구에서다. 시대의 성격에 따라 선택의 차이는 있지만, 동서철학사에서 역시 큰 철학자들은 언제나 현재의 철학자들로서 동시대에 같이 현존해 왔다. 그러기 위하여 동시대에 더불어 다양하게 현존해 있어야만 할 이유가 분명해야 한다.

지금부터 李珥의 생각을 좀 정리해 보자. “대저 理는 氣의 主宰요, 氣는 理가 타는 것(所乘)이니, 理가 아니면 氣가 근거해야 할 ‘본질(根柢)’이 없고, 氣가 아니면 理가 의지해서

9) M. Merleau-Ponty, 같은 책, 175쪽.

존재할 '실존(依著)'이 없다."[10] 위의 구절에서 그는 理를 주재하는 기능으로, 氣를 종속적 기능으로 말하였지만, 이런 그의 언표는 그의 철학적 진술의 전 문맥을 통해서 보면 결코 온당한 것으로 보이지 않는다. 왜냐하면 理의 기능을 주재로 보는 경우에 氣는 거기에 종속되는 도구에 불과할 것이기 때문이다. 그러나 李珥의 철학은 主理論이 아닌 만큼 역시 主氣論도 아니다. 그는 다만 理氣관계가 '非一物'이자 동시에 '非二物'인 '一而二'와 '二而一'의 상감현상을 밝히고자 하였을 뿐이다. 위의 인용된 구절에서도 '主宰'와 '所乘'의 다음에 나오는 언표가 이미 앞의 언표를 부정하고 지우는 뜻을 암시하고 있다. 왜냐하면 "理가 아니면 氣가 근거할 바가 없고(非理則氣無所根柢), 氣가 아니면 理가 의지할 데가 없다(非氣則理無依著)"는 문장은 理氣관계가 종속적인 것이 아니고 상보적이거나 상관적임을 알리고 있기 때문이다. 그가 理를 주재의 기능으로 氣보다 위에 올려놓는 듯한 발언을 한 까닭은 그의 사유 속에 점유하고 있었던 도학적 무게 때문이라고 보여진다. 그것도 아니라면, 그가 스스로 退溪 李滉이 자기시대를 '감추고 숨겨야 할(韜晦)' 때라고 규정한 것을 옳다고 여겼기 때문에, 그가 그런 언표로서 자기의 속생각을 감추고 숨기고 싶었을는지도 모른다. 우리는 理氣관계를 '理는 氣의 주체(主)'요, '氣는 理의 기관(器)'이라고 생각하였다. 더구나 그는『聖學輯要』에서 "마음은 몸의 주체가 되고(心爲身主), 몸은 마음의 기관이 된다(身爲心器)"[11]라고 천명하였다. 물론 이 구절을 그는 도학의 수양을 위하여 말하였지만, 철학의 각도에서 그것을 응용할 수도 있다.

위에서 우리는 理는 氣의 '根柢'고 氣는 理의 '依著'라는 李

10)『栗谷全書』上, 卷10, 書2, 答成浩原, 197쪽 상단.

11)『栗谷全書』上, 卷21, 聖學輯要 3, 483쪽 하단.

理의 표현을 각각 理는 氣의 본질이고 氣는 理의 실존으로 해석하였다. 여기서 본질이란 개념은 氣發이란 지각의 현상화에 이미 삼투되어 있는 氣發의 의미작용(la sigification)을 뜻한다. 유가철학에서 理는 곧 性理를 뜻한다. 理는 太極과 같은 개념이나, 그 太極之理는 우주를 설명하는 형이상학적 보편의 궁극적 원리다. 그런 太極의 理가 인간의 마음(心)속에 내재화하여 마음(心)이란 氣의 허령통철한 생각의 능력, 이성의 능력이 된다. 이때에 그 理는 性이 된다. 그러므로 인간과 동식물과 자연의 理는 같으나 그 性에서 다르다고 보는 것이 성리학의 기본 테제다. 왜냐하면 인간의 性은 동식물이나 자연과 달라 '허령통철'한 능력을 구비하고 있기 때문이다. 마음(心)을 氣로 보는 것이 좀 이상스럽게 여겨질 것이다. 더구나 서양철학의 개념에 따르면 마음은 정신적인 것으로서의 理에 가깝다고 볼 수 있다. 그러나 동양의 유교철학에서 옛부터 마음(心)은 심장의 기능과 같은 것으로 생각되어 왔고, 그 심장의 뜻을 어원적으로 지닌 마음은 점차로 생리적인 것과 심리적인 것이 애매하게 교차되는 그런 지대로 여겨져 왔다. 그러므로 서양철학과 불교철학에서 말하는 순수정신의 근원으로서의 마음은 오히려 朱子철학에서 性理에 해당한다. 그런데 그런 마음이 외물에 의하여 자극을 받으면 性이 情이 되어 '心之已發'의 동적인 상태가 되고, 마음이 외물에 의하여 어떤 자극도 받지 않으면 절대부동의 상태의 '心之未發'이 된다. '心之未發'의 적연부동한 상태는 진선진미한 性이 훼손되지 않고 온전히 보전되어 있기에, 모든 악과 행동의 찌꺼기는 모두 心之已發인 氣發현상에서 온다고 주장된다. 그렇다고 心之已發인 氣發상태가 바로 악의 출처라는 것은 아니고 氣發의 성질에 따라 선과 악이 현실적으로 출현한다고 본다. 하여튼 성리학이 '心統性情(心이 性〔未發〕과 情〔已發〕을 통합하고 있음)'

의 이론을 제창하고 있다. 이 性과 情의 관계는 '性爲情'[12]으로 설명된다. 즉 性이 현상화되는 것이 곧 느낌으로서의 情이다. 그러나 性은 理와 같기도 하고 다르기도 하다. 같다는 것은 性이 마음(心)속의 理이기에 같은 본질을 지니고 있기 때문이고, 다르다는 것은 理는 우주론적 개념에, 性은 인간학적 개념에 보다 무게중심을 놓기 때문에 생긴다. 그러므로 理와 性이 스스로 자가발전을 할 수 없다는 것이 李珥의 입장이다. 언제나 발하는 것은 氣의 작용에서 가능해진다. '性爲情'이란 언표도 기실 氣發로 性이 情으로 현상화한다는 것이다. 李珥가 "性은 마음 가운데의 理고, 마음(心)은 性을 담고 있는 기관이다(性則心中之理, 心則盛貯性之器也)"[13]라고 진술한 것은 위의 설명을 종합한 것이다. 그래서 마음(心)은 기관(器)이고 동시에 그 속에 허령통철한 性理라는 의미부여의 능력을 그 본질로서 갖고 있다. 그러므로 본질이란 개념은 마음이 의미작용을 일으키는 의미부여의 선천적 능력과 다른 것이 아니다. 그래서 性(理)은 氣의 의미화를 가능케 하는 본질인 셈이다.

氣가 性(理)의 실존이라 함은 氣가 발동하면서 느낌(情)의 현상을 표출시키기 때문이다. 느낌(情)의 현상은 性(理)의 의미가 이미 거기에 함께 작용함과 같다. 그러므로 느낌(情)은 곧 性(理)의 현상화요, 동시에 실존화와 같다. 실존화란 본질이 몸을 통하여 肉化(l'incarnation)되는 것을 말한다. 이런 현상화를 李珥는 '發出恁地(발하여 나온 그대로의 것)'[14]라고 명명하였다. 그러므로 氣發이 곧 情으로서의 느낌인데 그 느낌은 栗谷의 용어로 '人心之動'이나 '發出恁地'와 다르지 않다.

---

12) 같은 책 上, 卷10, 書2, 答成浩原, 理氣詠呈牛溪道兄, 207쪽 상단.
13) 같은 책 上, 卷9, 書1, 答成浩原(壬申), 193쪽 상단.
14) 같은 책 上, 卷9, 書1, 答成浩原(壬申), 192쪽 하단.

李珥가 말한 '性爲情(性이 情으로 됨)'의 이론은 바로 性의 현상화로서의 情의 현상학과 다른 것이 아니다. 李珥의 철학에서 현상화가 되기 이전의 性인 本然之性은 '법적 차원(*quaestio juris*)'에서 본질적으로 요청된 所當然의 형이상학적 추정이지, '사실의 차원(*quaestio facti*)'에서 실존적으로 경험되는 현상은 아니다. 그에 의하면 本然之性은 心之未發의 적연부동한 상태고, 性善인 天理가 완전무결하게 온존된 그런 性理다. 그러므로 本然之性은 마음이 허령통철한 이성의 능력을 선천적으로 구비하고 있다는 것을 법적으로 정당화시켜 준다. 즉 本然之性은 '氣發'이 바로 '理乘'과 동시적임을 가능케 하는 본질적 근거가 되는 셈이다.

그런 本然之性은 氣質之性과 달라 사실의 문제가 아니기에 현상학적으로는 의식의 활동성에 실존할 수가 없다. 현상학적으로 인간의 의식은 언제나 어떤 것의 의식인 만큼 그것은 그 어떤 것에로 향하는 指向性(l'intentionnalité)일 수밖에 없다. 그러므로 의식의 세계에서 성리학이 말하는 '心之未發'로서의 '寂然不動'은 성립되지 않는다. 인간의 의식은 그것이 살아 있는 한에서 잠시라도 적연부동의 휴지상태에서 잠을 자지 않는다. 그렇다면 李珥의 성리학이 현상학적으로 재해석될 수 있다는 것이 하나의 허구가 아닐까?

李珥도 性理學을 '사실의 측면'과 '법적인 측면'으로 이분화시켰던 것으로 보인다. 즉 '本然之性'과 '本然之理' 그리고 '心之未發'의 개념들은 그의 성리학의 도학적 관할에 속하고, '氣質之性', '流行之理(또는 '乘氣之理')'와 '心之已發'의 개념들은 철학적 또는 현상학적 영역에 배속된다. 그런 점에서 그도 氣의 영역에 속하는 인간의 마음이 언제나 느낌의 출렁이는 지각의 성질에서 벗어날 수 없음을 밝히고 있다. 그는 말하였다. "마음이 사물에 응하여서 외부에 의하여 촉발된 것이 느낌이다(心應事物而發於外者 謂之情).”[15] 이 구절은 마음이 먼저 고요했다가 그 다음에 바깥의 사물에 응하여서 지각의 느낌을 발동시킨다는 것으로 풀이되어서는 안 된다. 栗谷이 ‘心之體’와 ‘心之用’으로 나누어 전자를 ‘性’으로 후자를 ‘情’으로 하였으니까 먼저 ‘體’로서의 ‘性’이 있고, 그 다음에 그 ‘性’이 지각작용의 영향으로 ‘情’으로 변한다고 보통 생각하기가 쉽다. 그러나 그런 해설은 栗谷의 생각을 그 ‘구체적 전체성’에서 이해하지 못하였기 때문에 생긴 오류라고 보여진다. 왜냐하면 「人心道心圖說」에서 그는 “天理가 사람에게 부여한 것이 性인데, 그 性과 氣를 합쳐서 한 몸의 주재가 된 것이 마음(心)이라고 하였다.”[16] 여기서 ‘主宰’라는 낱말을 ‘主體’라는 것으로 바꾸는 것이 좋다고 앞에서 말하였기 때문에 계속 그렇게 생각하자. 그런 경우에 마음은 이미 性과 氣의 교차로요, ‘融結’이며, 수사학적 교차배어법과 같기에 마음(心)이 어떤 때는 고요한 性이고 어떤 때는 물결치는 情일 수는 없다. 본디 그의 철학에서 마음은 氣이나 그 氣는 이미 의미에 젖은 氣的 현상이기에 거기에 性理의 의미부여가 함께 내재해 있다는 것이다. 그러므로 그는 마음이 언제나 氣發의 세계고 곧 바깥세계와의 부단한 교섭임을 행간에서 암시하였다. 이런 마음의 氣發이 현상학에서 말하는 의식의 지향성과 다르지 않다. 더구나 의식의 지향성은 의식의 의도적인 행위가 아니라, 자발적이고 자연발생적인 행동의 현상이다. 이런 현상을 李珥는 다음과 같이 언표하였다. “情은 마음이 느끼고 움직이는 바인데, 움직이자마자 곧 情이 된다. 이런 것은 자유롭게 이루어지는 것은 아니다(情者心有所感而動者也. 纔動便是情有不得自由者).”[17]

---

15) 같은 책 上, 卷14, 說, 人心道心圖說, 282쪽 하단.
16) 같은 책 上, 卷14, 說, 人心道心圖說, 282쪽 하단.

李珥가 말한 心之氣發이 곧 느낌(情)이요, 이것이 의식의 지향성과 같다면, 몸의 기능을 그가 어떻게 보고 있는가? 그에 의하면 몸도 氣의 관할권에 속한다. 어떤 이가 그에게 心氣와 身氣의 관계를 물었다. 여기에 대한 그의 답변이 우리의 의문을 씻어 준다. "氣는 하나이면서 둘이요 둘이면서 하나다. 心氣는 身氣 가운데 포함되어 있고, 身氣는 心氣 가운데 뿌리를 박고 있다. 안으로 심기의 허령한 것이 없으면 몸의 아픈 것도 가려운 것도 알 수가 없어서 砂石의 頑物과 같은 것이 될 것이다(其氣一而二 二而一也. 心氣包於身氣之中 身氣根於心氣之中矣. 內無心氣虛靈則 身之疾痛痾痒無所知而同於砂石之頑物也)."[18] 우리는 그의 理氣철학이 '一而二', '二而一'의 동봉법칙이나 포장싸기와 같은 상감의 교차배어법적인 격자무늬의 논리로써 구성되어 있음을 알고 있다. 그래서 理氣관계론은 '非一物而非二物'로 정의된다. 마찬가지로 그의 心身관계론도 '一而二'요 동시에 '二而一'로서의 '非一物而非二物'의 논리로서 짜여져 있기에, 그 관계를 포장싸기나 기왓장 입히기나 또는 데리다가 말한 '非동시적인 것의 동시성'과 같은 差延의 관계로서 언표할 수도 있다. 여기서 우리는 데리다적인 차연관계의 논리를 더 규명하지 않기로 하자. 하여튼 그의 心身관계론은 메를로-뽕띠의 지각현상이 말하는 사유의 결과 함께 흐른다고 보지 않을 수 없다.

메를로-뽕띠에 의하면 신체(몸)는 단순히 물질적인 질량이나 바깥에 있는 영혼의 도구가 아니다. 몸은 우리 의식의 모든 활동의 살아 있는 포장과 같다. 즉 몸이 세계에 거주하고 있다. 이때에 세계는 생활세계지, 우리가 응시하고 바라보는 대상의 세계가 아니다. 身物의 관계가 그러하기 때문에 心身

17) 같은 책 上, 卷20, 聖學輯要 2, 456쪽 상단.
18) 같은 책 下, 卷31, 語錄 上, 246쪽 상단.

의 관계, 靈肉의 관계도 마찬가지다. 육체도 영혼의 바깥에 자족한 그런 세계가 아닌 것과 같이, 영혼도 운전자가 자동차를 운전하기 위하여 운전석에 착석하듯이 그렇게 육체에 군림하지 않는다. 말하자면 영혼은 육체를 도구로 이용하는 것이 아니라 육체를 통하여 자신을 바깥으로 표현하고 있다. 그렇기 때문에 인간의 신체적 행동은 의미를 띠지 않은 것이 없다. 모든 행동은 곧 '乘氣之理'다. 이것은 영혼이 육체를 통해서만 자신의 의미를 갖게 됨을 뜻한다. 만약에 신체의 氣가 理를 잃는다면, 그때의 신체는 살아 있는 언어활동이기를 그치고 단순한 물리화학적 물질의 질량으로 변하고 만다. "행동은 관계로서 이루어져 있다. ……행동은 하나의 사물도 아니고 더군다나 하나의 관념도 아니다. 행동은 순수의식의 포장이 아니다. 행동의 증인으로서의 나는 하나의 순수의식이 아니다. 행동은 하나의 형태(une forme)다."[19] 이처럼 메를로-뽕띠는 물질과 생명과 정신을 각각 실체론적으로 보지 않고 형태론적으로 간주한다. 즉 이 세 가지 요소들이 인간의 지각현상이나 인간행동을 구체적 통일로서 모으는 형태에 참여하고 있다. 물론 통일적 형태의 모음에 참여하나 정도에 따른 등급의 단계가 있다. 즉 물질적 외부세계는 생리적 신체의 기능보다 못하고, 또 생리적 기능은 심리적 기능만큼 형태의 주체적 통일의 구성에 등가의 몫을 차지하는 것은 아니다.[20]

메를로-뽕띠의 철학에서 행동의 구조는 곧 지각의 현상과 같은 차원에 속한다. 그런 행동의 구조는 실체론적인 것이 아니라 형태심리학에서 말하는 형태론에 가깝다. 오히려 '物/身/心'이 행동의 형태구조에서 하나의 '분산적 통일(l'unité diasporique)'을 이루고 있다.[21] 이런 '心/身/物'의 관계를 李

19) M. Merleau-Ponty, *La Structure du comportement*, 138쪽, P. U. F.
20) M. Merleau-Ponty, 같은 책, 143쪽 참조.

珥의 철학이 자신의 理氣관계론의 생명으로 여기고 있다. 그래서 그는 중국 宋나라의 邵雍의 말을 반복해서 인용한다. "性은 道의 형체요, 마음은 性의 성곽이며, 몸은 마음의 집이요, 物은 몸의 배나 수레와 같다(性者道之形體也. 心者性之郛郭也. 身者心之區宇也. 物者身之舟車也)."[22] 이 邵雍의 구절을 음미하면 道에서 物에 이르기까지 어떤 방식으로 '道', '性', '心', '身', '物' 등이 구체화되어 가는가를 알 수 있다. 구체화되어 간다는 것은 실존화되어 간다는 것을 말하고 동시에 형이상이 형이하의 세계까지 포장싸기의 방식으로 파도쳐 가고 있다는 것을 알려 준다. 道가 物의 세계까지 의미작용으로서 나아가고 동시에 物의 세계는 형이상적인 道의 세계를 표현하고 있기에 李珥가 邵雍의 생각을 존중하였듯이, 역시 宋나라의 北溪 陳淳의 말을 그의 철학적 사유의 핵으로 간주하고 있다. "道는 사물을 떠나서 존재하는 공허한 것이 아니다. 실제의 道는 物을 떠나지 않으며 物을 떠난다면 그것은 道라고 불리워질 수 없다."[23]

李珥가 이처럼 邵雍이나 陳淳의 생각을 자신의 것으로 삼았다는 것은 物의 자연세계가 '卽自的 존재'가 아닌 것과 같이 心의 性理도 '對自的 존재'가 아니라는 것을 말하는 것과 같다. 그러므로 李珥의 철학은 메를로-뽕띠의 철학처럼 즉자적인 자연을 대자적인 의식의 세계에 대립시키지 않는다. 그런 점에서 인간의 자연적 삶은 그의 육체적인 생활이고 또 그의 육체적 생활은 언제나 그의 정신적 생활의 질을 표현한다. 이처럼 道와 物의 존재양식의 대립을 해소시켜 주면서 정신과 물질의 공존을 가능케 하는 것이 李珥 철학에 있어서 心氣와

---

21) M. Merleau-Ponty, 같은 책, 144쪽 참조.
22) 『栗谷全書』 上, 卷20, 聖學輯要 2, 454쪽 상단.
23) 같은 책, 卷20, 聖學輯要 2, 446쪽 상단.

身氣의 不一而不二의 작용이다. 心身의 不一而不二的인 관계는 메를로-뽕띠가 말한 하나의 '공통적 감각의 지속성'과 같다. "신체적 도식의 개념과 함께 새로운 방식으로 기술되는 것이 몸의 통일성일 뿐만 아니라, 또한 몸의 통일성을 통하여 의미의 통일성과 대상의 통일성이 이루어진다. 나의 몸은 표현의 현상의 장소이거나 또는 현실화 자체다."[24)]

이상의 인용은 주로 心身이 같은 氣로서 서로 不二的인 통일성을 형성하고 있다는 氣의 감각적 공통성을 강조하고 있다. 그 까닭은 心氣가 身氣 속에 포장싸기의 방식으로 포함되어 있고, 또 身氣는 心氣에 근거해서 의미작용을 받기 때문에 그러하다. 그래서 李珥는 "心氣와 身氣가 서로 표리관계를 이루고 있는가(心氣身氣相爲表裏耶)"[25)]라는 물음에 긍정으로서 표명하였다. 이처럼 心理的인 것과 生理的인 것이 서로서로 엇물려 연결되어 있어서 내가 느끼는 내 몸의 항구성이 바깥세계에 존재하는 사물들의 물리적 현전에 대한 접근의 가능성과 교감의 활동성을 제공해 준다. 그러나 心氣와 身氣는 不一이어서 '非一物'이다. 이 점을 메를로-뽕띠는 다음과 같이 언급하고 있다. 내가 내 몸에 대하여 느끼는 "항구성은 세계 속에 있는 하나의 항구성이 아니고 내 편에 선 항구성이다. 내 몸이 언제나 내 곁에 있고 나에 대하여 거기에 있다고 말하는 것은 결코 내 몸이 내 앞에 있지 않고, 내 몸을 내 눈앞에서 펼칠 수 없고, 내 몸이 모든 나의 지각의 여백 속에 남아 있고, 내 몸이 나와 함께 있다는 것을 말하는 것이다."[26)] 이 구절은 내가 내 몸에 대하여 느끼는 체내감각이 내 몸이 생활세계에서 나의 지각에 와닿는 사물들을 느끼는 감각보다 훨씬

24) M. Merleau-Ponty, *Phénoménologie de la perception*, 271쪽.
25) 『栗谷全書』 下, 卷31, 語錄 上, 245쪽 하단.
26) M. Merleau-Ponty, *Phénoménologie de la perception*, 106쪽.

더 나의 주체에 가깝다는 것을 뜻한다. 그런 변별을 가져오는 까닭은 내 몸이 외물보다 나의 주체와 엄청나게 더 가까이 있다는 것이다. 즉 心氣는 身氣와 비교할 수 없으리 만큼 心氣의 허령통철한 性理의 세계와 이웃하고 있어서 性理와 身氣의 관계보다 훨씬 가깝다.

邵雍의 인용된 구절을 다시 한 번 상기하면, 결국 李珥의 철학에서 '道/性/心/身/物'의 관계는 '一而二'요 '二而一'이며, 또한 '非一物'이며 '非二物'의 성질을 띠고 있는 포장싸기나 동봉현상이며, 이원론이나 일원론도 아닌 이중적인 교차로의 매듭과 같다. 그런 매듭은 메를로-뽕띠 현상학의 '애매성'과 같고, '불확정성의 원리'와 같다. 메를로-뽕띠는 이 점을 이렇게 말한다. "인간의 실존에는 불확정성의 원리가 있다. ……실존은 그 근본적 구조 때문에 그 자체가 불확정적이다."[27] 그래서 이런 불확정한 애매성은 "자연으로부터 우리에게 오는 것과 자유로부터 우리에게 오는 것"[28]을 구별할 수 없게 한다. 이것은 理氣의 不相離다. 그렇다고 해서 자연적인 것과 정신적인 것이 동일하다는 것은 아니다. 우리는 그것들이 동일할 수 없음을 위에서 살펴보았다. 여기서 理氣가 '不相雜'하다. 요컨대 '不相離'하면서 동시에 '不相雜'한 지대가 李珥에게는 '人心'이요, 메를로-뽕띠에게는 '주체로서의 몸(le corps sujet)'인 '나의 몸(mon corps)'이다. 메를로-뽕띠적인 의미에서의 몸은 정신적 요구와 자연적 충동이 동거하는 장소다. 그런데 이런 장소를 栗谷 李珥는 '人心'이라고 불렀다. 그는 '心'을 결코 관념론자들의 '정신'과 같은 개념으로 보지 않았다. 그는 단적으로 '心을 지각(知覺卽心)'[29]이라고 규정하였다.

27) M. Merleau-Ponty, 같은 책, 197쪽.
28) M. Merleau-Ponty, 같은 책, 197쪽.
29) 『栗谷全書』 下, 卷 31, 語錄 上, 245쪽 하단.

心이 지각현상과 다른 것이 아니고 그 지각현상에는 理가 이미 나타나 있다. 이것을 李珥는 '流行之理'라고 불렀다. '流行之理'는 '本體之理'가 心身의 氣發인 지각현상 속에 구체적 의미로 포장되어 있음을 뜻한다. 그래서 그는 "無形이 有形에서 드러내니 理가 어찌 숨어서 나타나지 않으랴(形無形於有形兮 理何隱而不彰)"[30]라고 읊었다. 이런 李珥의 운문적 철학시는 다음과 같은 메를로-뽕띠의 산문과 만난다. "하늘의 푸르름을 명상하는 나는 하늘 앞에 선 非우주적 주체가 아니다. ……나는 하늘을 향하여 그 하늘의 비밀을 나에게 밝혀 줄 파란색의 관념을 펼치지 않는다. 나는 하늘에 몸을 맡기고, 하늘의 신비에 나를 파묻는다. 그 하늘이 내 속에 생각되어지면서 나는 스스로를 모으고 명상하며 나에게 대해서 실존하기 시작하는 하늘 자체가 되고, 나의 의식은 무한한 저 푸르름에 의하여 숨막히게 된다."[31] 이처럼 지각하는 의식과 신체 그리고 지각되는 대상이 메를로-뽕띠적인 낱말로서 '공생', '공동체', '교감', '짝짓기'를 하고 있고, 또 이런 낱말들은 李珥的인 낱말에서 '融結'하고 있다. 栗谷은 그가 지극히 사모했던 어머니 申師任堂을 여의고 3년상을 치른 다음 19세에 금강산에 입산할 때 지은 「出東門(동문을 나서면서)」의 漢詩에서 다음과 같은 구절로서 그의 詩想을 전개시킨다.

하늘과 땅을 누가 열었으며(乾坤孰開闢)
해와 달은 또 누가 갈고 씻었느냐(日月誰磨洗)
산과 내는 이미 얽혀져 있고(山河旣融結)
추위와 더위는 서로 교대한다(寒暑更相遞).
(……)

30) 같은 책 上, 卷1, 賦, 前有易賦, 10쪽 상단.
31) M. Merleau-Ponty, *Phénoménologie de la perception*, 248쪽.

Ⅱ. 人心의 이중성과 '살'의 존재론

우리는 지금까지 栗谷 李珥의 도학이 아니고 철학을 검토하고 있다. 그런 점에서 그가 말한 人心은 현상학적으로 무거운 의미를 지니고 있다고 하겠다. 그는 주지하다시피 人心과 道心을 법적 차원에서 이분화하였다. 道學은 道心 때문에 가능한 수행의 배움이다. 인간에게 만약에 道心이 없다면, 수행의 道로서의 도학은 성립할 수가 없다. 그래서 그는 道心은 人心과 달리 本然之性의 명령(도덕적)이 바로 왜곡없이 나타나는 것이라고 생각하였다. 그러므로 '법적인 차원(*de jure*)'에서 道心은 本然之理의 도덕적 명령에 人心이 복종하는 한에서 가능하다. 그런 차원에서만 보면 道心은 경험적인 人心과 본질적으로 동시에 한자리에 있을 수 없다.[32] 그러므로 그가 말한 道心은 道理의 존재를 선험적으로 전제해서 가능하지, 지각의 현상이나 행동의 구조상에서 유추되는 심리적 현상은 아니다. 그래서 道心은 존재론적으로 道理에 더 가까운 본질의 세계다. 그런데 사실적으로(*de facto*) 마음은 氣發이다. 즉 마음은 지각과 행동의 현상이다. 그 마음의 그러한 현상(發出恁地)은 유형한 氣로서의 形氣의 성격과 무관할 수가 없다. 그래서 道理가 道心이 되려면 그 道理는 현상학적 사실의 측면에서 마음의 기관(器)으로서의 신체와 맞닿아야 한다. 그런 경우에 道理는 道心이 되어서 氣發의 人心 속에 참여하지 않으면 안 된다.

여기서 우리는 李珥의 人心道心說과 四端七情說이 그 뒤앙

32) 『栗谷全書』上, 卷9, 書1, 答成浩原(壬申), 192쪽 상하단 참조.

스에서 차이를 지니고 있음을 지적하지 않을 수 없다. 즉 그는 人心과 道心을 준별하였는데 四端과 七情을 대립시키기를 거부하였다는 점이다. 그의 이론에서 四端은 道心에로 연결되고 七情은 人心과 다른 것이 아닌데, 成渾의 의문에 찬 수차례의 편지들에 답장하면서 그는 道心과 人心은 결단코 다른 것이므로 '七情包四端(七情이 四端을 포함함)'처럼 '人心包道心(人心이 道心을 내포함)'이라고 주장해서는 안 된다고 강조하였다.

여기서 우리는 李珥 철학에서 하나의 논리적 당혹감을 느낀다. 道心이 道理의 초월적 존재와 연계되어 있는 것은 사실이지만, 그러나 그것이 道心인 한에서 그것은 어디까지나 心의 氣發(지각현상과 행동형태)에 영향을 받아 마땅하다. 그런 경우에 四端이 七情(心之氣發)의 좋은 현상만을 의미하듯이, 道心도 人心의 도덕적 선행의 현상만을 가리켜야 마땅하다. 그런데 李珥는 분명히 道心을 일컬어 그것은 "바른 道理에서 직접 나오는 것이기에 氣가 작용할 수 없다(其發直出於正理而氣不用事則道心)"[33]고 못을 박았다. 이 언표는 '心'을 '氣發'로 본 그의 다른 이론과 모순된다. 이것을 어떻게 해독해야 하는가? 成渾의 가시지 않는 의심에 대하여 그가 한 답변들은 명석하지 않다. 그의 주장이 시종일관하나 논리적 해명에서 애매모호하다. 그도 道心이 氣發임을 말한다. 그가 말한 바와 같이 '두 개의 마음(二心)'이 인간에게 있는 것이 아니라 '하나의 마음(一心)'이 있을 뿐인데, 단지 道心은 氣發이되 그 발함이 道理를 위해서이고 단순한 생리적 食色을 위해서 발동되는 것이 아닐 뿐이다[34]라고 그는 주장한다.

이런 그의 이론을 액면 그대로 해설하면 안 된다. 왜냐하면

33) 같은 책, 卷9, 書1, 答成浩原(壬申), 193쪽 상단.
34) 같은 책 上, 卷10, 書2, 答成浩原(壬申), 198쪽 상단 참조.

그의 진술의 행간을 보지 못하면, 그의 표면적 언술이 질서정연하게 이가 맞지 않기 때문이다. 그의 人心道心에 관한 진술은 세 가지로 요약된다. 첫째로 道心과 人心은 그 출발점에서 다르다. 즉 道心은 性의 명령에서 직접 나왔으나, 인심은 형기의 소산이다. 그래서 道心과 人心은 같은 지평에 속하지 않고 도덕적 질을 달리한다. 둘째로 道心과 人心이 그래도 一心의 두 측면일 뿐이다. 道心은 '理之發'이고 人心은 '氣之發'이라고 봐서는 안 된다. 道心과 人心은 다 一心之氣發의 소산이다. 셋째로 道心과 人心의 목적의식이 다르다. 다 같은 心之氣發의 소산이나 道心은 正理나 道理를 겨냥하고 人心은 食色의 생리작용에 초점을 맞추고 있다. 이상의 요약을 종합해서 해석하면, 李珥가 道心과 人心을 이분화시킨 것은 오로지 도덕적 가치론의 법적 근거를 일상적이고 경험적인 사실의 현상과 구별하기 위해서다. 인간의 마음이 일상생활의 경험적 지각현상에만 매달리게 되면, 인간 마음의 도덕적 당위나 無形의 의미부여의 선험적 근거를 가질 수가 없다고 李珥는 생각하였다.

無形의 존재가 有形의 현상에서 보이기 시작하고 또 "無가 妙有를 머금고 有가 眞無를 나타내며, 道는 器(기관) 밖에 있지 않고, 理는 物과 함께 존재한다(無涵妙有 有著眞無 道非氣器外 理與物俱)"[35]는 내용처럼, '無/有'와 '道/器' '理/物' 등이 서로 '보충대리'의 논리로서 상대방의 것을 자기 것 속에 함의하고 상감시키고 있지만, 無形의 道가 有形의 象과 같은 것은 아니고, 본질과 현상이 일치하는 것은 아니다. 그가 道心을 人心과 별개의 것으로 분리시킨 것은 道理의 선험성을 人心의 경험과 혼동시킬 수가 없다는 도덕적 가치기준의 본질적 의미

35) 같은 책 上, 卷1, 賦, 理一分殊賦, 10쪽 상단.

때문이리라. 비록 실제로는 그 道心의 본질이 人心의 실존과 짝짓기를 하고 있고 교착의 얽힘장식으로 '불확정성의 애매함'으로 얽히고설켜 있지만, 선행의 본질을 실존과 다른 것으로서 '법적으로(*de jure*)' 정립하는 것이 人心의 도덕적 가치평가를 판단하는 데 필요하다고 그가 여겼기 때문이리라. 그래서 그가 人心道心說을 四端七情說과 연계시키면서도 변별성을 두었는데 특히 그가 四端七情說은 情(느낌)의 지각현상이라고 하는 것에 반하여, 人心道心說은 '情'과 '意'를 겸하여 말한 것이라고 주해한 것에 우리는 주목해야 한다.[36] '意'라는 것을 그는 '計較商量'이라고 정의하였다. 이것은 비교하여 생각하고 좋고 나쁨을 헤아리는 것을 뜻한다. 더구나 헤아린다는 '商'字는 그 어원에서 '言+內'의 會意文字인데, 안에 있는 생각을 밖으로 표출하여 헤아린다는 의미를 간직하고 있다.

四端七情은 心身의 氣가 외물에 의하여 촉발되는 느낌과 같고, 그런 느낌은 자연발생적이기에 자유스럽지 못하고 그래서 의지적이거나 반성적인 성질에 속하지 않는다. 그러나 人心道心도 心의 세계이기에 느낌(情)과 무관할 수는 없지만, 거기에는 도덕적 가치판단이 게재되어 있기에 주체의 자각적인 행위가 요청된다. 주체의 자각적인 행위는 반성적인 숙고에 의하여 좋고 나쁨을 헤아리고 비교하여 좋은 것을 선택하려는 의지의 측면을 배제할 수 없다. 따라서 '意'는 주체의 반성력과 도덕적 의지력을 상징한다.

그러나 四端七情은 그의 표현처럼 단적으로 느낌(情)의 氣發세계다. 즉 七情은 인간의 느낌이나 감정의 총체적 지평을 말하고, 四端은 그런 七情 가운데 좋은 것만을 취해서 언표한 것이다. 이것이 그의 소론이다. 이 四端과 七情을 그가 분리

---

36) 같은 책 上, 卷9, 書1, 答成浩原(壬申), 192쪽 하단 참조.

시키는 것을 반대한 까닭은 '心統性情(마음이 性과 情을 통일하고 있음)'의 이론에 바탕한 것이다. 즉 마음에서 性과 情을 분리시키게 되면, 그것은 '性爲情'의 현상화 방향도 설명되지 않으려니와 또한 메를로-뽕띠가 말한 '분산적 통일(l'unité diasporique)'로서의 주체적 마음도 설명하지 못한다. 그래서 心은 性과 情의 '融結'이요, '침식'이요, '결혼'이요, '짝짓기'요, '매듭짓기'다. 이렇게 본다면 李珥의 人心道心說은 '법적인 차원'의 관점에서 나오는 생각이고, 四端七情說은 '사실적인 차원'에서 가능하다. 즉 전자는 선험적 본질의 의미부여의 세계를 보호하려는 의도를 담고 있고, 후자는 경험적 현상의 실존이 나타내고 있는 人心과 세계와의 살아 있는 교감을 표현한 것이다. 더구나 李珥는 어느 경우에도 人心을 폄하하지 않았고, 聖人의 人心은 道心과 일치할 뿐이지 人心이 없는 道心은 성립할 수 없음을 말하였다. 그래서 그는 人心과 人慾이 같지 않음을 강조한다. 그는 宋나라의 西山 陳德秀가 人心을 사리사욕으로서의 人慾과 같은 것으로 본 생각을 지나친 금욕주의로 비판하면서, 人心은 道心과 人慾의 이중성이 거주하는 세계로 보았다.[37)]

지금까지 우리는 李珥의 人心道心說과 四端七情說의 변별성과 관계성을 동시에 살펴보았다. 단적으로 人心과 道心은 분리되지만, 道心으로서의 四端과 人心으로서의 七情은 다 心之氣發이란 현상세계의 모습이다. 이러한 李珥의 주장은 우리로 하여금 '人心'이 야누스의 얼굴처럼 이중성의 천짜기와 같은 방식으로 존재한다는 것을 생각하도록 한다. 人心 속에 道心과 人慾이 공존하고 있으나 또한 동시에 이 세 가지는 각각 거리를 두고 있다. 이런 人心은 데리다의 말처럼 "스스로 자

37) 같은 책 上, 卷14, 說, 人心道心圖說, 282쪽 하단-282쪽 상단 참조.

기가 말하는 것을 듣는(le-s'entendre-parler)" 자가성의 일치를 의미하지 않는다. 즉 人心은 사르트르의 철학이 말하는 자가성의 빈틈없는 즉자존재(l'être-en-soi)도 아니고, 즉자존재를 부정만 하는 대자존재(l'être-pour-soi)도 아니다. 인심은 卽自的인 일치와 對自的인 거리두기만도 아니고, 꽃가루 주머니가 터지듯이 그렇게 '꽃망울처럼 터지고 있는 하나의 존재'다. '꽃망울처럼 터지고 있는 하나의 존재(un être en déhiscence)'는 꽃가루 주머니가 벌어지면서 하나의 꽃을 피우듯이, 분리시키는 거리가 동시에 서로 다른 두 가지를 접목 가능케 하는 것임을 함의하고 있다. 이 점을 메를로-뽕띠는 다음과 같이 말하고 있다. "거리는 근접성의 반대가 아니고, 거리는 근접성과 깊이 연결되어 있고 근접성과 동의어다."[38]

거리를 두고 있는 人心과 道心, 그리고 근접해 있는 四端과 七情과 人心과 人慾은 人心이 순수내면성도 아니고, 순수외면성도 아님을 뜻한다. 내면성과 외면성의 대비는 우리가 전통적인 의미에서 주관성과 객관성을 안팎으로 정당화시킬 때 가능하다. 그러나 李珥의 철학이 등록되어 있는 지대는 '內/外'의 준별을 합법화하는 그런 모습으로 그려져 있지 않다. 그가 人心을 道心과 人慾과의 차이와 공존을 함께 안고 있다고 표현하였을 때, 그것은 주체와 세계, 性理의 의미부여와 氣發의 생생한 경험을 대립시키지 않은 사유의 형태를 부각시키기 위해서다. 道理의 존재는 '理之發'처럼 정신의 순수한 내면성이 스스로 개화하는 것이 아니고, 또 독자적 힘으로 발현되는 것도 아니다. 道理의 존재는 그 스스로 이미 이루어진 기성품으로 존재하는 것이 아니고, 외부세계와 접촉하면서 살아가는 우리의 心身이 없이는 실존화될 수 없다. 그래서 道理는 사물

---

38) M. Merleau-Ponty, *Le Visible et l'invisible*, 178쪽, N. R. F.

들의 다양한 뼈대들과 함께 서식한다. 이것이 그의 '理一分殊'의 설이다. 李珥가 도심을 말할 때, 그는 세상의 무상하고 변덕스런 인욕의 심리현상을 넘어서는 존재의 성스러움을 생각하였다. 그러나 그는 존재가치의 성스러움이 내면적 인간성의 전유물이라고 본 것은 아니다. 인간은 어떤 경우에도 내면적 비밀의 장소를 갖고 바깥의 생활세계와 단절되어 고고하게 실존할 수 없다. 인간은 세속생활의 탐욕과 배신과 반역을 보면서 道心과 道理를 인식한다.

그러므로 人心을 메를로-뽕띠적인 용어로 채색하면, 그것은 人心이 세계와의 끊을 수 없는 탯줄을 갖고 살면서 동시에 道理에로 향하는 초월적 요구를 안고 살아가는 애매한 존재임을 말한다. 道理에의 초월이라고 하여서 마음이 자기의 세계를 버리는 것이 결코 아니다. 그것은 인간에게 불가능하다. 道理가 性理가 되어 人心 속에 내재해 있다는 것은 곧 역설적으로 표현하여 心性이 道理를 이해하고 그 道理를 마중할 준비가 되어 있다는 것과 마찬가지다. 이런 관계는 人心이 객관적인 공간의 의미로서의 세계 속에서 자신을 생각한다는 것이 아니다. 메를로-뽕띠와 함께 말한다면, 人心은 "세계에 내속되어 있으면서 세계를 바라보는 초월의 관념과 같다."[39] 栗谷이 언급한 '道心', '人心', '人慾', 그리고 '四端'과 '七情'은 모두 人心이라는 존재 안의 관계가 된다. 즉 메를로-뽕띠적인 의미에서 李珥의 人心은 '내적 존재론(l'intra-ontologie, l'endo-ontologie)'의 문제로 변한다. 메를로-뽕띠는 『지각의 현상학』에서 취급한 心身의 현상학을 후기의 『보이는 것과 안 보이는 것』에서 보이는 현상과 안 보이는 존재와의 관계로 바꾸면서 모든 것을 존재내부의 연결고리로 매듭지었다. 모든 것

39) M. Merleau-Ponty, 같은 책, 280쪽.

은 존재의 천 속에 용해된다.

道心이나 四端이 李珥에게 있어서 '理之發'은 아니지만, 理의 세계와 이어지는 통로를 갖고 있다. 人心이나 人慾, 그리고 七情은 '氣之發'이기에 氣의 작용(氣之用事)과 같다. 그러므로 道心人心이나 四端七情과 같은 心理철학의 주제들도 결국 理氣의 존재론으로 번역된다. 人心은 보인다. 人心은 형태론적 구조와 지각의 언어를 통하여 가시화된다. 그러나 道理는 그 자체 보이지 않는다. "보이는 것과 안 보이는 것의 어떤 관계, 그 관계에서 안 보이는 것(l'invisible)은 보이지 않는 것(le non-visible, 보였거나 보이게 될 것, 지금은 보이지 않는 것, 또는 나보다 타인에 의하여 보여진 것이지 나에 의하여 보여진 것이 아닌 것)일 뿐만 아니라, 또한 그 부재가 세계를 생각하고 있는 것[그것은 보이는 것의 뒤에 있으면서도 촉박하고(imminent) 또 걸출한(éminent) 可視性이며, 그것은 근원적 非呈示可能(Nichturpräsentierbar)과 같기도 하고 다른 차원과 같기도 한 근원적 呈示可能(Urpräsentierbar)]이다. 그 관계에서 자신의 자리를 표시하는 빈틈은 세계의 통로를 표시하는 점들 가운데 하나다."[40] 이 이상야릇한 메를로-뽕띠의 말은 안 보이는 것이 단순히 없다는 無를 뜻하는 것이 아니라, 李珥의 말처럼 "無가 妙有를 머금고 有가 眞無를 나타내는" 그런 교차배어법을 표시하고 있다. 안 보이는 것은 『存在와 無』에서 사르트르가 말한 그런 對自的 無를 의미하는 것이 아니다. 그것은 보이지 않는 不在(l'absence)나 언제나 보여지기를 요구하는 非可視性이며, 또한 이미 보이는 세계의 현상들 속에 함께 거주하고 있다. 理는 '안 보이는 것'이고 氣는 '보이는 것'이다. 人心은 '보이는 것'과 '안 보이는

40) M. Merleau-Ponty, 같은 책, 281쪽.

것'의 매듭이요, '얽힘장식'과 같다. 人心에서 理와 氣가 차이 속에서 동거하고 있다. 理와 氣, 그 어느것도 제각기 각자의 적극적 실체성을 고집할 수가 없다. 人心은 이미 쪼개져 있다. 人心은 理의 안 보이는 것과 氣의 보이는 것이 分節과 連節의 두 가지 기능을 수행하고 있는 이중성과 같다.

이미 우리가 앞에서 살펴본 것과 같이, '氣發理乘'은 곧 지각의 현상과 마찬가지다. 人心이 氣發理乘이다. 그런데 그 氣發理乘을 세밀하게 분석하면, 그것은 '理→性→心→身→物'의 포장싸기적인 통과양식을 말하고 있는 것임은 두말할 필요가 없다. 그러나 포장싸기의 양식은 또 이미 理(性)와 氣(情)가 다르기 때문에 가능하다. 그러므로 지각현상은 理와 氣의 차이화를 전제하고 있다. 모든 망각은 메를로-뽕띠의 소론처럼 '차이화의 소멸(la dédifférentiation)'과 같다. 망각은 차이를 지우는 밤과 같다. 氣發理乘이 지각현상인 한에서, 그것은 理氣관계의 차이화를 기본전제로 하고 있다. 人心은 理氣의 존재론적 차이화와 접목화를 동시성으로 지니고 있기에 '차이 속의 동일성(l'identité en différences)'이라고 보아도 좋을 성싶다.

道理가 人心 속에 있고 理가 心氣 속에 있다는 것은 어떤 것이 상자 속에 갇혀 있다는 객관적 표상과 같지 않다. 이것은 心이 身氣 속에 있고 身氣가 세계 속에 있다는 존재양식에도 적용될 수 있다. 이처럼 理氣관계가 거리와 교제의 이중주를 연주하고 있음은 이 우주가 정신주의나 물질주의의 어느 방향으로도 설명되지 않음을 말한다. 정신의 동일성만이 지배하는 세계는 공허하고 물질의 동일성으로 미만된 세계는 맹목적이다. 그래서 이 우주를 하나의 절대적 진리로 설명한다는 것은 불가능하다. "理는 반드시 氣에 머무르고 있고, 氣는 반드시 理를 싣고 있다(理必寓氣 氣必載理)"[41]라고 언표한 것은 그가 主理論과 主氣論의 어느쪽에도 손을 들지 않았음을 뜻한다. 한국철학사에서 李滉의 主理論에 대응시키기 위하여 가끔 李珥를 主氣論으로 분류하고 있는데 그것은 커다란 오류라고 생각지 않을 수 없다.

理는 '안 보이는 것'이지만, 그 理가 氣 속에, 즉 보이는 氣 속에 머물게 됨으로써 그 理는 氣를 의미화하는 '비전(la vision)'의 역할을 한다. 理가 비전이 되는 것은 氣가 '보이는 것(le visible)'이 되는 것과 동시적으로 성립한다. 다른 말로 설명하면, 性이 비전이면 心은 보이는 것이 되고, 心이 비전이면 身은 보이는 것이 되고, 身이 비전이면 物이 보이는 것이 된다. 이리하여 李珥 철학의 理氣관계론은 메를로-뽕띠 철학에서의 '보이는 것(le visible)'과 '비전(la vision)'과의 교감으로 해석된다. 즉 그의 理氣철학은 보이는 것과 비전 사이에 벌어지는 '내적 존재론(l'intra-ontologie)'의 문제지, '主理/主氣'로 나누어지는 개념적 원리의 선택문제가 아니다. 그의 理氣철학이 보이는 것과 비전 사이의 교감의 형태로 가장 뚜렷하게 부각되는 지대가 人心이다. 비전(la vision)은 '봄(voir)'이다. 그러나 그것은 데카르트(R. Descartes)의 철학이 아끼는 '보는 생각(la pensée de voir)'과 전혀 다르다. "비전은 사유의 한 양식도 아니고 또 자기현존도 아니다. 나에게 주어진 수단이지만, 나 자신이라는 것을 不在케 하는 수단이요, 안으로부터 존재의 파열에 참여하는 수단이다."[42] 모든 비전은 나의 비전이지만 비전의 순간에 나는 나 자신과의 現存을 갖지 않고 나 자신의 不在 속에서 나의 비전은 보이는 것을 바라볼 뿐이다. 비전은 자기의식의 부재 속에서 다른 것을 바라본다. 이 다른 것이 보이는 것이다. 그런데 이 '보는

41) 『栗谷全書』 上, 卷12, 書4, 答安應休(天瑞), 249쪽 상단.
42) M. Merleau-Ponty, *L'Oeil et l'esprit*, 81쪽, N. R. F.

것(le voyant)'은 '보이는 것(le visible)'을 객관적 대상으로서 바라보는 것이 아니라, 존재내부에서 존재의 분열에 참여하는 일에 지나지 않는다. 왜냐하면 '보는 것'과 '보이는 것'은 다 존재내부의 '어긋남'이나 차이에 지나지 않기 때문이다.

성리학이 말하는 '心統性情'의 이론은 문자 그대로 마음이 性과 情을, 理와 氣를 통합하고 있다는 뜻으로만 해석되어서는 안 된다. 이때 통합(통일)이란 낱말은 대단히 어의상 모호하다. '心統性情'은 마음속에서 性과 情이 일치하고 있거나 또는 동일성으로서 존재한다는 것이 아니다. 비록 '性爲情(性이 情으로 됨)'이지만, 性理와 氣器는 엄연히 다르다. 다르기 때문에 性理와 氣器는 차이의 거리를 두고 있으나, 性理와 氣器는 접목되어 있어서 그것들은 마치 거리를 통한 근접의 현상과 같다. 性理와 氣器는 人心 속에서 새끼꼬기처럼 교차하고 있다. "일치나 합일의 관념은 꽃망울이 터지는 상태에 있는 하나의 존재(un Etre)와의 관계에서 참다운 근접의 최대치로서 생각되는 바라보기나 철학적 비전이라고 불리워지는 이론에 의하여 대체된다. 거리를 통한 근접이나 聽診이나 두께상태로 느껴지는 觸診과 같은 직관이나, 자기와 자기자신의 뒤틀기와 같은 그런 자기의 바라보기의 관념에로 되돌아와야 한다. 그러나 자기의 바라보기가 일치를 뜻하는 것은 아니다."[43] 李珥가 말한 '理氣之妙'는 理氣의 合一이나 理氣의 통합(통일)을 범범하게 지시하는 것이 아니다. 그렇다고 그 세계는 오묘하고 신비적인 그런 경지라고 방치해 두어서도 안 된다. '理氣之妙'는 人心 속에서 理와 氣가 차이 속의 접목성, 차이 속의 동일성, 거리를 통한 근접의 관념, 청진이나 촉진의 형태론적 場, 理와 氣의 새끼꼬기와 같은 不一而不二의 현

43) M. Merleau-Ponty, *Le Visible et l'invisible*, 170쪽.

상과 같다고 읽혀져야 한다. '理氣之妙'가 그런 얽힘장식이나 격자무늬와 같은 존재양식을 뜻하기에 理一의 太極이나 道理가 人心 속에 肉化하면서 또한 다양한 理들의 모습으로 쪼개진다. 李珥가 말한 '理一分殊'의 설이 이것을 가리킨다. 다양한 느낌의 氣發과 새끼꼬기를 하기 위하여 理는 분화되지 않을 수 없다. 이런 理를 그는 '各具一太極'이나 '流行之理'라고 불렀다. '本體之理'나 '統體一太極'은 본디 非가시적인 '안 보이는 것'이다. 이것을 성리학에서 '形而上'이라 한다. 안 보이는 理一이 보이기 위하여 세계 속에 살고 있는 人心의 다양한 氣 속으로 참여해야 한다. 그 순간에 理一은 이미 理多가 된다. 理多가 되면서 理와 氣가 얽히고설키면서 人心이라는 '살(la chair)'의 체험적 두께가 형성된다. 人心이 '살'이라고 함은 어떤 경우에도 인간이 세계를 떠나 높이 비상하거나 절대중립적인 불편부당의 구경꾼으로서 마음을 관리할 수 없음을 말한다.

人心이란 살 속에서 理氣의 이중성이 만났다가 떨어졌다 한다. 그 살 속에서 理는 보는 것이 되고 氣는 보이는 것이 된다. 왜냐하면 理는 의미부여자이고 氣는 그 의미의 표현이기 때문이다. 이 점을 메를로-뽕띠적인 언어로 치환시키면, 보는 理들은 보이는 氣들을 어루만지고 촉진하거나 청진한다고 할 수 있다. 이 경우 氣는 결코 객관적 대상으로서 저만큼 살 밖에 놓여 있는 것이 아니라, 다 같은 살의 人心 속에서의 교감과 대화의 상태에 놓여 있다. 존재가 파열되거나 또는 꽃망울처럼 터지듯이 人心도 그러하다. 人心 내의 관계는 메를로-뽕띠가 말한 '내적 존재론', 즉 존재 내의 관계와 같다. "바라봄은 보이는 것 속으로 보는 것의 가입이고 보이는 것 속으로 보는 것의 탐구다."[44] 의미부여자로서 바라보는 理는 보이는 氣 속으로 가입하며 氣를 탐구하기 위하여 거기에 동거한다.

理는 氣를 바라보면서 氣에 의하여 표현되어진다.

이때에 理와 氣 중에서 어느것이 능동적이고, 수동적인가? 李珥가 '氣發理乘'이라고 언표하였으니 氣가 능동적이고 理가 수동적임이 분명하다. 표현하는 것은 氣고 표현되는 것은 理이기 때문이다. 이 점을 李珥는 '發者'로서의 氣와 '所以發者'로서의 理라고 표명하였다.[45] 그런데 그는 「壽夭策」에서 "理는 氣에 머무르고, 氣는 理에서 나온다(理寓於氣 氣出於理)"[46]라고 말하였다. 이것은 "발하는 것은 氣요, 발하는 까닭은 理다(發者氣也 所以發者理也)"와 뉘앙스를 좀 달리한다. 그의 철학세계에서 본디 氣發에 이미 理의 의미가 肉化되고 있어서 '理寓於氣(理가 氣에 머물음)'는 새로운 것이 없다. 그러나 그는 '氣出於理(氣가 理에서 나옴)'이라고 언명한 것은 氣發理乘의 논리에서 좀 빗나간 것이 아닌가 생각될 수 있다. 자칫하면 이것은 李珥가 李滉의 소론인 '理之發'을 비판했던 것과 결이 맞지 않은 것으로 보일 수 있다.

理가 없으면 氣는 이미 氣가 될 수 없다. 理가 없는 氣는 의미부여를 받지 않은 '無所發'이 되어서 氣가 인간적인 얼굴을 상실하기 때문에 그때의 氣는 人心의 氣나 몸의 氣가 되지 못하고 그냥 존재하는 物이나 물건의 氣가 되고 만다. 氣는 '所以發者'로서의 理의 보는 것이 있기에 그것이 내 몸의 氣나 人心의 氣로 승화한다. 이래서 '理는 氣에서 나온다'는 언표가 성립된다. 氣가 發하니 능동적이고 이때에 理는 그 氣에 동거하게 되니 理는 수동적이라고 보지 않을 수 없다. 이것은 理氣관계에서 氣가 理를 포장싸는 방식이라고 보아도 좋으리라. 氣는 '포장싸고(enveloppant)' 理는 거기에 '싸여진다

44) M. Merleau-Ponty, 같은 책, 173쪽 각주.

45) 『栗谷全書』 上, 卷9, 書1, 答成浩原(壬申), 193쪽 상단 참조.

46) 같은 책 下, 拾遺 卷5, 雜著2, 壽夭策, 557쪽 상단.

(enveloppé)'. 그러나 또 理의 의미부여와 보는 비전이 없이 氣는 人心의 氣로서 '보이는 것'이 될 수 없기에 이 경우에 理는 보는 '비전(la vision)'이고 氣는 '보이는 것(la visible)'이라고 볼 수 있다. 理가 비전이라 하더라도 그 理는 보이는 人心의 氣 속에 참여해야 하니 결코 理發은 아니다. '理發'은 心身을 떠난 초월적 理의 독립적 자가발전을 인정하는 이론이지만, 李珥는 세계와 몸과 결부되지 않는 脫化肉的 理의 자가발전적 측면을 거부한다. 理와 氣가 엄밀히 말하여 각각 수동성과 능동성에 대응된다고 말할 수가 없다. 人心 속에 의미를 부여하는 비전의 측면에서 보면, 理가 보는 것(la voyant)이고 氣가 보이는 것(le visible)이지만, 人心 속에 理가 氣에 동거하는 측면에서 보면 理는 氣에 의하여 둘러싸인다. 理氣의 관계를 각각 보는 비전과 보이는 것의 차원으로 보면, 그것은 존재의 내적 분열로서의 거리처럼 理氣가 '不相雜'이고, 理氣관계를 각각 포장되는 것과 포장하는 것으로 보면 그것은 이중적인 존재의 근접처럼 理氣가 '不相離'해진다.

내 몸이 사물을 만지면서 동시에 사물에 의하여 애무되는 감정을 느끼듯이, 人心은 세계를 보면서 동시에 세계에 의하여 포장되는 느낌을 갖는다. 人心 속에서 理와 氣가 서로 수동과 능동을 주고받듯이, 人心이 세계와의 관계 속에서도 세계를 보면서도 동시에 세계에 의하여 만져진다. 이리하여 몸의 주체로서의 나의 人心은 몸과 하나의 '체험된 두께(l'épaisseur du vécu)'를 형성하게 되고, 나의 주체(人心)는 세계와 하나의 살처럼 느끼고 느껴지는 교감의 환경을 만든다. 여기서 나의 주체라는 표현이 사용되었는데 그것은 내가 나 자신을 의식하는 자가적 폐쇄성의 집착을 지니고 있는 것으로 여겨져서는 안 된다. 그것은 그저 나의 비전처럼 나에게 주어진 것이지만, 나라는 의식이 없이 보는 것과 보이는 것, 만지는 것과 만져지는 것, 듣는 것과 들리는 것과의 이중성의 연결마디요, '可逆性'의 경험일 뿐이다.

人心을 '살(la chair)'이라고 하는 것은 보는 理와 보이는 氣, 포함하는 氣와 포함되는 理의 관계가 전통철학에서 말하는 합일의 동일성을 말하는 것이 아님을 뜻한다. "보는 것과 보이는 것의 일치는 없다. 그러나 각자는 타자에게서 빌리고 취하고 타자에로 잠식하고, 타자와 함께 교차하여 타자와 교차배어법의 상태에 놓인다."[47] 메를로-뽕띠는 이런 교차배어법을 '구조적 형태성(das Gestalthafte structural)'[48]이라 불렀다. 이 개념은 데리다가 곧 뒤이어 말하게 될 '差延(la différance)'의 철학적 反개념과 크게 닮았다. 메를로-뽕띠는 이런 '구조적 형태성'을 '살'이라 불렀다. "(살은) 객관과 주관과의 중간형성자다. 살은 존재의 원자나, 한 장소나 오직 한 순간에만 있는 단단한 卽自도 아니다. 나의 몸에 대하여 그것이 다른 곳에 있지 않다고 말할 수 있는데, 그러나 대상적 의미에서 그 몸이 여기와 지금에 있다고 말할 수 없다. ……살을 실체들, 즉 육체와 정신 등으로부터 출발하여 생각해서는 안 된다."[49]

李珥가 말한 人心은 메를로-뽕띠가 말한 살과 다르지 않으리라. 人心이란 살이 없으면 道와 理의 비전도 불가능하고, 우리가 생각하는 모든 철학적 관념들도 만약에 우리가 몸과 그 감수성을 지니고 있지 않다면 우리에게 생기지도 않았고 우리에게 접근되지도 않았으리라.[50] 동물에겐 철학도 없지만, 천사에게 만약 철학이 있다고 한다면 그것은 인간의 것과 아

47) M. Merleau-Ponty, *Le Visible et l'invisible*, 314쪽.
48) M. Merleau-Ponty, 같은 책, 315쪽 참조.
49) M. Merleau-Ponty, 같은 책, 193쪽.
50) M. Merleau-Ponty, 같은 책, 196쪽 참조.

주 다르리라. 道心과 四端의 관념도 人心의 살 속에 七情과 人慾의 체험이 새겨져 있기에 우리에게 주어질 수 있다.

메를로-뽕띠의 후기철학은 현상학에서 존재론으로 이행한다. 그러나 그는 현상학을 버리지 않는다. 살은 세계와 인간의 의식을 보편적으로 묶는 현상학적 개념이다. 그런데 그가 대문자로 쓰는 '존재(l'Etre)'는 자신의 의미를 나타내기 위하여 살의 현상세계를 방문한다. 이미 앞에서 본 바와 같이, 살은 육체와 정신 등과 같은 전통적인 실체개념으로 접근되어서는 안 된다. 살의 세계에서 정신은 신체의 타자로서 신체와 함께 거리와 근접의 새끼꼬기를 시도하고 있는 그런 타자다. 그래서 정신과 신체는 객관적 용어로 풀이되지 않는다. 정신이 신체의 타자라는 것은 신체의 다른 측면으로서 신체 속에 숨어 있고 거기에 정박해 있고 신체를 필요로 하고 있다는 것을 말한다.[51] 또 신체가 정신의 타자인 한에서 같은 연관성을 맺고 있다. "정신의 신체가 있고, 신체의 정신이 있고 그 사이에 교차배어법이 있다."[52] 존재가 계시되기 위하여 살의 현상이 필요하듯이, 理도 자신을 표현하기 위하여 氣發의 人心을 필요로 한다. 李珥가 '理寓於氣'요 '氣出於理'라고 하였다. 이것을 메를로-뽕띠의 언어로 번역하면, 전자는 '정신의 신체'고 후자는 '신체의 정신'에 대비되며 그 사이에 교차배어법이 있다고 말할 수 있다. '理寓於氣'는 무형인 보이지 않는 理가 보이는 氣에로 근접화하는 것이요, '氣出於理'는 보이는 氣가 안 보이는 理에 의하여 비전의 의미부여라는 조명을 받아야 함을 뜻한다. 道와 理는 무형이다. 그래서 그것은 안 보이는 정신과 같다.

메를로-뽕띠는 '안 보이는 것(l'invisible)'을 다음과 같이

51) M. Merleau-Ponty, 같은 책, 313쪽 참조.
52) M. Merleau-Ponty, 같은 책, 313쪽.

기술하고 있다. "의미는 안 보인다. 그러나 안 보이는 것은 보이는 것의 모순이 아니다. 즉 보이는 것은 그 자체 안 보이는 것의 한 뼈대를 갖고 있다. 그리고 안 보이는 것(l'in-visible)은 보이는 것의 은밀한 상대방이어서, 안 보이는 것은 보이는 것 속에서만 나타난다. 그것은 세계에서 그런 것으로서 나에게 정시되는 근원적 非呈示可能性(le Nichtur-präsentierbar)이다. 사람들은 세계에서 그것을 볼 수 없고 거기서 그것을 보고자 하는 모든 노력도 그것을 사라지게 한다. 그러나 그것은 보이는 것의 잠재적 고향이다. 그것은 보이는 것 속에 (종이의 투명무늬처럼) 등록되어 있다."[53] "보이는 것은 안 보이는 것을 함축하고 있다."[54] 따라서 보이는 것은 안 보이는 것을 암시하고 지시하고 있기에 "봄은 사람들이 보는 것보다 언제나 더 많이 봄"[55]이 된다. 의미는 안 보인다. 의미가 보이기 위하여 보이는 것과 손을 잡고 살을 형성해야 한다. 그러나 그 의미는 자기자신을 보지 못하고 살을 통하여 자기의 모습을 비쳐 볼 뿐이다. 보는 자는 자기를 보지 못한다. 이처럼 보는 것과 보이는 것과의 사이에 시간적 차이가 생기고 공간적 거리가 있다. 이것은 존재의 세계에서 '안 보이는 것'과 '보이는 것', '보는 것'과 '보이는 것'과의 사이에 지울 수 없는 시공적 '어긋남(l'écart)'이 존재세계의 운명으로서 이미 게재되어 있음을 뜻한다. 이런 어긋남이 존재의 운명 자체이기에, 이 세계에 도덕적 성실성과 무관하게 존재의 비극적 사건들이 일어나고, 탐구하는 영혼들이 오류 이전에 조급함과 외곬의 열정으로 난시적 방황 속에 헤매게 된다.

---

53) M. Merleau-Ponty, 같은 책, 269쪽.
54) M. Merleau-Ponty, 같은 책, 269쪽.
55) M. Merleau-Ponty, 같은 책, 300쪽.

道로서의 理는 안 보이는 것이다. 그 道는 스스로를 보이게 하기 위하여 자신의 살인 氣를 찾는다. 그래서 道가 氣의 집에 머물고 있지만, 그 집안에서 道는 氣를 또한 보고 있다. 그래서 理와 氣, 道와 器는 不二이기도 하고 不一이기도 하다. 안 보이는 道와 理는 순수한 초월이다. "안 보이는 것이 대상으로서가 아니고 거기에 있다. 그것은 존재자의 가면도 쓰지 않는 순수한 초월이다."[56] 本然之理는 순수한 초월이다. 그러나 그 순수한 초월로서의 本然之理는 流行之理의 '옷 안'으로서 감추어져 있으면서도 옷 겉을 통하여 스스로를 가시화한다. 道理가 道心이 되면서 人心의 옷 안으로 작용하고 있음은 마치 숲의 가시성이 정령들의 非가시성을, 초원의 가시성이 목가성의 非가시성을, 폐허의 가시성이 시간의 무상한 非가시성을, 구름의 가시성이 허공의 적요한 非가시성을 동시에 동반하고 있음과 같다. 이렇게 본다면 세계와 하나의 살을 형성하고 있는 인심은 메를로-뽕띠의 표현처럼 존재의 점묘화법(le pointillé)처럼 존재한다. 점묘화법은 보이는 형체들을 점들로 묘사하는 형태 만듦에 이미 안 보이는 여백의 공간이 그 만들기에 기여하고 있는 그런 기법이다. 안 보이는 빈틈과 촘촘히 찍힌 점들이 하나의 존재를 나타내지만, 그 존재는 이미 이중적이다. 즉 人心의 존재는 언제나 '사이세계(l'inter-monde)'의 구조를 벗어나지 못한다.

人心이 살이기에 人心은 道心과 人慾 사이에서 그네처럼 출렁인다. 道心과 人慾이 얼룩말의 무늬와 바탕처럼 그렇게 얽혀 있다. 얽혀 있음은 동일성을 의미하지 않고, 하나의 마음 속에 있는 차이에 지나지 않는다. 그러나 그 차이가 무관심이나 모순이 아니기에 人慾은 道心을 비쳐 주고, 道心은 人慾을

56) M. Merleau-Ponty, 같은 책, 282-283쪽.

느끼게 하여 준다. '理氣之妙'는 살이다. 理氣之妙가 살이기에 거기에 선악이 차이 속에서 동거하고 있다. 그래서 人心은 데리다가 발레리(Valéry)의 말을 빌려 표현한 내적 복합성인 'Implexe'와 같다. 人心이 그런 상반된 것들끼리의 '공모'이기에 人心은 이 세계의 역사와 생활만큼 복잡하다. 살은 창조와 파멸의 이중주를 낳는 지대다. 人心의 살 속에서 道心과 人慾이 서로서로를 보면서 자기의 정체성을 뒤늦게 확인한다. 이렇게 보면 人心의 살은 反射性(la rẽflexivitẽ)의 거울과 같다. 道心은 人慾을 통하여 자신을 알고, 人慾도 道心을 통하여 자신을 안다. 반사성에서 반성(la rẽflexion)이 생긴다. 人心이 수행하는 반사성의 반성에 의하여 인간은 人慾이 파멸을 부르는 살의 유혹임을 깨닫게 된다. 동시에 그는 살에 와 닿지 않은 창조가 무엇인가를 모른다. 그래서 道는 인간이 창조의 경험을 가지게끔 道心으로 내려와 말을 건넨다. 道心이 살의 유혹 그 자체는 아닐지라도, 살의 유혹을 아예 모르는 핏기없는 탈화육적 관념은 아니다. 그런 점에서 道心은 위험한 살의 소리를 음악으로 여과시킨 창조와 같다. 李珥가 "四端은 七情의 전체와 같지 않고, 七情은 四端의 순수함과 같지 않다(四端不如七情之全 七情不如四端之粹)"[57]고 말한 것은 살의 이중성이 지니고 있는 불협화음적 화음을 생각하였기 때문이리라.

57) 『栗谷全書』上, 卷9, 書1, 答成浩原(壬申), 192쪽 상단.

통일성과 다양성의 측면에서 본 신유교적 이성

한정선

1. 문제제기

후설(Edmund Husserl)은 그의 글 "유럽 인간성의 위기와 철학"에서 당시의 유럽 생활 공동체가 이성적인 생활세계를 건설하는 데 실패하였다고 비판하였다. 이러한 유럽의 위기는 근본적으로 갈릴레이 이후 자연과학적 방법론으로 진리를 정당화시키는 자연주의적 합리주의(naturalistischer Rationalismus)에 물든 유럽 학문의 위기로부터 기인한다고 진단하였다. 자연주의적 합리주의는 정신과학의 영역에도 잘못 침투되어, 갖가지 형태의 실증주의, 유물론, 심리학, 역사주의적 상대주의에 갇힌 세계관의 철학들, 인류학에서 유행하던 종족이론들, 영원성과 보편성의 차원이 없는 실존철학 등등을 산출하였다. 이러한 유럽 학문의 위기는 유럽의 국가와 민족들 사이에 세계대전과 나치즘과 파시즘, 전체주의를 발생시켰으며, 유럽이라는 문화정신 공동체의 삶 전체의 보편적인 의미지평을 열어 주는 유럽의 목적(telos)을 상실하게 만들었다. 후설은 저마다의 주관적인 믿음(doxa)과 독단에 빠져 각축전을 벌이고 있는 유럽의 생활세계와 학문의 위기를 극복할 수 있는 길이 참된 이성과 존재자의 본질적인 관계를 각성시켜 줄 수 있는, 희랍적인 의미에서의 합리주의를 회복하는 것, 즉 영원과 진리 자체를 향해 그 지평이 열려 있는 종류의 철학의 힘에 의지하는 것이라고 보았다. 그러한 철학은 희랍 철학의 합리주의와 그 속에 깃들어 있는 학적 관조(theoria)의 정신을 계승한, 즉 고도의 이론성을 내포하고 있고, 생활세계에서 소외되지 않으며, 진리 자체를 지향하는 이성적인 규범에 의해서 생활세계가 질서지워질 수 있도록 길잡이의 역할을 해줄 수 있다. 후설은 이러한 그의 비판을 이성비판 (Vernunftkritik)으로 이해하였다.[1] 참된 합리주의를 살리고 있는 학문이 선험적 현상학이라고만 우리가 구태여 주장할 필요는 없지만, 그래도 단지 주관적인 믿음과 독단에 갇혀 불협화음을 이루고 있는 생활세계의 위기를 영원성과 보편성의 차원으로 통합시켜 보려고 했던 후설의 이성비판의 정신은 우리의 시대에도 또 다른 형태로 응용해 볼 가치가 있다.

필자는 후설의 이성비판의 정신을 이어받아, 오늘날 한국사회의 맥락 속에서 이성비판을 시도하고자 한다. 미래학자 토플러(Alvin Toffler)는 초산업사회(super-industrielle Gesellschaft)가 이미 도래하고 있음을 말하면서, 정치·경제·문화를 비롯한 사회의 전영역에서의 다원화 현상을 지적하고 있다. 선진국들과의 첨단 과학기술 경쟁에 참여하고 있는 한국에서도 토플러가 지적하는 바와 같은 사회의 다원화 현상은 서서히 그 모습을 드러내고 있다. 그런데 그러한 초산업사회

1) Edmund Husserl, Die Krisis der europäischen Wissenschaften und die transzendentale Phänomeologie, Husserliana Bd. VI, den Haag 1962, 320쪽 이하 및 345쪽 이하 참조 ; Karl Löwith, Sämtliche Schriften Bd. 8, Heidegger Denken in dürftiger Zeit, 236쪽 이하 참조 ; Klaus Held, Husserls These von der Europöisierung der Menschheit, in : Phänomenologie im Widerstreit, hrsg. von Christoph Jamme und Otto Pöggeler, Frankfurt a. M. 1989, 14쪽 이하 참조 ; 한정선, "후설과 마르크스의 생활세계의 학", 『생활세계의 현상학과 해석학』, 한국현상학회 편, 서광사, 1992, 119-132쪽 참조.

는 소위 포스트모던 사회철학의 배경이 되고 있는 정보화 사회, 후기 산업사회와 동일하다.[2)] 초기 산업사회를 넘어서서 역사가 급속도로 초산업사회, 다원적인 사회에로 이행하고 있다면, 그리고 한국사회도 선진 산업국가들을 뒤따라 그러한 사회에로 이행하고 있다면, 그것을 보여 주는 지표는 어떤 것인가? 필자는 이 문제를 제2장에서 다룰 것이다. 제3장에서 필자는, 한국도 이미 다원적인 사회에로의 이행이라는 사회변혁을 치르고 있다면, 도대체 "다원성을 구제하는 전략은 구체적으로 어떤 것이 될 수 있을까?"하는 문제를 리오타르(Jean-Francois Lyotard)와 벨쉬(Wolfgang Welsch)의 견해에 의지해서 다루어 보고자 한다. 그런데 남한사회는 신유교[3)]라는 전통문화를 이어 가고 있는 특수한 상황 속에서 다원

---

2) 물론 "초산업사회", "정보화 사회"와 "후기 산업사회", "포스트모던 사회"와 같은 용어들은 그 발생사적 배경도 다르고, 그들 용어가 초점을 맞추는 부분도 약간씩 다르지만, 일반적으로 제2차 대전 이후에 컴퓨터를 통해서 이루어지는 첨단 과학 기술 사회를 공통적으로 일컫고 있다.

3) 신유교는 13세기에 중국으로부터 한국에 들어왔으며, 이조시대 500여 년 동안 국가의 통치 이데올로기로 존속했었다. 16세기에 신유교는 퇴계(1501-1570)와 율곡(1536-1584)과 더불어 전성기를 이루었다. 한국의 신유교는 중국 신유교의 理氣說을 받아들이면서도 특히 인간의 本性에 대한 정교한 이론을 발전시켰다. 필자가 이 글에서 한국의 전통문화의 특성을 언급하면서 유교적 전통문화라고 하지 않고 구태여 신유교적 전통문화라고 한 까닭은 이상에서 지적한 바 가까운 과거로서의 전통문화적 상황 때문이다. 그러나 이 글에서 우리가 염두에 두고 있어야 할 두 가지는, 첫째 한국에서 유교는 이미 삼국시대 이래로 국가의 기본정책으로 채택되었으며(금장태, 「유교사상과 한국사회」, 성균관대학 대동문화연구원 대동문화연구업서 VI, 성균관대학교 출판부, 1987, 281쪽 참조), 유교의 王道이념은 정치 이데올로기였으며, 유교경전을 중심으로 하는 교육기관은 행정관료와 학자들을 배출하였고, 학문뿐만 아니라 풍속과 예법을 유교적으로 教化시키는 데 기여하였다는 점이며, 둘째 신유교는 유교에서 파생되어 나왔기 때문에 유교의 기본적인 가치와 개념들을 많이 수용하고 있다는 점이다. 이러한 이유 때문에 필자가 구태여 신유교와 유교를 구별하지 않아도 되는 경우에는, 이를테면 "仁"과 같은 기본 가치라든가, 삼강오륜에 기초한 공통된 전통문화적 특성 등등을 언급하는 경우에는 필자가 비록 "신유교"라는 용어를 쓴다고 할지라도 거시적으로는 유교와 같은 맥락에서 독자들이 이해해 주기를 바란다.

화 사회에로의 사회변혁을 치르고 있다. 문화적으로 볼 때 한국은 신유교적 전통문화가 가지고 있는 통합력에 의하여 사회적 통일성을 유지해 왔다. 신유교적 전통문화가 유지하려는 통일성의 힘과 초산업사회가 몰고 오는 다원화의 힘이 서로 겹쳐 있는 한국의 경우에, 한국사회는 어떻게 합리적인 사회를 산출할 수 있겠는가 라는 문제가 대두되고 있다. 그러므로 필자는 제4장에서 신유교적 전통사회를 통합시켜 주었던 신유교의 우주관 인간관 사회관을 살펴볼 것이다. 제5장에서는, 제4장에서 얻은 자료를 바탕으로 신유교적 전통문화가 가지고 있는 통합력이 오늘날의 한국상황에서 적어도 우리가 합리적(이성적)이라고 부를 수 있는 형태의 통합력을 제공해 주는 문화적 저력이 될 수 있을까를 염두에 두면서, 신유교 문화의 합리성과 비합리성의 측면을 막스 베버(Max Weber)의 이론에 의지하면서 검토할 것이다. 마지막으로 제6장에서는 앞서 분석한 결과를 바탕으로 오늘날의 한국적 상황 속에서, 신유교적 전통문화를 안고 초산업화와 다원화 사회로 이행해 가는 상황 속에서, 다양성에 기반을 둔 통일성의 힘에 의지해서 이성적인 사회를 창출해 내는 과제를 반성해 보고자 한다. 필자는 이러한 과제를 "통일성과 다양성의 측면에서 본 신유교적 이성비판"의 과제로 이해하고자 한다.

2. 다원적인 사회에로의 이행

토플러는 초산업사회가 도래하고 있음을 지적하면서, 이러한 초산업사회의 특성을 다양성과 일시성과 새로움의 특성으로 묘사하고 있다.[4] 필자는 우선 토플러가 지적하는 위의 세 가지 특성들을 요약하면서 한국에서도 이러한 현상이 이미 출

4) A. 토플러 著(장을병 譯), 『미래의 충격』, 범우사, 1986, 제2, 3, 4부 참조.

현하고 있음을 언급하고자 한다.

토플러에 따르면, 초산업사회의 고도로 발달된 과학기술은 지금까지 어떤 사회에서도 볼 수 없었던 다양한, 즉 탈획일화되고 탈규격화된 상품과 서비스를 제공한다.[5] 자동화 이전 단계의 과학기술은 규격화되고 획일적인 상픔들을 대량생산하는 것이 사실이었지만, 정교한 과학기술은 간단하게 프로그램만 변경함으로써 상품의 모델이나 규격을 쉽게 바꿀 수 있다. 자동화 설비가 더욱 정교해지면 전통적인 대량생산에 드는 비용만 가지고도 상품을 다양화시킬 수 있다. 다양한 상품생산은 다양하고 세분화된 상품시장을 출현시키고, 소비자들에게는 다양한 욕구를 유발시키고 또 충족시킨다. 오늘날의 한국사회에서도 이러한 현상은 현저하게 드러나고 있다. 자동차의 경우를 예로 들자면, 차의 종류(國產차·外製차·소형차·중형차·대형차·봉고 등등), 디자인(곡선을 많이 도입하는 경향), 색상(어둡고 무게있는 검은색·푸른색·은회색을 제쳐놓고 경쾌하고 산뜻한 붉은색·주황색·초록색 등등이 나타나 색상이 훨씬 다양해지고 있음), 그 이외에도 전자제품·식료품·의류·가구·학용품 등등 거의 모든 상품종목에서, 그리고 개별종목 내에서도 다양화 현상은 가중되고 있다.

토플러에 따르면, 예술·교육 및 대중문화의 영역에서도 세분화와 다양화(다원화) 현상이 급속도로 진전되고 있다. 문화적 다양성을 제시하는 하나의 지표가 될 수 있는 것으로서, 인구 1백만 명당 발행되는 책의 종류들을 조사해 볼 때, 서적 종류가 다양하고 수가 많아진다는 것은 곧 그 국민의 취향이 탈규격화되어 가고 있음을 말해 준다. 한국의 경우 출판산업은 급속도로 팽창하고 있으며, 전문서적이나 잡지에서도 좁은 특수분야로 세분화되는 것을 볼 수 있다. 이를테면 영화·연

5) A. 토플러, 220쪽 이하 참조.

극 · 문예 · 스포츠 · 낚시 · 자동차 · 등산 · 원예 등등으로 세분화되어 나타나는데, 여성잡지의 경우 구독자의 나이 · 취향 · 직업 · 신분에 따라(기혼여성 · 미시 · 결혼을 앞둔 예비신부 · 미혼여성 · 사회 초년생 · 여대생 · 여고생 등등) 다양하게 나타나고 있다. 남성잡지는 기존의 틀을 벗어나서 남성 패션 · 액세서리 착용법 · 자동차 · 문화 가이드 · 시장정보 등을 내용으로 하는 잡지들이 출현하고 있다. 시민들끼리 직접 정보를 교환하는 각종 정보신문(벼룩시장 · 교차로 · 가로수 · 취직시험 정보신문 · 주택 정보신문 등등) 등도 활성화되고 있다. 토플러에 따르면, 교육의 경우에도 중앙집권적인 정책은 물러나고 지방분권화되는 추세이며, 다양한 종류의 대학들이 설립되며, 한 대학 내에서도 강좌의 다양성의 폭을 넓히는 추세로 나아가고 있다. 결국 제도 안에서나 제도 밖에서 교육을 다양화시키려는 노력은 계속된다. 미래의 진보된 과학기술은 학생이 자신의 집에서 자신이 선택한 시간에 강의를 받으며, 컴퓨터화된 정보망을 통해 자신의 자료실과 연구실을 확보함으로써, 전통적인 강의실에서 해방될 수 있을 것이다. 한국의 교육은 아직 이러한 수준까지 이르지는 않았으나, 종합대학에서의 학과들이 다양화 · 세분화되고 있고, 각종 특수 전문대학(건축 · 통역 · 산업 디자인 · 관광 등등)들이 양적으로 팽창하고 있다. 또한 교육시장이 개방되어 외국의 대학들이 들어와 우리 대학들과 경쟁할 것이다. 전산화 · 정보화에 의해 이루어지는 교육방법의 변화는 시간문제에 불과한 것으로 예측된다.

대중매체의 경우에도 시장의 세분화 · 다양화 현상이 일어난다. 기술비판가들은 특히 대중매체가 인간의 욕구를 획일화시킨다고 비판해 왔다.[6] 그러나 그러한 비판은 타당한 면도 없

6) H. Marcuse, Der eindimensionale Mensch, Darmstadt/Neuwied 1967, 77쪽 이하 참조.

지는 않지만,[7] 기술비판가들은 다양화 현상에 의해 인간의 선택의 자유와 더불어 자유 자체가 증대되는 면을 일방적으로 과소평가하고 있다. TV의 경우 프로그램은 점점 더 세분화되고 다양해진다. 전자녹화 장치의 발명, 유선방송의 보급, 인공위성으로부터 유선통신망으로 직결시키는 방송의 가능성 등은 프로그램을 점점 더 세분화시키고 다양화시키는 방향으로 실현되고 있다. 우리는 한국의 경우에도 영화(영화관의 소형화, 여러 영화를 동시에 상영하는 영화관)·비디오 산업(고속버스 내 비디오, 비디오방)·출판·잡지·청각 커뮤니케이션(삐삐·무선전화, 전화정보 센터)의 영역에서 그 시장이 엄청나게 세분화·전문화·다양화되어 가고 있는 것을 목격할 수 있다. 이렇게 다양화되는 것은 물론 과학기술 때문에 가능해진 것이다.

상품과 문화적 품목이 다양화됨으로 인해서 개인의 선택의 자유는 크게 증대되고 있으며, 이와 병행하여 생활세계에서는 새로운 하위문화 집단들이 출현한다. 한국의 경우에도 이를테면 폭주족·컴퓨터 클럽·산악회·채식주의자·테니스 클럽·골프 클럽 등등이 출현한다.[8] 한편 초산업사회가 노동지향으로부터 여가시간을 향유하는 데 관심을 옮김에 따라서, 과학

7) 필자는 과학기술이 인간의 욕구를 획일화시키고, 자율성을 말살한다는 기술비판가의 이론에 어느 정도 동조를 하면서도, 전적으로 동의하지는 않는다. 한국에서의 무비판적인 물질 만능주의 풍조나 고층 아파트 단지와 같은 획일적인 주거문화 현상은 기술비판가들의 주장에 부합하는 측면이기는 하다. 그러나 필자가 이 글의 본문에서도 토플러를 부분적으로 수용하면서 언급하듯이, 과학기술에 의해 인간의 자유가 증대되는 측면에 대해서 기술비판가들은 그러한 자유는 진정한 자유가 아니라는 식으로 전적으로 비판하고 있는데, 이러한 비판은 과학기술이 가지고 있는 양면성 가운데 한 면만을 겨냥한다고 필자는 생각한다. 더 나아가 과학기술이 기술지배(Technokratie)로 발전해 가느냐 아니면 기술의 천국(Technopia)으로 발전해 가느냐는 첨단 과학기술 사회가 동시에 가지고 있는 양면성으로 보아야 할 것이라고 필자는 생각한다.

8) A. 토플러, 236쪽 이하 참조.

기술을 도구로 하는 오락산업의 전문화·세분화 현상이 초래되고, 이에 병행하는 하위문화 집단들이 출현한다. 또한 사회계층·연령·신분·직업·관심·취향에 따른 특수 하위문화 집단들, 이를테면 십대 초반과 십대 후반의 청소년 특수촌·대학생 특수촌·미혼 젊은이와 젊은 부부들이 살고 있는 주택가·중년부부들이 주로 살고 있는 주택가·퇴직자촌 등등 특수한 하위문화 집단들과 그들의 특수촌이 출현하고 있다. 한국의 경우에 우리들은 오렌지족·미시·신세대들이 모이는 장소·대학생촌(신촌과 동숭동)·대학생과 젊은 직장인들이 모이는 원두커피 전문점·정치가와 사업가들이 모이는 골프 클럽 등등을 일컬을 수 있다. 이들은 그들만의 고유한 세계·삶의 형식·가치관·문화·취향·우정을 공유한다. 이들은 하나 또는 그 이상의 하위문화 집단을 선택하여 자신을 귀속시키며 그 집단 속에서 자기동일성(Identität)을 발견한다.

그러나 사회의 모든 분야에서 변화의 속도가 가속화되기 때문에 이들 집단 자체의 수명도 짧은데다가, 이들 집단에 귀속되어 있는 구성원들도 마치 일회용품을 소비하듯 자신의 편의에 따라 집단에 들어가고 탈퇴하기 때문에 자연히 이들이 문제의 집단에 귀속됨으로써 갖게 되는 자기동일성은 일시적이고 피상적일 수밖에 없게 된다. 특정한 하위집단들이나 삶의 형식을 빈번하게 교체하는 과정에서 초산업사회의 사람들은 이별과 단절로 인한 고통에 자신을 길들이고 언제나 집단을 이탈할 마음의 준비를 하고 있다.[9)]

지금까지 언급한 바와 같이 초산업시대의 과학기술은 상품과 서비스의 다양화·탈획일화·탈규격화·전문화·세분화 현

9) A. 토플러, 264쪽 이하 참조.

상을 초래하고, 이것은 인간의 욕구의 다양성과 선택의 자유를 증대시키고, 다양한 하위문화 집단을 출현시키는 힘으로 작용한다. 다양한 하위문화 집단의 출현은 곧 다양한 삶의 양식의 출현을 의미한다. 이러한 다양성은 일시성과 새로움과 겹쳐서 나타난다. 선택과잉과 변화의 가속도에서 오는 충격 때문에 시달리는 초산업사회의 사람들에게 그러한 하위문화 집단들은 휴식과 교우관계와 공동체 의식을 제공함으로써 정신적인 쉼터의 역할을 한다. 그러나 이들이 제공하는 정신적인 쉼터가 피상적이고 일시적일 수밖에 없는 까닭은 초산업사회의 하부집단들이나 삶의 형식들이 일회용 상품처럼 단명한데다가, 사람들 또한 이들을 일회용 상품처럼 소비하기 때문이다.

토플러에 따르면, 다양한 하위문화 집단의 출현과 소멸은 사회조직의 측면에서 초산업사회의 질서를 출현시키고 있다. 산업사회를 통합시켰던 강력한 끈, 즉 법적인 결속, 공통의 가치관, 중앙집권적이고 규격화된 문화의 산물들은 허물어지고 있다. 낡은 사회를 통합시켰던 획일성과 단순성, 영구성 등에 기초한 방법들은 이제 더 이상 효과적일 수 없다. 초산업적 사회질서는 훨씬 다양하고 정교하고 세분화되고 단명한 구성요소에 토대를 두고 있다. 초산업사회는 지속성이 없는 패치워크(조각이불, patchwork)와 같은 삶의 형식들을 부추길 것이다. 생활세계의 삶의 형식의 다양화는 가치관의 다양화를 초래할 것이며, 이것은 사회 전체적으로 볼 때, 마치 유리창이 총알에 의해 산산이 부서지는 상황과 같으며, 소위 "의견의 합일(Konsens)"을 어렵게 하는 힘으로 작용할 것이다. 토플러는 이렇게 패치워크를 이루고 있는 생활세계의 구성요소들을 하나의 전체로 연결시켜 통합할 수 있는 방법을 우리는 아직 모르고 있다고 언급하고 있다.[10)]

토플러는 기술지배(Technokratie) 이론[11]에 동조하지 않는다. 그는 인간은 역사상 어느 시대보다 더 큰 자아실현과 자유를 향유하게 되리라고 본다. 그러나 개개인은 바로 선택의 과잉 때문에 가능한 자유를 향유하는 대신에 자기동일성의 위기와 적응력의 한계라는 대가를 치러야 한다. 개개인은 일시적이나마 자기동일성을 상징하는 하위문화 집단들과 삶의 형식들의 품목들을 선택하고 빈번하게 교체하고 인간관계도 빈번하게 교체한다. 이러한 빈번한 교체는 한 개인으로 하여금 "견고하고 연속적인 내부구조라는 의미에서의 자아"를 상실하게 만든다. 한 개인이 상이한 삶의 형식들과 하위문화 집단들에 동시에 또는 빈번하게 번갈아 참여할 때 그만큼 그는 더 큰 심리적 긴장에 빠지고, 때로는 자아의 과다상태에 빠지게 된다.

다원화되어 가고 있는 사회는 우리로 하여금, 아직은 어떤 대안이 없지만, 적어도 해결되어야 할 두 가지 과제를 던져주고 있다. 첫째, 패치워크와 같은 초산업적 사회질서를, 다시 말해서 생활세계(Lebenswelt)와 체제(System)를 모두 포괄하는 의미에서의 사회질서를 우리는 어떻게 하나의 기능적 전체로 통합시킬 수 있을 것인가? 이러한 통합은 적어도 일정한 가치관이나 이해할 수 있을 정도의 상호의존성에 바탕을 두어야 하지 않을까? 둘째, 다양성이 일시성이나 새로움과 결합할 때 우리의 생활세계는 너무 단명하고 생소하고 복

10) A. 토플러, 250쪽 참조.

11) 기술지배론을 주장하는 사람들은, 과학기술에 의하여 인간은 규격화된 상품을 소비생산하며, 규격화된 대중문화만을 소비하고, 규격화된 삶의 형식을 채택하지 않을 수 없기 때문에, 인간은 자신의 내면적인 욕구마저 조작당하고 자율성을 상실해 버리는 소비기계로 전락하고 말 것이라고, 부정적인 시각에서 초산업사회를 그려 낸다. A. 토플러, 220쪽 참조. H. Marcuse, Der eindimensionale Mensch, 21쪽 이하 참조.

잡하기 때문에 사람들은 자기동일성 파탄과 적응력 한계의 위기에 직면하게 되는데, 이러한 충격을 완화시켜 줄 수 있는 정신적 문화적 쉼터를 한국문화는 가지고 있는가? 첨단 과학기술 경쟁과 "국제화(Globalization)"에 전력을 다하고 있는 한국에서도 토플러가 지적한 바와 같은 사회의 다원화 현상이 비록 서구사회와 똑같은 형태로는 아니라고 할지라도 한국적인 조건 속에서 이미 산발적으로 특히 생활세계의 삶의 형식과 가치관과 취향의 영역에서 진척되고 있는 것을 우리는 엿볼 수 있다. 한국적인 조건들 가운데 중요한 몇 가지를 든다면, 신유교적 전통문화의 합리성에 의해 인간의 행위지향이 아직도 결정되고 있는 가운데, 공적 제도적인 영역에서 서양의 민주주의와 자본주의를 도입함으로써, 소위 근대화(Modernisierung)가 이미 40여 년 이래로 급속도로 진척되어 온 점 등을 들 수 있을 것이다. 신유교적 전통문화의 합리성에 의해 통합되어 있던 생활세계와 체제는 근대화의 충격을 견디어 오고 있는데, 이번에는 다원화의 충격으로 다시금 변화하고 있다. 필자는 조금 전에 제시한 두 가지 과제 가운데, 첫번째 문제를 제3장에서 살펴보기로 한다. 필자는 두번째 문제를 제6장에서 언급할 것이다.

3. 다원성의 전략

리오타르는 소수집단들의 "패치워크"로 이루어진 다원적인 사회를 의도적으로 보장하는 것이 오늘날의 인류가 나아가야 할 바람직한 방향이라고 생각한다. 그는 한 사회를 구성하는 집단들이 근본적으로 이질적인 소수들로 구성되어 있으며, 이들 집단들이 가지고 있는 이질적인 담론들의 고유한 지위와 의견의 불일치(Dissens)가 보장될 때, 그리고 "거창한 메타

이야기"나 "슈퍼 담론"에 의해 억압을 당하지 않을 때, 폭력이 없는 다원적인 사회가 가능하다고 생각한다. 그리고 2차 세계대전 이후로 이미 전개되어 온 정보화 사회는 다양하고 민주적인 언어놀이의 가능성을 창출하고 있기 때문에 우리가 그러한 다원적인 사회로 나아갈 수 있는 결정적인 여건을 이미 마련해 가고 있다고 진단한다.[12)]

『소수집단들의 패치워크. 주인이 없는 정치를 위하여』에서 리오타르는 서양의 정치·경제·문화의 역사는 얼마나 많은 소수집단들이 전체주의적이고 지배적인 하나의 "중심(Zentrum)"에 의해서 억압되어 왔는지를 지적한다. 정치적 영역에서는 하나의 슈퍼 담론이 주도권을 장악하고, 스스로를 정당화시키고, 어떤 담론이 정의인가를 결정하며, 갈등들을 무차별적으로 통합시키며, 제도화시키는 메커니즘을 가졌었다. 그러한 정치적 중심은 그 사회 속에 고쳐야 할 병들이 있다고 착각하고, "병", "반동", "변종", "타락" 등등의 범주를 적용하면서 그 병들을 고치는 치료과업을 진척시켰다. 경제적인 영역에서도 그 예를 들자면 산업혁명이 몰고 온 과학기술의 담론은 효율의 극대성에 집착하였다. 마르크스의 경제적 담론은 자본주의적 자유경쟁의 담론과 경쟁하는 슈퍼 담론이었다. 학문 공동체가 만들어 낸 담론들도 하나의 메타 진리를 찾는 데 열중한 나머지, 사이비 현실을 만들어 내는 데 공헌한 점도 없지 않다. 특히 학문이 권력과 결탁되었을 경우에는

---

12) J. -F. Lyotard, Patchwork der Minderheiten. Für eine herrenlose Politik, Aus dem Französischen übersetzt von C. C. Haerle, Berlin 1977 ; J. -F. Lyotard, Der Widerstreit, Übersetzt von J. Vogel, München 1987 ; J. -F. Lyotard, Das postmoderne Wissen, Ein Bericht, hrsg. von P. Engelmann, Wien/Böhlau 1986. 리오타르는 토플러를 구체적으로 언급하지는 않지만, 그가 말하는 정보화 사회 내지 포스트모던한 사회는 토플러의 초산업사회와 동일한 시대를 일컬으며, 입장의 차이는 있다고 하더라도 이들은 공통적으로 "패치워크"와 "의견의 불일치(Dissens)를" 언급하고 있다. 토플러, 250쪽 이하 참조.

그러한 퇴폐의 악영향은 치명적이었다. 계몽의 거창한 사회과학들도 그랬고 마르크스주의도 그랬었다. 사회의 영역에서 한 예를 들자면 남성중심적 담론이 여성들을 주변으로 몰아내는 형태로 남성중심적 체제에 통합시켜 왔다. 이상의 모든 예들은 하나의 슈퍼 담론이 중심이 되어 소수집단의 담론들의 고유한 권리를 억압해 왔음을 입증해 준다. 그런데 바로 그런 사실의 뒷면은, 사회역사적 현실이 원래는 다양한 삶의 형식들, 취향들, 풍습들, 문화들, 이념들이 모여서 하나의 패치워크를 이루고 있었다는 사실도 함께 입증해 준다. 리오타르가 서양의 근대(Moderne)라는 기나긴 시대를 너무나 편협하게 슈퍼 담론이 저지른 폭력의 역사로 보고 있다는 점을[13] 필자가 이 글에서 더 자세하게 언급할 필요는 없을 것이다. 그래도 사회역사적 현실이 원래는 패치워크를 이루고 있다는 사실을 강조하면서, 이런 현실의 다양성을 적극적으로 구제해야 된다는 그의 주장은 적어도 한 번쯤은 검토해 볼 필요가 있다. 왜냐하면 서양의 근대와 같은 근대화의 과정을 한국은 거치지는 않았지만, 어쨌든 한국은 서양의 산업문명을 도입해 왔으며, 이제는 초산업화 시대가 열어 놓는 다원적인 사회에로 이미 이행해 가고 있기 때문이다. 그리고 한국의 전통문화는 리오타르의 언어로 표현하자면 어쨌든 거대한 유교적-신유교적 슈퍼 담론에 의하여 서양의 근대만큼이나 기나긴 여정을 거쳐 왔기 때문이다.

---

13) 이와는 대조적으로 매우 긍정적인 시각에서 서양의 현대를 "아직 다 성취되지 않은 과제"로 이해하면서, 서양의 현대가 이룩해 놓은 많은 사회발전적 성과들을 "계몽의 과업"으로 옹호하며, 이러한 과업들이 아직도 오늘날 우리가 계속 성취해 나가야 할 것으로 보는 하버마스의 입장이 있다. 필자는 리오타르의 입장이 하버마스의 입장에 의하여 보완될 때 서양의 현대에 대하여 보다 객관적인 평가가 가능하리라고 본다. Jürgen Habermas, "Die Moderne-ein unvollendetes Projekt", in : Wege aus der Moderne. Schlüsseltexte dr Postmoderne-Diskussion, hrsg. von Wolfgang Welsch, Weinheim 1988, 177, 192쪽 참조.

리오타르 자신은 "주인과 중심이 없는 정치"가 가능하며, 의견의 불일치와 다양성을 구제하는 정치와 사회가 가능하리라고 낙관은 하고 있지만, 다원성의 전략들이 어떤 것이며, 우리가 과연 어떻게 그것을 정치사회적 그리고 제도적으로 실현시킬 수 있는가에 대한 구체적인 대안을 제시하고 있지는 않다. 다원적인 사회를 위한 구체적인 전략이나 정치적 대안이 없다면 다원성을 구제하자는 리오타르의 표어는, 하버마스의 공격대로, 낭만적이고 추상적인 희망사항에 불과할 것이다. 그리고 그것은 전체적인 안정과 균형을 전제로 하지 않는, 즉 통일성(통합성)이 없는 다양성(다원성)이라면, 매우 위험한 불협화음을 산출할 수 있다. 1장에서 우리는 토플러가 초산업사회의 경제적 여건의 변화가 사회의 전영역에 걸쳐서 다양화 다원화 현상을 이미 빠른 속도로 진척시키고 있는 징후들을 제시한 것을 한국의 상황을 고려하면서 살펴보았다. 우리는 리오타르의 문제와 토플러의 문제를 연결시키면서, 2장에서 던진 첫번째 질문을 약간 구체화시켜 다음과 같이 다시 제기할 수 있을 것이다 : 초산업사회의 과학기술이 다원적인 사회로 우리를 떠밀고 가는 한국적 상황에 있어서, 어떻게 패치워크를 이루고 있는 소수집단들을 통합할 수 있겠는가? 어떻게 그 소수집단들이 불협화음이 아닌 균형과 조화를 이룰 수 있을까? 어떻게 정치·경제·문화의 영역에 속해 있는 자율적인 하부체제(Subsystem)들이 또는 부분기능들이 상호적으로 연쇄고리를 이루며, 국가적으로 그리고 국제적으로까지 연결될 수 있을까?[14] 정치적인 측면에 초점을 맞추면서 대답

---

14) 크뤼거는 다원적인 공존과 자유로운 언어놀이를 싫어할 사람이 어디 있겠느냐고 반문하면서, 이와 같은 몇 가지 현실적인 질문을 던진다. H. -P. Krüger, Postmoderne als das kleinere Übel, in Deutsche Zeitschrift für Philosophie, Heft 7, 610쪽 이하 참조.

하자면, (a) 다원성의 전략은 통일성을 전제로 하는 다양성의 원리에 근거해야 할 것이며, (b) 정치적으로는 고도의 수준의 다원적 민주주의를 수단으로 삼을 때 가능할 것이며, (c) 사회 구성원들에게 가치관과 생활세계에서의 삶의 양식의 다양성을 보장해 주어야 할 것이다. 고도수준의 다원적인 민주정치가 가능하다면, 이것은 정도의 차이는 있겠으나 어쨌든 (a)와 (c)의 조건을 가능한 한 충족시킬 것이다.

다원적 민주주의가 어떠한 형태로 가능한지를 구상해 보는 벨쉬[15]는 다원적인 정치가 다양성의 대변인 역할을 하는 정치형태로서, 밑으로부터의 다양한 요구가 활성화되는 정치라고 생각한다. 의사결정 과정, 통제과정, 정치적 결단을 내리는 과정이 모두 하나의 중심원리를 따르는 것이 아니라, 여러 중심들의 원리를 실현하려는 새로운 형태의 정치구조들에 의해서 기능한다. "부수적인 정치(Nebenpolitik)", "하부정치(Subpolitik)", "대항정치(Gegenpolitik)" 등은 이러한 정치구조들로서 기능한다. 이것은 의회 민주주의에서와 같이 의회라는 하나의 중심에 의해서가 아니라, 서로가 서로를 통제하는 중간조직들이 모여 형성되는 여러 중심부에 의해서 정치가 이루어진다. 그리고 개방된 대중매체, 시민의 수준높은 정치참여, 저항운동 등이 활성화되어 모든 조직들의 정당성을 끝없이 감시한다. 한국에서도 지방자치제를 도입하여 중앙집권적인 정치체제를 지방분권적인 하부체제(Subsystem)들로 분화시키려는 작업을 시도는 하고 있으나 이러한 하위체제들간의 통합을 어떻게 창출해 내느냐는 아직 커다란 과제로 남아있다.[16]

---

15) W. Welsch(Hg.), Wege aus der Moderne. Schlüsseltexte der Postmoderne-Diskussion, Weinheim 1988, 58쪽 이하 참조.

16) 1995년 6월 27일 지방선거에서도 보았듯이, 지방자치제의 기본의도, 즉 국민의

한편 토플러도 실현가능한 다원성의 전략을 언급하고 있다. 토플러는 "애드호크러시(ad-hocracy)" 체제가 기동 작업반이나 특수사업 관리본부를 필요에 따라서 조립하고 해체하는 형태로 하나의 경직된 조직체의 내부구조를 끝없이 개편시킴으로써 다원화의 현실에 적응하는 새로운 형태의 자유로운 관료, 행정체제를 창출시키고 있다고 지적하고 있다. 이러한 행정체제는 급변하는 생활세계의 다양화나 세분화 현상에 신속하게 대처할 수 있는 장점을 안고 있다.

어차피 다원적인 사회에로의 이행이라는 역사의 흐름을 우리가 피할 수 없다면, 한국도 다양성을 구제하는 전략을 적극적으로 모색할 수밖에 없다. 그리고 벨쉬나 토플러가 제시하는 다원적인 정치와 전략을 한국적인 조건 속에서도 실현시킬 수 있는 가능성도 열려 있다. 다만 신유교라는 전통문화적인 요인이 하나의 결정적인 변수로 작용하기 때문에, 다원적인 정치와 전략을 어느 정도 성공적으로 실현시킬 수 있는가 하는 것은 결국 이러한 전통문화적 요인을 얼마나 생산적으로 활용하느냐 하는 문제일 것이다. 그렇다면 오늘날에도 그 영향력을 행사하고 있는 신유교적 전통문화가 통일성을 전제로 하는 다양성을 구제해야 되는 과제 앞에서 어떠한 순기능과 역기능을 할 것이며, 결국 어떠한 저력을 창출할 수 있겠는가를 살펴보기 위해서 필자는 제4장에서 신유교적 전통사회를 통합시켰던 신유교적 세계관을 살펴보고, 더 나아가 제5장에서 신유교의 합리성과 비합리성을 살펴보기로 한다.

정치에의 직접참여도를 신장하여 자신들의 지역문제를 양보와 협상을 통하여 해결해 나가게 한다는 기본의도가 지역 이기주의에 의해 훼손되고 있는 점이 우리가 직면하고 있는 정치문화적 장해요인이다. 이에 대해서는 1995년 7월 17일 교수신문 5면에 실린 이성복 교수의 글 "민주주의 제도의 정착가능성" 참조.

4. 신유교적 전통문화를 통합시켜 주었던 세계관

4.1. 조화로운 우주

신유교의 우주론에 따르면 우주는 조화롭다. 이 우주론은 '태극(太極)', '이(理)', '기(氣)', '음양(陰陽)', '오행(五行)' 등과 같은 개념을 사용하여, 만물의 생성과 변화, 이것을 가능하게 하는 理致, 그리고 모든 존재자들의 질서를 설명한다. 이 우주론은 우주를 하나의 유기체적 전체로서 영원한 변화의 이치를 지니고 있는 것으로서 그리고 하나의 거대한 천지만물의 도덕 공동체로 간주한다.

율곡에 따르면, 인간을 포함하여 만물은 우주 속에서 理氣의 결합의 제약을 받는다. 태초부터 理氣는 이미 서로 밀접하게 연관되어 있어서, 우주만물이 생성되기 전의 경우에도 氣가 없이 理가 홀로 있었다고 말할 수 없다. 理는 스스로 發하지 않는다. 理는 氣가 발하는 이치이다. 氣는 理를 담는 그릇이다. 陰陽은 氣의 서로 다른 作用이다. 陰氣가 뻗으면 陽이 되고, 陽氣가 수축하면 陰이 된다. 氣의 끝없는 변화로 말미암아 만물이 생성한다.

인간은 다른 만물들과 마찬가지로 天地에서 태어났다. 인간은 만물 가운데에서 가장 빼어난 존재자이다.[17] 인간의 마음은 天理를 내포하고 있고, 자신의 존재론적 위상과 존재근거를 통찰할 수 있는 특별한 인식능력과 영력을 갖고 있다. 이러한 통찰력이 가장 뛰어난 사람은 聖人이므로, 聖人은 인간들 가운데서도 가장 특출한 존재이며, 또한 하늘이 낸 인간의 통치자이다.

---

17) 『栗谷全書』, 卷 5, 263쪽 이하 참조. 율곡은 여기서 張載와 朱熹의 이론을 수용하고 있다.

인간과 만물은 하나의 전체로서의 우주에 통합되어 있다. 理一之理를 기준으로 보면, 天地之理와 吾人之理와 萬物之理는 하나의 동일한 理를 갖는다.[18] 氣의 차별성을 기준으로 보면, 그래서 결국 分殊之理를 기준으로 보면 天地之理와 吾人之理와 萬物之理는 그 理의 쓰임(用)이 서로 다르다.[19] 율곡의 우주론은 理一之理의 측면에서 천지와 인간과 만물 사이에 하나의 거대한 통일성이 존재하고 있으며, 통일성이 존재함에도 불구하고 氣의 局限性으로 말미암아 이들이 무한한 다양성으로 그 모습을 드러내고 있음을 시사하고 있다.

이상에서 언급한 바에 따르면, 신유교적 우주관은 우주 속의 다양한 존재자들을 하나의 안정된 질서 속으로 통합시키고 있는 理一之理라는 중심을 설정하고 있다. 그리고 이 중심이 갖는 통일성에 의하여 천지만물과 인간은 거대한 천지만물 공동체에 우주론적으로 통합되어 있다.

4.2. 윤리적·이성적 존재자로서의 인간

인간이 윤리적이고 이성적인 존재[20]인 까닭은 마음(心)이 天理를 내포하고 있고, 그 天理를 발현시킬 수 있기 때문이다. 다시 말해서 인간은 선과 악을 인식할 수 있고, 이러한

---

18) 율곡의 理氣說 가운데에서도 理氣之妙說과 理通氣局說에 대해서는 황의동, 74-92쪽 참조.

19) 황의동, 『栗谷哲學研究』, 경문사, 1987, 84쪽 이하 참조 ; 『栗谷全書』, 卷10, 書2 참조.

20) "이성적"이라는 말에서의 이성은 서양철학적인 개념이지만, 人心이 天理를 내포하고 있다는 신유교적 표상은 '신유교적인 이성개념'이라고 서양철학적 언어로 설명해도 큰 무리는 없을 것이라고 필자는 생각한다. 율곡은 하늘의 誠과 天理를 통찰하는 聖人의 인식능력과, 誠을 이루려고 자신을 수양하는 聖人의 修己가 이성적인 사회를 창출하는 원동력이 된다고 보았다. 채무송, 『퇴율철학 비교연구』, 성균관대학교 출판부, 1985년, 140쪽 이하 참조 ; 「栗谷全書」, 卷10, 34쪽 참조. 이것을 서양철학의 언어로 표현하자면, 율곡은 天理를 인식하는 것을 최상의 인식형태로 보았으며, 이론이성보다 실천이성을 우위에 놓았다고 할 수 있다.

인식을 바탕으로, 人慾을 누르고 자신의 의지를 天理에 순응시켜 선한 행위를 하게끔 행사할 수 있다.

율곡에 따르면, 氣로서의 마음(心)은 天理를 담는 그릇이다. 그는 마음에 있는 天理를 '성(性)'이라고 부른다. "본연지성(本然之性)"은 아직 미발(未發)한 상태의 性으로서, 이것은 순수하고 선하다. 그러나 기발이승(氣發理乘)의 상태의 性은 "기질지성(氣質之性)"으로서 선할 수도 악할 수도 있다. 항상 天理에 순응하는 특성이 있는 '본연지기(本然之氣)'가 발했을 때의 인간의 마음은 '도심(道心)'이며, '소변지기(所變之氣)'가 발했을 때의 인간의 마음은 '인심(人心)'이 된다.[21] 부모에게 효도하고 군(君)에게 충성하는 것에서처럼 道心은 순선(純善)하지만, 人心은 天理와 人慾의 양면을 겸하기 때문에 선할 수도 있고 악할 수도 있다. 人心과 道心은 단순히 정(情)의 차원이 아니라 의(義)의 차원도 겸하고 있기 때문에 人心은 道心으로 전환될 수 있고, 역으로 道心도 人心으로 전환될 수 있다.

지금까지 설명한 바에 따르면 인간의 마음은 天理를 담고 있기 때문에 그리고 이것을 행위로 실현할 수 있기 때문에 이성적인 존재자이다. 그렇다면 그러한 실천이성이 동기가 되는 가장 기본적인 德目과 행위는 어떠한 것들인가? 율곡에 따르면 그것은 다섯 가지 불변하는 덕(德), 즉 오상(五常)으로서의 인의예지신(仁義禮智信)[22]이며, 이들 덕목에 뿌리를 두고

---

21) 『栗谷全書』, 卷10, 書2 참조 ; 황의동(1987), 148쪽 이하 참조.

22) 『栗谷全書』, 卷14, 論心性情 및 황의동(1987), 138쪽 참조. "仁"은 글자 그대로 사람과 사람이 연결된 "두 사람"을 의미하며, 이것이 인간의 사회적 관계를 사랑이라는 규범으로 통합되어야 할 것이라는 것을 함축한다. 그러므로 仁은 모든 덕목의 기초이자 사회 전체를 포용한다. "仁"은 孔子에 따르면 "사람을 사랑하는 것"을 의미한다(論語, 顔淵). "義"는 선과 악을 분별시키는 덕목으로서는 인간의 "행위의 정당성"을 의미하며, 정치적 질서인 임금과 신하의 상호관계에 적용될 경우에는 "義理"를 의미하며, 경제적 질서의 경우에는 "분배의 균등"을 의미하기도

있는 三綱五倫의 규범체계이다. 결국 성(性)은 가장 기본적으로는 五常으로 드러난다고 할 수 있다. 마음의 氣가 얼마나 혼탁하느냐에 따라서 마음에 담겨 있는 天理가 실현되는 정도도 차이가 난다. 天理의 온전함을 체득한 인간인 聖人[23]의 氣質은 청명하고 순수하여 天理를 완전히 인식할 수 있으며, 세상에 나아가 天理를 적극적으로 실현하여 만인의 태평과 복락을 위해 노력하고, 학문과 진리를 통해 배우는 이로 하여금 잠에서 깨어나게 할 수 있다. 그럴 때 聖人은 자신의 본성만 완성시키는 것이 아니라, 남의 성품도 완전하게 하고 세상의 명덕(明德)을 밝힌다. 聖人이 이러한 최고의 경지에 이르렀을 때, 인간 공동체뿐만 아니라, 더 나아가 天地의 化育을 돕고 天地와 합일하게 된다. 聖人은 수기(修己)와 치인(治人)의 양 측면에서 天理를 실현시키는 데 최고의 경지에 이른 사람이다.

율곡의 인간론은 천지만물이 윤리적인 측면에서도 天을 중심으로 하나의 거대한 통일성을 지향하고 있고 또 지향해야 하는 생명력있는 도덕 공동체임을 시사하고 있으며, 그 속에서도 天理를 실현시키고, 도덕적으로 확장시켜 가는 이성적인 인간의 능동적인 역할이 얼마나 중요한 것인가를 강조하고 있다. 결국 율곡의 시각에서 보면, 이성적으로 기능하는 사회란

한다. "禮"는 정당한 행동의 형식적이며 구체적인 서열과 절차를 제시하는 덕목이며, 禮의 근본정신은 조화를 실현하는 것이다. 인간관계는 사회적 지위나 가족 속에서의 위치에 의하여 상하좌우로 구별되는데, 이러한 구별은 禮儀로서 형식화되어 유지된다. "智"는 도덕성의 객관적인 판단기준을 제공한다. 信은 "인간과 인간 사이의 믿음(신뢰)"을 의미한다. "人間"이라는 말도 "사람과 사람 사이"를 의미하는데, 여기에서도 유교와 신유교는 인간이라는 존재를 근본적으로 타인과 관계맺는 존재로, 그리고 인간과 인간 사이의 연결고리를 근본적으로 도덕적 통합성으로 이해하고 있음을 엿볼 수 있다. 금장태, 22-28, 231쪽 이하, 236쪽 참조.

23) 『栗谷全書』, 卷15, 東湖問答, 卷26과 27, 399쪽과 450쪽 참조 ; 황의동(1987), 175쪽 이하 참조.

근본적으로는 도덕성으로 통합되어 있는 사회이며, 이러한 도덕성도 유한한 인간이 만들어 낸 상대적인 도덕성이 아니라 天理의 보편적이고 영원한 도덕성에 통합되고자 하는 인간의 실천이성적 통찰력에 의존하는 것이다.

4.3. 理想的인 사회

신유교적 이상적인 인간상이 聖人이라면, 이상적인 사회는 '대동세계(大同世界)'이다.[24] 大同世界는 한편으로는 天理가 완전히 실현되는 도덕 공동체이자, 다른 한편으로는 사회 구성원들의 물질적 결핍 때문에 의로운 행위를 할 수 없게 되지 않을 정도로 물질적으로 풍족한 사회이다. 私利私慾이 배제되고, 남녀노소 저마다 생업과 할 일을 갖고 사회적으로 불우한 계층에 이르기까지 인간다운 대우를 받아 소외됨이 없다. 또 제도가 잘 정비되어 있고, 상벌이 공정하며, 선한 사람은 칭송받고 악한 사람은 징계받는다.

이러한 大同世界를 건설하려면, 사회 구성원을 天理에 따라 교육시키는 것(敎民)도 필수적인 요소이다. 교육에 힘입어 사회 구성원들 사이에는 삼강오륜의 윤리적 질서가 확립된다. 이러한 윤리적 질서는 곧 天理가 구현되는 모습이다. 교육의 임무는 聖人을 비롯한 유교의 지식층이 떠맡는다. 평범한 사람들과는 달리 聖人은 그가 天理를 통찰하는 능력에서 더 나아가 정치적으로 天理를 실현시킬 수 있다.

신유교가 말하는 大同世界는 각 부분이 부분으로서의 도덕적 역할을 다하는 가운데, 즉 임금은 임금답고 신하는 신하답고 아버지는 아버지답고 자식은 자식다울 때 하나의 전체로 통일되며, 이렇게 통일된 전체가 이성적으로 기능하는 사회이

24) 『栗谷全書』, 卷26, 聖學輯要 8, 448쪽 이하 참조. "大同"이란 말은 원래 『禮記』의 禮運篇에서 유래한다. 황의동, 179쪽 참조.

다. 이 사회의 이성적 특성은 天理에 뿌리를 두고 있다. 이러한 이상사회는 聖人 자신의 개인적인 도덕적 완성뿐만 아니라 그의 덕치(德治)의 완전함까지도 전제로 할 때 가능하다. 大同社會에서의 "政治"란 세상에 天道를 베풀며 덕으로 백성을 다스리는 것, 즉 하늘의 이치에 맞게 인간을 다스리는 것이다. 도덕성을 근본으로 통일된 도덕 공동체로서의 대동사회의 중심은 하늘과 天道이지만, 이 道를 실현시키는 주체는 인간이며, 인간 개개인의 도덕성과 역할에서 출발하여 가족과 국가로 확대된다.[25] 결국 이러한 이상사회의 실현여부는 일차적으로 聖人이 얼마나 자신의 마음을 바로잡고, 조정을 바로잡으며, 사방을 바로잡아 결국 天地의 氣運도 밝아지게 하느냐에 달려 있다.[26]

4.4. 신유교적 사적(私的) 윤리

신유교적 전통사회에서의 윤리는 三綱五倫에 기초하여 인간관계를 질서지웠다. 君臣有義, 父子有親, 夫婦有別, 長幼有序, 朋友有信의 의무를 지키는 것은 신유교적 사회질서를 유지하는 데 필수적이었다. 이러한 德目은 원래 가족개념을 바탕으로 발전한 것이었으나, 이것은 더 나아가 사회의 공적인 영역에도 적용되었으며, 결국 하늘의 질서와도 부합하는 것으로 이해되었다.

서양의 민주주의적 시각에서 보면, 신유교적 사적 윤리는

---

25) 도덕성이 사회적으로 확장되어 가는 측면에서, 유교와 신유교는 개개인이라는 윤리적 주체를 뿌리(根本)로 보고 가족과 국가를 각각 뻗어 나가는 가지(支末)로 이해한다. 天理가 뿌리라면, 이것이 실현되어 가는 정치는 가지가 뻗어 가는 것이다. 여기에서는 식물의 성장과정이 뿌리에서 출발하여 가지로 확장되는 자연의 모습을 사회관계에 유비시키는 모습이 나타난다. 금장태, 238쪽 이하 참조.

26) 『栗谷全集』, 卷14, 天道策, 卷26, 聖學輯要 8. 원래 "大同"이라는 말은 『禮記』의 禮運篇에서 유래한다. 황의동, 180쪽 참조.

다음과 같은 두 가지 특징을 가지고 있다. 첫째로 그것은 가부장적이고 권위주의적이며, 신분, 성별, 나이에 근거한 인간의 불평등을 기초로 하고 있다. 그것은 각 개인이 그가 속하는 사회 속에서 어떤 역할을 해야 '사람다운가'를 애초부터 규정하고 있다. 두번째로 그것은 가족의 구조를 사회의 구조로부터 분리해 내지 못한 채 우주론화시켰다. 사회나 국가는 가족이 확대된 것에 불과하다. 왕은 하늘의 아들이며, 백성들은 왕의 자식들로 간주된다. 그리하여 가족의 차원에서 통용되는 도덕적 의무는 사회와 국가에서도 그대로 통용되었다. 물론 신유교적 관료들의 "滅私奉公"의 덕목에서도 엿보이듯이 이들도 공사(公私)의 영역의 구분을 어느 정도 인정했으며, 공적인 영역을 위한 특별한 공직자의 자세를 인정했음에도 불구하고, 이러한 구분에 적합한 행위를 신유교적 내용적 합리성에 치중하여 일방적으로 합리화시켰다. 그러므로 신유교적 "가산제적(家産制的) 관료정치(patrimoniale Bürokratie)"[27]는 大同社會를 건설하는 데 있어서 공적인 영역의 문제에 있어서도 공직자와 사회 구성원의 도덕성에 의존한 반면에, 형식적인 법과 제도는 불완전한 수단에 불과한 것으로 간주하였다.[28] 민본(民本),[29] 애민(愛民),[30] 이민(利民)과 같은 복지

---

27) 베버에 따르면 가산관료의 근원은 家産內的으로(intrra-patrimonial) 충원되던 왕의 개인적인 단골 의뢰인(Königsklientel)이었는데, 행정간부가 과거제도에 의해 家産外的(extra-patrimonial)으로 충원되면서부터 관료층이 형성되었다. 이들은 일정한 권한을 지닌 위계조직을 형성하였지만, 다시 말해서 형식적으로는 서양의 근대 관료제의 양상을 띠고 있었지만, 君의 개인적인 신하로서의 忠을 중요시하였기 때문에, 君에 공순한 관료였다. 이처럼 君 개인에 대한 공순, 권위에의 헌신을 중심적인 에토스로 삼았기 때문에 행정의 합리화보다는 인습화를 초래하였다. 박성환, "한국의 가산제 지배구조와 그 문화적 의의", 『막스 베버와 동양사회』(유석춘 편), 나남, 1992, 380쪽 이하 참조.

28) "제도를 심하게 하지 않는다면 백성을 쉽게 이끌 것(『詩經』)"이라거나, "정치는 바로잡는 것(政者正也, 논어, 顔淵)"이라고 간주하는 것이나, 德으로써 仁政을 실천하는 王道를 이상적인 통치방법으로 여기는 것이나, 통치자를 아버지로 여기

국가의 개념도 있었으나 이 점에 있어서도 실질적인 복지를 중요시하였을 뿐 형식적인 법, 규범, 원칙 따위는 부차적으로 간주하였다. 이러한 까닭에 신유교 사회는 가족·씨족 공동체의 차원을 넘어서는 영역에서 형식적 합리성을 바탕으로 효율적인 공공윤리[31]를 발전시킬 수 없었다.

는 가족적 국가의식은 신유교의 정치가 도덕적 기초 위에 서 있음을 보여 준다. 그러므로 권력의 행사 정책결정 관직편성 과거를 통한 관료의 선발법률 제정은 이러한 기초를 전제로 하고 있다. 물론 刑律에 있어서 罪質을 판단하고, 刑罰의 종류와 刑量을 결정하는 명문화된 법조문과 심리하는 자세의 기준도 이러한 도덕적 기초에 근거하여 결정된다. 금장태, 77쪽 참조. 신유교 사회가 도덕을 뿌리로 보고 그 위에 사회적 기초를 다지려고 했기 때문에, 한편으로는 경제나 기술이 낙후되는 결과를 낳았다. 금장태, 239쪽 참조.

29) "백성은 나라의 근본이다(民爲邦本)"라는 말에서 "民本"이라는 이념이 유래한다. 民은 대지에 돋아나는 풀처럼 집단적이고 소박한 생명체이다. 本은 이렇게 소박한 생명체들인 백성들이 한 국가의 "뿌리"임을 함축한다. 민본의 이념은 국가 중심주의적이 아니라 민중 중심주의적이다. 그러나 서양의 민중 중심주의와 구별되는 점은, 이미 여기에도 신유교의 도덕형이상학이 전제되고 있다. 즉 天이 개개인의 인격에도 性品을 부여하지만, 그 개개인이 사회 공동체 속에서도 지켜야 할 규범을 부여하고 있다. 民이 民다울 수 있는 가치와 民이 民으로서 추구해야 할 이상향의 중심은 天이다. 금장태, 37쪽 이하 참조. 황의동에 따르면, 율곡은 양적으로나 질적으로 정당성이 있는 만인의 의사라는 "보편적인 民意(人心의 보편성으로서의 '公論')"에서 국가의 존재근거(國是)를 찾았기 때문에 전통적인 유가의 민본주의보다 한 걸음 더 민주주의 쪽으로 나아간 정치관을 가졌었다. 율곡의 "公論"과 "國是"에 대해서는 황의동, 189-201쪽 참조.

30) "백성을 사랑한다(愛民)"는 것은 일차적으로 "백성의 생명을 살리는 것(生民)"을 걱정하는 데서 비롯된다. 백성을 중심으로 볼 때에는 생산을 증대시켜 백성의 의식주와 생존의 문제를 해결한 다음에야 그들의 도덕성과 교육의 문제를 해결할 수 있다. 황의동, 202-209쪽 참조.

31) 베버의 지배의 사회학에 의지하면서 차성환은 '공공윤리'와 '私的 윤리'의 개념을 새로이 도입한다. 그에 따르면, 공공윤리는 사적인 영역과는 구별되는 공적인 영역에 적용되는 윤리로서, 특정한 인간에게 복종하거나 특정한 인간을 염두에 둠이 없이 직무에 대한 비인격적인 봉사의무로 특징지워진다. 직무를 맡은 관료는 "목적합리적(형식합리적, zweckrational)"인 동기에서 직무를 수행한다. 사적 윤리는 인간의 인간에 대한 복종에 바탕을 두고 있다. 여기에서는 인간관계가 仁, 義 등과 같은 가치에 의해서, 즉 "내용합리적"인 동기에 의해서 내면적으로 결속되어 있다. 차성환, 『한국 종교사상의 사회학적 이해』, 문학과 지성사, 1992, 248쪽 이하 참조. 목적합리성(Zweckrationalität, 형식적 합리성 formale Rationalität)과 내용적 합리성(materiale Rationalität)에 대해서는 Max

5. 신유교 사회의 합리성과 비합리성

막스 베버[32]는 서양의 사회질서가 근대 이래로 독특한 합리화의 과정을 거쳐 왔음을 밝혀 내었다. 학문의 영역에서의 체계화, 전문화, 전문적인 직업관료에 의해서 이루어진 관료조직, 합리적으로 창출된 법과 제도를 가지고 있는 하나의 정치조직으로서의 국가, 형식적으로 자유로운 노동의 합리적인 조직을 갖고 있으며 또한 그 법과 행정에 있어서 합리적인 구조를 갖고 있는 시민사회적 경영 자본주의 등등 사회의 모든 영역에서 합리화의 과정은 진척되어 왔다. 그중에서도 특이한 것은 제도적인 영역에서의 합리화가 사회관계를 비인격화시켰으며(verunpersonalisiert), 정밀하게 계산하는 방법을 발달시키고, 인간과 자연을 합리적으로 통제하는 기교를 발달시킨 것이다.[33]

이처럼 각각의 사회영역에서 공통적으로 드러나는 합리성을 막스 베버는 '형식적 합리성(formale Rationalität)'이라고 불렀다. 형식적 합리성은 어떠한 내용적인 목적에 대해서도 잘 적응하는 보편적인 수단으로써 사용될 수 있기 때문에 '형식적'이다. 형식적 합리성은 어떤 정해진 가치나 목적에 대해

Weber, Gesammelte Aufsätze zur Religionssoziologie I, Tübingen 1988, 272쪽 및 438쪽 참조 ; 그리고 Max Weber, Wirtschaft und Gesellschaft, Tübingen 1985, 44쪽 이하 참조.

32) 베버는 서양의 시각으로 동양을 보고 또한 그의 제한된 자료 때문에 미세한 부분에 있어서는 동양에 대해서 잘못 기술한 부분도 없지는 않지만, 종교이념, 사회제도, 정치 지배구조에 대한 분석들은 거시적으로 볼 때 중요한 통찰력을 보여 준다고 유석춘은 평가하고 있다. 유석춘 편, 『막스 베버와 동양사회』, 나남, 1992, 393쪽 이하 참조. 필자도 베버의 "형식적 합리성"과 "내용적 합리성" 개념은 거시적으로 볼 때 한국의 신유교적 전통문화를 이해하는 데 중요한 단서를 제공해 준다고 생각한다.

33) M. Weber(1988), 1-16쪽 참조.

서 가장 효율적인 수단이 되고자 하는 목적을 가지고 있다. 그러므로 그러한 '계산성을 극대화하는(Maximierung der Rechenhaftigkeit)' 속성을 갖는다. 형식적 합리성을 갖는 사회질서는 본질적으로 도구적 이성에 의해 유지된다. 이러한 사회에서 행위하는 사람들을 살펴보면, 역시 특이한 형태의 행위유형이 엿보이는데 그것은 '목적합리적인 행위(zweckrationales Handeln)' 유형이다. 형식적 합리성과 목적합리적 행위유형은 서양사회로 하여금 법과 규율체계와 같이 비인격화된 권위에 의한 지배를 가능하게 해주었으며, 법 아래에서의 모든 사람의 형식적 평등, 비인격적인 관료행정을 산출시켰음은 한국의 신유교적 전통사회 체제와는 판이하게 다르다.

서양의 사회질서와 인간의 행위유형에서 엿볼 수 있는 특이한 형식적 합리성을 다른 문화권에서는 찾아볼 수 없으며, 유교 문화권에서는 그 나름대로의 내용적 합리성을 찾아볼 수 있다고 한 베버의 이론은 거시적으로 보면 타당성이 있다. 필자는 형식적 합리성과 내용적 합리성의 두 개념에 의존하면서, 신유교 사회의 합리성과 비합리성을 찾아보고자 한다.

신유교 사회의 합리성은 신유교적 우주론, 세계관, 가치, 이념, 사회규범 등등에 깃들어 있다. 베버의 용어로 표현하자면 여기에서의 합리성은 신유교의 내용적 합리성[34]이었으며, 이 합리성이 사회질서와 인간의 행위유형을 규정하였다. 신유교의 국가철학은, 우리가 이미 언급한 바 있듯이, '복지국가'의 이념을 가지고 있었으나, 그럼에도 불구하고 신유교의 지배계층은 복지국가의 이름 아래, 가산제적 왕을 받들면서 행정과 법제도를 일방적으로 내용적으로 합리화시켰다.[35] 가산

34) M. Weber(1988), 438쪽 참조 ; 차성환, 252쪽 참조.
35) 차성환, 252쪽 참조 ; M. Weber (1988), 438쪽 참조.

적 왕과 행정관료들과 백성들은 신유교적 가치와 이념에 의하여 내면적으로 결속되어 있었다. 그들의 행위는 신유교적 가치를 실현하려는 동기를 내포하고 있었다. 행정관료들은 저마다의 전문적인 직종을 교육받는 전문관료가 아니었다. 그러므로 이 사회에서는 오로지 법만을 담당하기 위하여 전문적으로 양성된 법관이라든가 통치자를 비롯하여 모든 사회 구성원에게 보편적으로 적용되는 법적 규범 등도 결여되어 있었다. 정의의 내용과 별로 관계가 없는 형식적이며 법률학적인 기술은 발전시키지 않았다. 이 사회는 말하자면 근대 서양에서 발생한 "법치국가"와 같은 형태의 합리적 국가를 발전시키지는 않았다.[36)]

전통적인 신유교 사회의 비합리성을 언급하려면, 이 사회의 제영역을 광범위하게 검토해야 할 것이다. 그러나 필자는 오늘날의 한국사회에서의 신유교적 사고방식과 행위유형에 초점을 맞추면서, 첫째로 가부장적 권위주의적 위계질서에서 초래되는 비합리성과, 둘째로 공공윤리의 결여현상으로 드러나는 비합리성만을 언급하기로 한다. 신유교적 사고방식과 행위유형은 오늘날의 한국사회에서도 여전히 크게 영향력을 행사하고 있다. 불교적·기독교적·서구적인 사고방식과 巫俗 등이 신유교적 사고방식과 경쟁을 하거나 아니면 신유교적 사고방식과 결탁하여 드러나기도 하지만, 어쨌든 전체적으로 볼 때 한국사회는 아직도 신유교 문화적인 요인이 가장 크게 영향을 미치고 있다고 보아야 할 것이다.

신유교 문화는 삼강오륜을 비롯한 신유교의 규범으로 사회

---

36) 전통적으로 유교는 德治主義의 입장에서 法治主義의 한계를 경고하였다. 법이 지배하는 사회에서는 법을 장악하는 권력이 民을 쉽게 탄압하고 위협할 수 있다. 법 위에 서는 도덕이야말로 民心을 근본적으로 교화할 수 있다고 보았다. 금장태, 53쪽 참조. 이 점에 있어서도 신유교는 유교의 전통을 따른다.

구성원들을 내면적으로 결속시킨 결과 가부장적이고 권위주의적인 위계질서를 산출하였다. 물론 삼강오륜과 신유교적 德目들은 오늘날의 산업사회의 상황에 맞게 어느 정도 변형되고 세속화되어 나타난다. 이를테면 오늘날에는 君臣의 관계는 사라졌어도 한 집단의 우두머리, 이를테면 직장의 상사, 동창회의 선배와 같은 우두머리와 그의 권위를 중심으로 모이는 아랫사람들과의 관계 속에서 忠과 義理의 변형된 형태로 여전히 존속하고 있다. 가부장적이고 권위주의적인 위계질서는 인간관계에 있어서 사회적 억압의 요인이 되고 있다. 이 위계질서 자체는 개개인을 전면적으로 조직과 집단에 통합시키고, 더 나아가 거기에 속하는 개개인들을 상하좌우로 타인들에게 인격적으로 얽매이게 하는 속성을 가지고 있다. 타인에 대한 인격적인 얽매임은 곧 인간의 인간에 대한 복종이기도 하다. 사회적 억압과 인간에 대한 복종의 의무가 지나쳐서 개인의 자율성과 직무에 대한 비인격적 충실성을 질식시킬 정도가 되면 이들은 비합리적인 요소들로 그 모습을 바꾼다.

개인에게 가해지는 사회적 억압과 인간의 인간에 대한 복종은 "정당한 근거에 의해서 이루어지는 대화"[37]의 가능성을 말

---

37) 정당한 근거에 의해서 이루어지는 대화는 대화에 참여하는 개인들이 자신들의 주관적 믿음과 이해관계를 제쳐놓고, 오로지 보다 나은 의견을 위해서 대화의 지평을 열어 놓는 자유로운 놀이이다. 이것은 후설이 고대 그리스의 학적 이론(wissenschaftliche Theoria)의 정신에 깃들어 있다고 보았던 참된 의미에서의 합리주의와도 가깝다. 후설은 사적 관심을 배제한 이론적인 호기심에서 탄생하는 자유로운 놀이를 '진정으로 합리적'이라고 이해하였다. 왜냐하면 그러한 놀이가 언제나 보편적인 지평을 향하여 열려 있고 또한 그래서 언제나 참된 인식(episteme)을 향해서 움직이고 있기 때문이다. 후설은 오직 이러한 참된 합리주의의 반성력에 의존할 때, 자연과학주의에 병든 탓으로 서로 갈등하고 있는 당시의 유럽 공동체들이 제각기 자신의 문화와 민족의 다양성을 보존하면서도 하나의 통합된 이성적 인간 공동체가 될 수 있으리라고 진단하였다. Edmund Husserl, Husserliana VI, 332쪽 참조 ; Klaus Held, 14쪽 이하 참조 ; 한정선, 후설과 마르크스의 생활세계의 학, 『생활세계의 현상학과 해석학』, 철학과 현상학 연구 제5집, 한국현상학회 편, 서광사, 1992, 130쪽 이하 참조.

살하려는 속성을 본질적으로 지니고 있다. 권력·나이·성별·혈연·학연·지연 등의 차이가 있는 곳이면 어디서나 자연스럽게 일어날 수 있다.

여기에서 더 나아가 공공윤리의 결여현상으로 드러나는 신유교적 한국사회의 비합리성을 살펴보자. 이것은 "직무나 특정한 목적에 대한 비인격적인 봉사의무"의 결여현상이라고도 말할 수 있다. 우리는 이미 전통적인 신유교 사회가 왜 공공윤리를 발전시킬 수 없었는지를 언급하였다. 서양의 제도와 정치적 이념을 도입한 오늘날의 한국사회에서도 공공윤리의 결여현상은 드러난다. 물론 오늘날의 공공윤리의 결여가 여러 가지 복합적인 요인에 의해서 발생하겠지만, 우리는 그 원인 가운데 하나가 신유교 문화의 가족주의에 바탕을 두고 있는 사적 윤리의 일방적인 발달임을 부인할 수 없다. 산업화와 근대화가 진척되어 온 결과 생활세계와 체제의 조직망은 과거 어느 때보다도 복잡하고 거대해지고, 삶의 형식(Lebensform)들과 가치관들은 다양해졌다. 이렇게 이질적인 집단들과 가치관들이 고도로 복합되어 있는 사회는 고도의 수준의 공공윤리를 필요로 한다. 오늘날의 한국사회가 정치적으로 지향하고 있는 민주주의의 가치들, 개인의 자유와 평등, 복지국가의 이념, 생태계 보호, 여성의 권리, 미래지향적 세계화의 이념 등등을 실현하는 원동력은 한편으로는 효율적인 국가의 정책과 제도이며 다른 한편으로는 이에 따르는 사회 구성원 개개인의 공공윤리 의식이기 때문이다.[38] 그러나 한국사회에서는, 생활세계에서는 물론 법과 질서가 지배하여야 할 공적인 영역에서도 사적 윤리가 결정적인 변수로 작용한다. 그래서 가족이나, 소속집단의 테두리를 벗어나 있는 생활세계의

---

38) 서양의 제도가 도입되어 있는 현대사회의 구조와 신유교적 행위지향 사이의 모순에 대해서는 차성환, 243쪽 이하 및 256-294쪽 참조.

타인들에 대해서는 무관심하며, 체제의 영역에서는 법과 질서가 효율적으로 지켜지지 못하고 있다. 개개인의 행위는 앞서 언급한 새로운 가치들을 실현하는 데에 있어서 가장 효율적인 수단이 되겠다는 공공윤리 의식과 비인격적인 봉사의무와 목적합리성을 결여하고 있다.

신유교적 사적 윤리에 기반을 두고 있는 개개인의 행위지향이 한국사회가 오늘날 해결해야 할 과제와 가치와 이념들을 실현하는 과정에서 문화적인 방해요인으로 작용한다면, 그리고 이 사적 윤리가 공공윤리를 저해한다면, 우리는 이것 역시 오늘날 한국사회의 비합리성을 드러내 주고 있는 것이라고 보아야 할 것이다.

6. 다양성을 전제로 하는 통일성의 창출

필자는 지금까지 한국의 사회문화적 상황을 기술해 왔다. 이상에서 언급된 것을 종합해 보면, 오늘날의 한국사회가 다양성과 통일성의 문제를 해결하면서 이성적인 사회를 창출하는 데 있어서 극복하거나 성취시켜 나아가야 할 문제들이 대두된다. 필자가 제2장으로부터 도출해 낸 사실은 (a) 토플러가 지적한 다원적인 초산업사회의 도래를 통해서, 생활세계와 체제를 모두 포괄하는 의미에서의 사회질서를 하나의 기능적 전체로 통합시킬 수 있겠는가 하는 문제를 신유교적 이성은 도전받고 있으며, (b) 초산업화의 충격으로 자기동일성과 적응력의 한계의 위기에 처한 사회 구성원들에게 신유교적 이성이 어떻게 그 충격을 완화시켜 줄 수 있는 문화적 저력을 활성화시킬 수 있는가의 과제이다. 필자는 제3장에서 리오타르에 귀를 기울이면서, 다원적인 사회가 어차피 불가피하게 초래된다면 다원적인 전략을 생활세계나 체제의 양 측면에서,

통일성을 전제로 한다는 한계 내에서, 적극적으로 실현할 수 밖에 없다는 과제에 신유교적 이성이 도전받고 있다는 인식에 도달하였다. 필자는 (c) 그 다원적인 전략이 생활세계에 있어서 다양한 삶의 형식들을 보존해 주고, (d) 정치에 있어서 고도의 다원적인 정치를 실현시켜야 하는 과제라는 데 초점을 맞추었다. 제5장에서 필자는 신유교적 문화가 가지고 있는 합리성과 비합리성을 검토해 봄으로써, (e.1) 적어도 가부장적 권위주의적 배타적인 신유교적 위계질서가 여타의 가치관을 억압하지 말아야 할 것이며, (e.2) 공공윤리를 발전시켜 나아가야 한다는 과제에, 즉 자신이 안고 있는 비합리성을 극복해야 하는 과제에 신유교적 이성이 직면하고 있으며, (f) 신유교적 이성이 가지고 있는 합리성의 측면에서 오늘날에도 여전히 기여할 수 있는 고유한 가치들이 있음을 암시하였다. 그렇다면 이러한 가치들을 활성화시키는 것이 신유교적 이성에게는 이성적인 사회를 창출하는 데 있어서 적극적으로 성취해야 할 과제일 것이다.

초산업사회의 과학기술이 생활세계의 다양한 하부문화 집단들을 출현시키고 그로 말미암아 다양한 가치관과 삶의 형식들이 나타나고 있는 지금, 신유교적 가치관과 삶의 형식은 아직은 지배적인 영향을 행사하고 있으면서, 새로이 출현하는 여타의 가치관과 삶의 형식들과 긴장관계를 형성하고 있다. 이러한 상황 속에서 가부장적이고 권위주의적이고 배타적인 형태로 사회의 구성원들을 문화적으로 획일화시키려는 힘이 있는 신유교 문화가 여타의 가치관들을 억압하면서 불협화음을 이룰 위험을 다분히 안고 있음을 보여 준다. 다양한 가치관들을 억압하는 형태로 불협화음을 이루고 있는 것은 그 사회의 통합성을, 다양성을 전제로 하는 통합성의 기반을 약화시키는 것이다. 그러므로 적어도 (a)와 (c)와 (e. 1)의 과제에 있어서 신유교적 이성은 여타의 다양한 가치관들과 대등하게 공존할 수 있는 여유를 가져야 할 것이다.

초산업화 사회의 다원화된 생활세계에서 한 개인은 동시에 여러 가치관과 삶의 형식에 속해 있기 때문에, 한 개인으로 하여금 여러 가지 자기동일성을 갖게 하고, 필요에 따라서는 여러 가치관들을 기회주의적으로 넘나드는 형태로 또는 적당하게 절충한 형태로 행위하게 만든다. 이를테면 한 젊은 여성은 친구들과 함께 있을 때에는 X 세대의 자유를 누리고, 연장자 앞에서는 적당히 신유교적 예절을 지키고, 여성들끼리는 여성해방을 주장하고, 남성들과 섞여 있을 때에는 적당히 남성 중심주의를 받아들일 수밖에 없을 것이다. 이러한 절충주의는 진정한 의미에서의 다양성을 전제로 하는 사회적 통합이라고 할 수는 없다. 왜냐하면 이 경우에는 한 개인이 일관성 있게 자신의 가치관을 타인의 가치관과 대등하게 상호인정하게 하면서 공존시키는 것이 아니라 임기응변적으로 적당히 넘어가기 때문이다. 다시 말해서 여기서는 자아의 과잉에서 오는 자기동일성의 위기가 문제가 된다. 모호한 절충주의에서 오는 내면적인 갈등도 또 다른 측면에서 본 자아의 자기동일성의 위기라고 할 수 있다. 필자는 위에서 또한 초산업사회가 과거 어느 때보다도 빠른 속도로 다양성을 교체함으로써 단명하고 복잡하고 새로운 생활세계의 상황이 산출되는 것이 마치 산산이 부서져 가는 유리창과 같다고 하였으며, 이 상황 속에서 초산업사회의 구성원이 겪어야 하는 적응력의 위기에 대해서 언급하였었다. 자아의 과잉과 적응력의 한계의 위기에 처한 초산업사회의 구성원에게 신유교적 행위지향이 가지고 있는 인간과 인간을 내면적으로 강하게 결속시키는 힘은, 물론 신유교의 가부장적 권위주의적 배타성이 제거되었음을 전제로 한다면, 위기에 시달리는 사람들에게 집단에 대한 소속감을 강화시켜 줌으로써 그 위기를 완화시켜 줄 수 있는 정신적인 안정을 제공해 줄 수 있기 때문에 (b)의 과제에 있어서는 긍정적인 역할을 할 수 있다. 또한 가족과 씨족 차원에서의 결속력은 집단에의 결속력보다 더욱 견고하고 지속적이기 때문에 더욱더 큰 안정감을 제공해 줄 수 있는 장점이 있다. 이 점에서 신유교적 문화는 서양의 문화가 산출할 수 없는 정신적 쉼터를 갖고 있는 셈이다.

정치적으로 고도의 다원적인 민주정치를 실현해야 되는 과제(d)와 공공윤리를 발전시켜 나가야 하는 과제(e.2)에 있어서, 신유교적 문화는 "정당한 근거에 의해서 이루어지는 대화"의 가능성을 반성해 보아야 할 것이다. 공적인 영역에서 신유교 문화가 가부장적이고 권위주의적이고 배타적인 위계질서를 산출하며 인간의 인간에 대한 복종을 요구할 때, 이러한 요소들은 "정당한 근거에 의해서 이루어지는 대화"의 가능성은 말살된다. 혈연·학연·지연·나이·성별·권력·금력의 차이가 있는 곳이면 어디서나 그러한 가능성은 말살되고 있다. 공적인 영역에서 정당한 근거에 의해서 이루어지는 대화가 말살될 때, 민주주의나 다원적인 민주주의의 발전은 치명적으로 저해되며, 특히 정치·행정·기타의 공적인 영역에서는 직무의 효율성과 창의력이 저하된다. 후설이 이해한 바의 참된 합리주의에서 우리가 배울 것이 있다면 그중의 하나는 정당한 근거에 의해서 이루어지는 대화의 가능성이다. 이 대화상황에서는 대화에 참여하는 당사자들이 자신들의 구체적인 삶의 이해관계와 주관적 믿음(doxa)을 일단 제쳐놓고, 오로지 영원과 보편의 진리 그 자체를 향해서 접근해 가기 위해서 이론적으로 열려 있는 순수하고 자유로운 경탄의 놀이를 바탕으로 하고 있다.[39] 정당한 근거에 의해서 이루어지는 대화의 가능성이 없다고 한다면 저마다의 독단에 갇혀 있는 다양한 주장들을 보편의 지평에서 통합할 수 있는 가능성도 말살된다.[40] 엄밀한 의미에서 한국형 민주주의는 민주주의라는 제도 자체가 외형적으로는 도입되어 있지만 신유교적 합리성과 비합리성의 한계 내에서 기능하고 있는 상황이기 때문에, 다원성을 구제하는 민주주의에로의 이행도 그러한 한국적 한계상황 내에서 이루어질 것이다. 결국 신유교적 이성은 "정당한 근거에 의해서 이루어지는 대화"가 가능한 여건을 마련하지 못한다면, 고도의 민주주의를 전제로 하는 다원적 정치와 전략을 통한 통합성을 창출해 내지 못할 것이다.

신유교적 합리성이 가지고 있는 고유한 가치들 가운데서 오늘날에도 사회의 통합에, 즉 (f)의 과제에 있어서 기여할 수 있는 가치들이 있다. 신유교적 이성이 다섯 가지 불변하는 영원한 가치로 여겼던 仁義禮智信도 부분적으로 오늘날의 상황

39) 후설은 고대 희랍에서 학문이 시작될 때, 참된 인식(episteme)을 찾으려는 학문적 정신에 참된 의미에서의 합리주의가 깃들어 있다고 보았다. 클라우스 헬트는 순수한 이론적 호기심의 동기(Neugiermotiv)에서 유발된 학적 관조(theoria)의 정신과 정당한 대화를 주고받는 대화(logos)에 내포되어 있는 책임의 동기(Verantwortungsmotiv)가 희랍적 학문을 시작시켜 주었던 두 가지 기본적인 동기들이었다고 해설한다. K. Held, 17쪽 참조.

40) 리오타르는 민주적인 언어놀이를 통하여 다원성을 구제할 수 있으리라고 보며, 하버마스는 계몽의 과업으로서의 이성적인 사회를 산출하려면 의사소통적 합리성에 의지할 수밖에 없다고 본다. 전자는 의견의 차이(Dissens)를 강조하고 후자는 의견의 합일(Konsens)을 구제하는 형태로 저마다 사회적 통합성을 산출해 내는 다른 길을 택하지만 어쨌든 다원성을 전제로 하는 통일성, 그리고 역으로 통일성을 전제로 하는 다원성을 의미한다는 차원에서는 이 두 길도 서로 공통분모가 없는 것은 아니다. 후설의 정당한 근거에 이루어지는 대화의 정신은 의견의 차이를 통제할 수 있는 힘이 되며, 비록 의견의 합일을 당장은 산출하지는 못한다고 할지라도, 진리 그 자체를 향해 상이한 의견들이 적어도 함께 성실하게 노력해 가기 때문에 의견의 차이가 좁혀질 가능성도 있고 또 조화로운 공존을 가능한 한 유지할 수 있다.

에 맞게 변형되기만 한다면 오늘날에도 여전히 소중한 가치로 남을 수 있다. 신유교적 이성은 "人間"을 "사람과 사람 사이"로 이해했으며,[41] 인간과 인간 사이의 가장 기본적인 관계를 仁으로 이해하였다. 이것은 자기의 권리와 몫을 다투는 개인주의적인 의식과는 달리, 도덕성에 바탕을 두고 다른 사람과의 조화와 결속을 중요시하는 인간의 사회성을 함축하고 있다. 초산업사회는 산산이 깨어지는 유리창처럼 생활세계와 체제를 세분화시켜 나아갈 텐데, 이 깨어지는 파편들에게 신유교적 이성은 人情과 도덕성에 바탕을 둔 인간미가 넘치는 따뜻한 공동체로 결속될 수 있는 보편적인 문화적 기반과 통합력을 제공할 수 있다. 물론 이러한 人情과 도덕성이라는 보편적 통합력 자체가 신유교적 행위지향이 언제나 안고 있는 위험요소인 집단 이기주의나 공공윤리의 결여현상에 의해 침식되지 않는 것을 전제로 할 때 가능할 것이다.

인간이 仁義禮智를 실현할 수 있는 근거도 근본적으로는 인간의 마음(心)의 本體가 誠이기 때문인데 이러한 誠도 聖人에 의해서 가장 높이 성취된다. 필자는 이것을 4장에서 天理와 天道가 聖人에 의해서 세상에 실현되는 것으로 기술한 바 있다. 그리고 이때 聖人은 천지의 化育을 돕고, 천지의 化育을 도우면 천지와 합일한다고 하였다. 이러한 天理나 天道를 도덕적인 개념으로 이해하면 誠이다.[42] 하늘의 誠은 최상의 도덕적 성취와 완전을 표시한다. 하늘이 誠한 것은 하늘이 만물의 始原이 되고(으뜸, 元), 만물을 끝없이 창조하고(통함, 亨), 만물을 풍요롭게 하고(이로움, 利), 만물에게 형태를 부

41) 금장태, 13쪽 참조.

42) 栗谷의 誠사상은 『栗谷全書』의 聖學輯要 第二修己 第五章 誠實條, 拾遺卷六 雜著의 誠策, 四子言誠疑, 四子立言不同疑에 나타난다. 율곡의 誠사상은 『中庸』과 朱熹의 영향을 받고 있다. 황의동, 162쪽 이하 참조.

여하고 보존하는(곧음, 貞) 데서 나타난다. 하늘은 언제나 베푸는 위치에서 만물을 성숙시키고 변화시키고 化育시킨다. 仁義禮智가 인간의 誠함을 말해 주는 네 德이라면, 元亨利貞은 하늘이 誠함을 보여 주는 네 가지 德이다. 이렇듯 하늘의 誠을 중심으로 하늘과 땅의 만물과 인간이 하나의 거대한 도덕공동체를 이루고 있다. 이처럼 誠이라는 신유교적 가치는 인간 공동체의 지평을 넘어서서, 인간이 誠을 매개로 자연과 통합되고 하늘과 통합될 수 있는 도덕적인 근본지평을 열어 준다. 이러한 도덕적 지평은 오늘날 초산업사회의 과학기술적 합리성이 갖고 있는 沒道德性을 보완할 수 있는 신유교의 문화적 원천이라고 할 수 있다. 그러한 몰도덕성을 과학기술의 발전을 위한 발전, 경제발전을 위한 발전으로 말미암아 지구의 생태계가 혹사당하는 것에서 가장 큰 규모로 그 모습을 드러내고 있다. 요약해서 말하자면, 신유교적 가치들 가운데는 인간 공동체뿐만 아니라 더 나아가 천지만물 공동체를 도덕성으로 통합시킬 수 있는 기반을 마련해 줄 수 있는 가치들이 있다.

7. 맺는말

한국사회도 초산업사회로 그리고 다원적인 사회로 이행해 가고 있는 추세는 돌이킬 수 없는 역사의 진로이다. 그리고 초산업사회의 가치관에 맞지 않는 측면이 부분적으로 있다고 해서 뿌리깊은 신유교적 전통문화도 하루아침에 결별할 수 없는 것이 한국의 현실이라면, 신유교적 이성은 자기반성을 시도해야 하며, 오늘날의 사회에서 생산적으로 자기를 변형시키고, 초산업사회의 위기들을 극복하는 데 능동적으로 기여할 수 있는 문화적 저력을 창출해 내어야 할 것이다. 필자는 다양성을 말살하지 않고 구제하는 과제가 생활세계의 다양한 삶의 형식들을 보장해 주고, 고도로 발달된 형태의 다원적인 민주정치를 통해서 가능하다고 보았다. 이를 위해서 신유교적 이성이 자신을 변형시켜야 할 부분은 적어도 서양의 형식적 합리성이 가지고 있는 장점만을 수용하면서, 목적합리적 행위 지향을 계발시키고, 공공윤리를 발전시키며, 정당한 근거에 의해서 이루어지는 대화의 가능성을 지향해야 하는 것이라고 보았다. 필자는 다원성을 통합시키는 과제 앞에서 신유교적 이성이 기여할 수 있는 부분은 그것이 가지고 있는 지평이 넓은 도덕성이다. 신유교적 이성은 天과 天道, 天의 誠을 중심으로 인간 공동체뿐만 아니라, 天地萬物 공동체를 도덕 공동체로 통합시키기 때문이다. 이러한 신유교적 이성의 저력은 적어도 초산업화에 시달리는 사람들이 겪는 정신적 충격을 완화해 주고, 人情으로 인간관계를 결속시켜 줄 수 있는 기반을 마련해 줄 것이며, 산산이 부서지는 초산업사회의 생활세계와 체제에 도덕적인 통합력을 가져다 줄 것이다. 물론 도덕적 통합력이 초산업사회의 정치·경제적 통합력의 문제까지 모두 해결할 수는 없다. 그래서 필자도 정치적인 차원에서의 통합력을 고도로 발달된 다원적 민주주의를 언급하였다. 그런데 적어도 도덕적인 통합성은 정치·경제적 차원에서의 통합성의 한계를 보완해 주는 필수불가결한 문화적 힘이다. 그리고 이것이야말로 신유교적 이성이 자신의 문화적 저력 속에서 끌어내어 이성적인 공동체를 창출하는 데 기여할 수 있는 부문이다.

주역논리에 대한 해석학적 고찰

이정복

1. 새로운 哲學의 實踐的 가능성 : 超越論的 주체성

Husserl의 『구라파 제학문의 위기와 초월론적 현상학』은 그가 마지막에 발표한 논문과 그의 생전에 발표되지 않았던 것을 수록한 후기사상의 집대성이라 할 수 있다. 왜 그는 구라파 학문을 '위기'라 했을까, 초월론적 現象學은 무슨 의미를 가지는 것일까. 동양사유에 젖어 있는 우리로서는 새로운 언어이며 난삽하기 이를 데 없다.

---

* 본 논문은 한국정신문화연구원 간행 『정신문화연구』 통권 36호, 1989, 5, 25-38쪽에서 발표된 것이며, 현상학회지 *Analecta Husserliana* Vol. XLVII, Kluwer Academic Publishers. 1995, 221-248쪽에서 『Eine Hermeneutik des Symbols im Buch Der Wandlungen und die Seinserhellung』의 논제로 독문으로 번역되어 1995년에 발표되었다.

이와 관련된 논문으로는 『주역의 해석학적 연구』(Husserl 현상학 비판 II), 한국철학회 제33집 봄, 1990, 303-323쪽과 『주역의 해석학적 연구』(후설의 현상에서 역의 지평으로), 한국주역학회 제1권, 1992, 353-375쪽 ; 『주역의 괘와 수의 대대성』, 한국철학회(제5회 한국철학자연합대회보), 1992, 317-337쪽 ; 『Husserl, Wittgenstein의 수와 주역의 수 I』, 한국주역학회 제2회 학술발표회 논문집, 제2권, 1993, 37-99쪽 ; 『Husserl, Wittgeinstein의 수와 주역의 수 II』(철학, 인간 그리고 교육) 제7권, 한국철학회, 1994, 331-368쪽 그리고 『Der Ursprungsbereich des "I Ging" und der Strukturgedanke』in *Philosophie der Struktur— "Fahrzeug" der Zukunft*?, Verlag Karl Alber Freiburg/Müchen, 1995. 10. 등이 있다.

Husserl의 1900~1901년에 걸친 『논리학 연구』로 대표되는 초기, 그리고 『이념』(1913) 제1권으로 대표되는 중기사상과 후기로 나누어지는 『데카르트적 성찰』(1931), 마지막 사상의 결정이라 할 이 『위기』는 우리들에게 매우 중요한 것을 시사해 주고 있다. 특히 '새로운 학문적 방법'에의 추구라는 점에서 더욱 그렇다.

무엇을 그는 구라파 학문의 위기라 했는가. 그는 구라파가 걸어온 학문의 '내적인 동기'와 그 어떤 Dogma를 파헤친다. 그리고 전통에 뿌리내린 사유의 고집스러운 흐름과, 구라파가 그 철학의 운명적 수레로부터 벗어나지 못했던 이론적 자율성을 파헤치고 있다. 그리고 근대학문(과학)의 '위기'를 갈파하면서, 모든 학문(과학)에 앞서서 언제나 우리들에게 직접경험으로 주어지는 '생활세계'를 문제삼게 된다. 비로소 학문의 과학주의적 틀에서 삶 자체에로의 환원을 요구하게 되는 것이다. 어쩌면 서구의 철학은 자연과학과 하나가 되면서 주관과 객관의 대립, 대상에 대한 분열로 시작되었고 이와 같은 의미에서 객관주의, 주관주의로 끝나고 말았다. 이와 같은 위기를 Husserl은 「생활세계의 존재론」에서 간파하고 있는 것이다. '생활세계로부터 출발하여 초월론적 현상에로의 길'을 요구한 것이다. 주관주의와 객관주의의 분리가 아니라, 그 불행한 Dogma를 넘어서는 생활세계에의 길을 제시하는 것이며, 참된 의미에서 이성의 신뢰를 벗어나 '철학의 윤리적 기능'에로의 길을 열려고 했던 것이다. Husserl은 이것을 "역사는 초월론적 주체성의 본질적 특징(als Wesenzug jener *transzendentalen Subjektivität*)으로 밝혀진다"[1]라고 했다. 여기에서 '초월론적 주체성'을 이탤릭체로 강조하고 있는 것을 주목해야

1) E. Husserl, *Die Krisis der europäischen Wissenschaften und die transzendentale Phänomenologie*, Felix Meiner Verl, 1969, Einleitung, XXVI.

하리라. 또는 이 '위기'는 제학문을 초월론적 철학의 통일에로 가져오려는 것이라고 할 수 있다. 바로 이 「생활세계의 존재론」 또는 철학의 윤리적 기능, 초월론적 주체성, 또는 초월론적 철학에의 통일로 끌어 가는 그 "이성과 존재자의 가장 깊은 본질적 결합이라는 이 세계문제는 모든 수수께끼 중의 수수께끼(das Rätsel aller Rätsel)가 되고 있고 이것을 주제로 삼는 것"[2]이 Husserl의 현상학의 요점이 되고 있다.

그러나 이 초월론적 주체성이라는 "자신의 참된 존재는 이미 가지고 있는 그런 존재(das ihm 〔sich selbst〕 eigene wahre Sein, das der Mensch Nicht immer schon hat)"도 아니며 "자아존재라는 명증(Mit der Evidenz des Ich bin)" 도 아니다. 가질 수 있다면 오직 "자신의 진리와의 싸움의 형태로(in From des Ringens um seine Wahrheit)만" 있는 것이다.[3] 이론이 아니라, 주관과 객관의 분열이 아니라, '자기에게로 나오는' '실현'의 요구다. 이것을 초월론적 통일 또는 초월론적 주체성이라고 Husserl은 불렀던 것이다. 그러나 성급하게 끌어들인 논점으로서의 '자기에게로 나오는' '실현'은 물론 합리성에 반대되는 비합리성을 주장한다는 뜻이 아니다. 이성적인 것에 반대되는 반이성적 주장도 아니다. 오히려 비합리성은 "나태한 이성(faule Vernunft)"[4]에 지나지 않을지도 모른다. 그리고 반이성은 이성보다도 더 惡質의 것이 되어버릴 수도 있다. 이와 같은 의미에서 Husserl은 이성의 현세태적인 운동을 갈파했다.

인간은 "본질적으로 發生的(generative)이며 사회적으로 결합된 인간으로" 있고 "자기자신이 되며 자기로 열려져 있으

2) E. Husserl, *Ibid.*, S. 13.
3) E. Husserl, *Ibid.*, S. 13.
4) E. Husserl, *Ibid.*, S. 16.

며 더 이상 본질필연성으로 나위 없이 사람으로 됨을 의식으로 가져오는 현세태적 운동(die zu-sich-selbst gekommene, für sich selbst offenbar gewordene und nunmehr in Wesensnotwendigkeit das menschheitliche Werden *bewußt leitende* Entelechie)"[5]이라 했다. 이 Entelechie는 인간성 그 자체에 "태어나면서 주어져 있는(eingeborenen)" 이성을 밝히는 운동이라고 했다.[6] 그만큼 인간존재를 의식운동 자체, 또는 이성운동 자체로서 철저하게 간파한다. 오죽해야 인간존재의 본질적 특성(Wesenszug)이라고 말하면서 "필증적인 통찰로(in Konsequenter apodiktischer Einsicht)" 그리고 필증적 방법으로(in apodiktischer Methode) 이 이성운동을 간파하고 있는가.

이성의 절대필연성을 바로 존재지평, 생활지평으로 끌어들인 것이 Husserl이다. "**우리들의** 철학하는 것 안에서 인간의 作用者라 할까 행위자(in *unserem* Philosophieren *Funktionäre der Menschheit*)를 Husserl은 끌어내고 있는 것이다.[7]

그러면서 Husserl은 이와 같은 생활세계의 지평을 열면서 "구라파와 구별되는 중국이라든가 인도라는 단순한 경험적이며 인류학적인 유형이 아닌"[8] *存在*의 담지자(Träger)의 물음으로 현상지평을 끌어들인다.

Husserl의 그 위기는 무엇을 뜻하는 것인가. 참으로 합리적으로 지시하려는 목표와 방법을 해명하려는 노력을 회피하려는 '게으른 이성'이 가지는 합리성이 아니라 '필증적'으로 인간으로 하여 具有하고 있는 이성운동의 현장, 그 현재는 무엇

---

5) E. Husserl, *Ibid*., S. 13.
6) E. Husserl, *Ibid*.
7) E. Husserl, *Ibid*., S. 17.
8) E. Husserl, *Ibid*., S. 17.

인가를 그는 묻고자 했다. 서구의 이성이 걸어온 길, 그리고 형이상학의 역사를 통해서 그가 이제야 만나게 된 생활세계의 **경험**을 문제삼아야 했던 것이다. 그래서 '우리들의' 철학을 강조하고 있는 것이다. 그렇기 때문에 철학사의 '史實的 事實'이라는 외형적 외피(die Kruste der Veräußerlichten "historischen Tatsachen")[9]가 문제되는 것이 아니다. "새로운 철학의 실천적 가능성(die *praktische* Möglichkeit einer neuen Philosophie)",[10] 즉 "행위(Tat)에 의한" 문제지평으로 끌어낸다.

그러나 이 '행위' 그리고 그 '실천적 가능성' 또는 초월론적 주체성은 서구의 형이상학에 있어서 잊혀져 온 역사이었다. 언제나 체계적 통일을 가진 보편적인 aporiori가 있고, 그리고 무한성을 이야기하면서도 그 무한성은 언제나 연속적 공간의 연장에서 무한성으로 있고 완결된 통일적-체계적 이론에 귀속되고 마는 것이었다. 말하자면 연역적이며 일의성을 가진 무한성이었다. 무엇이 '존재하고' 있는가라는 것은 기하학적 공간에 이념적으로 애초에 미리 결정되어 있는 터이다. 이와 같이 모든 학문은 반성적으로 **대상화된** 것이다. 직접 일어나는 발생적 현재 자체는 아니다. 반성에 의해서 비로소 잡아내고 얻어내는 것 이상의 것을 우리들은 **만나는** 것이다. 세계와의 만남이다. 그 안에서 일어나는 발생지평이다. 어쩌면 '의식으로 있음(Bewußt-sein)'이 아니라 '의식으로 되는 것(Bewußt-werden)'이라 하겠다.

이 과정은 근원적으로 수행되는 것이다. Husserl은 이것을 '순수자아'로 설명했다. 자아가 자기자신을 발견하기까지에는 초월론적 역사로서의 초월론적 생성에 있어서 가능했다. 자아

9) E. Husserl, *Ibid*., S. 18.
10) E. Husserl, *Ibid*., S. 19.

가 '창조되는' 것이다. "파악할 수 없는 최초의 충격(Anstoß)이 도래한다. 여러 가지 감각이라든가 感觸性(Affektionen)이 自我에로 도래한다."[11] "파악할 수 없는 최초의 충격"이라는 Husserl의 말은 무엇을 뜻하는 것일까. 이성인식을 철학의 길로 삼는 서구의 형이상학으로는 '수수께끼 중의 수수께끼'가 되었던 것이다. 근원적인 生의 물음의 시작이다. 보편적인 진리를 탐구하는 제학문의 과학성의 위기를 간파한 것이다. 과학의 진리자신의 위기이다. 아니 오히려 합리주의의 본질에 문제가 있는 것이 아니라 자연주의라든가 객관주의라는 그 천박함에 문제가 있음을 간과해서는 안 된다. 과학의 방법적 추상성을 문제삼으면서 과학, 철학, 生의 분리로 시작되는 수학적 자연과학의 방법론은 이미 구라파 역사의 운명적인 길이 되어 왔던 것이다.

그러기 때문에 Heidegger도 '제학문의 위기'는 개별과학의 이론에 의하여 극복되지 않으며, 학문의 존재가능성을 인간적 현존재에 있어서 그 의미로부터 극복하는 것이라 했다.[12] 바로 이것은 구라파의 세계를 해석하는 궁극적인 지평을 형성하는 것을 뜻한다. 세계는 重層的으로 구조화된 세계지평의 열림에서 경험되는 것이라 할 수 있다. 이것을 超越論的 경험이라고 부를 수 있다. 그러나 이 초월론적 경험은 어두운 삶의 근원경험으로 만나는 것이기 때문에 그것은 분석도 아니며 체계적 이론도 아니며 어떤 선험적 대상의 근원가능성도 될 수 없다. 詩의 해석이며 예술적 경험이며 生活世界의 만남이라 할 수 있다.

이것을 우리는 '해석'이라고 이름지을 때 그 해석의 정당성을 객관적으로 근거지을 수 없다. 그렇다고 밖으로부터 객관

---

11) E. Husserl, *Phänomenologische Psychologie*, S. 487.

12) M. Heidegger, *Gesamtausgabe* Bd., 20, S. 3-6, *Sein und Zeit*, 7, Aufl, S. 9-10.

적으로 이것을 보증할 수는 더구나 없다. **대상**의 영역이 아니라 物의 영역이 되어야 한다. 그렇기 때문에 초월론적 경험은 그것없이 있을 수 없는 필증적인 것이 된다. 바로 생활세계 그것이기 때문이다. 그것의 열림은 해석학적 지평에서만 가능하다.

삶의 의미는 달리 무엇으로 진리화할 수 있을 것인가. 현실은 어떤 마무리될 수 있는 단독적인 완결로 일어나는 것이 아니다. 현재의 자기이해의 지평과 과거의 지평과의 융합 안에서 해석의 가능성은 있다고 한다. 현재와 과거와의 사이에 시간의 '거리'를 매개로 해서 순환구조가 역동적으로 전개하는 것이라 하더라도, 그러나 '새로운 해석'이 가능하기 위해서는 이 순환을 돌파하는 '새로운 계기'가 이 경험적 현실 안에서 문제되어야 하지 않는가.

그것은 어떻게 생겨나는 것인가. 우리는 Husserl을 통해서 초월론적 주체성의 현상학적 지평을 보면서 서구의 형이상학이 걸어온 학문의 위기를 간파한다. 그러나 그 Husserl의 생활세계는 아직 존재의미의 어두운 근거, 현존재의 존재의 역사는 이 세계 안에서 사실화되지 못했다. 순수의식의 자아로서의 생활세계는 '의식의 존재(Bewußt-sein)'이기는 했으나 '의식이 되는(Bewust-werden) 것'이 아니다. 아직 지속적으로 있는 Descartes의 신의 존재근거 마냥 존재하는 것으로 족한 세계지평으로 끝난다. 한결같이 지속적으로 존재하는 것으로 족한 현상학적 지반 위에서 현존재 이해의 새로운 지평을 열려고 시도한 사람이 Heidegger이다. 이해의 존재론이라 하겠다.

그러나 Heidegger의 존재는 언제나 존재의 개명과 은폐라는 되풀이되는 자기현현의 문제로 마감된다. 결국 Heidegger의 존재에는 존재개시와 존재의 일어남이라는 시간은 있어도 현실존재에 대한 해석은 없다. 기껏해야 존재와 시간의 수레바퀴질로 끝나는 감이 짙다. 그는 존재의 밝음 안에서 역사의 전체성을 찾았고, Husserl의 말로 바꾸어 표현하자면, 초월론적 주체성의 경험지평으로 바꾸어 생활의 어두운 근원을 헤아려 본 것까지는 좋으나 과연 존재와 시간의 수레바퀴질로 존재의 의미는 다했다고 말할 수 있겠는가. Gadamer처럼 이해의 융합지평에 생활세계의 지평을 보다 역사로 융합시킨 그의 공적은 높이 평가할 수 있고, 모처럼 삶의 저 낭만적인 전체성을 진리로 수용할 수 있었던 철학의 솔직함도 매우 돋보이고는 있으나 과연 이해의 순환구조만으로 풀 수 없는, 그리고 그 이해의 순환을 돌파하는 '새로운 계기'가 그 어떤 방식으로든 경험의 현실 안에 일어나고 있음을 그는 경험해야 했다. 이해의 순환론에서는 새로운 이해의 가능성은 어디에서고 얻을 수 없다. 그 '새로운 계기'는 어디에서 구해야 하는가. Husserl의 초월론적 주체성으로의 현상학적 지평인가. Heidegger의 존재와 사유, 역사와 계시, 은폐와 개명이라는 두 가지가 하나로 만나는 그 현존재의 신비로 아직 이야기는 끝날 수 없다. 그렇다고 Gadamer의 이해의 순환으로도 예술의 경험, 詩의 현재화는 있어도 '새로운 계기'가 그 어떤 방식으로 경험적 현실 안에서 주어지는 것인지 다시 설명되어야 하지 않는가.

생활세계의 새로운 해석의 가능지평은 무엇이라 할 수 있을까. 경험주체의 가능근거로서 필증적이며 보편적인 것으로 객관적 학문의 타당성의 기초가 되어야 했던 Husserl의 생활세계의 현상학에서 서구의 현대철학의 방향은 시작된다. 이와 같은 현대철학의 방향과는 전혀 생소한 동양사유의 존재의 의미는 그 생활세계의 필증적 존재근거로 타당한가. 동양사유는 이러한 근거에서만 철학의 가능성을 얻는 것인가. 생활세계인

한 그것이 서구의 사유이든 또는 초월론적 주체성으로서의 현상학이든, 또는 현존재이든, 현존재 이해의 융합지평으로서의 현재의 절대성이든 그것은 동양사유와 낯선 것일 수 없다. '새로운 철학의 실천적 가능성'에의 물음은 도리어 동양사유의 보다 깊은 세계경험이 아닌가.

여기에서 Husserl의 물음으로 시작된 그 '새로운 철학의 실천적 가능성'이 어떻게 동양사유 안에서 전개되었는가. 그 현상학적 의미는 어떻게 동양사유 안에서 현재하는가.

2. 誠의 해석학적 접근 : Husserl의 현상학 비판

이해를 돕기 위하여 먼저 여기서 밝혀 둘 것이 있다. 동양사유의 존재의미는 그것이 현상학적인 것이든 존재론적이든 또는 해석학적이든 그 사유의 경험으로 규명될 수 있는가를 물어야 한다.

그러나 동양의 그것은 먼저 대상이 아닌 物로 밝힌다. 그리고 그 物의 논리는 물론 Hegel의 변증법적 논리도 아니며, 과학적 방법론으로서의 필연적이며 공간적인 연속논리(科學理論體系)도 아니다. Husserl의 생활지평은 생활지평인 한, 동양의 그것과 같은 것이며, 같은 것이어야 하리라. 거기에서 벗어날 수 없고 바로 거기에서 있는 현재의 필증적 현재 바로 그것은 Leibniz의 Monade처럼 너무나 존재론적이다. 그러나 바로 현재의 필증적 근거의 물음에서 동양사유와의 차이는 있다.

그렇다면 그것과 다른 동양사유가 만나는 새로운 세계성은 무엇인가.

간단히 요약한다면 존재의 필증적 지평이 아닌 物의 세계라고 할 수 있다. 지평과 세계와의 차이일 수도 있고, 필증적인 것과 물의 차이일 수도 있다. 物의 지금까지 우리가 규명해 온 대상성에서 비로소 벗어나는 초월론적 주체성의 영역이 아니라 동양사유에서 보자면 誠의 세계성이다. 바로 여기에다 '새로운 철학의 실천적 가능성'을 둔다. 나는 誠을 독일어 Bewahren으로 번역한다. Be-wahren(가꾸다, 보존하다)은 Wahrheit(진리)를 넘어서는 의미를 가지고 있지 않은가. 진리를 넘어서면서 그것이 존재로 현재하는 그것은 분명히 초월론적 경험이지만, 경험일반 이상의 것이라면 굳이 Husserl처럼 보편성의 물음, 현상학의 가능근거로서 필당연성의 요구는 없어도 좋다. 바로 여기에서 은유, 상징, 의미 등의 동양사유가 가지는 특별한 物의 이해가 있게 된다. 이러한 의미에서 동양사유는 근본적으로 **해석학적**이라 할 수 있다.

이것은 어떤 근거를 전제로 미리 갖고 거기에서부터 문제를 풀어내는 절대철학(근거철학, 관념철학)과는 다르다.

Hegel을 보더라고 그는 변증법적 통일로 현재가 다 설명되듯이, 변증법적 운동(生命)이 그의 철학의 전부이었다. 그리고 그 변증법적 운동의 **전제 아래서** Hegel의 정신현상학은 기술될 수 있었다. 즉 의식을 경험으로 기술할 수 있었다. 변증법적 운동 안에서 소화될 수 없는 것이 없는 절대적 근거의 전제는 그의 형이상학의 운명이 된다. 아무리 그가 현실을 진리화하고 구체화하며 생명으로 높일 수 있었다 해도 그 변증법적 마술은 서양사유의 근거라 할 수 있는 기독교의 신과 인간의 세속화를 무리없이 수행할 수 있었다. 이와 같은 신의로서의 절대근거가 언제나 서구의 형이상학을 운명지웠던 것이었다. 그리고 이 운동의 진폭이 오늘날 서구의 현대철학의 중요한 현실철학을 이루고 있다는 것도 부인할 수 없다.

그리고 Husserl의 초월론적 주체성의 그 절대근거는 오늘날의 철학에 큰 의미를 주었으나 동양사유에는 그것이 아무런 철학적 의미가 될 수 없다. 현상지평의 물음은 이미 동양사유의 철학의 새로운 방법이 될 수 없다. 현상지평의 물음은 이미 동양사유의 철학적 출발이 되고 있기 때문이다. Heidegger의 현존재의 물음도 굳이 동양사유의 철학의 새로운 방법이 될 수 없다. 誠의 세계성은 어떤 근거도 아니며 또한 '순수한' 지향성도 아니며 構集하는 현재만도 아니다.

그 이상이다. 그 이상의 의미화 · 상징화는 '物과 誠'의 '새로운 실천적 가능성'으로 있으며, 의미와 상징으로 채워져 있는 해석학적 세계경험이다. 언어는 이제 Syntax의 노리개가 아니다. 진지한 세계경험에로의 문을 여는 상징이며 생의 의미를 담는 경험체가 된다. 이해가 행하여지는 바로 거기에서 언어는 시작되는 것이다. 이때 언어는 비로소 '다중적 의미'를 가진다. 그렇기 때문에 해석학은 "감추어진—그리고 밝혀진 것의 의미론"이라 할 수 있다. 이때 의미론의 영역을 '상징'이라고 말할 수 있다. 동양사유에 있어서 이 '상징'은 동양사유의 시작이면서 마지막이라 할 철학적 상징어, 이른바 周易에서 그 방법을 추구해 볼 수 있다. 주역에는 논리 이전에 道가 있고, 변화 이전에 生이 있고, 상징보다는 현상이 있으나 그 현상은 生活世界의 필증적 근거가 아니라 도리어 실천에의 요구다. 실천에의 새로운 가능성이 언제나 변화하는(相應하는) 상징이 되고 있다. 그러므로 현재는 공백(虛)으로 있지 않으면 안 되는 誠이라는 미래성이다. 상징은 그 자체로는 무의미하기 때문이다. 相應하는 合, 中이 있어야, 즉 誠의 세계경험이 있어야 상징은 의미를 갖기 때문이다.

그러면 동양사유에 있어서 '새로운 철학의 실천적 가능성'은 어디에서 구해야 하는가. 그리고 그 존재경험은 어떠한 것인

가. 다시 말하자면 동양사유의 해석학적 세계경험을 어디에서 구하여야 하는가.

그리고 서구의 형이상학이 합리성의 논리를 바탕으로 하여 그의 철학의 운명이 정해졌듯이 동양사유에는 합리성이 없는가. 학문의 위기는 동양에서 어떠한 경험으로 만날 수 있는가. 서구의 그것과 다른 합리성이라면 그것은 무엇인가. 변증법적 논리가 아닌 동양의 논리는 무엇이며, 동양의 사유가 가지는 세계경험은 서구의 그것과 다른 것인가. 역사성의 문제가 서구의 새로운 해석의 길잡이가 되고 있음은 부인할 수 없다. 그 역사성의 문제가 동양사유에는 어떻게 이해될 수 있는 것인가.

이 모든 물음을 풀 수 있는 하나의 관건은 앞에서 물음으로 제기한 '새로운 철학의 실천적 가능성'이라 하겠고, 이것을 해석학적 접근을 통해서 그 문제의 해답을 구해 보고자 한다. 바로 이와 같은 해석학적 규명을 통해서 동서철학의 가장 중요한 차이성도 밝혀지리라 생각한다. 달리 어떤 비교연구가 가능할 수 있을 것인가. 방법론으로는 비교할 수 없는 진리문제이기 때문에 해석학의 요구가 있는 것이다.

해석학은 Cogito의 문제를 해석을 통해서 **자기를 이해**하는 **자기문제**로 파악한다. 개별과학의 해석은 해석대상의 의미를 직접적으로 해독하는 것이라 하겠다. 해석학은 생활지평의 의미에 대한 물음이기 때문에 의미와 물음의 관심 사이에 매우 중요한 상관관계가 성립한다. 즉 그 해석의 바탕에 공통적으로 뚫고 있는 보편적인 욕망의 동기가 일하고 있다는 사실을 간과해서는 안 된다. 해석작업을 통하여 얻어낸 의미로 하여 자기를 이해하고 싶다는 욕망이다. 이와 같은 욕망은 Descaretes의 Cogito에는 생각할 수 없는 것이다. Descaretes의 Cogito는 결코 새로워질 수 있는 Cogito가 아니다.

동시에 사유라는 공허한 진리의 연속성으로 끝나는 것이 되어 버린다. 분명히 이것은 진리의 第一步이기는 하지만 '사유하는 자아'는 자기의 대상, 자기의 작품 그리고 자기의 행위를 받아들이는 것이 아닌 한, 단 한 발자국도 걸어갈 수 없는 사유존재가 되어 버리고 만다. "生이 스스로를 대상화하는 표현에 의해서 매개되지 않는다면 맹목적 직관에 지나지 않는다"라는 Dilthey의 말은 옳다.

두번째로 Cogito는 욕망하는 근원적 존재로 사유하며 있으나 이것과는 달리 사유는 이전서부터 '거짓된' Cogito에 의해서 채워져 있는 공허한 장소와 같은 것이 아닌가. 왜냐하면 우리는 직접적 의식은 '거짓의식'이라고 하기 때문이다. 무경험적인 것, 그리고 추상적인 것은 공허의식이라고 말한다. Hegel, Marx, Nietzsche, Freud 등은 우리들에게 너무나 진실하게 그것을 설파하고 있다. 이와 같이 Cogito는 두 가지의 의미를 가지고 있다 하겠고, 그만큼 사유는 '간접적'인 만큼 '순수성'이 아닌 실천적 가능성의 다른 요구지평이 언제나 달리 문제되어야 한다. ① 욕망의 어두운 충동은 그의 관심과 인식을 가름하고 해석의 근원적 방향을 정한다. ② 그리고 의식은 먼저 '허위의식'이고 오해를 바로 고쳐 나가면서 '비판'에 의하여 꾸준히 이해에로 높인다. 이와 같은 의미체계는 앞에서 지적한 '의미' '상징'에다 새로운 변수 또는 해석학적 초월론의 기초(욕망과 허위의식)를 제시한다. 이것은 형식논리가 아니며 변증논리도 아니며 초월론적 논리가 된다. 이 해석학적 초월론의 기초(욕망, 허위의식)가 바로 '가능성'의 조건이 된다. 자연의 객관성이 아니라 우리들의 존재욕구의 '자아가 되는 것'이다. 그렇기 때문에 서구의 존재론으로서의 유는 '해석되어진 유'가 되어야 한다. 해석의 운동에 의해서 구성되어지는 것이어야 한다. 해석이 바로 방법이 되는 것이다. 예술의 경험은 해석이면서 경험이다. 자기동일성이 예술로 승화되는 것이지 의식의 표출과 추상성(방법론의 체계화)은 예술경험 자신이 될 수 없는 것이다. 고찰한 바와 같이 초월론적 논리로서 욕망과 허위의식을 들었는데, 그와 같은 것은 심리학적 분석대상이 되기보다는 오히려 存在의 '결핍'이라는 보다 근원적인 것을 지시하는 것이라고 나는 생각한다. 이것을 현재의 긍정적 측면에서, 즉 실천적 가능성의 지평에서 언급할 때 노력이라고 할 수 있으리라. 이것이 동양사유의 誠의 존재구조의 가능지평이 된다. 그러나 이것은 어떤 목적론적 카테고리는 될 수 없다. 목적론은 예외없이 서구 형이상학의 근거가 되었고 윤리학의 기초가 되기도 했다. 이와 같은 목적론을 벗어난 위대한 서양의 사유가 있었다. Hegel의 정신현상학이 그것이며, 또 종교현상학의 '종말론(Eschatologie)'이 그것이었다. 그러나 Hegel의 정신현상학은 '목적론'을 벗어난 방법이기는 하나 절대정신의 자기현상 경험을 기술하였다는 의미에서 절대정신없이 그 현상경험은 불가능했고 종교현상학에서의 종말론은 무한과 현상과의 통일·융합이었다. 그러나 그것은 종교신앙으로 승화되어 버리는 자기괴리성, 자기초탈이 우선한다. 모처럼 목적론에서 탈피한 현재의 절대성은 있으나 Hegel의 정신현상론도, 종교현상론의 종말론도 초월의 전제가 너무나 강인하다. 그뿐 아니라 나의 갈등과 나의 아픔과 나의 성취와 나의 기쁨이 '노력'지평 그것으로 있는 오묘함을 과정 안에서 경험하는 것이 문제되어야 하지 않는가. 동양사유에 있어서 感과 應의 合致가 과정으로 있다면 목적론은 동양사유와는 낯설다. 대지에 이미 다 있지 않는가. 合德만이 行으로 있어야 했다.

해석학은 生의 대상화로 기호 또는 작품이라든지 문화를 해석하는 것에 의하여 자기이해에 도달하려고 한다. 그러한 바탕에는 자기는 의미론적이 아닌 **직접적(과학적)으로는** 알 수 없다는 인식이 깔려 있는 것이다. 이와 같이 해석하는 것과 자기이해 사이에 직접적이 아닌 어떤 것의 필연적 요구가 있어야 한다. 아니 바로 그것이 나(自我)일 수 있는 구체적 현재가 되는 기반이 된다. '실천적 가능성'이다. 행위이다. 행위는 도덕적 규범으로 해석되어지는 것이 아니라 나의 생활세계로서의 존재가능이라는 필당연적 기반이라고 할 수 있으리라. 그러나 Heidegger와 같은 존재현현의 역사이기보다는 '허위의 Cogito' 안에서 스스로를 감추면서 나타나 있는 참된 자기를 가꾸는 일이 된다. 이러한 의미에서 논리지평이다. 그렇다고 정신분석 이론처럼 방법적으로 구분되는 무의식, 전의식, 의식이라는 세 가지 장소로 나눌 수 있는 그런 것도 아니다. 이러한 구분 속에 生이 있을 리 없다. 그리고 그러한 의식이 문제가 아니다. 그것을 기리며 가꾸는(Bewahren) 통일지평, 행위가 먼저 요구된다. 의식의 특성이 중요한 것이 아니다. 의식자신의 수준만으로 이해는 불가능하지 않은가. 의식 그 자신은 의미의 조정자일 수 없다. 의식에 주어지는 것은 단순한 징후로 끝난다. 그 참된 의미는 왜곡과 허위를 다시 바로잡아 나가는 해석에 의해서만 얻어질 수 있는 것이 아닌가. 이 '**바로잡아 나가는** 해석'이 새로운 실천적 가능성이라 할 수 있다. 이와 같은 의미에서 서구의 자기의식의 철학—어쩌면 근대철학 그리고 현대철학의 맥을 이루는 서구의 형이상학의 근거라고 할 수 있는—의 한계를 비판하면서 동양사유에의 길을 예견할 수 있다. 동양사유에 있어서 의식도 자아도 원리가 될 수 없고 근원이 될 수 없다. 앞에 지적한 것처럼 '의식으로 있음(Bewußt-sein)'이 아니라 '의식으로 됨(Bewußt-werden)'이다. 자기를 조정하면서 자기를 소유하지 않는 의식이 되어서는 안 된다. 자기의 근원적 진리는 이제 서구의 형이상학의 근거와는 달리 직접적인 의식이 아닌 해석학적인 현실의 요구가 먼저 문제되어야 하고 도리어 의식의 불완전함, 환상, 허위를 인정하면서 동시에 얻어지는 이해의 Cogito가 되어야 한다. 나는 욕망의 차원에서 이미 존재하는 것이기 때문에 '나의' 존재의 정립이 요청되는 것이 아닌가. 즉 실천적 가능지평의 요구가 언제나 필연적으로 있는 것이다. 주체는 의식적으로 먼저 있는 것이 아니며 의지적으로 먼저 있는 것도 아니다. 오히려 욕망의 차원으로 이미 존재하고 있는 것이다. 나는 지학하며 의지를 가지면서 이 욕망은 허위의식과 나란히 동양의 윤리적 지평을 철학으로 높이는 것이다. '내가 생각한다'는 것에 대한 '내가 있다'는 우위성이다. 이 '내가 있다'는 우위성은 마치 실체 안에 존재가 있듯이 있는 그런 속성이 아니다. 자유로운 작용이며 행동이며 그 자체로 **있는** 것이어야 한다. 이 동양의 윤리적 지평이 주역으로 현상하고 있는 것이다.

동양의 사유, 특히 원초적 사유라 할 주역은 언제나 이와 같은 새로운 실천적 가능지평을 **과정 안에서** 지시하며 해석하고 있다. 아니 그 해석의 '의식됨(Bewußt-werden)'을 우리들에게 요구하고 있다. 실천의 요구이다. 자아에 의해서 자아를 구성하라고 요구한다. 이제 동과 서, 남과 북은 방위만이 아니라 모두 나의 상징이며 자기해석에 귀착되는 나의 것일 뿐, 자기가 만들어 놓은 대상치 안에서 자기자신을 각지하는 것이다. 자아는 능동적인 힘이다. 자아가 대상과 中이 될 때에만 그렇다. 物로 있을 때만 그렇다. 대상이 아니다. 실체의 속성이라는 철학의 방법으로 하여 기독교의 신은 아주 편리하게 설명되었으나, 그것은 너무나 현재의 실천적 가능성을 잊게 하기에 족했다. 실체는 동양사유에는 낯설다. 객체도 그러하거니와 대상도 그렇다. 그만큼 해석학적 삶의 지평 안에서 동양의 사유는 숨쉬고 있는 것이다. 이 자유로운 활동적 힘으로서 나는 내가 있는 것이다. 내가 존재한다는 진리와 함께 나는 내적으로 각지하고 있다고 할까. Descartes의 사유하며 존재하는 것과 다르다. 실천적 가능성이 있는 것이다. 그렇다고 "나는 의욕하고 행동한다"는 존재정립 또한 아닌 것이다. 해석의 깊은 존재비의는 이와 같은 형식적 문맥만으로는 다할 수 없는 *存在*에의 '두려움'이 있지 않은가! 畏敬으로서의 행위이며 겸허로서의 의지이다. 이것이 어쩌면 周易에서 볼 수 있는 원초적 사유라 할 수 있으리라. 행위와 뜻으로의 의지와 감정이 하나로 있는 것 이상의 '어떤' 해석의 세계경험이 더 요구되고 있는 것이다. '더 요구'되는 실천적 가능성이 언제나 나의 결핍과 두려움으로 있는 것이 아닌가. '하지 말라'는 상징과 은유가 언제나 행위지평과 같이 있는 그 '무엇'이 동양사유의 진수가 된다. 이러한 한에서 나는 나인 것처럼 나는 '자유로운 힘'이 되는 것이다.

그러나 이것은 간과해서는 안 될 중요한 다른 측면을 가지고 있다. 수동적으로 생기는 '수동감정'을 하나의 act로 고쳐 놓는다는 것이다. 직접적인 각지는 언제나 수동형이 아닌가. 수동감정(affection)이라고 표현해도 되리라. 이 수동감정의 수용은 天과 地의 자기수용이며 동시에 신체의 자기산출 행위가 된다. M. Ponty의 지각의 물음도 결코 이 범주를 벗어난 것이 아니라고 생각한다. 의식이 자기행위의 의미를 스스로 표시하는 기호(signes)와의 관계는 자기수용의 관계이며, 이것이 새로운 해석의 놀라운 지평이 된다. Husserl의 말을 인용해 보자.

> 원본적으로 주어진 모든 직관은 인식의 바른 근원이라는 사실, 그리고 즉각적이며 원본적으로(이른바 육체적 현실로) 주어

> 진 이 모든 것을 단순히 그것이 있는 바대로 받아들여야 한다는 사실, 즉 모든 원리들 중의 원리(Prinzip aller Prinzipien)이다. 이것을 우리가 생각해 낸 이론으로 잘못 알아서는 안 된다. 모든 진리는 저마다 원본적 소여성에서만 다시 가져올 수 있다는 것을 잘 알아야 한다.[13)]

원본적 소여성을 원리 중의 원리로 설명한 Husserl에게도 얼마나 현재의 구체성이 사실로 강조되고 있는가를 볼 수 있다. 그만큼 표상은 제거된다. 그만큼 개념은 무력화된다. 그만큼 수동적으로 생기는 수동감정의 절대성은 해석의 의미를 창출하는 것이다.

誠에는 그 순수지향성으로서의 노력만이 아닌 對待性 또는 相須가 있다. 이것은 나의 신체의 수동감정에서 생기는 것이며, 그것과 같이 '욕망과 결핍'으로 향하는 것이다. 대대성 또는 상수관계는 종합의 논리가 아니며 止揚의 논리가 아니다. 易의 논리이다. 바로 여기에 동양사유의 시작이 있는 것이다.

서로의 기다림, 즉 相須性, 對待性은 나의 신체의 相應이며 個別性의 相應이다. 反類이며 通氣이며 見義이며 相薄이며 相射이며 旣濟未濟이며 相交相盪의 관계이다.[14)]

易의 수동지평, 기다리며 두려워하는 道의 운행은 行爲로 있으되 能動的 行爲로서의 목적론에 근거를 두고 있는 것이 아니다. 불완전한 未完의 행위다. 旣濟와 未濟를 설명할 수 있는 길은 誠의 존재구조 이외는 달리 없으리라고 생각한다. 形과 見은 모두 誠에서 집약되는 것이 아닐까. 形과 見은 旣濟의 측면으로 德과도 통한다. 그러나 '아직' 나는 거기 있다. 그 未完의 행위는 인간행위 전체를 가리키는 것으로 확장되어

---

13) E. Husserl, *Husserliana* III, S. 52.

14) 周易傳義大全, 韓國思想研究所, S. 28.

야 한다. 그렇기 때문에 참된 행위, 완성된 행위는 이와 같은 행위에 있어서는 의식의 因果性이 완전히 실현될 수 있을 터이나 우리는 결코 성취될 수 없는 행위로 있는 것이다. 아니 未完成은 노력 자체를 뜻하는 것이 아닌가.

周易의 未濟는 마지막이면서 그 근원적 시작이 되고 있는 것이다. 노력은 추가가 아니다. 행위의 부족이다. 결핍과 욕망의 찬연한 구제가 언제나 인간으로 있는 것의 祈願이라면, 對待라면 그 노력은 대상 아닌 物의 참뜻을 기릴 수 있으리라 생각한다. 이만큼 수동감정은 나의 몸처럼 간절함을 가진다. 종교로 표출되기 이전의 存在根據로 나의 절대적 存在가 된다. 서구의 형이상학에서 知覺의 문제가 現象學的 물음을 통해서 비로소 오늘날 哲學의 문제로 진지하게 논의된다는 어느 면에서 동양哲學을 이해하는 데 매우 중요한 가능성을 시사해 주는 것 같다. 觀其所感而天地萬物之情可見矣이며 感而遂通天下之故는 이 뜻의 絶句다. 律侶, 律動, 同聲相應의 그 바닥에 應과 中과 合은 生의 경지다. 그 生은 始가 아니다. 끝내 生은 坤元의 地平이다. 수동지평의 절대화다. 거기에서 생을 보고 있는 것이다. “彖曰大哉 乾元 萬物資始 乃統天, 彖曰至哉 坤元 萬物資生 乃順承天,”[15] 그리고 彖曰大哉와 彖曰至哉로 구별되는 大哉와 至哉가 지시하는 바의 역의 神妙는 其造至大而하다. 그리고 其用 至神而이다.

그 극치는 달리 辭를 매어 다할 수 없는 것, “未盡處는 辭를 매어” 말하고 入象說卦로 廣大無邊 至神至妙한 易의 세계를 수용한다. 수동의 현상지평은 東洋思惟의 神妙 중의 神妙다. “天地와 더불어 그 德을 합한다. 日月과 더불어 그 밝음을 合한다. 四時와 더불어 그 질서를 합한다. 鬼神(歸伸, 朱

15) 周易, 上 乾, 坤.

子 註)과 더불어 그 吉凶을 합한 후에 가히 易을 안다고 말할 만하다."[16] 天地, 日月, 四時, 變化는 象과 象으로 가름할 수 있는 根源經驗이 되고 있다. 그 근원경험은 수동지평이다. 이미 있는 存在의 전체성이다. 原受動性의 根源地平이다.

Husserl도 '흐르는 것'의 原受動性은 未來豫持的(protentional), 原印象的(urimpressional), 과거把持的(retentional)으로 있다. 다시 '미끄러져 버리다(entgleitenlassen)', '현재를 벗어나게 되다(entgegenwärtigen)'로 순수의식의 흐름의 근거를 수동으로 파지한다.

그리고 흐르는 것의 수동성과 知覺現在의 原印象的 수동성을 Husserl은 '先-構成'으로 서술하고 있다. 이것을 다음 구절과 비교해 보자.

天, 地, 日, 月, 四時, 變化는 주어져 있는 東洋思惟의 근원지평이 되어 있다. 그의 感應은 이미 德이며 明이며 질서이며 吉凶이다. 도리어 이것없이는 천지는 공허하다. 수동성과 誠의 存在地平은 東洋哲學의 사유경험에 있어서 매우 중요한 의미를 가진다. 東洋思惟에 있어서 Husserl의 '先-構成'은 문제될 수 없다. Husserl에 의하면 감성적 지각의 현재에 있어서 自我와 만나는 것은 먼저 原印象的인 '與件'[17]이 된다. 문제는 그 '여건'의 存在論的 의미가 東洋思惟에 있어서 德이 될 수 있고 明이 될 수 있고 질서가 되며 吉凶이 될 수 있느냐이다. '先-構成'으로서 時間化된 체험의 통일이라고 하나 Husserl에 의하면 이것은 아직 본래적으로 지향적으로 의식되지 않는 것이 되어야 한다. 이러한 의미에서 수동적으로 先

16) 周易 序.

17) E. Husserl, Hu. X, S. 6-7. 그리고 Zeitbewußtsein[Vorlesungen zur Phänomenologie des inneren Zeitbewuβtseins, hrsg., v. Martin Heidegger, Sonderdruck aus : *Jahrbuch, f. phil. und phän, Forschung* Bd. IX, 1928], S. 371.

行的으로 구성되어 있는 것이 된다. 선행적으로 時間化되어 있는 것이 된다. 그러나 이것은 天地와 더불어 있는 德, 日月과 더불어 있는 明, 四時와 더불어 있는 질서, 변화(歸伸)와 더불어 있는 吉兇으로서의 感應이 아니다. 끝내 수동성은 Husserl에 있어서 선행하며 存在하는 의식지평이 되고 만다. 原印象的인 '여건'이다. '나와 만나는 바로 그것을' 志向的인 所與性으로서 이해하려는 것이다. 수동근거의 '先-構成'이라는 요건이 미리 주어져 있다. 이와 같은 '先-構成'보다 德과 明과 질서와 吉兇은 아예 그것보다 이전의 것으로 있다. 先-構成의 근거가 무엇에 소용되랴. 능동적 지향소유와 수동적 지향소유의 구별 이전에 天地의 現前, 日月變化의 현전은 '物'로서의 수용이 된다. 즉 德, 明의 수용이다. 先受動的인 時間化는 아무래도 東洋思惟의 存在論的 지평이라 할 誠 이외에 달리 설명할 길이 없다. '先'으로 이해되는 共-存在는 誠, 또는 실천적 가능성 이외에 달리 설명할 수 없다. 현재의 그와 같은 내적인 복수성(능동적 지향소유와 수동적 지향소유)은 合하여 있는 德과 明, 질서와 길흉에서 현재하는 것이 아닌가. 바로 그것이 物의 化다. 서구철학의 표현을 빌리면 의식으로서의 대상화다.

Husserl에 있어서 반복가능으로 동일화할 때 자연히 그 hyle(質料)로서의 수동근거를 상정할 수 있으나 실은 그 반복가능의 동일화는 벌써 의식차원이 아니다. 物의 次元이다. 의식의 현상적 직관이라는 이론적 근거가 아니라 해석학적 이해의 실천근거가 되어 있는 것이다. 바로 의식차원이 아니고 物의 차원이기에 '수수께끼 중의 수수께끼'가 될 수 있고 신묘한 것이 되고 있다. 常住的 生을 동일화하는 것은 Hyletik이 아니다. 해석학적 의미층이 된다. 지향성만으로는 무한퇴행을 가져오는 것이라고 말할 수 있다. 그러므로 Husserl도 '흐르는 것' 그 자체는 시간화하지 않는다고 말하고 있다. 생의 坤元에서 비로소 의미를 가지는 것이다. 始의 乾元이 아니다. 그 生은 '절대적으로 匿名的'이다. 그렇기 때문에 解釋學的 지평의 生活世界에서 時間化되는 것이다. Husserl에 있어서 原受動的인 의식류, '흐르는 것'은 이미 시간성으로 이해되고 있다 하겠다. 즉 의미지평에서 가능한 것이다.

그러나 현상학적 반성을 지반으로 하는 한 이것은 언제나 수수께끼로 그저 만나는 것이어야 한다. 原受動性이라든가, 흐르며 있는 '先'-存在라든가 '先'-時間化라는 말은 이를테면 어쩔 수 없이 피할 수 없는 말이라 하더라도 이러한 말 자체가 내용적으로 공허한 것으로 끝나서는 안 된다. 의미지평이기 때문이다. 의미지평에서 비로소 시간화는 가능하기 때문이다. 바로 그러하기 때문에,

> 체험이라는 것은 모두 '무엇에 대한 의식'일 뿐 아니라 또 '무엇에 대한 의식'으로서 단순히 눈앞에 존재하고 있는 것만이 아니라 오히려 체험은 모든 '배경'으로서 반성되지 않은 채로 이미 거기에 있는 것이며, 따라서 원리적으로는 우리들의 외적인 시야에서 의식되지 않는 것이 있다는 것과 같은 의미에서 지각되어지는 것을 대기하고 있는 것이다.[18]

이와 같이 Husserl도 지각되어지는 것을 대기하는 영역을 남겨 놓고 있다. 의미의, 無限地平을 지시한다. 그러나 지각 자체가 對待로서 현재하는 것이라 한다면 先-時間化를 달리 따로 둘 이유가 있겠는가. 對待의 성지평은 끝내 이러한 의미에서 수동적이며 동시에 과정 자체(의미)로 있는 것이다.

이와 같이 음양의 對待, 相須는 역으로 언어가 주어지고 해

---

18) *Ideen* II, S. 104ff.

석에 의하여 吉凶의 가름으로 의미가 주어지나 그것은 生生之謂易이 된다. 그의 窮理는 修身이 되나 이론은 아니다. 顯仁과 藏用의 그 깊은 동양의 易의 논리는 서양의 형이상학으로는 풀릴 길이 없다. Husserl의 현상학이 근원경험 지평을 열어 주고 생활세계에의 길을 지시해 준 것은 매우 중요한 의미를 갖는다. 그리고 非措定的이며 未完結的 動性을 제시한 것만으로도 '새로운 실천적 가능성'을 열어 주는 계기가 되고 있다. 더욱이 原受動的 自我의 문제는 易의 誠地平에서 비로소 풀 수 있는 가능성을 제시해 주고 있지 않은가. 바로 '순수의식의 흐름' 자체는 시간화되지 않기 때문이다.

그리고 해석학적인 존재규명은 다시금 易의 生生之謂易의 심오한 뜻과 만날 수 있는 길을 예비하고 있다.

따라서 易의 論理의 根本構造가 현상학과 해석학을 통하여 서구 현대철학의 언어로 이해될 수 있는 길도 멀지 않았으리라고 확신한다. 동양사유의 바탕이 되고 있는 역의 논리가 오늘날 현대철학에 새로운 방향과 삶의 해석을 주고 있음은 더 말할 나위도 없다. Hegel의 변증법적 논리구조가 그리고 Husserl의 현상학적 방법론이 문제되듯이 오늘날 동양사유의 깊은 철학적 사유는 새로운 세계경험으로 우리들에게 현전하고 있는 것이다. 체계의 神은 靜在이며 體系의 道德은 固定이나 현상학과 해석학의 神은 生의 對待이며 그 도덕은 풍요하다.

이와 같은 해석학적 시도에서 '周易理論' 전개는 어떠한가. 그리고 이것을 위한 周易의 '현상과 이론'의 물음은 반드시 제기되어야 할 문제가 되리라.

후설 현상학의 선험적 주관성과 불교 유식 철학의 아뢰야識의 비교

—선험적 주관성의 구성작용과 아뢰야식의 전변작용을 중심으로—

한자경

Ⅰ. 머리말

"주체는 죽었다"라는 모토 아래 자아의 해체를 주장하는 서양의 포스트모더니즘과 "일체무아"라는 화두 아래 자아의 오온에로의 해체를 주장하는 동양의 불교사상과의 유사성을 찾아내려 한다면, 그것은 과연 의미있는 일이겠는가? "현상 넘어 물 자체는 없다"는 현상학적 반실체론과 "색즉시공 공즉시색"의 불교 공사상의 유사성을 주장한다면, 그것은 과연 의미있는 일이겠는가? 20세기 서양철학의 한 조류인 현상학을 기원전 5세기부터 이어지는 불교사상의 한 유파인 유식철학과 비교한다는 것이 과연 어떤 의미를 지닐 수 있겠는가? 객관주의적 실증주의적 자연과학의 풍토에서 그것과의 긍정적 부정적 관계 안에서 성장한 현상학을 엄밀한 객관적 과학정신과 대면한 적이 없었던 인도불교의 유식철학과 비교한다는 것이 과연 의미있는 일인가? 고도의 기술문명과 자본주의 산업사회에서 잉태된 현대서양의 한 철학사조를 자본주의도 기술문명도 대두된 적이 없었던 먼 중세의 인도사상과 비교한다는 것이 과연 의미있는 일인가?

이러한 물음들에의 대답은 일단 보류하기로 하자. "사태 자체에로"라는 현상학의 이념에 따라 그 둘의 비교의 의미에 대한 물음에 앞서 단지 그 둘의 철학적 내용 자체만을 문제삼아 다뤄 보기로 한다. 그와 같이 하여 비교된 결과 안에서 현상학과 유식의 유사성과 차이성, 동서사유의 유사성과 차이성이 밝혀지게 된다면, 바로 그러한 비교결과의 내용 자체가 비교의 의미를 말해 줄 것이다.

그렇다면 현상학과 유식의 비교의 실마리가 될 수 있는 사태란 과연 어떤 것인가? 우리는 그것을 그들의 세계인식에서 찾아보기로 한다. 이는 곧 세계를 인식하는 인간의 자기인식을 의미하기도 하므로, 따라서 궁극적으로 문제는 그들의 자아이해의 비교에로 나아가게 될 것이다. 우선 현상학이나 유식은 둘 다 세계를 주관독립적인 객관 자체로 간주하는 일상적 태도, 소박한 실재론적 태도를 부정한다. 그 둘 다 세계를 인간주관의 능동적 구성작용에 의해 구성된 산물, 현상으로 간주하는 것이다. 현상학에서의 지향적 구성작용과 유식에서의 식전변 과정이 바로 그와 같은 주관의 능동적 작용을 의미한다. 본고에서는 현상학의 구성작용을 감각에서 지각으로 그리고 다시 생활세계 의식에서 순수선험적 주관성에로의 의식의 심층분석을 통해 설명한 후(Ⅱ), 이와 병행하여 유식에서의 식전변 과정을 5식(전오식 : 감각)에서 6식(의식 : 대상의식)에로 그리고 다시 7식(말라식, 자기의식)에서 8식(아뢰야식 : 잠재식)에로의 심층분석을 통해 밝힘으로써, 두 체계의 유사성을 드러내 보이도록 하겠다(Ⅲ). 그리고는 다시 그와 같은 구성 및 식전변의 궁극주체로서의 선험적 주관성과 아뢰야식이 구성의 주체라는 동일한 역할에도 불구하고, 각 체계에 있어 어떻게 다르게 평가되고 있는지를 살펴보기로 한다. 이 다름이 결국은 현상학과 유식, 서양과 동양에 있어 구성된 세계인 현실에 대한 태도의 차이를 반영한다는 것, 그리고 바로 이 태도차이로부터 현상과 가상을 창출해 내는 주관적 구성작용에 대한 상이한 의미부여가 귀결된다는 것을 밝혀 보도록 한다(Ⅳ). 그리고 이와 같은 구성주체 이해의 다름이 함축하는 바가 무엇인가를 다시 생각해 보며 본고를 맺기로 한다(Ⅴ).

Ⅱ. 현상학

1. 지향적 구성작용의 의미

세계를 자아대립적인 객관적 실재로 간주하는 일상적 의식태도를 후설은 "자연적 태도"라고 부른다.[1] 이 자연적 태도에 있어서 세계는 그것을 경험하는 인간주관과 무관하게 그 자체로 존재하는 것이다. 자연적 태도에서의 이와 같은 세계존재의 가정이 바로 세계의 "일반정립(Generalthesis)"[2]이다.

그러나 우리가 소박하게 객관세계로부터 얻어 온 객관적 인식이라고 생각하는 것들도 다시 반성적으로 생각해 보면 인간주관에 의해 부여되고 첨가된 주관적 산물이라는 것이 밝혀진다. 객관적으로 주어진 것보다 주관에 의해서 더 많이 생각되고 종합되며 더 많이 의미부여되는 그러한 주관의 작용과정을 후설은 구성작용이라고 말한다.[3] 우리가 주관독립적인 객관

---

1) 자연적 태도에서의 세계이해에 대해서는 『이념들 Ⅰ』, 56쪽 이하 참조.

2) 『이념들 Ⅰ』, 61쪽.

3) 객관세계가 구성된다는 생각은 후설 현상학의 초기저서 『논리연구』에서 이미 확인할 수 있다. 거기에서 그는 심리적 내용과 의식대상을 구분하고, 그 대상은 의식의 지향성 안에서 구성되는 것임을 주장한다. "대상과 심리적 내용과의 혼동에 의해 사람들은 우리에게 의식되는 대상이 마치 상자 안에서 처럼… 의식 안에 그렇게 단순히 주어져 있는 것이 아니라는 것, 오히려 그것은 대상적 지향성의 다양한 형식 안에서… 비로소 구성된다는 것을 간과한다." 『논리연구 Ⅱ/1』, 169쪽.

적 실재라고 가정하는 이 세계에서 오히려 주관의 구성작용의 흔적이 발견됨으로써, 자연적 태도의 일반정립은 무력화되고 세계는 주관의 구성작용에 의해 구성된 결과물, 의식의 지향성에 의해 지향된 대상으로서 밝혀진다. 그렇다면 주관의 구성작용은 구체적으로 어떤 작용인가?

2. 의식의 종합의 층들

1) 객관화 작용(객관세계의 구성)

"그것[심리적 현상]들은 표상이거나 아니면 표상을 기반으로 하는 것이다"[4]라고 주장하는 브렌타노를 따라 후설은 의식의 가장 기초적 작용을 표상작용, 객관화 작용이라고 설명한다. 이 표상화로서의 객관화 작용에서 의식의 지향적 구성작용을 발견하는 것이다.

표상작용, 즉 객관화 작용은 감각내용과 지각된 사물과의 구분, 소위 감각과 지각의 구분을 통해 설명될 수 있다. 사물을 접함으로써 우리가 가지게 되는 감각자료 내지 감각내용은 아직 그 자체 지각이 아니다. 왜냐하면 우리가 지각하는 것, 우리의 지각대상이 되는 것은 단순히 '빨간색' 또는 '딱딱함'이 아니라, 오히려 빨간 속성 그리고 딱딱한 속성을 가진 사물이기 때문이다. 대상으로부터 우리에게 주어지는 감각자료 자체는 의식의 내실적 내용을 이룰 뿐이며, 바로 그 감각내용이 주관적 활동에 의해 객관적 사물의 속성으로서 파악됨으로써

이러한 구성이론은 "우리는 대상에 대해서 우리가 첨가한 것만을 읽어 낸다"라고 말하는 칸트에서나 "우리가 읽어 내는(herauslesen) 것은 우리가 집어 넣은(hineinlegen) 것이다"라고 말하는 니체에서도 찾아볼 수 있는 사고이다. 바로 이러한 주관의 구성작용이 소박한 실재론 내지 객관적 실증주의를 벗어나는 모든 관념론적 철학의 단초를 이루는 것이다.

4) 『논리연구 Ⅱ/1』, 383쪽.

비로소 한 사물의 지각이 완료되는 것이다. 이와 같이 감각자료를 객관사물의 속성으로 대상화시켜 인식하는 방식을 "파악" "통각작용" 내지는 "객관화 작용"이라고 부른다.[5)]

이 객관화 작용은 대상으로부터 소여된 감각자료를 내용으로 삼아 객관적 사물을 구성하는 작용이므로, 그 자체 다시 객관에서 유래하는 것일 수가 없고, 따라서 우리의 주관적인 작용, 의식의 지향적 활동성일 수밖에 없다. 이 지향적 구성작용을 통해 감각자료가 대상속성으로 파악됨으로써 비로소 우리의 의식은 지향적 의식대상을 지니게 되는 것이다. 이러한 지향적 객관화 작용에 의해 우리의 의식에 대한 "지향적 대상"이 구성된다. 결국 지각된 세계를 인간주관에 의한 구성의 산물이라고 말할 수 있는 것은 지각에서의 파악작용이 지각에 있어 객관사물로부터 주어진 것으로 간주되는 감각내용들을 넘어서는 것들이기 때문이다. 즉 객관적으로 주어진 소여 이상의 것이므로 주관적 활동의 산물로 간주되는 것이다.

초기의 후설에 따르면 이러한 객관사물의 표상방식인 지각의 객관화 작용이 다른 모든 의식작용에 대한 기초지우는 역할을 한다. 객관적 표상을 떠올리지 않고는 우리는 어떤 것을 판단하지도 의심하지도 못할 뿐만 아니라, 어떤 것을 원할 수도 희망할 수도 후회할 수도 없다. 따라서 이론적 객관화로서의 지각작용이 실천활동뿐 아니라 욕구 및 정서에 대해서도 그 기저를 이루는 것이다.[6)]

5) 『논리연구 Ⅱ/1』, 355쪽 이하 참조.

6) 이상은 후설 초기의 감각과 지각의 관계에 대한 이해를 보여 준다. 감각이 의식의 내실적 내용일 뿐 의식적 지향대상이 되지 못한다는 점에 근거해서, 감각보다 지각이 기초지우는 역할을 한다고 설명하고 있지만, 그럼에도 불구하고 후설은 감각이라는 비지향적 의식을 인정하고 있는 셈이다. 이것은 흔히 후설의 소박한 실재론적 경험주의적 잔재라고 해석되며, 후설 이후 현상학자들에 의해 많이 비판받는 요소이기도 하다. 그러나 이러한 비지향적 의식으로서의 감각은 후설 후기의 발생적 현상학의 단계에 오면 스스로 비판받고 있다. 이는 인간의 의식에 있어서

2) 객관화된 지각세계와 그 지평(생활세계)

그러나 후기의 후설이 발견한 것은 지각의 객관화 작용이 결코 의식의 가장 기초적 작용이 아니라 오히려 그보다 더 심층의 작용에 의해 근거지워진 작용이라는 것이다. 한 대상에 의식적으로 주의를 집중하여 그것을 여러 속성을 지닌 하나의 사물로서 지각한다는 것은 그 자체 이미 많은 것을 전제하고 있는 것이다. 지각작용의 발생을 가능하게 하는 더 깊은 기저의 지향적 의식활동을 밝히는 후기의 현상학을 전기의 정적 현상학에 대비하여 소위 발생적 현상학이라고 칭한다.

발생적 현상학에서 생활세계가 논의되는 것은 바로 이 생활세계가 우리의 객관화하는 파악작용을 가능하게 하는 바탕이 되기 때문이다. 즉 객관화 작용 이전에, 사물이 사물로서 인식되기 이전에 우리는 이미 세계를 그 한 사물이 그 안에 녹아 있어 두드러져 나타나지 않는 지평으로서 이해하고 있는 것이다. 인간의 감정과 정서, 원망과 후회는 모두 특정대상을 객관화하여 표상하기 이전에 이미 인간행위를 규정짓는 전체적 삶으로 선소여되어 있다. 객관화의 지향작용에 의해 구성된 지각사물의 소여에 앞서 이미 우리에게는 그 지각사물을 포괄한 지평으로서 삶의 세계, 생활세계가 선소여되어 있는 것이다.[7)]

표상작용, 객관화 작용이 더 이상 궁극적인 기초활동이 아니라는 것을 발견함으로써 가능한 것이다. 이하의 주 7 참조.

7) 후설은 생활세계를 객관화되지 않은 질료들의 세계라고 설명함으로써, 전기에서 지각으로 설명되지 않아 비지향적 요소로 남겨 놓았던 감각자료 역시 주관의 지향성 아래 포섭시킨다. 감각자료는 객관사물 그 자체로부터의 소여가 아니라 지각을 구성하는 생활세계의 내용들인 것이다. 생활세계의 내용들은 객관화 이전의 지향내용들이므로 엄격한 주관과 객관의 구분이 들어서기 이전의 선소여 상태의 것들이다. 감각과 감정, 느낌과 본능이 뒤엉킨 생활세계, 주객미분의 선소여들이 그에 근거한 객관화의 기초가 되는 것이다. 객관화란 결국 그 선소여의 지평 중의 한

이것은 이론적 의식(지각)과 실천적 내지 감성적 의식의 관계, 객관의식과 주관의식의 관계에 대한 설명이라고 볼 수 있다. 자아의 의지와 감성이 함께하는 생활세계를 객관화 작용에 선행하는 것으로서 밝힌 것이다. 그렇다면 생활세계는 어떤 의미에서 우리에게 주어진 단순한 객관적 소여가 아니고, 오히려 주관성의 지향작용에 의해 산출된 결과인가? 생활세계와 주관성의 관계는 어떠한가?

3) 생활세계와 선험적 자아

후설의 생활세계 분석은 그 생활세계를 구성하는 주관의 활동성의 해명을 목표로 하는 것이다. 즉 선험적 현상학의 철저화를 위한 것이다.[8] 생활세계가 주관에 의해 구성된 것이라는 것을 단적으로 밝히기 위해 후설은 의식의 가장 근원적 지향작용으로서의 시간의 구성을 설명한다. 생활세계는 단절된 순간들의 병렬이 아니다. 생활세계에 있어 현재는 과거로부터 이어지고 미래에로 연속적으로 나아가는 것이다. 그래서 생활세계는 습관(Habitualität)의 세계라고도 불린다. 그런데 이러한 시간의 연속성은 바로 의식주관성의 지향적 구성작용을 통해 시간 연속체가 구성되기에 비로소 가능해지는 것이다.[9] 우리가 일상적으로 현재라고 생각하는 시간은 선험적 의식의 지향적 현전화 작용의 결과이다. 즉 그것은 과거와 미래와 단절된 순수현재가 아니라 그 안에 과거의 기억과 미래의 예상을 포함하는 것이다. 일상적 객관적으로 보아 이미 없다고 해야 할 과거를 붙잡아 두는 지향적 의식작용을 후설은 "파지"

특정부분을 추출하고 분리하여 주목하는 것을 의미한다.

8) 이 점은 생활세계를 주제로 삼는 『위기』 중의 하나의 소제목이 "선소여적 생활세계에의 물음을 통한 현상학적 선험철학에로의 길"이라는 데에서도 이미 잘 보여진다.

9) 이하의 시간지평의 구성에 관해서는 『시간의식』, 31쪽 이하 참조.

라고 하고, 아직 있지 않는 미래를 불러오는 지향적 의식작용을 그는 "예지"라고 한다. 생활세계의 근본틀이 되는 시간성이 바로 주관의 지향성에 근거한 것이므로, 이 생활세계는 그 궁극적 가능근거로서 그것을 지향적으로 구성하는 선험적 주관성을 지시해 준다.

3. 선험적 주관성의 의미

후설에게 있어 선험적 주관성은 객관대상의 구성뿐 아니라 그 근거가 되는 생활세계까지도 구성하는 지향적 활동주체이다. 생활세계가 주관에 의해 구성된 것이라고 말함으로써 후설은 구성하는 자아를 구성된 세계 위에 둔다. 즉 선험적 자아는 "탈세계화된 자아"[10]로서 세계를 조망할 수 있는 "무관심적 관망자"[11]가 되는 것이다.

따라서 후설이 거듭 강조하는 것은 개인적 영혼으로서의 심리물리적 자아와 간주관적 주체로서의 선험적 자아의 구분이다.[12] 자아와 세계, 나와 너의 구분은 모두 선험적 자아의 지향작용에 의해 가능한 이차적인 것이다. 심리물리적 자아는 다른 물리적인 것 내지 심리적인 것들과 나란히 존재하며 그 상호작용 안에 있는 것이지만, 선험적 자아는 그 모든 존재와 관계의 지평을 구성하는 주관성으로서 세계지평을 넘어선 것이다. 세계를 구성하며, 그렇게 구성된 세계에 의미를 부여하

10) 『위기』, 84쪽.

11) 『위기』, 160쪽. 자아는 세계 위에 서게 되고, 그렇게 해서 세계는 내게 현상으로 된다고 말한다. 『위기』, 155쪽 참조.

12) 후설은 이미 데카르트에서 이와 같은 선험적 주관성과 물리심리적 자아와의 혼동을 발견하고 그것을 데카르트의 "자기오해"라고 해석한다. 데카르트가 회의의 방법을 통해 선험철학의 길을 열었음에도 불구하고 그것을 완수하지 못하고 객관주의로 빠지고 만 것은 바로 이와 같은 자기오해 때문이다. 『위기』, 74쪽 이하 참조 ; 『성찰』, 63쪽 이하 참조.

는 자아인 것이다.[13)]

결국 후설은 세계를 의식주관의 구성물로 밝힘으로써, 그 구성자로서의 의식주관을 구성된 세계로부터 구분하여 그것에 세계를 넘어서는 초월성을 부여한다. 이와 같이 하여 순수주관성은 후설 말대로 "모든 경이 중의 경이"가 된다.

지금까지 후설 현상학에 있어서의 주체의 구성작용을 살펴보기 위해 감각에서 지각(객관화 작용)에로 그리고 지각에서 생활세계 의식에로 나아갔으며, 다시 궁극적으로 그 생활세계 지평을 구성하는 것을 선험적 주관성으로 밝혀 보았다. 이제 유식에 있어 아뢰야식의 식전변 작용을 밝히기 위해 이와 유사한 방식으로 전오식에서 의식(6식)에로 그리고 다시 의식에서 말라식(7식)에로 그리고 다시 거기에서부터 아뢰야식(8식)에로 이어지는 의식의 심층구조를 밝혀 보기로 한다.

Ⅲ. 유식철학

1. 식전변의 의미

우리의 일상적 논리에 따르면 인식대상인 법(法)은 인식주관인 아(我)와 독립적으로 실재하는 객관 자체이다. 그러나 유식(唯識)철학[14)]은 우리가 일상적으로 자체 존재라고 생각하

13) 이 선험적 자아를 나와 너 또는 그로서 서로 구분되는 현상으로서의 개인적인 심리적 자아와 구분하기 위해 후설은 그것을 "근원-자아"라고 부르기도 하고 또는 세계구성의 "선험적 간주관성"이라고 부르기도 한다. 『위기』, 187쪽 이하 참조.

14) 여기에서 필자가 다루는 유식은 미륵·무착·세친의 초기유식이 아니라, 호법 및 현장으로 대표되는 후기유식이다. 따라서 여기에서 언급되는 유식의 텍스트는 세친의 『유식 30송』에 호법 등의 논사가 주석을 단 현장 역의 『성유식론』이다. 이하에서 『성유식론』의 인용은 일본에서 편찬된 『大正新修大藏經』, 제31권을 따르기로 한다. 초기유식과 후기유식의 차이성에 대해서는 上田義文, 大乘佛教의 思想,

는 이 객관세계가 궁극적인 실유성을 가지는 것이 아니라, 식을 바탕으로 하여 식으로부터 변형된 현상적 존재에 지나지 않는다고 말한다. 이처럼 유식은 그 자체 존재하는 독립적 실체로서의 경(境)을 부정하고, 그것을 식의 변형으로 이해함으로써, 있는 것은 오로지 식일 뿐이라는 "유식무경(唯識無境)"을 주장한다. "제식이 전변하여 분별과 분별된 것이 있다. 그러므로 모든 것이 무이고 일체가 유식일 뿐이다."[15] 이와 같이 실체화된 경을 부정하고 일체를 식 일원론적으로 설명함에 있어서, 경을 구성해 나가는 식의 과정을 유식은 식의 "전변(轉變)"이라고 부른다.

유식에서 식에 해당하는 개념은 vijnapti, 즉 둘로 나누어(vi) 알게 하다(jnapti)이다.[16] 이는 식이란 스스로 이분화하는 활동성임을 의미한다. 그리고 이 이분화란 곧 식 자체의 인식주관과 객관으로의 자기이분화 과정을 뜻한다. 식의 이분화 작용에 의해 이분된 그 각각의 분을 유식철학은 각기 견분(見分)과 상분(相分)이라고 하며, 우리가 일상적으로 아와 법으로서 간주하는 것은 결국 식이 전변하여 이루어진 견분과 상분, 즉 식소변(識所變)에 지나지 않는다는 것이다. "변은 식체가 이분으로 전함을 뜻한다. 상견이 함께 자증에 의거하여 일어나므로, 이 이분에 의거해서 아와 법을 시설한다."[17]

유식에서는 이분화하는 근본식과 그 식의 이분된 결과로서의 견분과 상분을 아와 법으로서 인식하는 식을 서로 구분하여 칭하고 있다. 이분화하는 근본식이 곧 아뢰야식이며, 아뢰

박태원 역, 민족사, 1989, 39쪽 및 130쪽 이하 참조.

15) 『성유식론』, 권7 (대정 31, 38 下) : "是諸識轉變 分別所分別 有此彼皆無 故一切唯識."

16) 橫山紘一, 『유식철학』, 묘주 역, 경서원, 1989, 30쪽 이하 참조.

17) 『成唯識論』, 권1 (대정 31, 1 上中) : "變謂識體 轉似二分 相見俱衣 自證起故 依斯二分 施設我法."

야식의 현행결과의 견분을 아로 집착하는 식이 말라식이고, 다시 그 말라식에 근거해서 아뢰야식의 상분을 대상세계의 법으로 집착하는 식이 의식이다. 즉 말라식은 자아에 집착하는 주관의식이 되고 의식은 법에 집착하는 객관의식이 된다. 이제 그러한 식의 다층적 구조를 통해 식의 전변과정을 살펴보자.

2. 식의 다층적 구조

1) 전오식(감각)과 의식(지각 : 대상의식)

우리가 무엇을 인식한다고 할 때 인식을 이루는 가장 기본적인 요소는 보고 듣고 냄새맡으며 맛보고 만지는 감각작용일 것이다. 이것은 우리 신체를 이루는 눈・귀・코・혀・피부의 다섯 감각기관을 통해 성립한다. 불교는 이 다섯 가지의 각 기관(근)을 통해 성립하는 다섯 가지의 감각작용을 각기 안식・이식・비식・설식・신식의 오식이라고 부른다. 각각의 식에서 그 각각의 근이 취할 수 있는 대상(경)은 각기 정해져 있다. 즉 눈은 색(형태나 색깔)만을 볼 수 있고 귀는 소리만을 들을 수 있다. 이와 같이 오식은 그 각각의 근과 경을 바탕으로 성립하는 감각작용을 의미한다.

그러나 우리의 인식은 감각만으로서는 완성되지 않는다. 오식은 완전한 의미의 대상인식이 아직 아니다. 감각, 예를 들어 시각은 단지 색의 표상을 가지는 것일 뿐, 그 색이 외물에 속한다는 의식이 아직 없는 단계이기 때문이다. 즉 감각에는 아직 내외의 분별이 없다. 그렇다면 무엇이 오근을 통해 들어온 감각을 외적 대상의 감각으로 여기게 하는가? 무엇이 각각의 근을 통해 들어온 각각의 오식을 서로 별개의 오경의 각식으로 분산하여 이해하지 않고 바로 한 대상의 오식인 것으로 종합하여 알게 하는가?

오식의 단계에서 나타나지 않던 안팎의 구분을 성립시키는 식, 따라서 객관적 사물의 인식을 완성시키는 식이 바로 제6식인 의식이다. "감각적 전오식의 현량에 있어서 현량대상이 식 '밖'이라는 집착은 아직 없다. 그 이후에 의(意)의 분별이 허망하게 생겨남으로써 '밖'이라는 생각이 떠오르는 것이다."[18] 이러한 의의 내와 외의 분별 위에 성립하는 외적 대상의 인식이 곧 "의식(意識)"이다.[19] 이것은 전오식을 총괄하여 한 대상의 식으로 종합하는 것이다. 이 의식이 의지하는 근은 다섯 감관 밖의 것으로 이를 의근(意根)이라고 하며, 그 대상은 각각의 오경에는 속하지 않되 그들을 포괄하는 제6의 경으로서 이를 법경(法境)이라고 한다. 한마디로 제6식인 의식은 의근과 법경 사이에서 성립하는 대상인식이다. 즉 주객미분의 현량적 전오식의 감각에 의해 주어진 무분별의 표상을 주관과 객관이라는 분별을 통해 법경에 속하는 대상적 인식으로 객관화하는 작업이 곧 의식의 작용이다.

2) 말라식(생활세계 내의 경험적 자의식)

유식에 있어서도 법경을 구성하며 객관화하는 대상인식인 의식이 식의 궁극적 단계인 것으로 간주되지는 않는다. 즉 객관화하는 의식의 근저에서 그것을 가능하게 하는 보다 더 심층의 식이 주장된다. 그리고 그것이 바로 대상인식을 행하는 의 자신에 대한 자각적 자기의식이다. 자기의식이란 대상인식으로서의 제6식인 의식에서 그 소의근이던 의(manas)의 자

18) 『성유식론』, 권5 (대정 31, 39 중) : "現量證時 不執爲外 後意分別 妄生外想."

19) 이 의식과 전오식을 합한 諸六識이 전변하는 能變識 중의 제3능변이다. 이 제3능변을 대상을 분별하는 식이라는 의미에서 요별경식이라고 한다. 즉 요경이 그 식의 성상이 된다. 『성유식론』, 권5 (대정 31, 26 상) : "次第三能變 差別有六種 了境爲性相."

기의식이므로, 유식은 이 자기의식을 제7식으로서 그 근에 따라 말라식(末那識)이라고 부른다.[20] 책을 볼 때, 음악을 들을 때, 우리의 의식은 항상 대상으로 향하여 있으므로 책의 글이나 음악의 선율만이 감지되는 것 같지만, 엄밀히 말하면 글의 의식이나 선율의 의식의 근저에는 주제화되거나 대상화되지 않은 채 글을 의식하는 나, 선율을 의식하는 나의 의식이 함께하고 있는 것이다. 이 후자의 의식이 대상인식으로서의 의식과 구분되는 식이되 그 의식의 근인 의의 자기의식이란 의미에서 말라식이다. 의식과 말라식과의 관계에서 우리가 확인할 수 있는 유식의 기본입장은 제6식인 대상인식 자체가 성립하기 위해서도 이미 분별하여 인식하고자 하는 의의 자기의식, 자의식이 전제되어야 한다는 것이다. 이 자의식에 입각해서 비로소 대상세계와 나를 대립된 것으로 이해하고, 그렇게 세계와 맞선 나에 대한 집착을 가지게 되는 것이다. 이 집착으로 말미암아 번뇌와 속박이 발생하므로 유식은 이 말라식을 청정하지 못한 식, 온갖 번뇌의 근본이 되는 식이라는 의미에서 염오식(染汚識)이라고도 한다. 결국 가치중립적인 것처럼 여겨지는 대상인식(의식)도 그 근저에서 고찰하면 이미 선악의 의지작용과 결합된 자의식(말라식)에 바탕을 둔 것이다. 즉 대상화하는 의식의 근저에서 작용하는 식은 선악의 의지와 번뇌의 감정으로 물들어 있는 주관적 삶의 의식인 말라식이다.

3) 아뢰야식(생활세계 구성의 선험적 자의식)

그러나 이상과 같은 의식 및 말라식의 작용으로 우리의 식이 다 설명된 것은 아니다. 제6식인 대상인식이 멈추어도 혹

---

20) 전변하는 식 중의 제2능변식을 말라식이라고 하며, 이는 사량을 그 성상으로 한다. 『성유식론』, 권4 (대정 31, 19 중) : "次第二能變 是識名末那… 思量爲性相."

은 제7식인 자기의식의 내용이 변화해도 그것을 나 자신의 식으로 머무를 수 있게 하는 것은 그들 식보다 더 근원적인 식이 그 저변에 깔려 있기 때문이다. 우리가 한번 의식 안에 떠올렸던 식 또는 한번 의중에 품었던 식들이 그 순간이 지나고 나면 어디로 가는가? 그 순간이 지나가도 그것이 알게 모르게 나의 삶에 영향을 미치고 또 수년이 흐른 후 어느 순간 불현듯 기억나기도 하는 것이 우리가 가지는 식의 참모습이다. 우리가 분명히 의식하지 못해도 우리 역사와 더불어 남아 있는 무한한 양의 식, 그것은 어딘가에 있기에 우리에게 영향력을 행사하며 또 문득문득 떠오를 수 있는 것이 아닌가? 의식이나 의지보다 더 깊이 감추어진 식을 유식은 제8식인 아뢰야식(阿賴耶識)이라고 부른다. 이것이 곧 우리가 흔히 우리 자신과 동일시하는 마음(心)이다. 제8 아뢰야식은 이와 같이 모든 식작용의 전제가 되므로 본식(本識)이라고도 한다. 아뢰야식은 명료한 대상인식인 제6 의식이나 제7 말라식처럼 단절이 있는 것이 아니다. 그것은 모든 경험을 나의 경험으로 종합하고 경험된 세계를 나의 세계로 종합하여 알게 하는 근거가 된다는 점에서 가장 근원적인 자의식, 선험적 자의식이라고 할 수 있다. 그렇다고 아뢰야식이 한 점으로 머물러 있는 실체적 자아인 것은 아니다. 현상이 변화하고 흘러가는 유동적 존재인 것은 그 현상을 담고 있는 아뢰야식 자체가 유동적으로 변화하는 활동성이기 때문이다. 아뢰야식의 이러한 유동성을 유식은 흐르는 폭류에 비유한다. "아뢰야식은…… 폭류와 같이 항상 유전한다."[21)]

그렇다면 이렇게 유전하는 아뢰야식은 어떤 의미에서 다른 제식의 근거가 되는 것인가? 어떤 방식으로 의식의 대상인 법과 말라식의 대상인 아가 아뢰야식으로부터 이분화되어 나

---

21) 『성유식론』, 권2 (대정 31, 7 하) : "初阿賴耶識… 恒轉如暴流."

타난 상분과 견분일 수가 있는가? 이것은 아뢰야식과 그 안에 함장된 종자(種子)와의 관계를 통해 설명되어야만 한다.

종자란 아뢰야식 내에 함장되어 있으며 그 안에서 성장하여 장차의 현상세계로 현현할 수 있는 가능적 세력이다.[22] 종자는 무시 이래의 업에 의해 아뢰야식 내에 훈습된 세력이며, 그 세력을 바탕으로 현생에서도 계속되어지는 업의 축적결과이다. 내가 대상세계를 분별하여 인식할 때 가졌던 의식, 무엇인가를 의지할 때 품었던 생각들이 내 마음속에 종자의 형태로 남겨진다. 종자를 남길 수 있는 행위는 의식적이고 의지적 행위이어야 하지만, 그 행위에 의해 마음에 종자가 쌓이는 것은 의식적으로 행해지는 것도 아니고 의지적으로 행해지는 것도 아니다. 마치 방안에 향을 피워 놓으면 저절로 그 방에 있는 자의 옷깃에 향내가 스며드는 것처럼 우리의 행위에 의해 우리 마음에 저절로 그 기운이 스며들게 되는 것이다. 그러나 이렇게 마음에 스며든 종자는 단순히 훈습된 상태로 그냥 머물러 있는 것이 아니라, 아뢰야식 내에서 성장하여 현실적인 식(현행)으로 자라나는 작용력을 가진 능동적인 기운으로 살아 있다. 능훈식에 의해 훈습되어 아뢰야식 내에서 성장하던 종자는 때가 되어 인연이 닿으면 현세화하여 제6식 및 말라식과 그 식들이 대상으로 삼는 현상세계로 현현하게 된다. 이는 마치 장차의 나무를 가능성으로 함유하고 있던 종자가 땅속에 머물러 있다가 때가 되면 현실적인 나무로 모습을 드러내는 것과 마찬가지이다. 그러므로 우리가 대상으로 하는 현상세계는 우리의 아뢰야식 중의 종자가 현실태로 발현한 결

22) 불교에 있어 種子熏習을 처음 말한 것은 經量部라고 한다. 有部가 각 법의 體에 대해 三世實有를 주장함으로써 業의 상속성을 말할 수 있었다면, 찰나생멸론에 입각해서 現在有體過未無體를 주장하는 경량부가 그럼에도 불구하고 삼세를 통한 업의 상속을 설명하기 위해 생각해 낸 것이 곧 종자이다. 이 종자가 인간행위의 업을 보유하고 있다가 언젠가 그 果報를 낳는다는 것이다.

과인 것이다. 종자가 현세화되어 제식과 현상세계를 구성하면, 다시 이 현현된 세계와 관계하여 업을 짓게 되고, 그 업은 다시 종자를 남기게 되는 순환이 계속되는 것이다.[23] 다시 말해 아뢰야식이 전변하여 이룬 세계를 다시 의식과 말라식이 주관적 자아와 객관적 대상으로 연하게 되는 것이다. 결국 자아와 세계는 식의 전변을 통해 나타난 결과인 식소변으로 식을 떠나서 존재하는 것이 아니다.

3. 아뢰야식의 이중적 측면

아뢰야식은 전변의 주체이므로 본식이라고 불린다. 전변하여 나타난 현상 중 주관화된 견분과 객관화된 상분이 말라식과 의식에 의해 자아와 대상세계로 고정되고 실체화된다. 그러므로 소위 자아와 세계, 주관과 객관은 전변되어 나타난 식소변일 뿐이다. 그 자체 실유성을 가지는 실체가 아니라는 의미에서 그것은 공이지만, 그렇다고 완전 무가 아니라 식의 변현으로 나타난 것이므로 가(假)라고 한다. 말라식과 의식의 대상인 자아와 세계는 경험적 내용을 지니는 가의 현상인데 반해, 아뢰야식은 그들 경험적 내용이 변화되어도 제식을 하나의 식, 하나의 인격으로 통합하고 유지시키는 선험적 주관성의 역할을 한다. 현상화하는 전변주체로서의 아뢰야식은 전변된 결과로서의 경험적 현상과는 구분되는 것이다. 이런 점

---

23) 이 순환이 곧 가능태로서의 種子와 현실태로서의 現行간의 순환, 다시 말해 "현행熏종자" "종자生종자" "종자生현행"으로 표현되는 순환이다. 즉 능훈식의 현행이 원인이 되어 종자가 훈습되며, 다시 이 훈습된 종자로부터 현행이 발생한다. 이런 순환성을 『성유식론』은 "심지가 불꽃을 생하게 하며 불꽃이 생기면 심지가 불붙는다"라는 비유 또는 "묶어 놓은 짚단이 서로 의지하여 서 있다"라는 비유로 표현한다. 종자와 현생식이 서로 因이 되고 果가 되는 관계인 것이다. 『성유식론』, 권2(대정 31, 10 상).

에서 아뢰야식의 현상초월적 측면을 찾아볼 수 있으며, 이 점에서 아뢰야식은 후설 현상학에서의 선험적 주관성의 위치와 상응한다.

그러나 유식에서 다시 강조되고 있는 것은 아뢰야식의 현상구속적 측면이다. 즉 전변하는 아뢰야식에 전변의 가능근거인 종자가 존재하는데, 이 종자는 바로 이전의 식소변인 현상과의 경험으로부터 훈습된 결과이므로, 아뢰야식 자체가 이미 의식 및 말라식의 집착에 의해 물들어 있는 식이라는 것이다. 이처럼 아뢰야식이 집착에 물들고 업에 매여 있는 것이므로 끊임없이 또 다른 업을 쌓는 전변이 계속되는 것이며, 따라서 윤회의 고리를 벗어나지 못한다는 것이다. 이런 의미에서 유식은 아뢰야식을 윤회의 주체로서 망식(妄識)이라고 부른다. 다시 말해 전변의 주체 역시 그것이 전변과정에 참여하고 있는 한, 전변된 현상으로부터 전적으로 독립적인 것도 자유로운 것도 아니라는 것이다. 전변된 현상이 거짓과 고통으로 가득 차 있다면, 그것은 전변의 주체가 바로 그러하기 때문인 것이다. 구성의 주체를 구성결과와 질적으로 다른 것으로 간주할 수 없다는 것이다.

Ⅳ. 현상학과 유식철학의 비교

1. 구성결과의 현상과 전변결과의 가

현상학은 선험적 주관성에 의해 구성된 세계를 현상(現象)이라고 부르고, 유식철학은 아뢰야식에 의해 전변된 아와 법을 가(假)라고 부른다. 두 입장 다 우리 의식이 대상으로 삼는 세계는 그것이 주관적 심리적 세계이든 객관적 물리적 세계이든 다 그 자체 실유성을 가지고 자족적으로 실재하는 실체가 아니라 그것을 의식하는 인간의 식과의 본질적 연관관계 안에서 그 식에 의해 그렇게 형성되는 것임을 밝히고 있다.

그럼에도 불구하고 우리는 그렇게 구성된 세계를 바라보고 평가하는 데에 있어서 현상학과 유식의 다음과 같은 차이를 발견할 수 있을 것이다. 현상학은 현상과 본질을 대립적으로 보는 이원론과 구분되는 입장으로서, 사물의 본질이 사물현상 밖에 있는 것이 아니라 현상 안에 내재되어 있다는 것을 강조하는 의미에서 "현상"이라는 개념을 사용한다. 반면 유식은 일체가 실유성이 없는 공(空)일 뿐이라는 중관학파에 기반을 둔 입장으로서, 일체는 공임에도 불구하고 또한 묘하게 나타난 묘유(妙有)라는 의미로 "가"라는 개념을 사용한다. 다시 말해 "현상" 속에서 후설이 찾고자 한 것이 세계의 본질이라면, "가" 속에서 유식이 드러내고자 한 것은 세계의 공성이다. 현상학은 세계가 선험적 주관성의 구성임을 밝힘으로써, 세계의 질서와 아름다움과 가치의 근원을 인간주관으로 옮겨 자아의 크기와 경이로움에 감탄하고자 하는 데에 반해, 유식은 세계가 아뢰야식의 전변결과임을 밝힘으로써, 세계의 혼란과 고통과 번뇌의 근원을 인간주관으로 옮겨 자아의 자기부정과 자기극복의 필요성을 역설하고 있는 것이다.

2. 구성주체의 선험적 주관성과 전변주체의 아뢰야식

현상학에서 궁극적 구성주체인 선험적 주관성은 그것의 구성물인 물리적 세계 및 심리적 경험적 자아와 구분되는 초월적 주관성이다. 마찬가지로 유식에 있어 아뢰야식은 그것의 전변결과로서의 법과 아와 구분되는 것이다. 이렇게 보면 두 입장 다 구성주체와 구성결과의 구분을 통해 후자에 대한 전자의 우선성, 객관성에 대한 주관성의 우선성을 주장하고 있다.

그러나 현상학에서는 그 차별성의 측면에 입각하여 구성된 현상을 넘어서는 구성주체인 주관성의 독립과 순수성이 강조되고 있는데 반해, 유식에 있어서는 전변주체인 아뢰야식이 전변된 결과의 현상과 마찬가지로 역시 공이라는 것이 간파되고 있다. 공을 공이라고 규정하는 것, 가를 구성하는 그 주체 역시 공하다는 것이다. 공을 공이라고 함 역시 공하다는 "공공(空空)"사상이다. 그것은 앞서 언급되었듯이 전변하는 아뢰야식 자체가 전변된 아와 법에 집착하는 의식과 말라식에 의해 다시 물들어져 있기 때문이다. 의식과 말라식의 분별과 집착의 경험으로부터 결과된 종자가 아뢰야식 내에 훈습되기 때문이다. 바로 이런 훈습결과 그 훈습된 종자의 현행으로의 새로운 전변과정이 되풀이되는 것이다. 그러므로 윤회와 고통을 벗어나는 것을 목표로 삼는 유식은 윤회주체, 전변주체인 아뢰야식을 넘어서야 한다고 주장한다. 그것이 바로 "전식득지(轉識得智)"이다. 즉 유식이 궁극적으로 획득하고자 하는 것은 의식과 말라식의 집착에 물들은 전변주체로서의 아뢰야식이 아니라 전변의 업을 벗어나고 집착을 벗어나는 해탈이다. 그렇다면 유식에 있어 진정한 자아, 윤회의 과정을 넘어서는 해탈의 주체는 과연 어떤 존재인가? 그것은 더 이상 윤회주체가 아니므로 망식이라는 의미의 아뢰야식이라는 이름조차도 벗어 버린 것이다. 지혜를 통한 해탈의 주체는 궁극적 자아로서 진아(眞我), 진여(眞如), 일심(一心) 내지 여래장(如來藏)이라고 불린다. 이 여래장을 깨달음을 통해 순화된 아뢰야식 자체라고 보는 입장도 있고(地論), 그것을 아뢰야식과 구분하여 다시 제9식인 아말라식이라고 규정하는 입장도 있다(攝論). 그러나 어느 경우이든 진정한 자아에 이르기 위해서는 전변된 현상을 넘어서는 것 이외에 다시 전변하는 주체 자체까지도 넘어서야 한다는 것이 주장되고 있다.

3. 자유와 해탈

현상학에 있어서 인간이 이룰 수 있는 자유는 곧 선험적 주관성의 자유로서 이는 바로 구성된 세계로부터의 자유를 의미한다. 반면 유식에 있어서 자유란 구성된 세계로부터의 자유뿐만이 아니라 구성하는 자아로부터의 자유까지를 함축한다. 자아가 끊임없이 세계에로 전변하는 한, 그 전변주체는 역시 세계에 매인 자아이며 자신의 업에 끌려 다니는 존재이다. 그러므로 자아의 진정한 해탈은 전식득지를 통해 이룩되며, 이는 곧 식 자체의 자기부정을 요구한다. 이것은 우리의 아뢰야식의 흐름이 자유자재로 멎을 수 있어야 한다는 것을 의미한다. 어떤 의미로 보면 이것은 곧 자신의 무의식까지 투시해 볼 수 있어야 한다는 것을 의미한다. 번뇌에 싸여 업과 인연에 의해 이끌리는 종자 내지 아뢰야식의 흐름을 멈추고 넘어서고 그로부터 자유로울 수 있을 때, 번뇌와 업과 윤회로부터의 진정한 자유, 진정한 해탈이 가능한 것이다. 불교에서 화두나 공안을 통해 사유의 흐름을 끊어 해탈을 체험하려는 실천적 노력을 행하는 것도 이런 관점에서 이해될 수 있을 것이다. 아뢰야식이 세계를 구성한다는 것, 그러므로 구성된 세계가 자체 실유성을 가지는 것이 아닌 공이지만 또 마찬가지로 구성하는 식 역시 공이라는 것을 간파한 유식은 그 유위(有爲)의 세계를 넘어서는 무위(無爲)의 세계에 대한 동경을 간직하고 있는 것이다. 그래서 구성된 세계와 더불어 구성작용 자체를 부정하면서 그 둘을 넘어서려고 하는 것이다.

V. 맺음말 : 서양과 동양의 차이

현상학이나 유식이나 둘 다 세계의 객관성을 자아의 주관성에 기초지우려고 한다는 점에서 관념론적이다. 현상학에서의 구성과 유식에서의 식전변이 바로 그러한 주관에 의한 세계구성을 설명하는데, 그 과정에 상당한 유사성이 있다는 것을 밝혀 보았다.

그러나 그럼에도 불구하고 구성된 세계 전체와 구성하는 자아를 이해함에 있어 실천적 관심의 다름으로 인한 차이가 또한 간과될 수 없다. 후설 현상학에서는 자아의 자유가 구성하는 자로서의 선험적 자아의 자유로서 곧 구성된 세계로부터의 자유를 의미한다. 후설 자신이 선험적 자아의 탈세계화된 자아의 존재를 확신했던 것이다. 그러나 후설 이후 타 현상학자들에게 있어서 후설식의 선험적 자아는 일격에 부정된다. 자아 역시 생활세계를 넘어서지 못하며 생활세계 내에서 역사문화적으로 구성된다는 것이다. 절대적 자아, 순수자아라는 주장은 흔히 극복되어야 할 근대적 주관주의의 유산으로 간주될 뿐이다. 이것은 후설이 강조한 바 서양적 자아의 구성성향을 역설적으로 증명하는 것이라고 보여진다. 즉 그 어느것도 구성된 것으로서가 아니면 설명되지 않은 것, 이해되지 않은 것으로 남겨지는 것이다. 생활세계가 구성된 것이듯이, 자아 역시 그 세계 안에서 구성된 결과이다. 이것이 바로 해석학적 순환의 논리이다.

유식은 아뢰야식의 이중성을 통해 이미 이 점을 간파했다. 따라서 진정한 자유란 전변주체인 아뢰야식 안에서도 찾아지지 않는다는 것을 강조한 것이다. 식소변으로서의 아뿐만이 아니라, 능변식으로서의 아뢰야식마저도 업의 굴레 속에 있는 것이므로 진정한 해탈을 위해서는 넘어서야 하는 것으로서 간주된다.

후설은 구성하는 의식의 지향성을 의식의 본질로 규정함으로써, 의식 자체가 지향적으로 세계를 구성해야 한다는 것을 그렇게 부정적으로 본 것이 아니다. 의식은 본질적으로 구성해야만 한다. 다만 우리는 반성적으로 그 구성하는 자아를 구성된 세계로부터 분리해 낼 수 있으며 따라서 세계를 넘어서서 세계를 관망할 수 있다는 것이다. 반면 유식은 아뢰야식이 전변하는 식이라는 것을 말하면서, 동시에 그 전변된 결과에 집착하지 말 것과 동시에 그 전변과정 자체를 넘어설 것을 요구한다. 우리의 자연스런 사유의 흐름 자체의 단절을 요구하는 것이다. 세계의 구성을 멈추어 봄으로써 진정한 자유를 얻을 수 있다는 것이다. 어떻게 보면 현상학은 열심히 세계를 구성함으로써 삶을 갈구어 나갈 것을 주장하는데 반해, 유식은 세계구성을 멈춤으로써 죽음을 체험하기를 요구하고 있다고 말할 수 있을 것이다. 구성된 세계도 아니고 구성하는 활동도 아닌 무언가 아주 다른 신비적 체험, 아주 다른 사유를 요구하고 있는 것이다. 근원적 창조로서의 구성을 지향하는 현상학적 사고가 삶 지향적인 서양적 태도를 보인다면, 그와 반대로 전변의 극복으로서의 무위를 지향하는 유식적 사고는 죽음 지향적인 동양인의 태도를 대변해 주고 있는 것이 아니겠는가? 이러한 유식적 사고는 삶을 삶으로써 삶의 의미를 알게 되는 것이 아니라, 오히려 삶을 넘어서는 죽음의 의미를 체험함으로써 비로소 삶의 참의미를 체득할 수 있다는 동양적 초월주의의 표현이 아니겠는가?

후설의 생활세계 개념에 대한 선불교적 이해

— 禪問答(公案)의 현상학적 이해를 위한 試論 —

박순영

1.0 서 론

철학은 세계경험을 매개하는 이론이다. 그러므로 철학의 역사는 새로운 세계경험과 세계이해를 재구성하며 지평을 확장·전환시켜 온 기나긴 과정이었다. 그러나 종교는 세계경험의 토대 위에서 인간의 태도변화를 유도하는 실천이다. 철학과 종교는 세계경험을 매개해 준다는 점에서는 일치하는 듯하지만 적극적인 태도변화, 즉 인격적인 변화를 유도하는가의 문제에서는 서로 달리 지향하고 있다. 불교의 이론은 철학적인 기반을 가지고 있지만 그것이 종교라는 범주 안에 서 있는 동안은 실천적인 관심에 제한된다. 마찬가지로 철학이 인간의 행위와 태도의 변화를 도외시하지 않는다는 점에서는 종교적인 경험을 함축하고 있지만 종교와 달리 철학은 결국 이론적인 관심에 집중되어 있다.

서로 관심의 영역이 다른 불교와 현상학의 상호교차점을 찾아내는 일은 모험적인 작업이라고 할 수 있다. 물론 현상학이나 불교는 서로 전혀 다른 입장에서 새로운 세계경험을 말하고 있으며 이들이 각기 특이한 방식으로 동일한 주제를 다루고 있다는 점에서는 연구의 의미를 갖는다. 그러므로 이 논문에서는 두 이론간의 유사성을 강제적으로 확정지우려고 하지 않는다. 다만 그들이 말하고 있는 인식자의 세계경험에 어떤 계기가 유사하게 드러나고 있는지를 단순히 확인하려고 한다. 그리고 불교, 특히 선불교에서 드러나는 세계경험을 현상학적인 관점에서 이해해 보는 시도일 뿐이다. 그같은 의미에서 이 논문은 본격적인 비교연구를 위한 예비적인 탐구에 지나지 않는다.

1.1 세계에 관한 경험

우리가 대상을 향해 있는 것이 아니라 대상이 우리를 향해 있다는 칸트의 인식구성론은 어떤 인식도 무매개적이고 직접적인 것은 없으며 주관의 구성적인 계기가 인식에 내재해 있음을 지시한 것이다. 주관적 인식계기를 철저히 반성하면 우리는 다음과 같이 고백하지 않을 수 없다. 즉 우리의 세계경험에는 세계의 있음과는 달리 우리의 내재적인 인식계기가 타자경험에 작용하고 있다는 것을 인정하게 된다. 그러므로 우리의 세계경험은 가상이거나 허구일 수도 있다. 불교에서는 철저히 이런 관점에서 인식을 출발시키고 있다. 대승불교에서의 부정적인 사상은 "모든 사물은 空"이라는 四聖諦에서 잘 드러나고 있다. 모든 사물의 본질이 허무하다는 관점에 선불교가 서 있다.[1] 어떻게 이러한 가상을 넘어서 "진실"과 "본질"에 도달할 수 있는가라는 질문은 동양과 서양이 유사한 방식으로 제기하고 있다. 인간의 인식이 역사적 사회적 문화적

1) 불교에서는 모든 사물은 공허한 것이며 사실과 실제는 우리의 꿈이나 환상이거나 왜곡이라고 주장한다. 그러므로 불교에서는 우리가 습관들여진 상식의 세계상에 문제를 제기하고 있다. Toshihiko Izutsu, Die Entdinglichung und Wiederverdinglichung der "Dinge" im Zen-Buddhismus, in : Japanische Beiträge zur Phänomenologie, Freiburg/München 1984. S. 15.

인 계기에 의해 제한되고 있다는 것은 인간에게 불가피하게 주어진 조건(conditio humana)이라고 해야 할 것이다. 결국 인간은 본질에 대해서 무력하다.

만약 후설의 현상학을 세계경험의 학이라고 규정한다면, 현상학은 의식된(지향된 대상) 세계경험에 대하여 엄밀한 사실경험(Zu den Sachen selbst)을 추구하는 무전제의 철학 또는 본질통찰의 철학이라고 이해할 수 있다. 흔히 그의 철학을 실증주의로 오해할 정도로 그는 엄밀학을 요청하였다. 후기 후설은 다시 한 번 과학적 이성에 의해서 왜곡된 생활세계를 회복하려는 집요한 관심을 보여 주고 있다. 이미 설정되어 있는 세계에 대한 지식과 이론체계와 주장들에 대한 판단유보를 요청한 것도 전기의 사상과 일관된다. 그의 환원주의는 반드시 "존재를 무화"시키고 "무를 순수하게 직관"하려는 선불교의 의도와 동일하지는 않지만 흡사 선불교에서의 선문답과 같은 형식적 기능을 수행하는 것처럼 보인다. 선불교를 총체적으로 현상학의 거울에 비추어 볼 수는 없다. 그러나 불교경전과 세계경험이 구체적으로 의식체험으로 용해된 선사와 수도승간의 문답은 현상학적인 탐구대상(의식분석의 대상)으로 적합하다. 그러므로 선불교의 세계경험을 불교경전에서 이론을 추적하는 것보다는 오히려 선문답(공안)에서 밝혀 내는 것이 바람직할 것이다.

1.2. 선불교의 발생

중국으로 유입된 인도의 불교는 중국특유의 상황에서 발전하게 되었다. 원래 원시불교에서는 도덕적 계명(sila), 몰입(dhyâna), 지혜(prajana) 등을 중요시하였다. 이 세 가지 영역 중 한 가지라도 결한다면 그는 석가모니의 탁월한 추종자로 인정받을 수가 없는 것이다. 수도승들은 부처가 부여한 계명을 엄격하게 수행해야 하며 이런 방법 속에서 흩뜨림없는 열정으로 정진해서 교리를 근본적으로 경험해야 한다. 선(dhyâna)은 이 세 가지 중요한 수련방식 중의 하나였다. 불교가 선을 수행한다고 하여 비논리적인 탈자의 상태를 추구하는 것이 아니라, 진정 불교형이상학적 논리의 난점을 체득하기 위해서는 아주 이성적이어야 한다는 것은 오히려 역설처럼 들릴지 모른다.

그러나 시간이 흐르면서 불교의 종파간에 이중 어느것 하나에만 중점을 두게 되는 차별성이 발생한 것이다. 어느 종파는 도덕론자가 되고 어느 종파는 선에 몰두하고 어느 종파는 불교이론의 지적인 세밀성에 도달하는 데만 주력하게 되었다. 그렇다면 선-추종자들은 선(dhyâna)에 집중하는 사람들이라고 할 것이다. 그래서 선(dhyâna)은 원래의 통합적인 의미에서 왜곡·변형되었다. 말하자면 선이 경전을 전혀 멀리하는 극단화를 치닫게 된 것은 선에 담겨진 전체적인 의미를 상실하게 됨으로써 변형된 것이다.[2)]

중국에서의 선불교는 약 5세기경에 부각된다. 그러나 禪宗이 역사적으로 뚜렷한 모습을 드러낸 것은 7세기 무렵이었다. 六祖 慧能(638-713)을 중심으로 선이 남종과 북종으로 나뉘어서 번창하게 되었는데 선불교는 남종의 계열에 속한다. "단번에 깨치면 부처가 되는데 경전공부가 무슨 소용이 되느냐"는 남종의 선불교는 시간이 흐를수록 중국인들의 호응을 받

---

2) 원래 인도에서의 "dhyâna"란 말은 "dhi"라는 어근에서 유래하였다. 이 말은 "지각함", "생각함", "정신을 어디로 지향함(den Geist auf etwas richten)"을 의미한다. 그리고 이 "dhi"는 어원적으로 "dhâ"와 같은 뿌리와 관련되어 있는데 "dhâ"는 "파악함", "붙잡음", "소유함"을 의미한다. 그렇게 해서 "dhyâna"는 "정신을 집중함", "생각을 바른 길에서 벗어나지 않게 함", 다른 말로 표현하면 "정신을 어떤 특정한 대상에 집중함"이다. 이러한 인도적인 선의 의미가 중국을 거쳐서 한국과 일본으로 건너오면서 많은 의미변형을 경험하게 된다.

아, 禪이라고 부르는 독특한 수행법으로 발전되었다.[3] 선을 통해서 깨달음이 증득될 수 있다는 것인데 이것은 한국불교[4]와 일본불교에 지속적인 영향을 행사하였다. 특히 일본의 불교는 선불교를 특징으로 발전해 왔다.

1.3 禪과 公案명상

선불교가 중국에서 정착하고 발전하기 전에는 원시불교에서 수행해 왔던 명상을 성불의 중요한 요소로 삼아 왔다. 그러나 오랫동안 명상에 대한 특정한 방법이 개발되지 않았던 것이다. 선불교가 흥행하기 시작한 唐代 말까지만 해도 각자가 자기방식대로 명상을 수행했던 것이다. 그러다가 선불교의 역사 안에서 수도승을 돕기 위한 교수방법이 개발되었다. 가장 중요한 방법으로 부각된 것이 있었다. 그중 하나는 坐禪의 명상 방법이고 다른 하나는 公案을 통한 명상의 방법이다. 이 두 가지 방법이 모두 중국에서 성행하였으나 그들의 입장은 여러 가지 면에서 다르다. 전자는 漸修論에 근거해 있고 후자의 것

3) 沈在龍, 동양의 지혜와 禪, 세계사, 1990, 17쪽.

4) 한국불교는 12세기에 지눌에게서 특징으로 드러난다. 그는 당시 불교승려들의 상태를 한심하게 생각하였다. 화엄교를 신봉한다고 事事無碍 교리를 觀한다고 글뜻도 모르고 경전의 구절들만 읊어대고 현학적 교리만 농하기 일쑤인 문자법사가 있었는가 하면, 깨닫지도 못한 채 明見佛成하겠다고 앉아서 졸고 있는 暗證선객들과 깨쳤다는 사람들은 당장 부처가 된 양 무슨 짓을 해도 상관없다고 기고만장하는 태도를 보였다. 후자는 처음 선이 중국에서 들어오던 때 무염선사 같은 분의 과장된 화엄교리 비판에 맹종하여 무조건 경전공부를 배격하였다. 그와 대비해서 교가들은 寂靜에 빠져 활기를 잃고 보살만행마저 도외시하는 선가를 비난하고 있었다. 지눌은 선종출신 승려로 선이 수행의 근본임을 역설하면서도, 그 수행의 철학적 바탕은 화엄교리에서 찾아질 수 있다고 주장함으로써 선과 교 모두를 아우르는 태도를 보였다. 특히 여태껏 중국선의 법맥에만 의지해서 선가의 권위를 유지하려던 당시의 선객들에게, 스승에서 제자에게로 이어지는 마음의 주고받음보다 진리 자체를 귀중히 여기라고 권고한 점에 지눌의 이지적 태도가 엿보인다. 심재룡, 같은 책, 18쪽.

은 頓悟論에 근거해 있다.[5)]

公案禪에서 중요한 명상자료로 활용되고 있는 公案은 원래 중국 唐代에 訟事의 경우에 사용된 법률개념이다. 이 개념은 判例에 해당한다. 만약 어떤 유사한 사건이 일어나면 이전의 판례를 끌어들여서 판결에 도움을 주었던 것이다. 그것이 宋代에도 계속해서 전문용어(termini technici)로 사용되었다. 나중에 그것이 명상을 위한 특별한 문제나 주제의 의미를 갖게 되었다. 11세기에 공안에 관한 명상이 시작되어 계속 8세기가 지나도록 일반화되었고 중국, 한국, 일본에까지 선불교에 계승되었다. 『碧巖錄』(1125년에 수집)과 『無門關』(1228년)은 공안을 수집해 놓은 책으로는 가장 유명한 것들이다. 우리 나라에서는 대장경의 『祖堂集』이 있다. 공안은 인위적으로 구성된 명상제목들이다. 그 내용은 첫째로 당나라와 초기 송나라 시대 선사와 수도승 사이에 이루어진 오래된 문답들과, 둘째로는 여러 불교경전들의 단편들과, 셋째로는 선사들의 강론 중에서 가장 의미있는 부분들, 네번째로는 선사들의 다양한 면목을 드러내 주는 일화들로 구성되어 있다.

이처럼 공안의 내용이 다양하기 때문에 이들은 모두 명상주제로 볼 수 있도록 그에 맞추어 같은 구조를 이루고 있다. 역

---

5) Toshihiki Izutsu, Philosophie des Zen-Buddhismus, Hamburg 1995. S. 113. "頓悟"의 뜻은 無始로부터 잘못된 생각에 미혹되어 四大를 몸으로 여기고, 망상을 마음으로 생각하며, 또 이 둘을 "나"라고 생각해 오던 사람이 만약 훌륭한 선지식을 만나, 불변, 隨緣, 性相, 體用 등 원리를 설명하는 소리를 들으면, 신령스레 맑은 지견이 참 마음이며, 이 마음이 항상 고요하고 가이없고 형상없는 법신이라는 사실과, 마음과 몸이 둘이 아닌 것이 "참 나"이며, 그 "참 나"가 부처와 조금도 다를 바 없다는 이치를 홀연히 깨닫게 된다. 이러하므로 이를 頓이라고 한다. "몰록 깨우친다"는 말의 "몰록"은 "함께 몽땅"이란 뜻과 "문득, 홀연히"라는 뜻을 포함하고 있다.

깨달음은 우선 지적인 것이다. 頓悟漸修는 오직 불교나 선불교만의 이론에 그치지 않고 언제나 올바른 지식을 올바로 수행하려는 인간의 염원을 담고 있다. 점수 뒤의 돈오가 아니라 돈오 뒤에 悟後修는 닦아도 다함이 없는 청정수행이다. 심재룡, 같은 책, 53, 59쪽.

설적이고 충격적이거나 황당한 언어로 되어 있어서 이것들은 모두 선을 이해하는 최종적인 사실의 표현들이다. 그것들은 존재에 대한 직접적이고 생동적인 언어적 서술이다. 그리고 이것은 원초적 무차별성에 대한 순수한 개인적인 결정체들이다. 수도승에게 제시된 스승의 질문은 대부분의 경우 "의도된 무의미"로 특징지워지고 있다. 처음에 논증적인 사고에 대해서는 혼란스럽고 — 선사는 수도승에게 존재적 이해의 어떤 특수영역을 일깨우기 위해서 수행하는데 — 거기서 그는 수도승의 전인격, 그의 몸과 마음을 지성의 효력범위 밖에서 붙들려고 하는 것이다. 그러나 공안을 단순히 비이성적이고 무의미하다고 하는 것들은 잘못이다. 공안이 문답, 일화에서 나왔다면 그것은 처음부터 지적인 이해의 영역에서는 어느 정도 의미가 벗어난 것임은 사실이다. 공안을 선불교의 要結로 볼 수 있다는 말에서 의미가 있다.[6)]

1.4 공안과 선불교의 특징

중국의 선불교가 가진 특성은 다음의 몇 가지 사례에서 제시된 공안에서 잘 드러나고 있다.

〈例示 1.〉

六祖 혜능이 五祖 弘忍을 찾아 도를 구하니,
"그대는 어디서 무엇을 구하려 왔는가?"
혜능이 대답하기를,
"저는 新州에서 왔는데 부처가 되려고 합니다."
"너는 영남 사람이다. 불성이 없다."
"사람에게 남북이 있지만 불성에는 있을 수 없습니다."

---

6) Izutsu, a. a. O S. 117ff.

"신주는 사냥하는 오랑캐 땅인데 어찌 불성이 있겠는가?"

"如來藏의 성품은 개미에게까지 두루 했거늘 어찌 오랑캐에게만 없겠습니까?"

"너에게도 이미 불성이 있다면 어찌 나에게서 뜻을 구하느냐?"

그리고는 五祖는 말을 기특하게 여겨 다시는 묻지 않았다. (한글대장경, 祖堂集 1, 107쪽)[7)]

〈例示 2.〉

혜능이 儀鳳 원년 정월 8일에 이르러 南海縣의 制止寺에서 印宗을 만났는데 인종이 나와 영접하여 절로 데리고 들어갔다. 인종은 원래 강사였다. 어느 날, 바야흐로 경을 강론하는데 거센 풍우가 일어 깃발(幡)이 펄럭이니, 법사가 대중에게 물었다.

"바람이 움직이는가? 깃발이 움직이는가?"

어떤 이는 바람이 움직인다고 말하고 어떤 이는 깃발이 움직인다고 말하였다. 결국 講主에게 판단을 청하였다. 강주는 도리어 행자(혜능)에게 대답을 미루었다.

"바람이 움직이는 것도 아니요, 깃발이 움직이는 것도 아닙니다."

강주가 다시 물었다.

---

7) 한글대장경『祖堂集』1(卷 一, 제三十三條), 김월운 역, 동국서원, 1994, 107쪽. 以下『조당집』1 또는 2로 略記함.『祖堂集』은 五祖 弘忍 이후 약 211명이 넘는 선사들의 간단한 생애와 선어록과 공안을 소개해 주고 있다. 그리고『조당집』은 "조선에만 남아 있는 孤本이다. 일제시대에 일본학자들에 의해 세계에 알려졌고 조선의 학계를 오도시키기도 했다. 다행히도 연세대 민영규 선생 덕분에 중국의 胡適 박사 등과의 교류 등을 비롯해 세계에 알려지기 시작했고 월운 스님에 의해 현대 한글번역이 나온 것은…." 참조 : 신규탁, 中國禪書의 飜譯을 위한 文獻學的 接近(2), 117쪽.

"그러면 무엇이 움직이는가?"

행자가 대답하였다.

"그대들의 마음이 스스로 움직이는 것입니다."

이로부터 인종이 자리를 피해 혜능과 바꾸어 앉았다. (한글대장경, 祖堂集 1, 108쪽)

〈例示 3.〉

혜능이 제지사를 떠나서 寶林寺로 가서 설법을 할 때였다. 그때 則天孝和 황제가 대사를 소명하였다. 심부름꾼(中使) 薛干을 보내어 청하였다. 혜능은 稱病하여 분부에 따를 수 없다는 표를 올렸다. 그때 중사 설간과의 대화가 있다.

"서울에 계신 여러 대덕들은 사람들께 坐禪하기를 권합니다. 그래야만 도를 얻는다 합디다."

"마음에 의해서 도를 깨닫는 것이어늘 어찌 앉는 데 국집하랴. 그러므로 경에 말씀하시기를 '누군가가 말하되 여래가 온다거나 간다거나 앉는다거나 눕는다 하면 이 사람은 사사로운 도를 행하는 것이다. 나의 말한 뜻을 알지 못한 것이다' 하셨고, 또 말씀하시기를 '여래라 함은 오는 곳도 없고 가는 곳도 없기 때문에 여래라 하느니라' 하셨고, 또 말씀하시기를 '모든 법이 공하므로 여래라 하니, 끝내 얻을 수 없고 증득할 수도 없다' 하셨거늘 어찌 꼭 앉는 것이겠는가."

"제가 오늘에야 비로소 불성은 본래부터 있는 것임을 알았습니다. 지난날에는 퍽이나 멀다고 여겼었습니다. 오늘에야 비로소 지극한 도는 머지않아서 행하면 곧 이르를 수 있음을 알았습니다. 오늘에야 비로소 열반은 머지않아서 눈에 띄는 것 모두가 보리임을 알았습니다. 오늘에야 비로소 불성은 선과 악을 생각지 않으며, 생각도 없고 분별도 없고 조작도 없고 머무름도 없고 함(爲)도 없는 것임을 알았습니다."

중사가 조사께 절을 하여 하직하고 표를 가지고 서울로 갔다. (한글대장경, 祖堂集 1, 109쪽)

〈例示 4.〉

雪峰선사가 불전에 들어갔다가 경안(經案)을 보고 玄砂에게 물었다.

"무슨 경인가?"

"화엄경입니다."

이에 선사께서 물었다.

"내가 앙산에 있을 때, 앙산이 경에 있는 말씀을 들어서 대중에게 묻기를, '국토가 말하고 중생이 말하고 三세 일체가 말한다 했는데 어째서 사람의 말은 없는가?' 하니, 어떤 사람이 대답하기를 '자식을 기르는 것은 늘그막을 대신하려는 것입니다' 하였는데 이 문답을 빌어서 그대에게 묻나니, 그대는 어떻게 생각하는가?"

현사가 머뭇거리니, 선사가 얼른 말했다.

"그대가 나에게 물어라, 내가 그대에게 대답하리라."

현사가 곧 물으니, 선사께서 그의 앞에 몸을 굽히면서 말했다.

"갈겨라, 갈겨라."(한글대장경, 祖堂集 1, 300쪽)

馬祖선사와 石頭선사에 의해서 8세기경 비로소 선종 특징으로 알려진 선문답과 공안(公案)의 명상방법이 완성되었다. 대체로 잘 알려진 선가의 종지는 불성이 인간에게 누구를 막론하고 내재해 있다는 것(例示 1.)과 불성을 실현하는 방법으로는 이미 깨우친 스승의 가르침에 따라 坐禪, 內省하여 사람의 마음을 직접적으로 가르쳐(直指人心) 본래의 불성을 분명하게 인식함으로써 부처가 될 수 있다는 것이며, 부처는 우리들 밖에서가 아니라 우리 마음속에서 찾아야 한다는 주장(見性佛性)(例示 2, 3.)과 언어문자에 적힌 경전에 구애받지 않는다는 不立文字의 정신(例示 4.)을 이어 가고 있다. 그리고 선종의 또 다른 이름으로 알려져 있는 頓悟思想은 선불교 수행방법의 특이성을 잘 드러내 준다.

1.5 현상학적 환원과 公案

불성이 만물에 내재해 있다는 선불교의 이론은 일면 불자는 누구나 자신의 내적 지각에 근거한 원본적 체험을 출발점으로 삼고 있음을 지시하고 있다. 그러므로 위에서 제시된 공안과 같은 유형의 공안들을 분석하는 것을 근본으로 삼고 거기에 현상학적인 관점을 조명하여 선불교 자체에서 이해하는 것과는 달리 이해해 보려 한다. 위의 예시에는 모든 경험이 자신의 내적 체험, 즉 원본적 직관(originäre Anschuung)에서 출발해야 한다는 주관성의 원리가 내재해 있다. 그리고 이 주관성의 원리 위에서 일체의 존재판단과 존재믿음에서 벗어날 수 있는 무전제의 원리를 공안들에서 찾게 된다. 무전제의 원리는 판단중지(Epoché), 괄호치기, 환원이라는 현상학 특유의 방법에 관련되어 있다.

선불교는 중국에서 궤변적인 사변이 번창해 가는 것에 대항적으로 등장하였다. 그러므로 철학의 체계 그 자체에 대하여 부정적인 태도를 취하고 있다. 선불교는 오랫동안의 대승불교에서 철학적 부정주의의 특정한 유형으로 발전하였다. 선불교는 특수한 형식의 부정주의라고 할 수 있다. 경험적 세계의 존재론적인 사실에 대한 극단적 부정이 그의 특징이다. 이러한 의미에서 선불교의 요체인 공안을 현상학적인 환원으로 이해하려는 것은 더욱 의미가 있을 것으로 판단된다. 판단중지나 환원이라는 방법과 선사의 대답방식에서 얻어지는 수도승의 깨우침은 형식적인 유사성을 지시하기도 하지만 현상학적인 환원과 선문답이 의도하는 세계경험의 전환과도 일치하고 있다. 다만 불립문자의 정신에서 발현되는 탈언어적인 질문대답들은 현상학적인 관점에서 해석하기는 힘들다. 이것은 아마 선불교 특유의 핵심으로 남겨 두어야 할 것이다. 선불교에서도 이것은 신비주의적 방식에서만 접근가능하다. 선사가 공안을 해결하기 위한 명상과정에서 돌연히 해방감을 느끼게 되는 경험은 현상학적 이해와는 구별될 수밖에 없는 종교적인 경험이다. 이런 한계문제를 제외하고서 이 논문에서는 선불교를 "현상학적인 환원"의 관점에서 이해하고자 한다. 특히 후기후설에서의 생활세계로의 환원도 언급하려 한다.

2.1 선문답(공안)의 구조

일상적인 언어사용에서 "선문답"이란 말은 "잘 이해되지 않는 말"을 지시하거나 어떤 질문에 대한 엉뚱한 대답을 일러서, 즉 "東問西答"을 지칭해서 "선문답"한다고 말한다. 실제로 선문답에서는 일상적인 의미로 일관되게 파악되지 않는 말들이 오고간다. 이것은 선문답이 一義的인 대화가 아니고 多義性을 함축하고 있기 때문이다. 우리의 일상적인 의사소통과 대화는 一義性을 기초로 해서 이루어진다. 대화에 사용되고 있는 개념의 일관적 의미지속이 바로 그 근거이다. 그러나 선문답과 공안 속에는 우리 눈에 모든 것이 역설적이고, 부조리하고 모순적으로 보이는 대답으로 이루어져 있다. 아무리 선사와 수도승 또는 선사와 선사간의 문답들이 첫눈에 무의미하게 보일지라도 공안은 의미있는 메시지로 채워져 있다. 그리고 의미있는 것으로 다루어져야 한다. 여기서는 지적으로 이해될 수 있는 철학적인 의미가 있다. 그뿐만 아니라 모든 공안은 지적인 해석을 허용하는 하나의 역사적인 문건들이다. 거기에는 먼저 지적인 주제화를 위해서 극복하기 힘든 장애로 드러날지도 모른다.

선문답의 질문-대답 형식은 동일률에 따라서 "무엇은 무엇이다"라는 방식으로 진행되는 대답이 아니다. 그래서 질문자는 자기 스스로 "왜 그것을 묻는가?", "왜 이것을 묻지 않으면 안 되는가?"라는 긴박한 물음을 먼저 자신에게 끊임없이 추구하지 않으면 안 된다. 그래서 선문답은 사람과 사람, 법과 법 사이의 극도의 긴장을 품은 대결이 된다. 문답은 일회적이며 고쳐 묻는다거나 고쳐 대답하는 일은 통하지 않는다. 그리고 대결하는 양자는 그 누구도 자신의 모든 것을 쏟아 붓지 않으면 안 된다.[8)]

그러므로 선문답은 일정한 형식을 갖는 것은 아니다. 비록 선사의 대답이 공안에서 나온 용어를 사용하여 반복하듯 하지만 질문상황에 따라서 그 형식이 다양하게 발현된다. 그럼에도 불구하고 선사가 선문답의 끝을 매듭지을 때가 많다. 그리고 그 종결은 언표로 끝나거나 어떤 동작으로 끝나게 된다. 문답형식의 구조에 대한 분석은 질문에 대해 대답이 어떤 방식으로 매개되는가를 살펴보는 것이다. 대체로 다음과 같은 몇 가지 특징으로 그 구조가 밝혀진다.

첫째로, 선사가 선문답의 화두를 시작하는 경우와 수도승이 먼저 질문을 제기하는 경우가 비슷한 비율로 구성된다. 이것은 누구가 먼저 시작하든 상관이 없다는 것을 의미하나 선문

---

8) 入矢義高, 禪과 문학-구도의 기쁨, 신규탁 역, 장경각, 1993, 100쪽.

의 내용에 있어서는 서로 다른 특징을 갖고 있다. 선사가 먼저 시작하는 경우에는 수도승의 상황과 위상, 탐색을 위한 내용이 주종을 이루고 있으며 수도승이 먼저 시작하는 경우는 불도에 대한 원리와 그 의미를 추구하는 경우가 많다.

둘째로, 선문답은 문답과정의 결말이 분명한 대답을 제시하지 않고 있다. 말하자면 결론이 생략된 듯한 상태에서 끝나고 수도승은 언제나 남은 여백을 자신의 깨달음의 계기로 삼게 된다. 각자에게 의미를 주는 깨달음이 수행되었다고 한다면 그 비결은 때때로 영원한 자신의 비밀로만 남아 있다.

셋째로, 선문답의 결말은 반드시 언어적인 표현에서 끝나지 않을 수 있다. 도를 밝혀 주는 것은 모든 방법을 동원하는 통합적인 기능을 원용한다. 선문답은 최종적인 진술 대신에 최종적인 비언어적 행위나 동작에서 끝날 때가 많다. 이것도 선문답의 과정에 포함시켜서 생각해야 한다.

넷째로, 선문답은 질문자의 내면세계를 스스로 되돌아보도록 하여 질문에 대한 질문, 질문의 진정한 의미를 스스로 생각하도록 만든다. 이를 통하여 강한 재귀적인 반성을 촉구한다. 그리고 그런 계기가 주어졌다면 선사는 선문답이 소기의 목적에 도달하였다고 생각한다.

다섯째, 선문답의 특징은 선문답에 임하고 있는 수도승의 태도변화를 유도하고 있다. 이것은 기존의 것에 대한 판단중지와 괄호치기뿐만 아니라 새로운 존재의 세계를 바라보기 위한 관점의 전환, 즉 태도의 변화를 암시하고 있다. 이것은 인식론 중심의 관점에서 존재론 중심의 관점에로의 변화이다. 공안의 내용적 구조에서 이 문제를 더 다루게 될 것이다.

2.2 공안의 언어형식적 구조

鈴木大拙는 선 수행의 목표를 "세계본질의 통찰을 위한 새로운 관점에 도달하는 것"이라고 규정하고 있다. 그리고 깨달음(Satori)은 선의 본질이며, 깨달음없는 선은 없다. 결국 깨달음은 지적 또는 논리적인 이해에 대립하는 내면적 직관(intuitive Innenschau)이라고 정의하고 있다. 깨달음을 통한 새로운 관점은 세계경험을 전혀 달리 전환시키는 것이므로 언제나 안에서 시작한다. 그리고 언어적인 속박으로부터 넘어서는 방법을 언어적인 유희에서 찾아보려고 하였다. 그리고 형식적인 구조에서의 깨달음의 준비는 현상학적인 환원의 예비단계에 비교할 수 있다.

2.21 수사적 형식

질문자의 질문을 반성적으로 인지케 함으로써 질문 그 자체를 명상토록 하는 단순한 방법을 수사적 형식이라 부른다. 懷讓이 시자를 시켜 선사에게 묻게 하였다. "어떤 것이 해탈입니까?" 선사는 대답했다. "누가 너를 속박했더냐?" 시자는 다시 물었다. "어떤 것이 淨土입니까?" 선사가 대답하기를 "누가 너를 더럽혔느냐?" 시자는 다시 물었다. "어떤 것이 涅槃입니까?" 선사는 "누가 너에게 生死를 주었더냐?"고 대답하였다. 시자가 이 말을 회양선사에게 전하니, 선사가 곧 합장을 하고 받들었다. (한글대장경, 祖堂集 1, 162쪽)

이와 유사한 형식의 공안이 있다. 長慶의 법을 이은 招慶선사에게 어떤 수도승이 물었다. "무릇 말은 모두가 불요의(不了義)에 속한다 하는데 어떤 것이 요의(了義)입니까?" 초경선사가 대답하기를 "만일 그대에게 말한다면 도리어 불요의가 되느니라고 대답했다. 수도승이 다시 묻는다. "어째서 그렇습니까?" 선사는 "그대는 아까부터 무엇을 물었던가?"고 되물었다. (한글대장경, 祖堂集 2, 88쪽)

또한 동어반복적인 공안도 있다. 조주선사에게 어떤 수도승이 물었다. "모남(方)과 둥글음(圓)이 이루어지지 않을 때가 어떠합니까?" 선사는 "모나지도 않고 둥글지도 않느니라"고 대답한다. "그럴 때엔 어찌 됩니까?"고 수도승이 묻자 선사는 "그것이 모난 것이고, 둥근 것이니라"고 말했다. (한글대장경, 祖堂集 2, 272쪽) 그러나 수사적 언어형식에 매이지 않아야 한다.

2.22 역설적 형식

질문이 함축하고 있는 의미와는 정반대의 대답을 함으로써 특별한 의미를 지향하는 경우를 역설적 형식이라고 한다. 道吾선사와 石霜선사간의 공안이다. 도오가 제자인 석상에게 물었다. "나에게 사람이 있는데 들고나는 호흡이 없다. 그게 무엇인지 빨리 일러라." 석상이 대답하였다. "말할 수 없습니다." 도오선사가 물었다. "어째서 말을 할 수 없는가?" "입을 가지고 오지 않았습니다"고 석상이 대답하였다. (한글대장경, 祖堂集 1, 264쪽) 어떤 수도승이 초경선사에게 물었다. "어떤 것이 눈으로 소리를 듣는 도리입니까?" 선사께서 손가락을 퉁기니, 수도승은 다시 말했다. "만일 대답을 기다린다면 귀가 떨어지겠습니다." 이에 선사가 말했다. "나는 그대가 알아들을 곳이 잘못되었다 하노라"고 나무랐다. (한글대장경, 祖堂集 2, 91쪽)

어떤 이가 설봉선사에게 물었다. "옛사람이 말하기를 '길에서도 아는 이를 만나거든 말이나 침묵으로 대하지 말라' 하였는데 무엇을 대꾸하여야 합니까?" 선사가 대답했다. "차나

마시고 가라(喫茶去)". (한글대장경, 祖堂集 1, 291쪽) 어떤 중이 운문선사에게 "무엇이 청정법신입니까?"라고 물었다. 운문은 그냥 "花藥欄"이라고만 대답하였다. 선어 花藥欄은 禪門 일반의 용어로는 변소의 악취를 제거하기 위하여 빙 둘러 심어 놓은 물푸레나무와 무궁화 등의 울타리라 한다. 즉 청정한 것에 대한 질문에 부정한 것으로 대답했다는 것이다. 청정에 대한 더러움으로 對句한 것이라고 보고 있다. "喫茶去", "花藥欄", "麻三斤"과 같은 古則, 公案 등은 선어록에서 자주 쓰이는 용어이지만 그 의미가 아주 역설적이라고 말한다. 그러나 이것은 잘못된 해석이다. 花藥欄은 중국의 六朝시대에서부터 唐시대에 이르기까지 귀족들의 정원이나 사원에는 없어서는 안 될 정도의 풍경이었다.

여기에 대한 방증으로 入矢는 『경덕전등록』 권11에서, "무엇이 조사가 서쪽에서 오신 뜻입니까?"라고 하는 질문에 대하여 "정원의 花藥欄이 보이는가?"라고 대답하고 있다. 그렇다면 변소와는 아무런 연관도, 연고도 없다는 것이다.[9] 선사가 묻기를 "부처가 누구인가?" 수도승은 "삼 세근(麻 三斤)입니다"라고 대답한다. 선사는 수도승의 대답을 承認한다. 여기서의 대답을 지시하는 의미는 역설적인 전환 속에 숨어 있다.

2.23 문맥암시적 형식

京都 大德寺의 방장스님이었던 後藤瑞巖선사가 외국인 구도자를 만난 적이 있다. 외국인이 "禪이란 무엇인가?"라고 묻자 노스님은 책상 위의 재떨이를 가리키면서 "이것은 무엇인가?"라고 되려 물었다. 외국인은 어처구니없는 표정으로 "재

9) 入矢義高, 같은 책, 120쪽.

떨이입니다"라고 대답하자 스님은 고개를 옆으로 흔들 뿐이었다. 조금 지나서 노스님은 묵묵히 상대의 얼굴을 뚫어지게 바라보면서 담배를 피우던 손을 펴서 재떨이 위에 탁 하고 재를 떨어뜨렸다. 그것을 보고 외국인은 무엇인가 의미를 알았던 것 같다는 일화가 전해지고 있다. 이 일화를 전하면서 그 내용을 해석한 入矢義高는 "중요한 것일수록 티없이 말해야 한다"고 했다.[10] 물론 여기에는 조용하고 자연스런 동작 등이 함께 작용하였을 수도 있지만 선에서의 定義는 문맥을 떠나서 수행될 수 없다는 것을 암시하고 있는 것은 아닐까?

마조의 법을 이은 西堂선사에게 어느 날 秀才가 와서 물었다. "천당과 지옥이 있습니까?" 선사가 대답했다. "있다." "불보, 법보, 승보는 있습니까?" "있다." "묻는 것마다 모두 '있다'고만 말씀하시니, 선사께선 무엇인가 잘못되지 않으셨습니까?" 선사가 물었다. "일찍이 어떤 노덕(老德)을 만난 적이 있는가?" "일찍이 徑山선사를 뵈었습니다." "경산선사께서는 수재에게 무엇이라 하시던가?" "온갖 법은 모두 없다고 하셨습니다." 선사가 다시 물었다. "수재는 혼자 몸인가? 다른 권속이 있는가?" 수재가 대답했다. "저에게는 아내도 있고, 두 자식도 있습니다." "경산선사께도 처자가 있는가?" "그 경산선사는 참으로 도인이어서 순일하여 잡됨이 없습니다." 선사가 꾸짖어 말했다. "경산선사는 안팎을 잘 다스려 이치와 행이 구족하시니, 일체가 모두 없다 하여도 가하려니와 公은 고루 갖춘 三계의 범부로서 처를 껴안고 자식을 기르거니 어느것이 지옥 찌꺼기의 종자가 아니겠는가? 그런데 어찌 모든 것이 없다 하겠는가? 만일 공이 경산과 같을 수 있다면 공도 없다고 말해도 좋으리라." 이에, 수재가 뉘우치며

10) 入矢義高, 같은 책, 97-98쪽.

절을 하고 물러갔다. (한글대장경, 祖堂集 2, 160쪽)

2.24 탈언어적 형식

선문답에서 "제자가 불성을 확인하는 극심한 훈련으로 몸과 마음이 지쳐 있을 때 스승의 말 한마디, 하찮은 몸짓, 또는 천둥치듯한 고함소리(喝)는 그 제자의 마지막 장애를 한꺼번에 날려 버리는 충격요법으로" 깨우침에 도달하도록 하는 방법이 있다.[11] 蘇東波가 형남에 있을 때 玉川寺에 承晧선사가 있었다. 소동파가 승호선사를 만나러 갔다. "대관의 존함은 뉘십니까?" "내 성은 秤哥요." "秤哥라니오?" "천하 선지식의 도력을 알아보는 秤哥, 곧 저울이란 말이오." 그러자 승호선사가 "악!"하고 고함을 크게 질렀다. 그리고는 자신의 몸을 소동파에게 내던지면서 말했다. "그럼 이건 몇 근이나 되겠습니까?" 소동파는 할말을 잃고 말았다.

어떤 중이 長慶선사에게 물었다. "靈山會上의 백만 대중 가운데서 가섭(迦葉)만이 친히 들었다 하는데 어떤 것이 가섭이 친히 들은 것입니까?" 長慶선사가 침묵(良久)하니, 중이 말했다. "만일 물어 보지 않았더라면 일생을 헛되이 보낼 뻔하였습니다." 이에 선사는 주장자를 들어 그를 때렸다. (한글대장경, 祖堂集 1, 421쪽) 鏡淸선사는 설봉의 법을 이었다. 선사가 또 묻기를, "예로부터 조사, 대덕들이 한결같이 들어갈 길을 말씀하셨다는데 사실입니까?" "그렇다." "학인은 처음으로 발심한 후생입니다. 스님께서 저에게 들어갈 길을 지시해 주십시오." "그저 거리로부터 들어가라." "학인이 어리석

11) 심재룡, 같은 책, 19쪽. 견성을 유발시키기 위해서 선사들이 제자들에게 벽력 같은 고함소리나 몽둥이질, 심지어 코를 잡아 비틀고 손가락을 잘라 버리는 등 수단과 방법을 가리지 않는 종장들의 미묘한 풍격에 따라서 선종은 五家七宗의 갈래로 나누어지게 되었다고 한다. 참조, 심재룡, 같은 책, 17쪽.

고 어두우니, 스님께서 다시 지시해 주십시오." 이에 설봉이 말하기를 "내가 오늘 몹시 불편하구나" 하고는 벌렁 누워 버렸다. (한글대장경, 祖堂集 1, 398쪽)

조주가 대중에게 보였다. "내가 三十년 전, 남방에 있을 때 화롯가에서 무빈주화(無賓主話)를 들었었는데, 아직껏 아무도 대답하는 이가 없구나!" 어떤 사람이 설봉에게 이 일을 들어 물었다. "조주의 무빈주화란 어떤 것입니까?" 이에 설봉이 그를 걷어차서 쓰러뜨렸다. (한글대장경, 祖堂集 2, 269쪽)

언어로 표현된 대답은 이미 대답이 아니다. 언어를 넘어선 세계경험은 언어가 아닌 방식으로 전달된다.

2.25 환원적 형식

선문답의 과정에서 깨달음을 일상적인 계기로 돌리는 경우가 있다. 다음의 세 가지 선문답들은 도에 이르기 위해서 가식없고 아무런 조작없는 평상심의 세계로의 환원을 유도하는 문답들의 사례이다. 이것은 망각된 전 학문적, 전 술어적인 생활세계를 지칭하기도 한다. 이것은 또한 본질의 세계와 일상의 세계가 상이하지 않음을 암시해 주는 길이기도 하다. 혜충국사에게 肅宗황제가 물었다. "온갖 중생의 끝없는 입의 성품이 의거하는 근거가 없거늘 날마다 쓰면서도 알지 못한단 말이 무슨 뜻입니까?" 이에 국사가 金花방석을 들어올리시어 황제에게 보이면서 물었다. "이것이 무엇인가요?" 황제가 대답했다. "금화방석입니다." 국사가 말하였다. "분명하구나! 일체 중생이 날마다 쓰면서 모르는구나!" (한글대장경, 祖堂集 1, 140쪽)

趙州선사가 물었다. "어떤 것이 도입니까?" 남천이 대답했다. "平常心이 도니라." "향해 나갈 수 있습니까?" "망설이면 어긋나느니라." "망설이지 않을 때엔 어떻게 그것이 도인

줄 알겠습니까?" "도는 알고 모르는 데 속하지 않나니, 안다면 허망한 깨달음이요, 모른다면 무기(無記)이다. 만일 망설이지 않는 도를 참으로 통달하면 마치 허공이 넓은 듯 툭 트인 듯하게 되리니, 그 어찌 옳고 그름을 따지리오?" 선사가 이 말에 현현한 진리를 활짝 깨달아 마음이 보름달같이 밝았다. 인연에 따르고 성품에 맡기어 인생을 우스꽝스럽게 여기고 괴나리봇짐과 지팡이를 벗삼아 천하를 두루 돌았다. (한글대장경, 祖堂集 2, 266쪽)

위산의 법을 이은 香嚴선사에게 어느 날 아침에 위산이 물었다. "지금껏 그대가 터득한 지식은 눈과 귀로 남에게서 듣고 보았거나 경전이나 책자에서 본 것뿐이다. 나는 그것을 묻지 않겠다. 그대는 처음 부모의 태에서 갓 나와 동-서를 아직 알지 못했을 때의 본분의 일을 한마디 일러 보라. 내가 그대의 공부를 가름하려 하노라." 이에 향엄선사가 대답을 못 한 채 고개를 숙이고 침묵했다가 다시 이러쿵저러쿵 몇 마디 했으나 모두가 용납되지 않았다. 향엄선사가 곧장 방으로 돌아가 모든 서적을 두루 뒤졌으나 한마디도 대답에 알맞은 말이 없으매 마침내 몽땅 불질러 버렸다. 향엄선사는 "금생엔 불법을 배우지 못했다. 내가 오늘까지 나를 당할 자 없으리라 여겼는데 오늘 위산에게서 한 방 맞으니 깨끗이 그 생각이 없어졌다. 이제는 그저 하나의 죽먹고 밥먹는 중으로서 여생을 지내리라."(한글대장경, 祖堂集 2, 308쪽)

중국의 고명한 선승들은 "깨달음은 이러이러하다"는 일반론 대신에 "나의 깨달음은 이러하다" 또는 "나는 이렇게 살아간다"라는 자신의 체험을 진솔하게 드러내는 제시적 형태가 지배적이다. 환원적 형식에서는 일상적 세계로의 환원뿐만 아니라 선험적 자아에로의 환원적인 형식을 갖고 있다.[12)]

2.26 상징적 은유적 형식

언어적 형식구조 중에서도 가장 암시하는 바가 분명하지 않아서 명상을 통해 그 의미를 찾아내지 않으면 안 될 것들이 있다. 어떤 중이 石霜선사께 물었다. "眞身도 세상에 나타납니까?" "진신은 세상에 나타나지 않느니라." "그렇지만 진신임에야 어찌합니까?" "유리병의 주둥(口)이니라." (한글대장경, 祖堂集 1, 265쪽) 위산이 仰山을 시켜 선사의 동정을 살피게 했더니, 앙산이 선사에게 하루를 묵은 뒤에 물었다. "어떤 것이 부처입니까?" 선사께서 주먹을 쥐어 보이니, 다시 물었다. "어떤 것이 도입니까?" 선사께서 다시 손을 펴 보였다. "끝내 어느것이 옳습니까?" 선사께서 손을 털고 가버리면서 말했다. "그렇게 하지 말라." 앙산이 돌아와서 이 일을 자세히 전갈하니 위산이 자리에서 내려와 석실 쪽을 향해 합장을 했다. (한글대장경, 祖堂集 1, 224쪽)

도승이 암두선사에게 물었다. "어떤 것이 불법의 대의입니까?" 선사께서 대답했다. "작은 고기가 큰 고기를 삼켰느니라." (한글대장경, 祖堂集 1, 288쪽) 상징적 은유적인 형식을 선불교의 가장 본질적인 의미라고 말해야 할 것이다. 선문답을 통해서 제시되는 본질차원에로의 초월(Möglichkeit und Unmöglichkeit eines Überstiegs in die andere Dimension)은 인간이 가지고 있는 언어성과 역사성으로 인해서 제한된다. 제한된 세계를 넘어서 있는 세계에 대한 경험은 상징과 은유를 통해서만 매개될 뿐이다. 세계경험을 넘어서 있는 세계에서의 소리를 우리는 단순히 예감할 뿐이다. 우리는 본질이 우리를 향해 말해 오고 있는 소리를 감지해 낼 수 있을 것인가? 그렇다면 그때 우리가 갖추어야 할 인식의 조건들은

---

12) 入矢義高, 같은 책, 20쪽.

어떠해야 할 것인가? 대상과 사태가 말하게 하고 우리가 귀 기울인다는 말은 무엇을 의미하는 것인가? 우리는 상징과 은유로만 다가갈 뿐이라는 것은 무엇을 의미하는가? 세계에 대한 새로운 시각의 열림은 반드시 우리의 충족된 조건에서만 가능해지는 것은 아니다. 선문답이 경전과 자아에 파묻혀 자폐증을 앓고 있는 철학자에게 지시해 주는 바는 무엇일까? 진정 눈으로 들을 수 있는 자만이 이것을 이해할 수 있을 것인가?

2.3 공안의 내용적 구조

선문답은 세계와 존재의 경험을 다양한 방식으로 매개하는 실천적 과정이다. 앞에서 우리가 공안의 언어적 형식적 구조를 살펴보았지만 공안의 내용은 결코 형식에서 분리되지 않는다. 존재의 본질이나 불교의 근본원리가 선어록의 중심내용임은 사실이지만 거기로 들어가는 출발점은 반드시 시작해야 할 어떤 고정된 기점을 갖지 않는다. 공안의 내용은 어디서 시작해도, 어떤 문제를 붙잡아도 상관이 없다는 점에서 방향잡기(Orientierung)가 제한되어 있지 않다. 특정한 출발점이 없다는 뜻에서 무문(無門)이다. 그러나 흡사 일상적인 질문으로 보이는 어떤 문답내용도 사태의 본질과 연관되어 있으며 바로 여기서 시작하여 깨달음에 이른다.

2.31 상태와 위상

선사들이 제기하는 첫번째 질문은 대체로 수도승이 "어디서 오는가?", "어디 사람인가?"라는 질문이 많다. 이 질문은 글자 그대로 수도승의 출신을 묻는 물음이다. 왜냐하면 고명한 중국의 선가들은 수많은 무리의 수도승을 이끌고 있으며,

수도승의 구도행각은 전국 각지를 두루 다니면서 이름있는 선사들을 찾아 다니기 때문에 어느 선가를 거쳤느냐는 정보를 얻기 위한 초보적인 질문이기도 하다. 그러면서도 이 질문은 선문답적인 의미도 함축하고 있다.

설봉선사가 어떤 수도승에게 물었다. "어디 사람인가?" "자주 사람입니다." "들으니 자주에는 金이 난다는데 사실인가?" "그렇습니다." "얻어 가지고 왔는가?" "가지고 왔습니다." "가지고 왔거든 노승에게 보여다오." 중이 손을 벌려 보이는 시늉을 하니, 선사께서 침을 뱉았다. 바로 거기서 선사는 또 다른 중에게 물었다. "어디 사람인가?" "자주 사람입니다." "들으니 자주에는 金이 난다는데 사실인가?" "사실입니다." 선사께서 손을 벌리고 말했다. "금을 좀 가지고 왔느니라." 중이 침을 뱉으니, 선사께서 얼른 붙들어 열다섯 대를 쥐어질렀다. (한글대장경, 祖堂集 1, 297-298쪽)

상태와 위상에 대한 질문은 다분히 수도승의 주변적 정보획득의 의미가 중심이라고 하지만 이와 유사한 질문에서 선적 경지를 탐색하기 위한 질문도 있다. 이런 질문들은 선사가 수도승으로 하여금 그가 대답에 담긴 내적 긴장의 정도를 측정하기 위한 질문들이다. "그대는 어디로 가려는가?", "그대에게 부모가 있는가?", "손에 든 것이 무엇인가?", "지금 무엇을 하는가?", "눈앞의 생사가 어떠한가?"라는 물음은 단순한 답을 구하는 질문이 아니다. 한편 일상적인 것 같으면서도 도의 핵심적인 근거를 구하는 질문도 있다. "어찌하여야 국왕의 은혜에 보답할 수 있겠습니까?"라는 질문이나 "천당과 지옥이 있습니까?", "어떤 것이 조사께서 서쪽에서 오신 뜻입니까?"라는 질문은 교리 자체에 관한 질문이라기보다는 수도승의 도를 향한 정도를 탐색하는 과정이다.

조주선사에게 어떤 중이 물었다. "어찌하여야 국왕의 은혜에 보답할 수 있겠습니까?" 선사가 대답했다. "염불을 해야 하느니라." 중이 다시 사뢰었다. "거리의 거렁뱅이도 염불을 합니다." 선사께서 동전 한 닢을 주었다. (한글대장경, 祖堂集 2, 270쪽)

2.32 원리의 실체

선문답의 내용에서 주종을 이루는 것은 교리적인 질문들이다. 불교가 무엇이며, 부처는 누구이며, 불교교리의 진정한 의미가 무엇인가? 등을 중심으로 이루어지는 질문들이다. 이런 질문들은 수도승들이 선사에게 정보를 구하는 방식으로 사용되는 것으로써 주로 수도승이 선사에게 던지는 단순질문의 방식으로 화두가 시작된다. 이런 질문들에는 질문자의 내적 긴장이 전혀 게재되어 있지 않기 때문에 깊은 의미를 함축하는 선문답의 화두라고 인정되기는 힘들다. 예를 들면, "어떤 것이 도입니까?", "어떤 것이 불법의 대의입니까?", "옛 부처님의 도량에 어찌하여야 이를 수 있습니까?", "어떤 것이 해탈입니까?", "잣나무에도 불성이 있습니까?", "般若는 무엇이 바탕이 됩니까?", "어떤 것이 부처입니까?", "眞身도 세상에 나타납니까?", "어떤 것이 학인의 본래의 마음입니까?", "학인이 부처를 이루고자 할 때가 어떠합니까?"

물론 이런 질문들에서 화두가 시작되지만 선사로부터 얻는 답은 결코 그 질문내용에 대한 답, 즉 기대한 대답들이 나오지 않는다. 이런 대답들은 언제나 수도승으로 하여금 새로운 수준의 정진을 요청하는 계기가 될 뿐이다. 선문답은 완결된 대화가 아니라 언제나 과정에 있음, 도중에 있음을 지시한다. 선불교에서 사용하고 있는 용어 "佛向上"이란 말은 부처와 도를 목표로 다가가는 것이 아니라 부처를 뛰어넘는 것이며, 결국에는 자신을 뛰어넘는 것이다. 그러므로 "佛向上"은 완결될 수 없는 지속적인 태도이다. 만약 선문답이 완결에 도달하였다면 그것은 이미 "向上"이 아니라고 말한다.[13)]

초경선사에게 어떤 학인이 물었다. "어떤 것이 학인의 본래의 마음입니까?" "지금의 것은 무슨 마음인가?" "그러나 학인이 모르니 어찌합니까?" "알지 못한다는 것을 알면 되느니라." (한글대장경, 祖堂集 2, 88쪽)

2.33 禪的 경지의 화두

마지막 단계에 서 있는 선문답의 내용은 어느 정도 선에 정진한 경험을 가진 선사들간의 선문답이다. 여기서의 질문은 이미 불전연구를 통한 이론의 이해가 어느 정도 전제된 상태이며 질문 그 자체가 이미 경지에 다다랐음을 예시하고 있는 질문이다. 대체로 이런 질문들은 선사와 선사들 사이에, 또는 선사와 뛰어난 수도승간의 선문답들이다. "어떤 것이 물음(問)입니까?", "어떤 것이 없음의 구절 가운데 있음의 구절입니까?", "어떤 것이 눈으로 소리를 듣는 도리입니까?", "마음 그대로가 곧 부처라고 하는데, 어떤 것이 부처입니까?", "모남(方)과 둥글음(圓)이 이루어지지 않을 때가 어떠합니까?", "어떤 것이 현묘함 가운데 현묘함입니까?", "무릇 말은 모두가 불요의(不了義)에 속한다 하는데 어떤 것이 요의(了義)입니까?" 등의 질문은 진정한 선문답을 통한 達道의 경지를 겨루는 데 사용된다. 그리고 선은 단순한 수양의 방법이나 수행이 아니다. 선을 통해서 인간은 지적인 눈을 열게 되고 존재의 진정한 근거를 획득하는 것이다.

藥山의 법을 이은 비수(椑樹)선사가 하루는 마당을 쓸고 있는데 조주(趙州)가 물었다. "般若는 무엇이 바탕이 됩니까?"

---

13) 入矢義高, 같은 책, 18쪽.

이에 선사가 대답했다. "그저 그러하니라." 조주는 이튿날도 선사께서 마당을 쓰는 것을 보자 여전히 그렇게 물으니, 선사가 말했다. "그것을 그대에게 물으면 대답해 주겠는가?" "물으십시오." 이에 선사가 물으니, 조주가 손뼉을 치면서 물러갔다. (한글대장경, 祖堂集 1, 216쪽)

2.4 공안의 두 차원과 현상학적 환원

공안의 형식적 구조와 내용적 구조를 총괄하여 우리는 선어록의 내용을 두 개의 차원으로 나눌 수 있다. 즉 1차적인 차원과 2차적인 차원이 있다. 1차적인 차원은 다음의 선문답의 경우를 생각할 수 있다. 한때 어떤 수도승이 조주에게 물었다. "一祖가 東에서 온 까닭은 무엇입니까?" 조주는 "마당에 있는 실측백나무(Zypresse im Hof)"라고 대답하였다. 불교의 살아 있는 진수와 "마당에 있는 실측백나무"라는 대답과 무슨 관련이 있는가? 일상적인 상황에서는 조주의 대답이 무의미한 것으로 보인다. 그러나 첫번째 차원에서의 선문답의 의미는 수도승에게 의미를 갖는 대답이다. 이것은 원초적인 무차별에 관련된다. 차이성은 존재하기 위해서 필요하다. 전체로서의 무차별성은 언표 불가능성의 문제이다. 온 세계가 실측백나무고 조주도 실측백나무고 수도승도 실측백나무다. 이 세상에는 실측백나무의 의식 외에는 아무것도 없다. 이 형이상학적인 원점에서 존재가 그의 유일한 동시적 보편적 실측백나무로서의 무차별성에서 밝혀진다.[14)]

황주의 노산 귀종사에 狙印 了元선사가 살고 있었다. 소동파가 거기를 들렀다. "잘 오셨소, 앉을 데가 없소이다." 소동

---

14) Izutsu, Philosophie des Zen-Buddhismus. S. 119.

파는 말하기를, “그럼 스님의 四大를 빌어서 의자대용으로 쓸까요? 몸은 원래 地水火風이잖소.” 요원선사는 이에 대응하기를, “그럼 내 질문에 답하면 玉帶를 끌러 주겠소?” 소동파는 아주 자신만만하게 거기에 응하였다. “四大는 원래 空인데 대관은 어디다 몸을 걸치겠소?” 이에 소동파는 玉帶를 끌러 주고 말았다.

공안선에서의 1차적 차원은 본래적인 선을 위한 부차적인 의미를 갖는다. 그러나 위의 1차적 차원들은 공안에 대한 지적인 해석이 허용된다. 그리고 어느 정도에서는 지적인 해석이 가능하다. 이는 지적인 해석을 넘어서 다음 단계에 올 진정한 세계경험을 예비하는 것이다. 공안을 완전한 지적인 이해로 보면 아무런 의미를 찾아내기 힘들다. 지적으로 추구할수록 원래의 정신에서는 멀어진다. 지적 과정과는 달리 직접적으로 공안을 파악함이 禪-理論의 유일한 과제이다. 오히려 지성을 통한 공안이해는 장애로 작용한다.[15] 절대적으로 타협없이 지적인 이해를 버려야 한다.

후설이 시도한 환원적 방법은 인식의 의미문제와 타당성 문제의 해결을 위한 준비에 속한다. 환원은 모든 자연적 인식태도에 지향된 존재믿음을 고려하는 것이다. 환원은 자연적인 태도 속에서 은폐되어 있는 것들을 우리들의 시야로 불러들이는 것이다. 그래서야만 현상학적인 탐구가 가능해진다. 그래서 이들은 독사적인(doxa) 대상성격이나 대상양식(Gegenstandmodi)을 가지고 있는 것들, 현실적인 것, 가능한 것, 의심스러운 것 등이다. 에포케 대상에 들 것은 결코 개별적인 존재타당만이 아니라 자연적 태도의 일반정립을 괄호쳐야 하며 “세계신념(Weltglaube)” 모두를 포함해야 한다.[16] 그러

15) Izutsu, a. a. O. S. 121.

16) Husserl, Ideen zu einer reinen Phänomenologie und phänomenologischen

나 후설은 환원을 통해서 세계경험에 대한 극단적인 존재판단의 부정을 시도한 것이 아니다. 그는 단순히 이런 존재판단을 "괄호치기"를 의도했을 뿐이다. 긍정적으로 말한다면 모든 세계경험에 대한 존재판단을 문제로 삼았(in Frage stellen)을 뿐이다. 예를 들면 후설은 환원에 대해서 두 개의 단계를 설정하고 있다.[17] "정확하게 말해서 주어진 이 세계 위에 구성되어 있는 선험적 주관으로서의 환원(Rückgang)은 두 단계로 수행된다. 즉 1) 모든 감성적으로 드러난 세계로부터, 그리고 이런 세계의 과학과 과학적인 규정을 가지고 있는 주어진 이 세계로부터 근원적인 생활세계로 환원하는 단계와, 2) 생활세계에서 다시금 이 생활세계가 발생하는 주관적인 능력으로의 환원,"[18] 즉 선험적 주관에로의 환원이다. 후설의 환원이 두 개의 단계로 수행되고 있는 것처럼 공안에 대한 이해도 마찬가지다.

현상학적 환원, 즉 무전제의 원리는 전적인 무로부터의 시작을 요청하는 것이 아니라 다만 인식에 대한 모든 전이해와 주장에 대한 엄밀한 배제를 의미했다.[19] 禪에서 1차적으로 무차별에로의 환원을 시도하는 것처럼, 현상학적인 봄(Sehen)

Philosophie, Ersters Buch Allgemeine Einführung in die reine Phänomenologie, hrsg. von Walter Biemel, Den Haag 1950. S. 53ff. 이하 III로 약기함. Husserl, Erste Philosophie(1923/1924) Zweiter Teil : Theorie der Phänomenolgischen Reduktion, hrsg. und eingeleitet von Rudolf Boehm, Den Haag 1959. S. 40f. 이하 VIII로 약기함.

17) "Es liegt an der eigentümlichen Natur der uns zugewachsenen Aufgabe, da die Zugangsmethode zu dem Arbeitsfeld der neuartigen Wissenschaft… (sich) in eine Vielheit von Schritten gliedert, deren jeder in neuer Weise den Charakter einer Epoch , einer Enthaltung von natürlich naiven, und jedenfalls von schon im Vollzug stehenden Geltungen hat…Offenbar ist allem voran erfordert die Epoch hinsichtlich aller ohjektiven Geltungen…" Krisis. S. 138.

18) Husserl, Erfahrung und Urteil. S. 49.

19) Husserl, Logische Untersuchungen, Erster Band. S. 24ff.

은 밝혀 줌, 열어 줌, 벗겨 줌의 훈련이다. 즉 사태 자체로 되돌아가도록 하는 것이다.[20]

3.1 선의 본질적 의미

공안의 2차적 차원은 실천적 학습과정이다. 그리고 수단이다. 이 차원에서는 더 이상 지성을 통해서 이해되지 않는다. 명상 속에서 밤낮으로 공안을 풀려고 자기의 정신을 집중하지만, 생각하거나 또는 그 의미를 이해하려고 애쓰지 말아야 한다. 간단히, 완전히 전적으로 풀려고 해야 한다. 공안의 해석이 부러져 나오게 하는 유일하고 진정한 길은 나와 공안이 하나가 되어야 한다. 그 속에 있는 의미를 일의적으로 해석하고 일정한 답을 구하려는 것은 무의미한 일이다. 조주의 실측백나무에 관한 공안은 자신이 바로 실측백나무가 되는 것을 말한다. 이것은 다음의 공안이 지시하는 의미와 같다. 조주선사에게 어떤 학인이 물었다. "학인이 부처를 이루고자 할 때가 어떠합니까?" 선사께서 대답했다. "마음 힘을 허비하느니라." "마음 힘을 허비하지 않을 때는 어떠합니까?" "부처가 되느니라."(한글대장경, 祖堂集 2, 267쪽)

어떤 수도승이 조주에게 물었다. "개도 불성을 가졌습니까?" 조주는 "無"라고 대답하였다. 첫번째 차원에서의 이 대답은 별다른 설명없이 분명하다. 불교이론에 의하면 불성은 만물에 내재해 있다. 개도 불성을 가졌느냐는 질문을 통해서 문제의 진정한 의미를 찾아낼 수가 없다. 부정의 대답은 곧장 수도승의 전체적 심리기제를 전환시키는 계기로써 충분하다. 말하자면 無를 직관하는 동안에는 공안의 의미를 찾는 것이

20) A. a. O. S. 110.

무의미해지고 공안의 의미를 찾으면 수도승은 길을 중단할 수 밖에 없다. 수도승은 자신의 주체가 이 무에서 해소되어 버리고 전환되어 버린다. 무를 생각하지 않고 무에 빠져 들게 된다. 이론의 궤변성을 혼란으로 몰아서 고차의 사변으로 치닫고 있는 체계들을 파괴시킨다.[21] 마치 후설이 사태 자체(Zu den Sachen selbst)를 요청한 것과 같다. 1차적 차원의 공안은 가상체의 무이다. 그것은 형이상학적이고 선-형이상학 그 자체의 현실화이다. 그와 달리 2차적 차원의 무는 하나의 수단이며 방법이다. 즉 선-수도승의 훈련을 위한 수단이다. 그것은 바로 의식의 심층영역이라고 불렀던 것을 밝혀 내는 방법이다. 여기서 선의 두 차원이 통합된다. 왜냐하면 의식의 심층영역에서 비로소 방법적인 사용을 통해서 여기-지금 속에서의 가상체로서의 무가 실현되었다는 것이 밝혀진다.[22]

볼노(F. Bollnow) 교수가 1986년 오사카 강연 때 일본의 종교학자 니시타니와의 대화에서 선불교의 공안 중에서 "눈으로 듣기를 배워야 한다"는 말은 듣고 볼노는 두 가지의 다양한 방식으로 반응했다. 1) 이것은 나에게 곧바로 분명해졌다. 여기에는 깊은 형이상학적 경험이 함축되어 있는 것으로 보였기 때문이다. 2) 이것은 우선 불합리한 것으로 들리며 보다 상세한 근거지움을 요구한다…… 다양한 감각기관, 즉 여기서 눈과 귀는 그 행위의 형식적 구조와 연관해서 매우 다양하다. 볼노는 더 구체적으로 설명하기를 눈의 세계는 대상적 성격을 지닌 분명히 구별된 세계이며 이는 또 "비밀없이" 존재하는 반면, 귀의 세계는 "배경적 세계이며 비밀의 세계"를 보여 준다. 따라서 그의 견해에 의하면 선공안을 올바로 평가하기 위해서는 "먼저 명백한 설명의 시도가 거부되어야 한다고 말한

21) Izutsu, Philosophie des Zen-Buddhismus. S. 102.
22) Izutsu, Philosophie des Zen-Buddhismus. S. 122.

다.[23] 그러나 볼노는 서양철학자였기에 가능한 설명을 부여해 보려고 애썼다. 말하자면 눈은 자의적이고 의도적인 감각기관이지만 귀는 수동적이고 수용적인 감각기관이다. 이것을 좀더 깊이 생각하려면 아마 눈과 귀의 기능에 얽힌 은유를 이해해야 할 것이다. 이 말의 의미는 바로 자아중심적 세계의 포기를 역설적으로 의미하는 선어록이다.

3.2 후설 현상학의 과제

『유럽 과학의 위기』에서 후설은 유럽의 과학적 사고는 기술진보에도 불구하고 위기에 처하고 있다는 문제의식에서 출발하고 있다. 이것은 보편적 과학적 합리성에 토대를 두고 있는 과학주의를 비판대상으로 삼는 것이다. 후설은 현재의 과학적 합리성이 순수수학이나 자연과학적인 엄밀성의 이상에 붙들려 있어서 인간의 삶의 방식에 대한 질문을 방향지워 주는 능력을 상실했다는 것이다.[24] 후설은 이런 위기는 합리적인 문화가 저지른 실수라고 본다. 이것은 객관주의의 소박성에서 연유한 것이며 객관주의는 다양한 형식의 자연주의와 정신의 자연화란 모습으로 등장한다.[25] 그러므로 유럽 과학의 위기는

23) F. Kümmel, Die Natur spricht, doch nur wenn wir lernen sie “mit den Augen zu hören”. 이 논문은 퀌멜 교수가 1994년 단계학술원 초청으로 서울에서 행한 강연 중 4번째의 주제에 해당한다. 이 강연록은 『자연은 말하는가? (Spricht die Natur?)』란 제목으로 한국어로 번역출간되었다. 최신한 역, 자연은 말하는가? 1995년, 탑출판사, 205쪽. 이런 대화의 내용은 볼노의 저작에 수록되어 있음. O. -F. Bollnow, Die Stadt, das Grüne und der Mensch, In : Bollnow, Zwischen Philosophie und Pädagogik, Vorträge und Aufsätze, Aachen 1988. SS. 44-62.

24) 후설은 이를 “Die Krisis der Wissenschaft als Verlust ihrer Lebensbedeutsamkeit”라고 부른다. Walter Biemel, Krisis. in : Husserliana VI, Haag 1976. S. VIII이하. 이하 Krisis로 약기함.

25) Krisis, Ergänzende Texte. S. 339.

왜곡된 합리주의에 그 원인을 두고 있다.[26] 이런 객관주의 때문에 인간은 삶에 있어서 중요한 질문을 제외시켜 버리고 있다. 객관주의의 위기를 벗어나는 유일한 방법으로 후설은 선험적 현상학을 제시하고 있다. 후설은 관념적인 형상으로부터 생활세계로의 환원 그리고 자연적인 세계로서의 생활세계로부터 선험적 주관으로의 환원을 말한다. 현상학적 환원의 방법적인 최종목표는 선험적 주관이다.[27]

3.21 생활세계

후설은 먼저 갈릴레이에서 시작하는 근대과학의 이념을 일단 긍정적으로 평가하여 그를 통해서 근대과학은 참으로 많은 대상인식에 도달할 수가 있었다는 것이다.[28] 그는 순수수학과 물리학을 통해서 자연을 수학화할 수 있는 근거를 마련하였다. 자연을 체계적으로 지배할 수 있는 합리적 과학을 가지고 이성적으로 무한한 존재 전체(Seinsall)의 관념을 구상함으로써 우리는 아주 새로운 인식에 접하게 된 것이다. 즉 무한한 세계를 관념성의 세계로 구상했던 것이다.[29] 이렇게 해서 불완전하고 우연적인 인식이 아니라 합리적이고 체계적이고 통일적인 방법의 인식에 도달한 것이다. 그러나 수학화될 수 없는 세계의 형식을 가진 다른 측면의 세계는 아무리 "간접적인" 수학화를 통해서도 직관적으로 몸에서 체험될 수 있는 특수한 감성적인 질료를 붙들 수는 없었다. 오히려 순수수학과

26) 후설은 합리성을 인류의 불운이라고 말하거나 부차적인 의미를 가졌다고 보지는 않는다. 다만 진정한 합리성의 의미를 되살려야 하는데 그것은 희랍적인 이념에서 나온다고 보았다. 그러나 독일 관념론은 계몽주의의 왜곡된 합리성에 집착해 있다고 비판한다. a. a. O. Ergänzende Texte. S. 337.

27) Husserl, Erfahrung und Urteil. S. 49.

28) A. a. O. 8. S. 18ff. 26.

29) A. a. O. S. 19.

물리학의 관념성은 계속 낯선 것에 부닥쳤고 이를 설명해야 할 요청에 직면하였다. 다시 말하면 지금까지 자연과학이 망각해 온 의미토대로서의 생활세계를 만나게 된다는 것이다. 과학은 우리에게 이념의 옷을 입혔다. 소위 객관적 과학적인 진리를 구성해 낸 것이다.[30)]

결국 우리는 누구도 생활세계를 떠날 수 없으며 생활세계를 토대로 하여야만 자신의 고유한 작업을 수행할 수 있다는 것이다.[31)] 즉 생활세계의 개념은 이 개념에 대립된 영역인 객관적 세계를 포괄하는 데까지 확장시켰다. 그렇다고 생활세계 자체를 객관적인 것으로 만든 것이 아니라 과학을 생활세계의 활동의 산물이 되도록 만든 것이다. 이것을 일러 후설은 생활세계의 구체적 통일이라고 부른다. 생활세계를 주제화시키고 관념화시킴으로써 객관적 과학은 실천적인 삶을 익명적 주체로 만든다.[32)] 왜냐하면 과학은 주체의 활동으로서의 삶의 원천과 토대를 상실했기 때문이다. 과학적 합리성은 철학의 근원적인 대상인 생활세계로 접근하는 유일한 길은 아니다. 생활세계의 구조와 성격이 이를 용납할 수 없다는 것이 후설의 입장이다.

후설의 생활세계의 개념은 지금까지의 모든 과학들(거기에는 철학도 마찬가지이다)은 과학적인 개념들의 작업에 지나지 않았다. 그들이 모두 망각했던 것은 이 개념이 근원적이거나 원상태가 아니라 부차적인 형상, 사고물(Gebilde)이라는 것

---

30) A. a. O. S. 51.

31) 후설은 과학자들의 이론작업도 생활세계에서 출발한다고 본다. "Die in dieser Welt lebende Mensch, darunter der naturforschende, konnte alle seine praktischen und theoretischen Fragen nur an sie stellen, theoretisch nur sie in ihren offen unendlichen Unbekanntheitshorzonten betreffen." a. a. O. S. 50.

32) Krisis. S. 133.

이다. 이것들은 모두 원초적, 전과학적, 전이론적인 토대에서 발생한 것들이며 이 토대를 후설은 생활세계라고 부른다. 이것이 우리가 추구할 진정한 세계경험이다.[33)]

3.22 진정한 세계경험

이 생활세계는 우리의 다양한 인위적인 작업에 앞서 있는 영역이다. 기하학적인 형상과 기하학적인 시간과 공간 이전에 인간은 활동적인 생명체이다. 이것은 인간이 언제나 이미 어떤 특정한 환경 속에 있다는 것을 의미한다. 그렇다고 후설은 생활세계가 그 본질구조에 있어서 변화되지 않고 늘 그대로 잔존하는 것이라고는 말하지 않는다. 다만 자연의 수학화는 생활세계를 은폐시킨다는 것이다. 그러므로 갈릴레이 방법은 그 속에 내포된 진정한 의미와 구상과는 달리 대상의 진정한 의미를 파악하는 데 방해한 것이다. 그런 뜻에서 갈릴레이는 발견하고 은폐시키는 천재라고 후설은 말한다.[34)] 과학적인 합리성은 귀납법을 매개로 우리에게 무수히 반복되어 나타나는 것만 붙들어 이념화시키고 무한히 추상화시켜 결국 일반화된 것을 제시해 주지만 이것은 진정한 우리의 세계는 아니다. 세계의 수수께끼(Welträtsel)는 우리가 일반화시켜 붙들어 보려는 형식 밖에서 구체적으로 야기되는 생동적인 세계가 있음을 지시한다. 그러므로 철학함의 전혀 새로운 양식이 요구된다.

새 양식의 철학함은 인식이론적으로나 방법론적으로나 지금까지와는 전혀 다른 목표설정과 방법을 체계화시킨 철학을 의

33) Husserl, Die Idee der Phänomenologie. Fünf Vorlesungen, hrsg. und eingeleitet von Walter Biemel, Den Haag 1950 2. Aufl. 1973. SS. 372-377.

34) 관념화 과정은 과학이 진정한 대상을 미루고(Überschiebung) 은폐시키는 것과 같다. a. a. O. S. 48f.

미한다. 이와 관련해서 후설은 선험적 현상학의 의의를 제시한다. 후설은 분명히 "모든 혁명들 중에서도 가장 큰 혁명은 과학적 객관주의에 대한 변혁이다. 이것은 근대과학의 객관주의와 전세계의 모든 철학의 객관주의를 선험적 주관주의(trnaszendentaler Subjektivismus)로 돌려놓는 것이다"라고 말한다.[35)]

3.23 선험적 환원

선험적 현상학이 보편적이고 순수한 정신과학의 근거가 되어야 함은 여기서 분명해진다.[36)] 과학적인 합리성이 대상인식을 간접적인 방식으로 접근하는데 비하여 현상학은 직접경험의 의미를 되찾게 된다. 선험적 현상학에서 철학자는 원천적으로 기초지어진 주체성으로서 자기자신에 대한 분명한 이해에 도달하게 된다. 비록 후설이 『유럽 과학의 위기』를 칸트철학에 대한 비판을 암시적으로 의도했다고 할지라도[37)] 칸트적 주관성의 계기는 그대로 수용하고 있다. 그래서 선험적 현상학은 인식하는 주체에다 모든 객관적인 의미형성과 존재타당성의 원천(Urstätte)에로 환원시키고 있다. 그러나 칸트와 후설은 서로 다른 힘을 갖고 있다. 만약 우리가 후설의 환원이 문제를 전과학적인 생활세계를 전제하고 있다고 본다면 생활세계는 현상학의 전제라고 부를 수 있다.[38)] 칸트는 주관성과 관련시켜 인식가능성의 전제를 범주체계에다 기초지우려고 했다. 그러나 칸트가 더 근원적으로 묻지 않은 것도 선험적으

35) A. a. O. 13. S. 69.

36) A. a. O. S. 253.

37) Iso Kern, Husserl und Kant. Den Haag 1964.

38) 후설은 칸트의 이성비판의 질문설정이 전제에 대한 묻지 않은 토대를 가진다고 보는데 실제로 칸트는 후설이 제기한 질문보다는 덜 근원적이라는 것이다. a. a. O. 28. S. 106.

로 형성하는 주체성의 활동에 대한 문제의식이 있었기 때문이다. 칸트도 주관의 종합활동을 제시하지만 이 종합활동은 결코 존재론적으로 전제되어 있는 일상적인 삶의 환경(생활세계)이 아니었다.[39]

자연과학을 기초로 삼고 있는 철학들은 모두가 생활세계를 망각하고 있다는 것이다. 이들은 모든 세계를 절대적 자아에서 설명하려고 하였다.[40] 구체적이고 주체적인 생활세계는 과학 이전에 언제나 미리 주어진 그리고 늘 앞서 존재하는 타당한 세계이다. 그러므로 생활세계는 어떤 다른 의도나 주제나 목적 때문에 타당성이 확보되는 그런 세계는 아니다. 모든 목적들도 이 생활세계를 전제로 삼고 있다. 심지어 과학적인 진리를 위해 세계를 인식하려는 어떤 보편적인 목적도 생활세계를 전제로 한다. 그리고 과학적인 세계(자연과학적 의미에서의 자연이나 보편적 실증과학으로서의 철학)도 무한히 연속되는 목적표상이다.[41]

3.24 생활세계는 실재로 존재하는가?

이런 목적표상을 확장시켜 이해한다면 대상인식을 위한 개념형성까지도 생활세계엔 허용되지 않는다. 그렇다면 후설이 설정하는 생활세계는 무엇을 의미하는가? "유일하고 진정한 세계"란 어떤 세계인가?[42] 생활세계는 우리가 접근할 수 없는 세계로서 우리는 다만 이러저러한 표상만을 갖게 되는가? 생활세계는 마치 실재론에 근거해 있는 세계인 것처럼 보인

39) 칸트에게서는 범주체계에 의존하는 이미 형식화된 종합활동이다. 이런 의미에서 후설은 칸트 체계가 감성분석에 미흡했다는 것을 자주 비판하고 있다. Kern, a. a. O. S. 253.

40) Husserl, Krisis. S. 84.

41) A. a. O. S. 461.

42) A. a. O. S. 49.

다. 이미 후설은 『엄밀학으로서의 철학』에서 대상인식에 대한 자연주의적 입장과 물리적인 객관주의와 역사적 사회적인 또는 개념적 상대주의에 토대를 둔 세계관의 철학까지도 거부한다.[43)]

비록 후설이 여기서 말하고자 하는 것은 심리학주의와 상대주의를 경계하고 대상인식에 임하는 과학주의의 태도를 변경할 것을 요청하는 것이었지만 결국 우리의 과학적 태도를 넘어서 있는 이미 주어진 세계를 전제하고 있지 않느냐는 의문을 제기할 수도 있다. 의심을 갖게 할 만한 곳이 여럿 있다. 인식과 관련된 사실이 우리에게 그 전모를 드러내 주지 않는다거나 사물과 일치해서 우리의 의식에 나타나는 현상은 원칙적으로 완벽하게 드러나지 않는다고 말하고 사물은 우리에게 늘 새로운 측면을 보여 줄 뿐이라고 말하는 것은[44)] 실재론을 반영해 주고 있는 것 같다. 그런 의미에서 진정으로 존재하는 세계 (Die wahrhaftige seiende Welt)는 무한 속에 놓여 있는 관념(Idee)일 뿐이다.[45)] 그리고 생활세계는 세계파악, 세계해석, 세계성에서 엄밀히 구분되는 대상영역이 된다.[46)] 후설을 소박한 실재론자로 볼 수 있는가라는 문제는 후설 현상학의 근본적 출발점과 모순되기도 한다.[47)] 후설은 의식의 대상관련성의 특징을 지향성에다 두고 칸트에게 제기된 물 자체를 근원적으로 부정하고 대상으로서의 의식현상을 분석한다. 그러므로 그의 생활세계를 실재론적으로 파악하는 것은 그의

43) Husserl, Philosophie als strenge Wissenschaft. Frankfurt 1971. S. 23, 55.

44) Husserl, Erste Philosophie, Zweiter Teil. Hua. VIII. Beil. XVIII. S. 406.

45) Husserl, Erste Philosophie. Erster Teil. Hua VII. S. 274.

46) B. Biemel, Die Lebensweilt. Berlin 1971. S. 17.

47) Wittgenstein, Gadamer, Foucault, 후기 Heidegger, Derrida, 프랑크푸르트의 비판이론가들은 모두 후설의 세계개념에 항의한다. 세계와 세계해석을 엄밀하게 구분할 수 없다는 것이다. E. Ströcker, Lebenswelt und Wissenschaft in der Philosophie Edmund Husserls, Frankfurt 1979. S. 33f.

기본입장에 어긋난다. 후설은 플라톤적인 실재론자가 아니다. 그리고 플라톤적인 실체화에 매여 있지도 않다.[48]

그렇다면 이 생활세계를 우리는 어떻게 이해해야 할 것인가? 생활세계에 관한 후설의 입장은 그의 문제제기의 근본의도로 돌아가 보아야 한다. 『유럽 과학의 위기』의 출발점은 생활세계의 적극적인 개발에 있는 것이 아니라 엄밀하게 수학적·물리학적인 근거 위에서 세워진 현대과학을 문제로 제기함에 있었다.[49] 다시 말하면 "되물음(Rückfrage)"의 방식에서 출발한다. 그래서 후설은 근원적인 생활세계에로 돌아감(Rückgang)은 단순히 우리들의 경험의 세계를 주어진 그대로 받아들이는 것이 아니다.[50] 그의 환원의 방법이 생활세계의 실재성을 묻지 않아도 되는 근거는 어디에 있는가? 만약 후설이 되물음을 통해서 생활세계를 증명(beweisen)하려 한 것이 아니고 이를 지시(aufweisen)하고 있었다면 그의 환원적 방법은 부정성(Negativität)의 계속적인 무한후진에 빠지게 될 것이다. 결국 후설의 생활세계의 개념을 핑크(E. Fink)가 제시했듯이 도구적 개념(Operativer Begriff), 즉 기능적으로 이해해야 할지 모른다.[51]

3.3 현상학적 환원의 방법과 선문답의 길

여기서 우리는 오히려 후설의 현상학을 선불교의 관점에서

48) Husserl, Cartesianische Meditation und Pariser Vorträge, hrsg. und eingeleitet von Stephen Strasser, Den Haag 1950 Neudruck 1973. S. 48.

49) Husserl, Krisis. S. 452.

50) A. a. O. S. 57, 178.

51) 핑크는 후설의 개념 중 현상, 에포케, 구성, 환원 등의 개념을 분명히 설명하지 못한 도구적(작업적) 개념이라고 한다. 여기에 생활세계의 개념도 포함시킬 수 있다. E. Fink, Operative Begriffe in Husserls Phänomenologie, in : Zeitschrift für philosophische Forschung XI/3. SS. 321-337.

이해하는 계기를 찾게 된다. 선불교가 반지성주의를 취한 것에 대해서는 전사가 있다고 밝힌 바 있다. 그것은 바로 선불교가 성장할 무렵의 대승불교의 이론이 번창하였다. 철학적인 체계를 파괴시키는 데 그 의미가 있었다. 사실(Wirklichkeit)에 대한 직접적인 경험, 부모의 출생 이전에 가졌던 원초적인 얼굴(Gesicht)을 회복하는 것이며 원초적인 얼굴의 순수성(Reinheit)을 찾는 것이다.[52] 불교는 선지식(수도승)의 관점을 아주 단순하고 원초적인 형식으로 환원시키려는 의도였다. 거기에서 역사적인 부처 자체의 근본적 인격적 경험을 얻으려 한 것이다. 즉 원초적 깨달음의 경험을 말한다. 이것은 후설의 생활세계로의 환원을 추구하는 계기와 마찬가지이다.

후설은 자기의 선험적 현상학을 본질론 또는 선험적으로 정화된 의식의 본질론이라고 말하기도 했지만[53] 후설 역시 본질직관(또는 본질통찰) 그 자체를 목적으로 삼지 않았고 선험적 현상학 안에서 본질직관의 기능이 실현되는 것으로 보았다.[54] 그뿐만 아니라 후설은 본질통찰의 획득과 보장 및 정당성에 대한 주제적인 언급에서 그는 독자적인 본질현상학을 설정하려는 것이 아니라 선험적 현상학을 위한 방법적인 예비연구로 간주하고 있는 것으로 보인다.[55] 심지어 후설은『이념들 Ⅰ』

52) Izutsu, Philosophie des Zen-Buddhismus, S. 102.

53) Husserl, Ideen zu einer reinen Phänomenologie und phänomenologischen Philosophie, Ersters Buch Allgemeine Einführung in die reine Phänomenologie, hrsg. von Walter Biemel Den Haag 1950. S. 114. Husserl, Erste Philosophie(1923/1924). Zweiter Teil : Theorie der Phänomenolgischen Reduktion, hrsg. und eingeleitet von Rudolf Boehm, Den Haag 1959. S. 328.

54) Husserl, Ideen zu einer reinen Phänomenologie und phänomenologischen Philosophie, Drittes Buch Die Phänomenologie und die Fundamente der Wissenschaften, hrsg. von Marly Biemel, Den Haag 1952 Nachdruck 1971. S. 77.

에서 판단중지(Epoché)가 본질직관을 가능케 하는 방법인가에 대해서는 확실성을 주지 않는다고 보기도 한다.[56)]

현상학적인 환원의 방법과 생활세계로의 환원은 실재의 세계나 본질을 향한 걸음이라기보다는 우리의 인식의 전환과 관점의 전환을 본격적으로 요청하는 것으로 보아야 한다. 결국 현상학과 선불교가 상호적인 관계(Reziprozität)에서 서로를 이해하게 만든다. 현상학적인 환원의 길을 선불교에서는 수도승들이 외적인 세계에서 자기 스스로에게로 돌아오는 여행에 비유할 수 있다. "길"은 수도승에게 불가피한 것이다. 목표가 숨겨져 있는 길찾기는 수도승으로 하여금 부단히 불안에 사로잡히게 한다. 그러나 길 그 자체는 목표나 목적이 아니고 다만 수단일 뿐이다. 수도승은 결코 걸음을 중단하지 못한다. 왜냐하면 삶 그 자체가 바로 언제나 도중에 있음(in statu nascendi)이기 때문이다. 수도승은 정신적인 탄생을 위해서 노력하고 있다. 그것은 마치 병아리에 비유된다. 안에서 껍질로부터 벗어나기를 애쓰는 병아리는 동시에 밖에서 쪼아 주기를 기다리고 있다. 수도승은 여기저기로 돌아다니면서 자기에게 빛을 던져 줄 스승을 찾고 있는 것이다.

무슨 길인가? 같은 목표를 가진 사람들과 만나게 되는 길이 바로 그 길이다. 많은 사람들이 가는 길은 도로이다. 그러나 수도승은 그 도로가 자신의 길이 아님을 배워야 한다. 거기에는 누가 이미 만들어 놓은 길이 아니고 그 길이 자신의 길이 되어야 한다. 다른 사람이 갈 길, 그 길을 따르는 것은 어쩌면 迷路일 수 있다. 초경선사에게 어떤 수도승이 물었다. "듣건대 경에 말씀하시기를 '큰 도를 행하고자 하면 작은 샛길

---

55) Elisabeth Ströker, Husserls transzendentale Phänomemolgie, Frankfurt 1987. S. 89.

56) Ströker, a. a. O. S. 91.

을 엿보지 말라' 했다니, 어떤 것이 큰 도입니까?" 선사가 오히려 그에게 묻기를 "행할 수 있겠는가?"고 하자, 수도승은 "일찍이 스님께 향해 나갈 길을 청한 적이 없습니다." 이에 선사가 말했다. "내가 만일 그대에게 향해 나갈 길을 말해 주면 그대로 하여금 큰 길을 어긋나게 해주는 것이니라." (한글대장경, 祖堂集 2, 93쪽) 수도승이 가야 할 자신의 길은 아직 아무도 가지 않았던 길이다. 그래서 그 길은 아직 존재하지 않는다. 그는 혼자 그 길을 찾아서 황량한 곳 외딴 곳을 벼랑을 거쳐 가야 한다. 그가 걸어감을 통해서 비로소 길이 되는 것이다. 자신이 그 길을 찾아야 한다는 의미에서 여기에 현상학적인 환원의 의미가 있지 않는가?

4.0 결어 : 선문답과 현상학의 최종 메시지

공안들이 제시하는 것은 선에는 현상 밖에서는 아무것도 찾을 것이 없다는 것이다. 이 공안의 사례들은 그가 걸어가야 할 의미를 찾는 것 외에 의미하는 것은 아무것도 없다. 그러다가는 거기를 지나치게 된다. 현상의 의미를 찾는 것은 현상으로부터 자유롭고자 하는 사람에게는 아무 소용이 없는 것이다. 그 유혹은 가까이 있다. 그런 유혹에 빠짐은 오해를 낳는다. 그래서 비본래적인 것에서 본래적인 것으로 진입해야 한다. 그래서 후설도 환원 이후의 존재성격에 대한 의문을 제시한다.[57] 그러나 후설은 본질형이상학을 철저히 거부한다.[58] 심지어 본질이 환원(Epoché) 안에서 용납될 수 있는지, 선험

57) Husserl, Die Idee der Phänomenologie. Fünf Vorlesungen, hrsg. und eingeleitet von Walter Biemel, Den Haag 1950 2. Aufl. 1973. S. 47f. 111ff.

58) Husserl, Logische Untersuchungen. Erster Band : Prolegomena zur reinen Logik. Text der 1. und der 2. Aufl. hrsg. und eingeleitet von Elmar Holenstein, Den Haag 1975. S. 124ff.

적 환원이 의미적합하게 실재적인 세계에 적절한 것이 아니라는 생각을 갖고 있다.

선어록과 공안이 제시하는 것들은 상징이 아니면서도 또한 그것은 다른 무엇을 지시하는 기호도 아니다. 그들의 본래성은 다름이 아니라 벌거벗음(Nacktheit)이다. 거기에는 벌거벗은 인간의 문제가 들어 있다. 인간은 각종의 옷을 입고 있다. 내적인 외적인 베일을 쓰고 있다. 바로 여기서 질문하는 인간은 자신의 상태와 자신의 어려움을 짊어지고 있는 것이다. 누가 선사를 만나서 그에게 질문하고 대답을 얻는다면 그것은 자기자신에 대한 명백성을 얻기 위해서다.

그러나 질문 자체가 바로 대답이라는 것은 이런 의미에서 이해된다. "누가 입을 연다면, 그의 간을 드러내 보이는 것이다"라는 말이 있다. 선어록, 즉 공안들은 직접적으로 자신들이 진입하기를 원하는 이정표이긴 하지만 정해진 규정이나 윤리적인 명령도 아니고 도덕적인 훈계도 아니다. 마치 현상학이 어떤 실천적인 윤리에 적극적인 관심을 가지고 있지 않음과 같다. 여기서 질문되어질 수 있는 "왜"는 선사가 수도승에게 그가 무엇을 해야 하는가를 메마른 말로써 말하는 것이 아니다. 이런저런 것을 하라고 선사는 말하지 않는다. 엄밀한 훈련에 복종하는 수도승에게 그같은 것이 자주 반복되어서 말해지고 있다. 이 공안들은 수도승에게 어떤 교훈에서도 자유롭다는 통찰이 숨겨져 있다. 정도를 지나친 어떤 도움도 해롭다.

무엇을 해야 할지 수도승은 스스로 그것을 발견해야 한다. 그를 지시할 어떤 지원도 주어질 수 없다. 수도승이 추구해야 할 것은 공부가 아니다. 공부하는 것을 지양해야 한다. "공부만 하는 사람은 다른 사람을 평가하는 것만 배울 뿐이지 결코 자신의 것으로 만들지 않는다. 공부보다는 찾아야 할 것을 자신의 힘으로 찾는 것이 더욱 중요하다. 그래서 앞으로 나아가게 하는 하나의 길은 수천 성스런 자의 전승도 너에게 지시해 주지 못한다." 香嚴선사에게 어느 날 아침에 위산이 물었다. "지금껏 그대가 터득한 지식은 눈과 귀로 남에게서 듣고 보았거나 경전이나 책자에서 본 것뿐이다. 나는 그것을 묻지 않겠다. 그대는 처음 부모의 태에서 갓 나와 동-서를 아직 알지 못했을 때의 본분의 일을 한마디 일러 보라. 내가 그대의 공부를 가름하려 하노라." 이에 향엄선사가 대답을 못 한 채 고개를 숙이고 침묵했다가 다시 이러쿵저러쿵 몇 마디 했으나 모두 용납되지 않으매 마침내 도를 일러주실 것을 청하니, 위산이 대답했다. "내가 말하는 것은 옳지 않다. 그대 스스로가 일러야 그대의 안목이다." 이때 향엄선사가 방으로 돌아가 모든 서적을 두루 뒤졌으나 한마디도 대답에 알맞은 말이 없으매 마침내 몽땅 불질러 버렸다. (한글대장경, 祖堂集 2, 308쪽)

메마른 공기가 질문과 대답을 오가고 있다. 무엇인가 딱딱한 것을 붙들려고 하는 싸움은 모험이 된다. 이는 마치 호랑이의 수염을 쓰다듬는 것이나 호랑이 굴에서 호랑이 새끼를 훔쳐 오는 것과 같다고 비유된다. 그러나 모든 것의 차이가 사라진 상태를 그릴 수는 있지만 붙들기는 힘들다. 마치 나에게서 스스로 형성하는 형상은 우리들의 정신과 심성 속에서 자유롭고, 유동적인 물결을 일으킨다. 그것을 지각하면 얼음이 된다. 흘러가는 것을 고정시켜서 그것을 딱딱하게 만드는 것과 같다. 그러므로 모든 입장은 포기되어야 한다. 그리고 떠나야 한다. 空은 그 자신이 굳혀져 있어야 할 어떤 기점도 갖고 있지 않다. 『碧巖錄』의 25번째의 공안은 만약 깨달음을 가진 정신이 어떤 입장에 매이면 그는 거기서 빠져 나올 수 없을 뿐만 아니라 그는 독의 바다에 빠지고 만다는 것을 말해

주고 있다.[59)]

선사와 수도승의 삶에는 머무를 수 있는 어떤 기점도 없다. 이 땅 위에서 그리고 우리의 인식 속에서 내가 머무르고 있는 입장에서 빠져 나올 수 없다면 나의 생각과 내 행위는 언젠가 반복되고 복사되고 모방된다. 내가 거기서 떠남으로써 나는 거기에 거리를 두게 된다. 그러나 거리둠은 결코 멀어짐이 아니다. 내가 만들고 있는 개념은 나에게 철통 같은 감옥 속에다 나를 가두고 나의 시선과 봄(Schauen und Sehen)을 폐쇄시킨다. 그래서 본래성에로 들어가는 길을 가로막는다. 이것이 바로 대승불교의 이론이다. 불교는 본질적으로 현상학적이다. 현상학적인 환원의 훈련을 통한, 개념과 체계와 주장에 대한 판단의 중지와 태도전환은 머무름이 아니다. 계속적인 진행을 의미한다.

만공(滿空)스님께서 어느 해 여름 해제하던 날, 천천히 승당에 내려와 대중을 두루 돌아보며 선객들을 칭찬하여 말하기를 "올 여름 대중들은 용맹스럽게 정진을 잘들 하였다. 그러나 나는 홀로 하는 일 없어 그저 그물을 하나 폈더니라. 그런데 오늘 와서 이 그물 속에 한 마리의 고기가 걸려든 것이다. 자, 대중들은 일러라, 어떻게 해야만이 고기를 구해내겠는가?" 그때 대중 가운데 한 禪客이 일어나 입을 들먹하자마자 만공스님은 무릎을 탁 치며, "옳다! 한 마리 걸려들었다" 하였다. 다시 한 선객이 벌떡 일어나 무슨 말을 하려고 입을 열자마자 만공스님은 무릎을 탁 치며 "옳다! 또 한 마리 걸려들었다"고 하였다. 그렇게 대중이 누구든지 입만 들먹하면 무

59) Bi-Yân-Lu(碧巖錄), Meister Yüan-wu's Niederschrift von der Smaragdenen Felswand, verfaßt auf dem Djia-schan bei Li in Hunan zwischen 1111 und 1115 im Druck erschienen in Sïtschuan um 1300, verdeutscht und erläutert von Wilhelm Gundert, München 1960. Band 1. S. 427.

륭을 탁 치며 똑같은 말을 하자, 혜암스님이 가만히 자리에서 일어나 만공스님의 옷깃을 잡아당겼다. "큰스님! 어서 그물에서 나오십시오."[60)]

선어록과 공안들은 통과하는 길이다. 다만 이 길을 통해서 어떤 길이 확정되어 있는지를 알 수 없을 뿐이다. 선사는 같이 생활하고 있는 자신의 제자를 너무 잘 알고 있다. 그는 그가 무얼 하고 있으며 그가 어디까지 왔는지를 잘 알고 있다. 그리고 그의 불안이 어디를 향하고 있는지도 알고 있다. 그리고 그는 그의 상태를 잘 알고 있다. 그는 제자의 통찰과 비통찰의 정도를 잘 알고 있고 그의 비판, 그의 의심, 그의 황당함을 잘 알고 있다. 선사는 공안을 통해서 그리고 침묵으로 또는 어떤 움직임으로, 수도승에게 입장을 떠나는 것을 도와주고 있다. 그러나 최상의 길은 말이 없는 것이다. 만약 말을 통해서 길을 알려 준다면 질문과 대답 사이에는 어떤 논리적인 정확성도 없다. 그러나 선사는 수도승의 의견(Doxa) 전체를 흔들어 놓는다. 그의 표상, 견해, 관점, 추측, 기대 등이 모두 Doxa이다. 그리고 그것이 바로 迷妄이고 가상이다. 이렇게 해서 대답은 질문을 넘어가고 이렇게 넘어섬(Überspringen)은 변화이다. 선에서 외쳐지는 고함소리, 몸을 밀침이나 넘어뜨림이나 고개를 돌림은 지금까지 수도승이 가져왔던 습관을 파괴시킴이며 동시에 길을 열어 보임이며 밝힘(Freilegung)이다. 수도승은 이런 고통스러운 과정을 통해서 걸어가고 있다. 깨우침으로 인해서 그가 파멸에 빠지는 것을 감수하고 그는 戰士처럼 살아간다. 그 속에서 그는 물고기가 물없이 헤엄칠 수 있으며 공기없이 새가 날을 수 있듯이 된다. 서양사고에서는 원인과 목적의 끊을 수 없는 사슬 안에서

60) 강인봉 편역, 혜암선사 법어집-늙은 원숭이, 열음사, 1991, 48쪽.

살고 있어서 인과적이고 목적론적인 삶에서는 멀어져 있다. 바로 여기에 이들의 합리성이 숨겨져 있다.

우리가 새로운 세계를 체험했을 때 느끼는 “아하(Aha)!” 의 경험(현상학적 경험)은 선에서 깨달음 또는 깨우침과 비유될 수 있다. 깨달음의 경험은 전(前)이론적이고 전(前)학문적인 탄성과 가장 바닥에 있는 감각에서 시작된다. 그러나 선에서의 새 경험은 총체적이다. 단순한 인식론적인 진행이 아니라 삶 전체의 변화를 의도한다. 이것이 또한 현상학과 선불교를 갈라놓는 중요한 관점이기도 하지만 이것이 서로를 연결시킬 수 있는 계기로 작용하기도 한다. 두 가지의 서로 다른 환원방식간에 그치지 않을 대화를 암시하는 것으로 이 논문을 끝맺는다.

풍수지리에서 나타난 대지개념에 대한 현상학적인 고찰

홍성하

I. 들어가는 말

흔히 우리는 동양과 서양의 사상사적 특징을 기술할 때 동양을 자연과의 조화를 추구하는 역사로 보고 서양을 자연지배의 역사로 이해한다. 자연지배와 자연조화의 세계관은 합리화라는 개념과 관련하여 계몽과 신화의 시기로 구분지을 수 있다. 즉 신비적이고 주술적인 사유를 어느 정도 극복했느냐에 따라 그 세계의 합리화를 측정하게 된다.[1] 합리화를 추구하는 계몽사상의 특징은 세계의 탈마법화(Entzauberung)로서 신화를 말살하고 경험과학적인 지식을 통해서 공상의 세계를 붕괴시키려고 한다. 이런 계몽정신은 만물에 영혼이나 신이 깃들어 있다고 믿는 정령신앙(Animismus)을 근본적으로 거부하면서 자연을 대상화하고 법칙화하면서 이를 보다 완벽하게 파악하고 지배하고자 한다.[2] 서양의 역사를 이러한 계몽과 신화라는 측면에서 고찰할 때 자연지배의 정신으로부터 신화의 시기가 서서히 무너지면서 계몽의 시대가 도래함을 알 수 있

1) J. Habermas (1988), *Theorie des kommunikativen Handelns*, Bd. 1. (Frankfurt: Suhrkamp) 207-366쪽 참조.

2) M. Horkheimer & Th. Adorno (1987), *Dialektik der Aufklärung* (Frankfurt: Fischer Verlag) 25-27쪽 참조.

다. 다시 말하면 mythos로부터 logos에로 전이되는 것을 통해 우리는 흔히 근대화, 합리화 또는 인간정신의 발전이라고 지칭한다.

자연에 대한 인간의 태도는 우리가 살고 있는 대지에 대해서도 동일하게 관계한다. 동양사상의 특징이 자연과의 조화라고 할 때, 이 논문에서 중점적으로 다룰 풍수지리 사상도 역시 자연과의 조화를 추구하고 있는지를 그 중심개념인 대지를 분석함으로써 밝혀 내고자 한다. 이러한 해명을 위해서 이 논문에서는 현상학적인 방법을 통해 접근하고자 한다. 여기서 사용하는 현상학적이라는 표현은 하이데거가 구체화시킨 사태 자체에로 되돌아가고자 하는 방식을 의미한다.[3] 다시 말하면 사태로서 대지라는 현상을 어떻게 하면 근원적으로 드러내 볼 수 있을까 하는 것이다. 대지에 대한 연구를 위해 우리는 흔히 대지와 자연, 대지와 하늘, 대지와 세계 또는 대지와 인간 등의 관계를 통해서 접근할 수 있다. 이 논문의 목표는 우리가 일상적으로 자명한 것으로 받아들이고 있는 대지라는 현상의 은폐성을 드러내고 그 근원에서 대지의 현상을 밝혀 내고자 하는 데 있다. 바로 우리가 당연시하고 주의깊게 관찰하거나 문제로서 제기하지 않고서 단지 우리의 삶의 터전으로만 여기고 있는 대지를 풍수지리 사상과 관련하여 우리의 중심테마로서 설정하고자 한다.

엘리아데는 풍수지리를 지리학적인 특징에 대한 해석을 위해 사용하는 용어라고 규정한다. 특히나 그는 중국인에게 널리 퍼져 있었던 풍수지리가 인간과 그 환경의 생명력 사이에 있는 관계에 대한 철학적인 개념에 뿌리내리고 있음을 밝히고 있다.[4] 논리성이나 합리성이라는 서양전통에 비추어 볼 때 풍

---

3) M. Heidegger (1972), *Sein und Zeit* (Tübingen: Max Niemeyer Verlag), 27쪽 이하 참조.

수지리 사상이 학문의 자격조건을 갖추었는가 하는 의문은 강하게 제기될 수 있다. 이러한 의문으로 인하여 풍수지리가 일종의 미신이지 하나의 학문이 될 수 없다는 일반적인 주장에도 불구하고 엘리아데의 설명처럼 풍수지리 사상이 철학적 지평 위에 발전되어 있음을 알 수 있다. 특히나 우리는 풍수지리를 영어로 Geomancy라 번역하고 독일어로는 Geomantie 또는 Geomantik[5]이라 번역할 수 있다. 이 Geomantik의 어미인 -tik의 본래의 뜻인 *τέχνη*를 주목하여 풍수지리를 단순히 기복적 신앙으로만 취급하는 것이 아니라 대지의 본질을 탐구하는 형이상학적 인식방법으로서 인정하고자 한다. 물론 풍수를 어떻게 영문으로 표기하는 것이 적절할 것인가에 대해서는 논란의 여지가 많다.[6] 이 논문에서는 풍수지리가 철학적 체계를 갖춘 것으로 보고 대지개념을 현상학적으로 분석하여 밝혀 내고자 한다. 대지개념에 대한 현상학적인 해명을 통해서 우리는 풍수지리의 본질을 밝혀 낼 수 있다고 본다.

이러한 연구를 보다 체계적으로 수행하기 위해 이 논문은 다음과 같이 구성된다. 이 논문의 앞부분에서는 비과학적이고 비합리적이며 신화적인 대지에 대한 이해를 기술하고자 한다. 물론 동서양을 떠나 인간이 대지를 어떻게 이해하고 어떻게 대지에 관계맺고 있는가 하는 것을 단정적으로 기술한다는 것은 무리가 될 수 있다. 그럼에도 불구하고 이 논문에서 대지개념을 중심논제로 삼은 것은 동일하지는 않지만 서양의 신화적 사유가 동양의 전통적인 사유와 유사함을 발견할 수 있기 때문이다. 이런 신화적 사유에서의 대지개념은 합리적 사유를

4) M. Eliade(1987), *The Encyclopedia of Religion*, vol. 5. 참조(New York).

5) F. Vos(1977)는 그의 저서인 *Die Religionen Koreas* (Stuttgart: Kohlhammer)에서 풍수지리를 Geomantik이라 번역하고 있다.

6) 최창조(1984), 『한국의 풍수사상』 (서울: 민음사), 24-32쪽 참조.

통해 밝혀 낸 대지와는 다르게 이해된다. 합리성을 추구하였던 근대사상은 현대의 여러 철학적 운동에 의해 그 기반이 흔들리고 있음을 알 수 있다. 이성이 절대적인 중심이 되어 사물이나 대상, 또는 세계에 대한 주체가 되었던 그런 시대적인 경향도 퇴보하고 비합리적이고 신비주의적인 사조들이 현대에 와서 무엇보다도 다양하게 나타났다. 이런 흐름 속에서 대지는 근대적인 의미에서 인간의 객체나 이용대상으로 단순히 물리적인 형체로만 이해되지 않고 다른 모습으로 우리에게 드러나고 있다. 그러므로 이러한 비물리적인 대지에 대한 이해를 간략하게 언급하고자 한다. 그렇지만 여기서 이러한 현대의 여러 사조에서 나타난 대지개념을 논할 수는 없고 편의상 현상학의 범위에 국한하고자 한다. 논문의 중심이 되는 부분에서는 한국의 풍수지리 사상에서 나타난 대지현상을 밝혀 내고 이에 관련된 여러 개념이나 현상들을 기술하고자 한다. 이러한 연구를 통해서 이 논문이 최종적으로 추구하고자 하는 대지와 인간과의 관계를 근원적으로 밝히고자 한다.

Ⅱ. 서양사상에서의 비물리적인 대지개념

1. 지모사상에서 나타난 생명의 근원으로서 대지

풍수지리와 관련하여 대지를 이해하는 관점을 크게 두 가지로 나누어 생각할 수가 있다. 첫째는 자연과학적인 관점에서 대지를 인과적 법칙이 지배하는 물리적인 형체로서 간주하여 인간의 경제적인 행위의 대상으로 본다. 둘째로 대지를 만물의 원천으로서 살아 있는 유기체로서 이해하는 신비적인 또는 비합리적인 관점을 들 수 있다. 첫째 관점이 풍수지리에서 지리의 측면과 관계한다면, 둘째 관점은 풍수의 측면과 관계한다. 대지를 생명의 원천이라 믿는 사람에게 있어서 대지는 그 자체의 역동성을 지니고 우리에게 다가서지만, 이를 믿지 않는 사람에게 있어서 대지는 단순히 죽어 있는 물리적인 형체로서 받아들여진다. 과학으로서 지리와 일종의 미신으로 여기고 있는 풍수가 결합된 풍수지리는 이율배반적인 특성을 지니고 있다고 볼 수 있다.[7] 이러한 풍수지리에 의하면 대지는 단지 죽어 있는 물리적인 형체만은 아니라는 것이다. 이 대지에도 역시 살아 있는 신과 같은 속성이 깃들어 있기에 이 대지는 그저 죽어 있는 것이 아니라 살아 있다는 것이다. 그러면 우리는 여기서 다음과 같은 물음을 제기할 수 있다. 대지에 신과 같은 속성이 깃들어 있다는 사실을 우리는 어떻게 알 수 있는가? 여기서 의미하는 신의 속성은 무엇인가? 대지가 곧 신인가 아니면 대지의 어느 부분에 신성과 같은 생명성이 존재한다는 것인가? 대지의 생명성이 어떠하기에 우리가 대지를 살아 있다고 할 수 있는가? 이러한 물음과 관련하여 동서양의 여러 사상이 발전해 왔음을 우리는 익히 알고 있다. 이미 언급하였듯이 신화와 계몽시대를 가름짓는 데 있어서 대지에 대한 관점의 차이는 이를 구별하는 데 중요한 열쇠가 된다.

우리는 일반적으로 하늘과 더불어 세계를 이루고 있는 대지를 우리 인간이 머무는 장소로만 이해하고 있다. 그러나 그리스 신화에서 나타나는 대지의 여신 Gaia에 대한 이야기는 신화시대의 전형적인 모습이기도 하다. 희랍어로 Chthon이라는 표현도 역시 대지를 가리키는데 이는 신적인 것이라는 뜻을 지니고 있다. 물론 그리스인들이 모두 대지를 일종의 신으로

7) 『한국의 풍수사상』, 62-63쪽 참조.

이해한 것은 아니다. 호머는 Gaia를 신적인 것으로서 파악하지 않고 단지 인간의 생활영역으로 규정하고 있다. 천상의 신에 반대되는 인간은 대지에 살고 있는 존재를 의미한다. 그리고 또한 Gaia가 정치적이고 민족적인 통일체로서 폐쇄된 대지를 의미하기도 한다. 비로소 헤시오도스에 와서야 대지의 여신에 대한 신화[8]가 나타나게 된다. 동양의 창조신화의 영향을 받아 대지는 하늘인 Uranos와 더불어 신들의 조상이고 우주의 원리가 된다. 그 후 이런 대지의 여신이 만물의 어머니라고 믿는 지모사상(terra mater)이 인류의 원시적 신앙으로 퍼졌음은 잘 알려져 있다. 이러한 지모사상에 따라 고대 그리스인들은 Gaia를 모든 신들의 어머니로 인정한다. 특히나 소크라테스 이전의 철학에서 인간이 대지로부터 생겨났다는 믿음은 그리스인들에게 있어서 매우 일반적이었다. 예를 들면 크세노파네스는 생명체의 어머니인 대지로부터 만물이 생성하고 대지에서 만물이 소멸한다고 주장한다.[9] 아낙사고라스에 의하면 대지는 만물의 어머니, 하늘은 그 아버지이며 이 하늘로부터 씨앗이 대지에로 비에 의해 옮겨져서 대지에서 자란다는 것이다.[10] 그래서 대지로부터 생겨난 것은 대지에로 되돌아가고 생성된 것은 죽지 않고 단지 하강할 뿐이다. 즉 대지가 생명을 주고 다시 거두는 것이기에 아무것도 상실되는 것

8) 그리스인들에게 있어서 대지에 대한 신화는 두 종류가 있다. 첫째는 최초에 밤(Nyx)이 혼돈(Chaos) 속에 구 모양으로 있었는데 이 구가 두 부분으로 나뉘어져 하나는 하늘(Uranos)이 되고 다른 하나는 땅 혹은 대지(Gaia)가 되었다는 것이다. 둘째로 혼돈 속에서 Gaia가 태어나고 이어서 Eros의 힘을 빌려 Uranos를 낳았다는 것이다.

P. Grimal(1974), *La Mythologie Grecque*,『그리스 신화』, 김우택 역 (서울: 삼성문화재단), 38-39쪽 참조.

9) W. K. C. Guthrie(1962), *A History of Greek Philosophy*, vol. 1 (Cambridge: Cambridge University Press), 383쪽 참조.

10) W. K. C. Guthrie(1965), *A History of Greek Philosophy*, vol. 2 (Cambridge: Cambridge University Press), 315쪽 이하 참조.

은 없다. 그러나 이러한 관점은 기독교의 이분법적인 사고에 따라 평가절하된다. 즉 하늘, 정신, 영원성, 피안 등등의 개념들이 강조되면서 대지는 그 반대로 물질적인 것의 총체개념, 덧없는 것, 현세적인 것을 상징하게 된다.[11)]

신화적 시기에는 대지는 온갖 신으로 뒤덮여져 있는 것으로, 특히나 대지 자체가 하나의 생명적인 신성을 내포하고 있다는 신화적 믿음은 인간의식의 계몽과 더불어 서서히 무너지고 대지는 일종의 물리적 형체로만 이해된다. 이런 물리적 형체로만 파악하고 있는 합리화된 근대의 인간은 자연과학의 발전에 힘입어 더 더욱 대지를 이용하고 지배하고자 시도한다. 그렇지만 이런 인간의 지배력은 유한하고 제한되어 있다. 우리가 살고 있는 이 대지는 우리 인간의 자취로 뒤덮여져 있다. 즉 건설하고 파괴하고 창조하고 말살하고 노동하고 투쟁한 자취로 뒤덮여져 있다. 대지는 인간의 자취가 새겨지면서 더 이상 본래적인 황무지(Wildnis)로 머물 수가 없었다. 최초의 대지는 황무지였는데, 당시의 기술을 통한 생산력이 빈약했기에 대지는 거의 손상되지 않았다. 황무지로서 대지는 신과 귀신들에 의해 완전히 점유되어 있었다. 이 대지는 불가사의한 마법의 불빛으로 빛나고 있었고 인간의 영혼은 이 대지의 장엄함과 경이로움 속에서 살고 있었다. 그러나 계몽화된 인간은 현세적이다. 즉 인간은 대지를 자신의 삶 그 자체를 가능케 하는 인류의 탈신화화된 거주지로서 이해한다. 그러기에 이 대지에는 이제는 신이 더 이상 존재하지 않는다.[12)]

---

11) Th. Klauser (1962), *Reallexikon für Antike und Christentum*, Bd. V (Stuttgart), 1113쪽 이하 참조.
디테리히(A. Dieterich)의 저서인 *Mutter Erde*(1925)에 따라 대지의 여신을 모든 생명의 어머니라고 믿는 것이 인류의 근원적인 신앙이라는 견해가 펴지게 되었다.

12) E. Fink (1960), *Spiel als Weltsymbol* (Stuttgart: Kohlhammer),

이처럼 대지에 대한 인간의 태도에 따라 인간과 대지의 관계는 서로 다른 두 가지 모습으로 나타나게 된다. 그중 하나는 대지에 난무하는 신이 주체가 되어 인간은 대지에 그저 종속되어 있다고 한다면,[13] 다른 하나는 인간이 주체가 되어 대지를 인간의 생존과 번영을 가능케 하는 이용대상으로 삼는다.

2. 현상학에서 나타난 비물리적인 대지현상

대지가 만물의 근원이라는 이러한 신화적 사고는 현상학의 영역에 있어서 하이데거의 대지에 관한 이해와 관련지워 논구해 볼 필요가 있다. 특히나 하이데거의 세계와 대지에 대한 심도있는 분석은 그리스 신화와 직접적인 연관을 맺고 있다. 이와는 달리 후설에게 있어서 대지개념에 대한 체계적인 기술은 발견할 수 없고 단지 미간행된 유고인 D 17에서 이 문제를 짤막하게 다루고 있음을 알 수 있다. 여기서 후설은 대지를 단순히 물체로 보는 것을 거부하고 운동과 정지와의 관계에서 파악한다. "근원적으로 표상된 형태에 있어서 대지는 운동하지도 않고 정지하지도 않는다. 대지에 관계하여 정지와 운동이 그 의미를 지니게 된다."[14] 즉 대지가 운동과 정지의 척도

195-197쪽 참조.

13) 이러한 사상은 니체에게서 무엇보다도 잘 나타나고 있다. 니체는 초인을 대지의 목표이자 의미로 이해하며 대지는 초인에 있어서 완성되고 초인을 통해서 가치를 지니게 된다. 그는 신의 죽음과 더불어 대지에 대해 인간이 성실해야 한다고 역설한다. 초월적인 신의 죽음은 만물의 근원으로서 대지를 상정하게 되고 이러한 대지에 대한 겸허한 자세만이 인간이 지켜야 할 의무임을 강조한다. 다시 말하면 인간에게 소외된 대지가 생명성을 가지고 인간의 중심에로 드러나게 됨을 알 수 있다. 대지의 소리를 들음으로써 우리 인간은 대지와 하나가 되는 신화적 사유에로의 귀환을 의미한다.

F. Nietzsche(1933), *Also sprach Zarathustra* (Berlin: Walter de Gruyter), 14-15쪽 참조.

14) E. Husserl(1934), *Ms.* D 17, 3쪽.

가 되지만 우리의 근원적인 경험에 있어서는 대지의 운동과 정지는 부정된다. 후설에 의하면 대지는 물체가 아니고[15] 모든 운동과 정지를 가능케 해주는 방주(Arche)이다.[16] 우리가 대지를 움직이는 물체로서 생각하게 된다면 그 때는 물체에 대한 경험이 관계하게 되는 또 다른 지반을 필요로 해야 된다고 주장한다. 그러므로 대지는 운동하지도 않고 물체적이지도 않고 단지 모든 물체에 대한 경험의 근원적인 지반이다. 이 대지는 과학적 세계에 선행하는 생활세계와 일치하는데 "방주에서의 거주는 우리 인간을 확고하게 지탱해 준다. (……) 집(oikos)으로서 방주는 생활세계적인 고향에 대한 상징이다."[17] 이러한 생활세계는 우리의 단순한 감각적인 지각으로 이루어진 경험세계로서 자연과학적인 세계가 기초하는 세계이다. 이처럼 후설에게 있어서 대지는 직접적으로 만물의 생성과 관계하지는 않지만 모든 운동과 정지를 가능케 해주는 근원적인 삶의 세계로서 드러나게 된다.

하이데거에게 있어서 대지개념은 자연과학적인 방법을 통해 그 참모습을 드러낼 수 없는 중요한 철학적 테마가 된다. 왜냐하면 근대과학의 발전은 "대지의 착취와 유용, 오늘날 아직 상상할 수 없는 상황에서 인간의 지배와 사육을 야기하게 될 것이기 때문이다."[18] 이러한 과학의 발전에 비판적인 태도를 취하고 있는 하이데거가 대지에로 사유를 전회한 것은 존재에 대한 이해를 유한한 것으로서, 즉 역사적인 것으로서 반성하

15) E. Husserl, 같은 유고, 11쪽 참조.

16) E. Husserl, 같은 유고, 22쪽.

17) K. Held(1992), "Heimwelt, Fremdwelt, die eine Welt", *Phänomenologische Forschungen* 24/25 (Freiburg/München: Alber), 336쪽.

18) M. Heidegger(1989), *Beiträge zur Philosophie* (Frankfurt: Vittorio Klostermann), 156쪽 이하.

는 것과 유관하다. 이러한 존재역사적 사유에로의 전회는 하이데거의 사유방식에 있어서 가장 결정적인 전회이다. 이러한 대지에 대한 철학적 고찰은 근원적으로 자연에 대한 횔더린의 사유로부터 연유한다. 횔더린에게 있어서 자연은 항상 살아있고(aei zoon) 항상 현존하는 것으로서 모든 것 위에 존재한다. 그것은 인간 위에뿐만 아니라 신 위에 존재하는 것으로서 성스러운 것이다.[19] 왜냐하면 신들은 성스러움인 자연 안에 존재함으로써 비로소 성스럽기 때문이다. 그리스 신들은 이러한 자연을 넘어서 생각할 수 없고 자연의 질서를 방해하지 않는다. 성스러움은 신의 속성이 아니라 오히려 신보다 더 오래되었다. 정확히 말하면 자연은 시간 안에 존재하는 것이 아니라 시간 그 자체이다. 신을 내포하는 것으로서 자연은 과학에 의해 파악된 정신과 대비되는 자연이 아니다. 항상 살아 있는 것으로서 자연은 그 자체로 정적인 빛이 아니라 어둠의 베일로부터 지속적으로 동적으로 떠오르게 되며 모든 것을 드러낸다. 횔더린은 자연을 깨어남으로 묘사한다. 깨어난 자연은 잠의 어둠으로부터 빛에로 깨어나듯이 가장 밝은 자연은 궁극적으로 어둠이다.

하이데거는 신화적으로 생성과 소멸의 근원으로 이해되는 자연과 유사한 physis를 생겨남(Herauskommen)과 떠오름(Aufgehen)으로 정의하면서 떠오른 것이 다시 떠오름으로 도로 숨게 되는 곳을 대지라 본다.[20] 하이데거에게 있어서 physis는 이리 내어보임(Her-vor-bringen, poiesis)이다. 왜냐하면 "현존하는 것은 이리 내어보임을 터지게 한 것(Aufbrechen), 예를 들면 꽃이 만발하게 터진 것이다.

---

19) V. Vycinas(1961), *Earth and Gods* (The Hague), 133쪽 참조.

20) M. Heidegger(1977), *Holzwege* (Frankfurt: Vittorio Klostermann), 28쪽 참조.

(……) 이리 내어보임은 은폐성으로부터 비은폐성에로 내어보인다. 이리 내어보임은 은폐된 것이 비은폐된 것에로 되는 한에 있어서만 생기한다."[21] 하이데거에게 있어서 대지는 세계와 분리하여 생각할 수 없다. 대지가 닫혀져 있다면 세계는 열려진 것으로 나타나는데 physis의 구조는 이러한 "세계와 대지와의 투쟁"[22]으로 존재개시성의 구조인 숨겨짐과 드러남, 진리와 비진리 사이의 투쟁을 보여 주게 된다. 그런데 세계가 단지 열려져 있지만은 않고 대지도 닫혀져 있지만은 않다. 세계는 전체로서 열려지고 열려진 세계는 그 개방성에서 나타나는 대지에로 물러나게 된다. 닫혀진 것으로서 나타나는 대지는 세계를 은폐한다. 폐쇄적인 본질에 있어서 열려진 세계를 은폐하는 대지는 세계의 개시성에 있어서 자연물(Naturding)이나 사용물(Gebrauchsding)에 있어서 대지로서 드러나게 된다.[23]

하이데거는 이러한 대지와 세계의 투쟁을 무엇보다도 예술작품과 관련지워 설명하는데 이 투쟁이 예술작품과 도구 속에 숨겨져 있다고 본다. 예술작품을 창조한다는 것은 바로 열려진 세계와 닫혀진 대지 사이의 투쟁을 대지에로 전이시킨다는 것을 의미한다. 그래서 예술작품이 대지에 속한다는 것은 은폐된 것으로서 드러나게 된다. 고흐의 '농부의 신발'이라는 그림에서 도구존재자로서 신발이 세계와 대지에 어떤 관계를 지니는지를 알 수 있다. 세계가 이 도구존재자를 그 내세계적인 존재에 있어서 규정지워 주는 의미연관의 비존재적인 개시성과 개방성을 의미한다면, 대지는 전답, 들길로서 일을 하는

21) M. Heidegger(1978), *Vorträge und Aufsätze* (Pfullingen: Neske), 15쪽.

22) M. Heidegger, *Beiträge zur Philosophie*, 390쪽.

23) F. -W. v. Herrmann(1994), *Wege ins Ereignis* (Frankfurt: Vittorio Klostermann), 190쪽 참조.

동안 도구존재자에게 있어서 만나게 된다. 우리가 단지 그림으로써 이 신발만을 보게 될 때는 이 신발이 지닌 도구존재의 의미를 파악할 수 없다. 그러므로 신발이라는 도구는 대지에 귀속되며 농부의 세계 안에 보존된다. 신뢰성에 의해 농부는 신발이라고 하는 도구를 통해 대지에로 들어서고 자신의 세계에 확신을 지니게 된다. 드러남이 숨겨져 있음으로부터 나타나고 숨겨져 있음 없이는 진리를 생각할 수 없다. 이러한 세계와 대지의 투쟁으로서 진리는 과학적인 방법이나 추론에 의해 도달되거나 실험에 의해 탐구될 수 없는 기초이다. 왜냐하면 하이데거에 의하면 과학은 이미 열려진 영역을 전제하기 때문이다.[24] 그러므로 산업화나 공업화를 통해서 자연을 정복하고 통제할 수 있다고 생각하지만 자연의 본질은 결코 드러낼 수 없다. 즉 근대과학이나 기술은 이리 내어보이는 탈은폐가 아니라 밖으로부터 요구(Heraus-fordern)라는 의미에서 일종의 탈은폐 방식에 불과하다. 이리 내어보이는 탈은폐가 가능성의 영역에서 유지된다면 밖으로부터 요구하는 탈은폐는 이 가능성을 넘어서 더 이상 가능하지도 않고 불가능하지도 않은 것에로 강요된다.[25] 왜냐하면 과학은 실제계, 즉 신성을 밝혀 내지 못하고 단지 이를 전제할 뿐이기 때문이다. 자연은 그 신비함을 드러내지 않은 채 있다. Apollo는 physis를 logos의 빛으로서 드러내고자 하지만 Artemis(순수함과 명백함의 여신)는 이러한 시도를 방해한다. 즉 Apollo가 세계를 드러내고자 한다면 Artemis는 어떤 침입자의 길을 막아 버리는 대지이다.[26]

그러므로 하이데거의 세계와 대지의 관계를 이해하려면 무

24) V. Vycinas, 같은 책, 167쪽 참조.
25) F. -W. v. Herrmann, 같은 책, 113쪽 참조.
26) V. Vycinas, 같은 책, 181쪽 참조.

엇보다도 그리스 신화에 대한 이해가 필요하다. 그리스 신화에 의하면 올림피아 신들의 갑작스러운 출현은 세계내재적이거나 내시간적인 사물의 출현과는 다른 세계의 탄생이다. 그러기에 빛의 신인 제우스는 이러한 세계를 드러내는 세계의 세계성을 의미한다. 이와는 달리 크토니아 세계에서는 대지에 모든 신들이 그 근원을 지닌다.[27] 여기서 지모사상이 나오게 되는데 살아 있는 모든 것들이 대지로부터 나오게 된다. 운명의 여신인 Moira가 크토니아 질서 자체이다. 그리스 원시사회는 여성이 지배하는 사회(gynecocratic world), 정확히 말하자면 대지의 어머니에 의해 지배되는데 여기서 자연은 포악하지도 않고 공격적이지도 거칠지도 않는 부드럽고 방어적이다. 그러므로 여성이 자연을 보다 더 잘 직관적으로 이해하게 된다.[28] 대지와 같이 여인은 새로운 생명을 가져온다. 만물이 대지에 의해 빛에로 나타났다가 대지에로 되돌아가게 된다. 여성의 직관력에 의해 여성은 지혜의 소유자였고 올림피아 이전 시대에는 델피 신전은 대지의 어머니 자리였다. 거기서 불행한 사람들이 지혜를 구하게 되었는데 이런 자리를 가부장적인 아폴로가 점유하게 된 것은 일대혁명이라 말할 수 있다. 올림피아 종교가 정신적이라면 크토니아는 자연적 종교로서 logos와 physis의 원형이다. 이처럼 하이데거는 대지와 세계와의 투쟁을 크토니아와 올림피아의 관계를 통해 드러내고자 시도한다. 현존재의 구조적인 현상에 있어서 던져져 있음은 수동적인 크토니아의 원리라고 한다면 기획투사는 역동

27) 제사에 있어서 올림피아 신에게는 소와 같은 흰 동물을 아침에 제물로 바치고 크토니아 신에게는 수양과 같은 검은 동물을 저녁이나 밤에 바치게 된다.
W. K. C. Guthrie(1955), *The Greeks and their Gods* (Boston), 221-222쪽 참조.

28) J. J. Bachofen(1956), *Der Mythus von Orient und Occident* (München), 124쪽 참조.

적인 올림피아의 원리이다.[29)]

Ⅲ. 풍수지리 사상에서의 비물리적인 대지개념

1. 효사상으로서 풍수지리 사상

위에서 간략하게나마 기술한 대지에 대한 이해는 자연에 대한 인간의 관계처럼 신화와 계몽이라는 이분법적인 사고로서 설명될 수 있다. 그러면 여기서 현재 많은 사람들이 관심을 가지고 있고 혹은 믿고 있는 풍수지리 사상에 국한하여 대지의 문제를 중점적으로 현상학적으로 분석하고자 한다. 대지의 문제가 철학적으로 중요한 테마임에도 불구하고 우리는 일상적으로 아무런 반성없이 자명한 것으로서 이런 대지 위에서 살아가고 있다. 현대인들이 지니고 있는 대지에 대한 자연적이고 일상적인 믿음은 대지를 단지 물리적인 것으로서만 이해하는 과학적 사고로부터 기인한다고 볼 수 있다. 이러한 자연과학주의나 물리적 객관주의는 현대인들이 지닌 일반적인 합리적 사고방식이라 말할 수 있다. 그러나 우리에게 직접 주어지는 대지는 합리적이고 객관적인 대지가 아니라 감각적이고 주관적이다. 그러므로 논리적이고 이론적이며 과학적인 대지로부터 감각적이고 선이론적인 대지에로 되돌아가는, 후설의 표현을 빌리자면 생활세계적인 환원이 필요하다. 우리 인간이 태어나서 살아가며 그리고 때가 되면 죽어 다시 되돌아가는 이 대지의 근원적이고 선소여적인 본질은 무엇인가? 이런 대지에 대한 본질적인 물음이 지질학이나 지리학 등의 자연과학

29) V. Vycinas, 같은 책, 195-196쪽 참조.

적인 영역에서만 다루어질 문제인가, 아니면 다른 분야에서는 어떻게 제기되고 해결되고 있는가? 이러한 과제에 대해서 나름대로 철학적으로 해명코자 시도했던 것이 풍수지리 사상이라 말할 수 있다.

흔히 풍수지리 사상을 양기(陽基)풍수와 음택(陰宅)풍수로 분류하여 이해한다. 양기풍수가 우리 일상인들의 거주지에 관련된다고 한다면 음택풍수는 죽은 사람의 안주지인 묘지와 관련된 것이다. 이중에서도 후자인 음택풍수가 일반적으로 잘 알려지고 많은 사람들이 이를 신뢰하기까지 한다. 물론 이는 복기택조(卜其宅兆) 사상으로 이해할 수 있다. 정자(程子)는 복기택조를 그 복지(卜地)함에 있어서의 아름답고 추함이라 정의하는데, 이는 대지가 아름다우면 신령이 편안하고 자손이 성할 것이며, 그 뿌리를 가꾸어 기른 줄기와 잎사귀가 성할 것이라는 사상이다.[30] 이는 아름다운 대지로 인해서 죽은 사람의 영혼이 편안해지고 산 사람도 은혜를 입을 것이라는 사상이다. 다시 말하면 아름다운 대지를 선택해서 죽은 부모의 유해를 편히 모시게 되면 그 자식도 편안하게 되는데 이는 부모와 자식과의 관계가 보이지 않는 힘에 의해 서로 통하기 때문이다. 죽은 사람과 산 사람과의 관계가 좋은 대지, 소위 말하는 명당을 통해 신비적인 관계를 맺는 것이다. 그러므로 풍수지리, 특히 음택풍수에서 궁극적으로 추구하는 것은 죽은 사람이 편안히 묻힐 곳, 다시 말하면 죽은 사람이 본래 자기를 낳아 주었던 대지의 품으로 다시 편안히 되돌아갈 수 있게 해주기 위한 것이라 볼 수 있다. 이는 근본적으로 효사상에서 유래한다고 생각할 수 있다. 왜냐하면 "효자는 부모에게 산수가 좋은 곳을 구해 드려야 하는데 이것은 부모를 마지막 보내

30) 서선계, 서선술, 『인자수지』, 김동규 역, 541쪽 참조.

드리는 일이기 때문이다. 부모의 유해가 편안하면 효자의 마음도 편안함에 이를 것이다(且孝子之於父母 要求吉山吉水 以爲父母送終之所 父母之遺骸得安 卽孝子之心亦安至)."[31] 이는 효를 위한 중요한 덕목 가운데 하나가 죽은 부모의 유해를 편안히 쉬게 할 곳을 구하는 것이라 할 수 있다. 그러므로 풍수지리 사상도 역시 동양 전통사상에 있어서 가장 중요한 인륜의 하나인 효를 강조하고 있다고 볼 수 있다. "부모의 유해가 다시 편안함을 얻게 하는 것이 풍수의 이치이다 (父母遺骸 亦復得安 風水之理)."[32] 일부에서 조상의 묘를 잘 씀으로써 복을 받을 수 있다라고 주장하기도 하는데, 이는 풍수의 본질적인 내용은 될 수 없고 일종의 믿음이라 생각한다. 이런 믿음에 대한 문제는 이 논문에서 다룰 대상이 아니고 이 논문의 제목에서도 이미 드러나 있듯이 한국의 전통사상인[33] 풍수지리 사상에서 대지개념은 어떻게 이해되고 있고 그 의미는 무엇인가 하는 것이 중심 테마가 된다.

2. 만물의 생명적 근원으로서 기(氣)

이미 언급했듯이 지모사상에 의하면 만물의 근원은 대지이고, 이 대지가 만물을 생성케 하고 소멸케 하는 근원지라고 하였다. 풍수지리 사상에 의하면 이런 만물을 생성케 하는 생명적인 힘을 생기(生氣)라고 규정한다. 여기서 우리는 먼저 기에 대한 현상학적인 고찰이 필요하다. 동양사상에서 기개념

---

31) 최창조 역주(1993), 『청오경. 금낭경』(서울: 민음사), 66쪽.

32) 『청오경. 금낭경』, 66쪽.

33) 풍수지리 사상이 엄밀하게 한국의 전통사상인가 아닌가 하는 물음에 대해 명확하게 규정지을 수는 없다. 중국으로부터 이 사상을 받아들였는지 또는 자생적으로 우리의 삶 속에서 풍수지리가 일상적으로 유행되다가 후에 중국으로부터 영향을 받아 체계화되었는지는 역사학자들의 과제로 넘기고자 한다.

은 주역의 논리를 토대로 우주와 만물을 해명하기 위한 가장 중요한 핵심개념이다. 풍수지리 사상에서 강조하는 자연의 이치는 기가 돌아다녀야 만물이 생겨난다는 것이다. 왜냐하면 기가 사람의 몸을 흐르듯 대지에도 이러한 기가 흐르고 있으면서 대지에 생명을 주기 때문이다.[34] 이는 인간의 이치와 자연의 이치를 동일하게 보는 전일적 세계관으로부터 유래한다. 즉 대지를 죽어 있는 물질로서 간주하는 것이 아니라 인체에 흐르고 있는 기와 같은 생명의 기가 대지 속을 흐르고 있다. 기가 어떠한 모습으로 살아서 이 대지 속을 돌아다니고 있는가? 『금낭경(金囊經)』에 의하면 "흙이 형체를 이루어 기가 돌아다녀야 만물이 그로 인해 생명을 얻게 된다(土形氣行 物因以生)."[35] 여기서 기를 통해 만물이 생명을 얻게 된다는 것은 모든 생명의 근원이 기가 된다는 것이다. 기가 운동하면서 만물에 생명을 줄 때 흙은 기의 몸을 이루게 된다. 그래서 흙이 있는 곳에 기가 있게 된다. 왜냐하면 기는 스스로 돌아다니지 못하고 대지에 의지해서만 운동할 수 있기 때문이다. 즉 기는 "스스로 생겨날 수 없고 흙을 따라 생겨나므로 이를 기의 몸이라 한다. 흙이 하고자 하는 곳에 기가 옮겨 다니고 흙이 머물고자 하는 곳에 기도 역시 머문다(不能自生 隨土而生 是之謂體 土之所行 氣因以行 土之所止 氣亦隧之而止)."[36] 그러면 어떻게 흙은 운동하는가, 다시 말하면 기가 운동하는가? 대지는 반드시 그 형세(形勢)를 통해서만이 기를 돌아다니게 할 수 있다. 여기서 세는 반드시 운동을 필요로 하고 형

---

34) 과거 일본이 한국민족의 정기를 말살하기 위해 전국 명산의 맥을 끊었다는 사실은 잘 알려져 있다. 그 방법으로 산맥에 쇠말뚝을 박거나 쇳물을 녹여 붓거나 웅덩이를 파서 불로 뜸을 뜨거나 숯이나 항아리를 파묻었는데 이는 풍수사상으로부터 유래한다.

35) 『청오경. 금낭경』, 87쪽.

36) 『청오경. 금낭경』, 82쪽.

은 반드시 정지를 필요로 하는데, 세가 만약에 운동하지 않으면 세가 완전할 수 없고 형이 만약 정지하지 않으면 기가 모일 수 없다.[37] 즉 기는 운동과 정지와의 관계를 통해 해명될 수 있다. 이는 후설의 대지가 운동과 정지를 가능케 해주는 방주이듯 풍수지리 사상에서의 대지는 기의 운동과 정지를 가능케 하는 방주이다.

그러면 이 기는 어떤 상황에서 운동을 정지하는가? 기는 대지 속을 떠돌다가 오직 물을 만나야만 그 운동을 정지할 수 있게 된다. 그래서 기는 물의 근본이 되고 기가 있다는 것은 물이 있다는 것을 의미한다. 풍수라는 단어는 본래 장풍득수(藏風得水)라는 개념을 줄인 것으로 풍수는 바람을 잠재우고 물을 구한다는 뜻이다. 기는 바람을 만나면 흩어지게 되므로 이 기를 모아 흩어지지 않게 하려는 것이 풍수라 정의할 수 있다. 그러므로 어떤 곳이 기가 모이는 곳이고 어떤 곳이 기가 흩어지는 곳인가를 변별해야 하는 것이 풍수의 중요한 과제라 할 수 있다. 풍수를 일종의 신앙적인 차원에서 고찰한다면 이러한 장소선정이 인간의 흥망성쇠와 직접적으로 연관된다고 생각할 수 있다.[38] 그러므로 풍수의 방법으로 물을 구하는 것이 최상이 되어야 하고 그 다음으로 바람을 잠재워야 한다고 기술하고 있다(風水之法 得水爲上 藏風次之).[39] 바람이

---

37) 『청오경. 금낭경』, 99쪽 참조.

38) "기가 모이기 쉬운 곳은 흥하고 기가 흩어지기 쉬운 곳은 패한다. 만약에 높되 바람에 드러나지 않으며 낮지만 맥을 잃지 않으며 가로 비낀 가운데 굽음을 얻으며 수척한 것 같으면서 살아 있으며 끊어진 듯하면서 이어진 이와 같은 종류의 대지를 만날 수 있다면 이런 대지에는 모두 기가 모인다. 고저가 균등치 못하고 대소에 상응함이 없으며 좌우가 수반되지 못하고 전후가 대등하지 못한 종류의 대지는 모두 기가 흩어진다(氣聚易以興 氣散易以敗 若高不露風 低不失脈 橫中取曲 瘦中取肉 斷中取續 若此之類 皆爲氣聚 高低不等 小大不應 左右不隨 前後不對 如此之類 皆爲氣散)." 『청오경. 금낭경』, 72쪽 이하.

39) (1968) 『地理正宗』 卷二 (臺灣: 端成書局).

없어 살아 운동하는 기가 뭉쳐서 물을 만나 정지하게 되는 것이 바로 풍수의 이치이고, 이는 무엇보다도 지리적으로 방위와 깊은 연관이 있음을 알 수 있다.

대지에는 인신사해(寅申巳亥)라는 4가지 방위인 사세(四勢)가 있고 더 구체적으로 팔괘의 방위인 팔방이 있다. 여기서 팔방은 진이감태건곤간손(震離坎兌乾坤艮巽)을 말하며 오행의 기는 이 팔방에 종속된다. "일행이 말하기를 사세란 사방의 형세이고 팔방은 땅속으로 떠돌아다니는 기이다(一行曰四勢四方之勢 八方行乎地中之氣也)."[40] 여기서 사방의 산세를 상생과 상극의 관점에서 접근해야 한다. 예를 들면 산의 형세가 동쪽을 향하면 진산(震山)이 되고 진은 오행 중에 목세(木勢)에 해당된다. 서쪽을 향하면 태산(兌山)이 되고 태는 금세(金勢)에 속한다. 금은 수를 낳고 수는 목을 낳고 목은 화를 낳고 화는 토를 낳고 다시 토는 금을 낳게 된다. 이것이 오행의 생기이다. "오행의 기는 모든 생명체에 두루 갖추어져 땅속을 돌아다니는데 사람이 제 스스로 이것을 알지 못할 뿐이다(五行之氣 備具方能生物 行於地中 人自不知也)."[41]

그러면 땅속을 떠돌아다니는 기 또는 생기는 어떻게 형성되는가? 『금낭경』에서 "음양의 기는 내뿜게 되면 바람이 되고 오르면 구름이 되고 떨어지면 비가 되고 대지 속을 흘러 다닐 때는 생기가 된다(夫陰陽之氣 噫而爲風 升而爲雲 降而爲雨 行乎地中 而爲生氣)."[42] 이처럼 풍수에서 요체가 되는 생기가 음양이기(陰陽二氣)로부터 생겨나는데 이 음양이기는 원래 하나의 양의 기다. 이 기가 오르고 내림에 따라 둘로 분리되어 음양이라는 이름을 지니게 된다. 그러나 풍수지리 사상에서의

---

40) 『청오경. 금낭경』, 70쪽.
41) 『청오경. 금낭경』, 61쪽.
42) 『청오경. 금낭경』, 71쪽.

음양은 서양사상의 이분법적인 구조에서 보이는 상호적대적인 관계라기보다는 상보적인 관계이다. 즉 양은 음의 몸이며 음은 양의 용(用)으로서 동양사상에서는 몸과 용이 자기동일성을 유지한다. "역에 이르기를 일음일양을 도라 일컫는다 하였다. 양이나 음 홀로는 생성하지 못하고 음양이 상배되어야 조화를 이룰 수 있다. 형세를 논함에 있어서 산은 음이요 물은 양이다. 무릇 산과 물이 상배해야 음양이 있는 것이 된다. 산과 물은 모두 멈추면 음이고 움직이면 양이 되기 때문에 결국 산과 물은 각각 음양이 있는 것이다. 음이 오면 양을 수용하고 양이 오면 음을 수용해야 하니 용혈도 상배해야 음양이 있게 되는 까닭이다(易曰一陰一陽之謂道 蓋孤陽不生 獨陰不成 陰陽相配 乃成造化 故以形勢之論 山居陰 水居陽 是山水相配有陰陽 山靜陰而動陽 水動陽而靜陰 是山水各有陰陽 陰來陽受 陽來陰受 是龍穴相配有陰陽)."[43] 다시 말하면 "무릇 음 홀로 낳지 못하고 양 홀로 이루지 못하는 것이니 음양이기는 서로 돕고 서로 감응해야 생성의 도가 이루어질 수 있는 것이다(夫獨陰不生 獨陰不成 陰陽二氣 相孚相感然後 生成之道盡矣)."[44] 그러므로 생기를 이루는 음양이기는 상호유기적인 관계를 통해 만물의 생성을 가능케 한다.

이 음양이기가 내려와서 오행을 낳게 되는데 이 오행은 물로써 그 근본을 삼으니 기는 물의 모체가 된다.[45] 그러므로 물은 땅 위의 기로서 외기(外氣)이며 땅속의 기는 오행의 기로서 내기(內氣)를 의미한다. "음양이 부합되고 천지가 서로 통할 때 내기는 안에서 생명을 싹트게 하고 외기는 밖에서 형

---

43) (1976)『雪心賦』辯論篇 (臺灣: 竹林書局).
"一陰一陽之謂道 繼之者 善也 成之者 性也 仁者 見之 謂之仁 知者 見之 謂之知 百姓 日用而不知 故 君子之道 鮮矣."『周易』"繫辭上傳."

44)『청오경. 금낭경』, 71쪽.

45)『청오경. 금낭경』, 83쪽 참조.

상을 이룬다. 안팎이 서로 의지하는 곳에 풍수는 스스로 이루어진다(陰陽符合 天地交通 內氣萌生 外氣成形 內外相乘 風水自成)."[46] 즉 내기는 혈이 따뜻하여 만물에 생명의 싹을 트게 하고 외기는 산천이 결합되어 형상을 이루게 한다. 풍수지리사상은 이러한 음양론과 오행설을 기반으로 주역의 체계를 그 논리구조로 삼는다. "수많은 지리서가 있으나 그 뜻을 묶으면 음양이라는 두 개념 사이에 머무는 것이니, 음양의 기묘함을 꿰뚫어 알 때 사람 사이에 지선으로 행세하여도 부끄러움이 없다(古傳地理千百卷 義括陰陽兩字間 識透陰陽奇妙處 無愧人間行地仙)."[47]

앞에서도 짤막하게 언급했듯이 본래 음양은 분리되어 있지 않았으나 기를 바탕으로 음양이 분리되면서 길흉이 생겨났다. 『청오경(青烏經)』에 의하면 "태초에 혼돈의 상태에서 기가 생겨나 크게 밑바탕이 되면서 음양이 분리되고 맑음과 탁함이 이루어졌으며 생로병사가 생겨났다(盤古渾淪 氣萌大朴 分陰分陽 爲淸爲濁 生老病死)."[48] 그러므로 장사를 지낸다는 것은 생기에 의존하게 되는데 만물의 생성이 대지 속에 있는 생기에 직접 영향을 받게 된다. "장사를 지낸다는 것은 묻는 것이고 감춘다는 것이다. 생기가 대지 속에 있는 생기의 형태로 이를 도울 수 있는 것은 그것이 오행의 생기이기 때문이다(葬埋也藏也 生氣地中之生氣 配之以五行之生氣是也)."[49] 하이데거에게 있어서 닫혀진 대지가 열려진 세계를 은폐하여 그 드러남이 숨겨져 있음으로부터 나타나듯이 풍수사상에서도 열려진 세계가 대지에로 은폐되어진다. 그렇지만 은폐된 세계는

46) 『청오경. 금낭경』, 41쪽.
47) 『地理琢玉斧』"陰陽歌"(上海).
48) 『청오경. 금낭경』, 18쪽.
49) 『청오경. 금낭경』, 59쪽.

단지 은폐된 것으로서 사라지는 것이 아니라 생기를 통해 다시 드러나게 된다.

음양이기로부터 나오는 생기가 대지 속을 흘러 다니고 있는데 이를 풍수지리에서는 지기(地氣)라 부르고 있다. "모든 대지 위에 드러난 기는 모양이 있고 볼 수가 있다. 그러나 그 기가 대지 속을 돌아다니기에 이르면 만물에 생명을 베풀어 주고는 있으나 잡을 수도 볼 수도 없다. 때문에 그것을 일컬어 지기라 한다(皆氣出乎地上 有形可見 至於行乎地中 施生萬物 則不可得而見 故謂之地氣也)."[50] 이 지기가 인간의 삶과 운명에 영향을 끼치게 된다는 것이 풍수지리의 출발점이다. 그런데 이 지기가 어떻게 인간의 운명에 영향을 끼치게 되는가? 여기서 우리는 풍수지리 사상에서 인간을 어떻게 이해하고 있는지를 언급할 필요가 있다. 중국의 승려였던 일행(一行)은 인간의 생명을 기의 모임으로 이해하는데, 이 기가 모이면 혈(血)과 육(肉)이 되고, 이 가운데 응결된 것을 골(骨)이라 지칭한다. 그러므로 우리가 죽게 되면 이 혈과 육은 소멸되고 오직 골만 남게 되는데, 이 골도 본래는 기의 모임으로 죽어 장사지내면 이 골은 생기를 받아들이게 된다는 것이다.

이 골의 생기가 대지의 생기와 오행의 생기와 결합될 때 살아 있는 사람에게 영향을 끼치게 된다는 것이다. 즉 오행의 기가 대지 속을 흐르고 있는데 이 기를 죽은 부모의 몸이 받아들일 때 살아 있는 자손에게 전달된다는 것이다. 왜냐하면 부모로부터 몸을 받은 자손이 부모와 같은 기를 구하기에 서로 감응이 되기 때문이다. 부모의 몸으로부터 생명을 받은 것이기에 부모로부터 유해를 받은 것이다. 이 "부모의 유해가

50) 『청오경. 금낭경』, 71쪽.

자손의 근본이다(父母之骸 乃子孫之本)."[51] 이에 대해서 『청오경』에서 다음과 같이 기술하고 있다. "동쪽 산에 불빛이 오르면 서쪽 산에 구름이 일어나는 것이니 혈이 길하고 온화하면 부귀가 끊이지 않을 것이나, 그렇지 못하면 자손은 외롭고 가난해질 것이다(東山吐焰 西山起雲 穴吉而溫 富貴延綿 其或反是 子孫孤貧)."[52] 서쪽 산에서 구름이 모여드는 것은 동쪽 산에서 연기와 불꽃이 일어나기 때문에 가능하고 자손의 부귀는 죽은 부모의 좋은 기운이 영향을 끼치기에 가능하다. 그러므로 『금낭경』에서도 "만물의 생성이 대지 속의 것에 힘입지 않는 것이 없다고 강조되고 있다. 그 이유는 대지 속에 생기가 있기 때문이다. 생기를 타면 길하고 그것에 반하면 흉한다. 이를 자연의 이치로 본다(萬物之所生 無著於地中者 以地中有生氣故也 乘之則吉 反之則凶 此自然之理也)."[53] 여기서 생기를 통해 인간의 길흉화복이 결정된다는 기복적이고 신비적인 자연관을 엿볼 수 있다. 그러나 궁극적으로는 자연의 이치를 거스르지 않는 태도로써 대지의 소리에 귀기울임으로써 대지와 인간의 조화를 추구하고 있음을 알 수 있다.

3. 용(龍)과 혈(穴)

만물의 생성근원으로서 생기는 용맥(龍脈)을 따라 흐르게 되는데 이때 용은 형체가 현저한 것을 말하고 맥은 용의 속에

---

51) 『청오경. 금낭경』, 62쪽.

52) 『청오경. 금낭경』, 25쪽.
『금낭경』에서도 다음과 기술되어 있다. "구리가 나온 구리광산이 무너짐에 따라 그 구리로 만든 종이 스스로 우는 것은 마치 부모의 유해와 같은 기를 의미하는 자손에게 복을 입힘과 같은 것이니 이는 모두 자연의 이치이다(銅出於銅山之 山崩而鐘自鳴 亦猶本骸同氣子孫 蒙福 自然之理也)." 같은 책, 64쪽.

53) 『청오경. 금낭경』, 59쪽.

숨어 있어 그 기운이 희미하여 나타나 있지 않다.[54] 풍수지리에서는 일반적으로 산을 용으로 이해한다. 그러나 단순히 산의 흐름을 의미하는 것이 아니라 맥이 흘러오는 능선을 말한다. 산을 용으로 보는 이유는 산이 변화무쌍한 모습을 지니고 있기 때문이다. "산의 모양이 많은 형체와 상태로 높고 낮고 크고 작고 일어나고 엎드리고 급하고 완만하고 순하고 거스르며 혹은 굽고 곧아서 지룡의 체단이 일정하지 않아 지척간이라도 옮김에 따라 판이하다. 그러므로 이러한 형태는 용이 꿈틀거리는 것과 비슷하다 해서 산을 용이라 이름짓고 술법상의 용어로 사용한다. 즉 그 형태가 잠겼다, 보였다, 낮았다, 뛰었다 하여 변화무궁함을 취해 얻어진 것이다(地理家以山名龍何也 山之變態千形萬象 或大或小或起或逆或順或隱或顯 支壟之體段不常 咫尺之轉移頻異 驗之千物惟龍爲然故以名之 取其潛見躍飛變化莫測云爾)."[55] 여기서 산을 단순히 돌이나 흙 또는 나무와 풀로 이루어진 물리적인 형체로서 보는 것이 아니라 살아 있는 용으로 보고 있다. 용 모습으로 드러나고 있는 산은 풍수지리 사상에서 다루어지는 중요한 개념이다. "대개 산은 사람의 형체와 같고 물은 사람의 혈맥과 같은 것으로 사람에 있어 형체가 나서 자라고 쇠약하고 성하는 것은 모두 혈맥으로 비롯된 것이다. 혈맥이 사람의 몸속을 흘러 다님에 있어서 그 도수가 순조로우면 그 사람은 반드시 건강하고 튼튼할 것이요, 그렇지 않고 절조를 잃으면 그 사람은 병들어 망함이 자연의 이치이다(蓋山如人之形體 水如人之血脈 人有形體生長

54) 이러한 용맥과 유사한 개념은 서양에서는 아일랜드의 요정의 길(Feenwege), 영국의 왕도(Royal Roads)를 생각할 수 있는데 이런 지역에서 많은 성직자들이 묵상을 한다.

N. Pennick (1982), *Die alte Wissenschaft der Geomantie* (München: Trikont- dianus-Verlag), 14쪽 참조.

55) 한송계 역(1975),『明堂全書』(서울: 명문당), 18쪽.

枯榮一資於血脈 血脈周流於一身之間 厥有度數 順而不差則其人必康且强 逆而失節 則其人必病且亡矣 此自然之理)."[56] 형체인 산을 건강하게 유지해 주는 것이 물이기 때문에 풍수지리 사상에서 득수가 중요하다는 것은 이미 논하였다.

어떻게 용을 볼 수 있는가? 이 용이 어디서부터 나와 어디로 이어져 나가는가를 파악하는 것은 산의 본질 또는 대지의 본질을 파악하는 데 중요한 관건이 된다. 풍수지리에서는 인간에게 그 계보가 있듯이 역시 용에도 그 근본이 되는 조산(祖山)과 주산(主山)이 있다. 용을 보는 법은 그 비롯된 바를 근원으로 삼는 것이니 먼저 조산을 살펴보아야 한다.[57] 왜냐하면 지기는 태조산에서 발원하여 종산(宗山), 주산을 따라 내려와 주산 아래쪽에 소위 말하는 명당을 펼치는 것이 일반적이기 때문이다. 이때 주산에서 지기를 받는 용맥이 멈추는 곳이 기가 멈추는 곳이고 여기서 명당이 이루어진다. 이러한 용맥 중에서 생기가 가장 많이 모인 곳을 혈이라 지칭한다. 이 혈과 용은 직접적인 연관성을 지닌다. 즉 참된 용이 있어야 참된 혈이 있고 용이 참되지 않으면 혈이 비록 있더라도 거짓이 되어 생기가 모이지 않는다.[58] 혈은 음택의 경우 시신이 직접 그 대지로부터 생기를 얻는 곳이고, 양기의 경우 사람들이 그 위에서 거주하는 곳을 의미한다. 산의 혈은 인체의 혈인 경혈(經穴)과 같은 것으로 풍수지리에서는 이해되고 있다. 한방의학에 의하면 경혈은 경락(經絡)에 존재하는 공혈(孔穴)로서 경락의 노선 중에서 생리적 병리적 반응이 뚜렷하

---

56) 『地理新法』"胡舜申", 第四, 水論.

57) 『인자수지』, 159쪽 참조.
태조산은 중국의 곤륜산을 말하며 이 곤륜산은 기맥의 흐름을 종산인 백두산으로 뻗치게 된다. 그러므로 한국의 조산은 백두산이 된다는 것이 일반적인 견해이다.

58) 『인자수지』, 339쪽 참조.

게 나타나는 곳을 의미한다. 주자에 의하면 "정혈의 법은 침구에 비유할 수 있는 것으로 일정한 혈의 위치를 갖는 것이기 때문에 터럭만큼의 차이도 있어서는 안 된다(所謂定穴之法 譬如針灸自有一定之穴而不可有毫釐之差)."[59] 이 혈 주위에서 생기의 순환이나 촉진을 도와주는 산이나 언덕을 사신사(四神砂)라 하는데, 뒷산을 현무, 앞산을 주작, 오른쪽 산을 백호, 그리고 왼쪽 산을 청룡이라 부른다.

『금탄자(金彈子)』에 의하면 풍수지리에서 가장 중요한 요소가 용혈사수(龍穴砂水)이다. 여기서 양기의 용은 길고자 하고 혈은 넓고자 하며 물은 크게 모아지거나 또는 크게 휘어지게 하고 사는 크게 교결하여 멀리 보내고자 한다.[60] 풍수사상을 요약하면 용혈사수의 4가지 법이라 말할 수 있다. 이중에서 용이 가장 중요하고 다음이 혈이고 사와 수가 그 다음이라고 한다(言地理咸曰看地以龍爲主穴次之而砂水又次之).[61] 즉 대지를 파악하는 데 있어서 가장 중요한 것이 산이 된다. 이 산이 물과 방위 그리고 사람과 더불어 풍수지리에서 중요한 구성요소가 된다. 물을 모르고서는 혈을 말할 수 없고 물이 흐르는 바를 알면 혈이 멈추는 바도 알게 된다. 그러므로 산에 올라 혈을 볼 때는 반드시 물의 형세를 살펴야 한다.[62] 여기서 방위에 관련된 것을 좌향(坐向)이라 부르는데 좌향은 혈에서 본 방위를 가리킨다.[63] 혈의 뒤쪽을 좌라 하고 혈의 정면을 향이라 한다. 바로 혈 앞의 대지를 명당이라 지칭한다.

---

59) 『한국의 풍수사상』, 38쪽.

60) 『인자수지』, 913쪽 참조.

61) 『金彈子地理元珠經』 "巒頭心法" (上海: 校經山房).

62) 『인자수지』, 458쪽 참조.

63) 방위의 기본은 역인데 역괘를 중심으로 방위의 명칭을 담고 있는 것이 나경 혹은 패철이라 일컫는 나침반이다.

4. 직관

이제는 어떻게 산, 또는 대지가 살아 있음을 알 수 있는지를 현상학적으로 논구해 볼 필요가 있다. 단지 인간과 자연을 동일시하는 것이 동양사상의 특징이라고 당연하게 받아들일 것이 아니라 이를 문제로서 설정하는 것이 현상학적인 방법의 출발이라 할 수 있다. 하이데거는 철학사를 통해서 나타난 존재개념이 가장 보편적이고 정의내릴 수 없고 자명한 개념으로 문제시되지 않는 것을 문제로서 반복해야만 되는 필연성을 제시함으로써 현상학을 일종의 근원에로 나아가기 위한 방법론으로 규정지었다.[64] 현상학적인 방법으로 접근하는 이 논문의 과제도 풍수사상에서 자명하게 인정되고 있는 기의 생명성을 해명해 내야 된다. 문제는 어떤 방식을 통해서 이 기를 파악하는가이다. 풍수사상에 있어서 "눈으로 살피고 마음으로 이해하여 만약 이를 깨달을 수만 있다면 천하에 거리낌이 없을 것이다(察以眼界 會以性情 若能悟此 天下橫行)"[65]라고 했듯이, 마음을 통해 대상의 실체를 파악하는 것이다. 단지 감각적이고 경험적인 방식을 통해서뿐만 아니라 유심적인 방식, 즉 직관의 방식을 통해 기를 깨달아야 된다는 것이다. 그렇게 함으로써 자연과학적인 인과율의 법칙이 지배하는 대지가 아니라 일종의 유기체나 생명체로서 대지가 드러나게 된다는 것이다. 이러한 직관의 방식이 풍수의 출발이다. 마음의 평정을 구하고 산을 대하면 산은 더 이상 나무와 돌, 흙으로 이루어진 물리적 형체로 보이는 것이 아니라 조화를 일으키고 있는 용으로 우리에게 나타나게 된다는 것이다. 마음을 비우고 사

64) M . Heidegger, *Sein und Zeit*, 서문 참조.
65) 『청오경. 금낭경』, 41쪽.

심없이 산을 대하면 대지의 근원적인 모습, 즉 본질을 파악하게 된다.

직관을 통해서 사물의 본질을 파악하는 방식은 후설의 현상학과 같은 유심론적 철학에서 자주 사용되는 신비적이고 비과학적인 인식방식이다. 후설이 순수한 의식현상에로 되돌아가기 위해 현상학적 환원이라는 방법을 필요로 했던 것처럼 풍수지리 사상에서도 산이나 대지의 본질을 파악하기 위해 사심없는 태도, 즉 일상적이고 자연적인 태도를 버림으로써 산과 대지의 근원적인 모습을 볼 수 있다는 것이다. 여기서 말하는 일상적인 태도는 무반성적인 태도로서 대지나 산을 물리적인 것으로 여기는 것을 당연하고 합리적이라고 믿는 우리의 과학주의적인 태도이다. 여기서 대지는 우리에게 단지 이용이나 착취의 대상에 불과한 죽어 있는 대상으로 나타나게 된다. 물론 후설이 의식대상과 의식작용과의 지향적 구조를 밝혀 냄으로써 주관과 객관의 갈등을 주관적인 의식에서 극복하였다고 한다면 풍수지리 사상에서의 직관의 방식은 인식하는 주체가 대상의 세계 속으로 들어가 하나가 된다는 커다란 차이가 있다. 특히나 후설에게 있어서 순수의식에로 나아가기 위해 우리가 가지고 있는 기존의 지식을 버려야 하지만, 풍수사상에서는 보다 더 구체적으로 훈련이나 경험을 통한 선지식이 필요하다. 물론 여기서 우리는 직관과 경험이라는 두 개념이 서로 대립적인데 어떻게 병존할 수 있을까 하는 의문을 가질 수 있다. 그러나 풍수사상에서는 우리가 산을 대할 때 그릇된 마음없이 산을 대해야 하지만 단순히 신비적인 직관의 방식에만 의존하는 것은 아니다. 오히려 산을 대하는 기본적인 방식을 습득함으로써 산과 인간이 하나가 될 수 있는 통로를 제시해 준다.[66)]

직관을 통해 파악한 소위 말하는 명당이란 무엇인가? 명당은 산과 강에 의해 어머니의 품속처럼 편안하게 이루어진 조화와 균형을 이룬 지역이다. 청룡과 백호가 양팔과 같아 부둥켜안은 모습이어야 좋은 기가 그 안에 있다. 왜냐하면 기는 내뿜어지면 바람인데 이는 산의 생기를 흩어 버리기 때문에 청룡과 백호가 이를 호위해 주어야 한다. 즉 귀한 대지의 기운이 서로 도와 본래 근원으로부터 이탈하지 않는 앞뒤로 주산과 조산이 있는 곳이 명당이다. "본래 근원으로부터 이탈하지 않는 것이란 기맥이 서로 연접되어 있는 것이고 주인과 손님이 각각 있는 것이란 혈장이 있는 곳의 앞뒤에 호위해 주는 산이 있는 곳이란 뜻이다(本原不脫 以氣脈之相連相接也 有主有客者 以區穴之前後 有衞護也)."[67] 앞에서 언급한 현무가 주산이 되고 다른 산들이 이에 종속되어 서로 잘 조화를 이루어 안락감이나 쾌적감을 이룬 곳이 명당이 되는 것이다. 이러한 명당에서 인간은 자연과 하나가 되면서 편안함과 안락함을 느끼게 되지 자연과 상호적대적인 감정이 생기는 것이 아니다. 그러기에 명당을 찾는다는 것은 자연과 인간과의 조화와 일치를 추구하는 것을 의미하며, 이를 위해서 대지의 생명성을 파악하는 일은 풍수지리 사상에서 가장 중요한 과제가 된다.

Ⅳ. 나가는 말

이 논문이 탐구하고자 시도했던 풍수지리 사상에서의 대지 개념은 전체 연구범위에 있어서 아주 미미한 영역에 속한다.

---

66) 일반적으로 풍수사의 수업과정은 제일 먼저 풍수에 대한 일반적인 기본지식을 서적을 통해 얻게 된다. 그리고 실질적인 지식을 획득하기 위해서 풍수사에게 실지(實地)의 지도를 받는 것을 중요하게 여긴다.

67) 『청오경. 금낭경』, 27쪽.

특히나 방대하고 난해한 풍수사상을 이러한 현상학적인 방법으로 접근하여 이해하기에는 미흡하기 그지없다. 자연과학적인 태도에 있어서 대지를 죽어 있는 물리적인 형체, 즉 인간의 행복을 위한 수단이나 도구로 여기는 것을 자명하게 받아들이고 있다. 그러나 이러한 자연과학적인 태도 이전의 선학문적이고 일상적인 태도에서는 대지는 우리에게 완전히 다른 모습으로 드러나게 된다. 이렇게 다른 모습으로 드러나는 대지현상을 만날 수 있는 곳이 바로 현상학적인 방법을 통해 도달하고자 하는 근원적인 세계이다. 이 근원적인 세계 안에서 우리는 대지를 대지로서 보여지는 그대로 보아야 한다.

앞에서도 언급했듯이 이 연구는 풍수지리 사상 일반을 이해시키기 위한 것이 아니라 단지 이 사상 속에 담겨 있는 대지현상을 밝히는 데 주력하였다. 이러한 풍수지리 사상에 대한 연구가 현대과학과 기술에 의해 제기된 수많은 환경문제와 인간소외 문제들을 해결하기 위해 접근하는 하나의 길이 되었으면 하는 바람이다. 자연과학의 발전을 통해 한편으로 인간의 삶이 물질적으로 풍요로워지고 윤택해졌다 할지라도, 다른 한편으로 인간의 삶을 영위하는 대지와 자연이 너무나 많이 착취되었다는 사실은 이미 잘 알려져 있다. 자연과학은 합리적이고 논리적인 방식을 통해서 대지를 분석하여 그 법칙을 발견하여 이를 완벽하게 지배하고 정복하고자 노력하면서도 대지의 생명성에 대해서는 가벼이 여기거나 무시한다. 이런 합리적 사유의 한계는 지진과 같은 불가항력적인 천재지변 앞에서 여실하게 드러난다. 이런 현대과학의 한계는 얼마 전의 일본 고베 지역에서 발생했던 끔찍한 지진을 통해서 다시 한 번 증명이 되었다. 이런 사태를 접하면서 풍수지리에서의 대지에 대한 이해와 겸허한 태도가 무분별한 자연파괴와 환경파괴를 야기하면서까지 발전된 현대과학의 미약한 부분에 답이 될 수 있으리라 생각한다.

풍수지리 사상은 과학적 태도에서처럼 자연을 인간에 종속시키거나 계몽 이전의 신화적 태도처럼 인간을 자연에 절대적으로 종속시키지 않는다. 천지와 인간이 상호평등하게 하나가 되면서 갈등과 적대적 관계에 있던 자연과 화해를 하면서 자연, 특히 대지는 살아 있는 주체로서 우리 인간에게 다가서게 된다. 물론 현실적으로는 이러한 풍수지리 사상이 자신의 부귀영화를 위해 명당, 명혈 또는 길지를 찾아 죽은 부모를 묻는 이기적인 방법으로 전락하였다는 점은 비판할 수 있다. 그러나 이러한 비판은 곧 풍수지리 사상의 본질적 내용이 아니라 그로 인해 생긴 악습이나 제도와 관련된다. 풍수지리 사상의 본래적인 의미는 대지와 인간의 조화인데, 이는 인간이 대지의 소리에 귀를 기울임으로써 대지와 하나가 되어 물질적인 풍요가 아닌 정신적인 풍요를 구하는 것이다.

참고문헌

서선계, 서선술(1982), 『人子須知』, 김동규 역, 서울: 불교출판사.

임학섭(1993), 『전통 풍수지리』, 서울.

최창조(1984), 『한국의 풍수사상』, 서울: 민음사.

최창조(1992), 『땅의 논리, 인간의 논리』, 서울: 민음사.

최창조 역주(1993), 『청오경. 금낭경』, 서울: 민음사.

최창조 외 4인(1993), 『풍수, 그 삶의 지리 생명의 지리』, 서울: 푸른나무.

Eichhorn, W. (1973), *Die Religionen Chinas*. Stuttgart: Kohlhammer.

Fink, W. (1960), *Spiel als Weltsymbol*. Stuttgart: Kohlhammer.

Grimal, P. (1974) *La Mythologie Grecque*, 『그리스 신화』, 김우택 역, 서울: 삼성문화재단.

Heidegger, M. (1989), *Beiträge zur Philosophie*. Frankfurt: Vittorio Klostermann.

Heidegger, M. (1954), *Vorträge und Aufsätze*. Pfullingen: Verlag Günther Neske.

Heidegger, M. (1977), *Holzwege*. Frankfurt: Vittorio Klostermann.

Heidegger, M. (1972), *Sein und Zeit*. Tübingen: Max Niemeyer Verlag.

Herrmann, F.-W. v. (1994), *Wege ins Ereignis*. Frankfurt: Vittorio Klostermann.

Herrmann, F. -W. v. (1994), *Heideggers Philosophie der Kunst*. Frankfurt: Vittorio Klostermann.

Husserl, E. (1934), Ms. D 17.

Pennick, N. (1982), *Die alte Wissenschaft der Geomantie*. übsz. v. A. Lentz, München: Trikontdianus Verlag.

Vos, F. (1977), *Die Religionen Koreas*. Stuttgart: Kohlhammer.

Vycinas, V. (1961), *Earth and Gods*. The Hague.

Ziegler, S. (1991), *Heidegger, Hölderlin und die Αληϑεια. Berlin.*

셸러의 부끄러움 이론을 통해 본 한국인의 수줍음

조정옥

서 론

서양철학사에서 이성적 사고에 대한 논의에 비하여 감정에 대한 논의는 부차적인 편이었으며, 여러 감정들 가운데 부끄러움에[1] 대한 관심은 그다지 크지 않았다. 종래의 감정과 이성의 관계를 뒤집어서 이성에 대한 감정의 인식론적, 윤리학적 우위성을 내세우는 셸러의 주요저작에서도 부끄러움은 그리 큰 비중을 차지하지 않는다. 부끄러움은 그의 후기저술에서 비로소 세부적으로 그리고 포괄적으로 다루어진다. '정신과 충동간의 갈등의 느낌'이라는 부끄러움의 본질로 미루어 보아 부끄러움은 정신에다 인간의 본질을 두는 셸러의 인간관과 밀접한 관계가 있음을 알 수 있다. 셸러에 의하면 부끄러움은 모든 양심과 도덕의 근원이다. 그러므로 부끄러움은 셸러에서 인간학적 의미와 더불어 윤리학적 의미도 갖는다.

1) 이 논고에서는 부끄러움과 수치감 그리고 수줍음을 동의어로 쓰기로 한다. 부끄러움과 수치감은 이성에 대한 부끄러움뿐만 아니라 자신의 잘못이나 죄에 대한 수치감을 모두 내포하는 반면 수줍음은 도덕적 수치감이 아닌 주로 이성에 대한 그리고 타인에 대한 감정을 나타낸다. 이성에 대한 수줍음은 셸러의 분류에 따르면 성적 부끄러움이다. 부끄러움보다는 수줍음이 보다 한국 민족정서 특유의 것이기에 민족정서를 나타낼 때는 부끄러움을 수줍음이라 표현하기로 한다.

진리인식과 선의 원천을 주로 이성적 판단에서 찾았던 주지주의적인 서양철학에 비하면 동양철학은 직관주의적이고 감정주의적인 경향이 있다. 중국을 비롯한 아시아 대개 민족들의 의식을 오랫동안 지배해 온 철학은 유가사상이며 한국 유교사상사에서 중심적인 논의주제가 되었던 것은 사단칠정론이다. 비록 논의전개 방식이 치밀한 논리에 의거하고 있고 마치 플라톤의 이데아론과 같이 이(理)와 기(氣)의 관계를 문제삼기 때문에 한국유교가 합리주의적이라고 생각하기 쉽다. 그러나 논의의 주제가 되는 도덕의 원리와 질료인 사단과 칠정은 모두 다름아닌 감정들이다. 사단칠정론 가운데에서도 셸러의 부끄러움과 의미가 상통하는 것을 찾을 수 있다. 그것은 수오지심으로 셸러에서와 마찬가지로 양심과 도덕의 근본이며 실마리이다.

다른 동물들은 느낄 수 없고 오로지 인간만이 느낄 수 있다고 주장되는 많은 감정들, 예를 들면 미적 감정(칸트), 사랑과 미움(셸러)과 같은 것이 있지만 부끄러움 또한 셸러에 의하면 인간특유의 감정이다. 인간은 누구나 부끄러움을 느낄 수 있지만 민족과 전통에 따라 무엇을 어떻게 부끄러워하는가가 달라질 수 있다. 한국인은 서양인에 비하면 부끄러움이 두드러지게 많다고 할 수 있다. 한국인의 수줍음은 현대 한국인의 행태관찰을 통해 직각적으로 경험될 수 있다. 남녀간의 사랑이 적극적인 행동과 표현으로 노출되는 것이 일반적으로 꺼려지고 있다. 뿐만 아니라 이성관계 이외의 인간관계에서 오가는 정의 표현 역시 신체접촉을 회피하고 있다. 한국인은 감정표현뿐만 아니라 생각이나 의지의 공개적 표현에서도 소극적인 편이다. 한국인의 부끄러움의 근원은 무엇이며 그것의 본질은 무엇인가?

본 논고는 한국인의 부끄러움을 셸러의 부끄러움 이론에 비추어 해명하고자 한다. 우선 필자는 한국민족의 의식을 오랫동안 지배해 온 유교사상에서의 부끄러움 이론을 셸러의 부끄러움 이론과 비교해 본 다음에 구체적 삶에서 유교사상의 어떤 측면이 부끄러움의 정서에 영향을 미칠 수 있는지를 살펴보고자 한다. 그럼으로써 한국적 수줍음의 본질이 해명되리라고 기대할 수 있다.

1. 셸러의 부끄러움 이론

셸러의 부끄러움 이론을 살펴보기 전에 서양철학사에서 이미 존재하는 몇 가지 부끄러움에 대한 이론을 대략 훑어보기로 한다. 아리스토텔레스는 도덕적 의미의 수치심($A\iota\delta\omega\sigma$)을 언급한다. 아리스토텔레스에 의하면 수치심이란 정의의 가치에 대한 느낌이 결핍됨을 메우려 함이나 양심의 소리가 없음에 대한 보충심리이다.[2] 데카르트에 의하면 수치심이란 비방당할 것 같은 느낌에서 일어나며 그것은 자기 사랑에 토대를 둔 일종의 슬픔이다. 타인이 우리의 긍정적 가치를 인정해 주면 허영심이 일어나는 반면 우리를 부정적 관점에서 바라보면 수치심이 일어난다.[3] 스피노자는 외적인 원인에서 비롯된 쾌·불쾌가 사랑과 미움인 반면 내적 원인에서 비롯된 관념과 결부된 쾌·불쾌는 명예심(Gloriam)과 수치심(Pudorem)이라고 본다. 명예심과 수치심은 타인이 자신을 칭찬 또는 비난한다고 믿는 데서 오는 쾌·불쾌이다.[4] 사르트르의 관점에서 수치심은 타인과 나의 관계를 통해 설명될 수 있다. 타인의 시선은 메두사처럼 나를 석화시키고 노예로 만들어 버린다.

---

2) Nicolai Hartmann, *Ethik*, 447쪽.
3) Rene Descartes, *The Passions of the Soul*, Cambridge, 1940, 130쪽.
4) Benedictus de Spinoza, *Die Ethik*, Stuttgart, 1979, 32쪽.

타인이 나를 보는 순간 나는 그에 의해 주시되고 있다는 충격을 경험한다.[5]

1) 부끄러움의 본질

막스 셸러는 부끄러움의 어느 한 측면에 또는 어느 한 종류의 부끄러움에 치우침이 없이 모든 종류의 부끄러움을 총괄적으로 그리고 체계적으로 다룬다. 셸러에 있어서 부끄러움은 정신적 도덕적 수치감에서부터 생적, 신체적, 성적 수치감에 이르는 모든 형태의 부끄러움을 포괄한다. 셸러는 부끄러움의 본질과 형태들을 현상학적 본질분석을 통해 설명한다. 부끄러움의 본질은 셸러에 있어서 정신과 충동의 관계와 개별자와 보편자의 관계라는 두 측면에서 고찰된다. 그리고 그러한 부끄러움의 두 측면은 모두 인간학적인 의의를 갖는다. 즉 인간은 육체를 가진 충동적인 존재이며 인간종의 번식에 기여하는 존재인 동시에 육체와 본질적으로 독립적인 정신적 인격존재, 즉 단 하나의 유일한 개별자이다. 인간이 바로 육체와 정신, 종(보편자)과 개별적 인격 사이에 놓여 있는 존재이며 그 양극 사이에서 갈등하는 존재이기에 부끄러움을 느껴야만 하고 또한 느낄 수 있는 능력을 가지는 것이다.[6] 가치를 분별할 수 있는 정신과 가치에 대해 무분별하며 쾌락만을 추구하는 저급한 충동 모두를 동시에 갖춘 존재만이 부끄러움을 느낄 수 있다. 그러므로 신도 동물도 부끄러움을 느낄 수 없다. 그러므로 부끄러움만큼 세계존재의 거시적 구조에서 차지하는 인간 특유의 위치를 그렇게 날카롭고도 직접적으로 나타내 주는 감정은 없다. 부끄러움에서 정신과 육체, 영원과 유한, 본질과 실존이 맞닿게 된다.[7]

---

5) 허버트 스피겔버그, 현상학적 운동 II, 최경호 역, 1992, 이론과 실천, 111쪽.

6) Max Scheler, *Schriften aus dem Nahlass* Bd. 1 , Bern, 1957, 69쪽.

부끄러움의 본질은 셸러에 의하면 한편으로 가치를 분별하는 높은 의식적 기능과 충동적인 낮은 추구간의 긴장을 드러내는 감정이며 다른 한편으로 부끄러움은 개별적 개인이 자신을 되돌아봄이며, 보편적 (종적) 영역으로 추락하는 데 대한 자기보호의 필연성의 느낌이다.[8] 부끄러움의 보편적 기능은 가치에 대해 무지한 낮은 충동이 우세하지 못하도록 억압하고 그럼으로써 가치인식 기능 일반의 보다 높은 원리가 효력을 발휘하고 자기권리를 찾도록 보호해 주는 것이다.[9] 예를 들면 수치심 가운데에서 가장 대표적이며 가장 강렬하고 긴박한 성적 수치심은 가치를 지향하고 한 대상에 몰입하려는 사랑과, 단지 쾌락만을 지향하며 대상에 대해 무차별적인 충동간의 갈등에서 비롯된다. 이러한 성적 수치심은 유일한 개별적 개인으로서의 자아와 인간종의 번식에 기여하는 한 생명체로서의, 즉 보편자의 단순한 한 예로서의 자아간의 갈등 속에서, 보다 보편적이고 강력한 낮은 원리(동적인 원리)인 충동을 제어함으로써 보다 개별적이고 높은 원리인 사랑이 우세하도록 돕는 것이다. 부끄러움은 우리 존재가 생물학적 목표보다 더 높은 세계에 닿도록 규정되어 있다는 것을 암시해 준다.[10]

개별자의 자기보호 느낌으로서의 부끄러움은 개별자가 개별자와 보편자간의 갈등을 체험하게 되는 느낌으로 개별자가 보편적 영역으로 떨어지는 경우뿐만 아니라 보편자의 한 예로서의 개별자가 유일한 개별자로 전환되는 경우 모두를 포괄한다. 즉 나라는 개인특유의 체험이 타인에 의해 사랑이나 동정과 같은 일반적 개념 아래 취급될 때 개별적 개인은 보편적

7) 같은 곳.

8) 같은 책, 90쪽.

9) Bruno Rutishauser, *Max Schelers Phänomenologie des Fühlens*, Bern, 1969, 126쪽.

10) Max Scheler, 같은 책, 150쪽.

개념의 영역으로 떨어지게 된다. 거꾸로 내가 나 자신을 어떤 타인 앞에서 보편자의 한 예로서, 즉 의사 앞의 환자로서, 화가 앞의 모델로서 내보였던 어떤 상황에서 자신이 의사나 화가에 의해 환자나 모델의 한 사람이 아닌 아름다운 한 유일한 여성으로 취급될 때, 나는 보편적 영역에서 유일한 개별자로 전환된다. 그러므로 인해서 보편과 개별자간의 갈등이 일어날 때, 개별자는 자신을 되돌아보게 되며 자기보호의 필연성을 느끼게 되어 부끄러움을 느낀다. 부끄러움이란 공공성과 보편성에 의해 개인영역이 다칠 가능성에서 비롯된다.[11] 그리고 그것은 우리를 개인으로 취급하려는 타인의 의도와 보편자로 취급하려는 타인의 의도간의 갈등에서 비롯되는 것이다. 모든 형태의 부끄러움은 개인자신의 보호감정이고 그것의 기능은 보편에 대한 개인의 자기보호이다.[12]

2) 부끄러움의 기능

부끄러움의 보편적 기능은 이미 앞에서 본 바와 같이 보편자에 대한 개별자의 자기보호 그리고 충동에 대한 정신의 권리보장이다. 모든 형태의 부끄러움 가운데 가장 대표적인 것이 성적 수치감이기에 여기에서 잠시 성적 수치감의 기능이 무엇인지 구체적으로 살펴보기로 한다. 첫째로 성적 수치감은 대상이 아닌 감각적 쾌락만을 지향하는 리비도적인 충동을 억제하여 순수한 리비도가, 대상을 지향하는 성충동으로 발전하는 것을 가능케 한다.[13] 그러므로 셸러에 있어서 성충동이 있으므로 성적 수치감이 일어나는 것이 아니라, 거꾸로 성적 수치감이 있음으로 인해 성적 충동이 발생할 수 있게 된다. 수

11) Bruno Rutishauser, 같은 책, 110쪽.
12) 같은 곳.
13) 같은 책, 141쪽.

치감이 없다면 성충동도 있을 수 없다. 둘째로 성적 수치감은 성충동이 사랑하는 상대방에게 행하도록 하며, 성충동의 억제를 통해 성적 결합을 사랑이 충만할 때까지 연기하도록 만든다.[14] 성충동은 완전한 성적 성숙 이전에 이미 만족을 추구하도록 강압하므로 최초의 성적 만족의 시기를 연기할 필요가 있게 된다. 성적 수치감은 사랑을 느낄 수 있는 시기까지 그리고 사랑하기에 적합한 대상선택이 이루어질 때까지 충동적 요구를 제지시킨다. 그러므로 수치감은 파트너 선택에서 사랑을 기준으로 삼을 수 있도록 하여 인간번식에서 질적 상승의 최적조건을 마련하는 생물학적 기능을 한다.[15] 셋째로 성적 수치감은 사랑하는 마음가짐과 태도가 갖추어져 있으나 그때그때에 순간적인 사랑의 동요없이 성적 만족이 추구됨을 방지한다.[16] 셸러에 의하면 성행위는 쾌락추구와 같은 목적을 눈앞에 두는 목적행위가 아닌 사랑의 표현행위(Ausdruckshandlung)이어야 하기 때문이다.[17]

3) 부끄러움의 형태들

셸러는 인간이 신체, 생적 영혼, 영혼 그리고 정신 등 4종류의 층으로 이루어져 있다고 본다. 그에 따라 사랑과 미움의 형태나 감정들의 형태도 4종류로 분류된다. 셸러는 부끄러움 역시 신체적, 생적, 영혼적, 정신적 형태로 분류한다. 그것을 크게 두 종류로 묶으면 첫째로 신체적 부끄러움(Leibesscham) 또는 생적 부끄러움(das vitale Schamgefühl)이고, 둘째로 영혼적 부끄러움(Seelenscham)과 정신적 부끄러움

14) 같은 책, 142쪽.
15) 같은 책, 138쪽.
16) 같은 책, 144쪽.
17) 같은 책, 145쪽.

(das geistige Schamgefühl)이다. 전자는 쾌락을 지향하는 생적 감각적 충동과 가치선택적인 생적 느낌, 생적 사랑(그것의 농축된 형태 ; 성적 사랑)간의 긴장에서 비롯된 것이다. 후자는 생명의 힘의 상승을 지향하는 충동이나 자기보존 충동 그리고 정신적 인격의 사랑, 의지, 사고간의 긴장에서 비롯된다.[18] 신체적 부끄러움은 단지 감각적 생적 충동과 느낌만을 전제로 하므로 모든 인간에게 보편적으로 존재하고 인간발달의 전단계에 걸쳐 존재하며 고등동물에게도 그것의 극소량의 흔적이 남아 있을 수 있다. 반면 영혼적 또는 정신적 부끄러움은 모든 인간에게 보편적인 것도 아니고 개인이나 종족발달의 모든 단계에 존재하는 것도 아니다.

4) 부끄러움의 인접현상들

부끄러움의 본질분석에 있어서 셸러는 부끄러움의 본질과 부분적으로 일치하거나 불일치 또는 대립되는 여러 가지 인접현상들의 성질들을 치밀하게 밝힌다. 그러한 인접현상들과 부끄러움의 비교분석을 통해 우리는 부끄러움의 본질을 보다 확연하게 깨달을 수 있다. (1) 겸손(Demut)은 내가 사랑함으로써 나에게 주어지는 높은 가치의 담지자의 광채가 나에게 되던지는 반영이다.[19] 겸손은 자신의 개인적 자아를 보호하는 동작인 동시에 침묵 속에서 타인에게 가볍게 애원하는 것인 점에서 부끄러움과 일치한다. 반면에 겸손은 부끄러움과는 달리 사랑의 눈으로 바라본 어떤 인격의 높은 가치 아래 자기 스스로를 복종시키는 것이다. (2) 점잔빼(Prüderie)은 법, 예절 그리고 풍습이 고도로 강화된 형식적 보수주의 민족에서 나타나는 것으로 실제적인 부끄러움이 없는 상태에서의 가식

---

18) Max Scheler, *Schriften aus dem Nachlass Bd. 1* , 91쪽.

19) 같은 책, 82쪽.

적인 부끄러움의 표현형식이다.[20] (3) 몰염치(Kynismus)는 점잔뺌의 부정행위로서 부끄러움의 가식적 표현형식에 대항하여 그런 표현을 의도적으로 위반함으로써 스스로가 부끄러움이 없다고 착각하는 행위이다. 이것은 결코 부끄러움의 감각의 결핍이 아니며 오히려 아주 생생한 부끄러움을 가지는 반작용이다. 예를 들면 고대 그리스의 견유학파가 광장에서 제멋대로 욕구를 채우고 자위행위를 하며 모든 예절을 경시했던 것은 극도로 민감한 부끄러움의 결과이다.[21] (4) 외설적 행위(Obszönen)는 자타의 부끄러움의 감정을 겨냥하여 그 감정을 해치려는 목표를 가진 행위이다. 그것은 타인의 부끄러움의 감정을 상하게 하여 경악스런 불쾌감을 산출하려는 행위로 바로 그것이 즐겁기 때문에 행해진다.[22] 외설적 행위는 부끄러움에서 생성되는 것은 아니지만 결코 부끄러움의 결핍은 아니다. (5) 교태(Koketterie)는 장난의 한 형태로 의도적 목적적 행위라기보다는 비자의적 표정동작이다.[23] 부끄러움과는 반대로 교태는 여러 동물, 물고기, 새, 개에게 유희충동처럼 존재하며 그것은 이성적 상대의 선택과 관계맺음 이전에 행해지는 성적 놀이이다. 교태는 남자의 구애에 대해 유희적으로 몸을 뺌으로써 구애를 한 번 더 하게 하고 더 강하게 하도록 만드는 자극이 된다. 교태는 충동을 자극할 뿐이지 어떤 류의 사랑도 일으키지 않는다. 따라서 그것은 자기보호가 아니라 오히려 자기를 위험에 빠지게 한다. 교태는 부끄러운 표현의 모방에 불과한 것이며 부끄러움과는 다른 것이다. 그러므로 똑같은 눈내리깔기와 손을 빼는 것이라도 교태와 부끄러움에

20) 같은 책, 93쪽.
21) 같은 책, 94쪽.
22) 같은 책, 95쪽.
23) 같은 책, 103쪽.

서 그 본질이 전혀 다르다. 부끄러움은 겸손과 상통하며 자신의 긍정적 가치에 대한 깊은 비밀의식을 안고 있는 반면, 교태는 오만과 자기인정 요구를 내포하며 자신의 가치의 하찮음을 비밀리에 가슴깊이 간직한다.[24] (6) 공포나 불안은 모두 위험한 사물이나 사건이 신체에 미치기 전에 미리 느끼는 예감이다. 그러나 공포는 그런 위험한 사물에 대한 표상을 갖는 반면 불안은 그런 표상을 갖지 않는다.[25] 그런 점에서 공포보다는 불안이 부끄러움에 더 가깝다. 표현현상에서도 부끄러움은 불안과 같은 떨림을 보이며 감정적 태도에서도 대상에 대한 저항과 방어적 태도라는 점에서 동일하다. 부끄러움이란 아직 겪어 보지 못한 성적 행위에 대한 방어수단이다. (7) 부끄러움과 유사한 다른 현상에는 낯선 사람들 앞에서 생각이나 의지작용의 지장을 받는 현상인 소심함(Schüchtern)이 있다.[26] 소심함은 불안과 부끄러움의 혼합이다. (8) 경외심(Ehrfurcht)은 공포의 한 요소인 방어적 요소를 가진다. 그러나 높은 가치의 담지자인 경외심의 대상은 존중과 사랑의 대상이다. 부끄러움과 마찬가지로 경외심에서도 우리의 마음은 갈등을 겪는다.[27] (9) 역겨움(Ekel)과 비교할 때 부끄러움에는 방어적 요소 이외에 강한 이끌림이 토대를 이루고 있다. (10) 어려워함(Scheu)이란 경외심과 동시에 부끄러움을 가지는 태도이다. 이것은 자신의 대상과 친밀하지만 대상을 비밀의 장막으로 뒤덮음으로써 간격을 유지하려고 하는 것이다.[28]

24) 같은 책, 106쪽.
25) 같은 책, 88쪽.
26) 같은 곳.
27) Bruno Rutishauser, *Max Schelers Phänomenologie des Fühlens*, 122쪽.
28) 같은 곳.

2. 한국적 수줍음

셸러에 있어서 부끄러움의 본질을 요약하면 정신과 충동간의 간격에서 비롯되는 갈등의 느낌이라고 할 수 있다. 그리고 부끄러움의 기능은 저급한 충동을 제어함으로써 보다 높은 정신적 인격과 사랑이 우세하도록 하는 것이다. 한국적 수줍음에 대한 앞으로의 논의에서 그것을 전제로 하기로 한다.

부끄러움이 인간특유의 감정이고 특히 성적 수치감은 만인공통의 보편적이고 항존적인 것임에도 불구하고 동양과 서양 그리고 민족에 따라 부끄러움의 대상과 정도가 다른 이유는 무엇일까? 서양에서는 남녀간의 애정표현이 개방적이고 자연스럽게 이루어지는 반면 동양에서는 그렇지 않다. 키스나 포옹과 같은 애정표현은 동물행동 연구에 따르면 이미 침팬지들 사이에서도 행하여지는 것이고 인간본연의 표현동작임은 자명한 것이다. 그렇다면 그런 인간본연의 보편적인 감정표현이 동양의 어떤 문화적 요소로 인해 억압된 것일까? 이런 물음을 해명하는 것은 철학적 탐구의 한계를 넘는 것이고 심리학 사회학 인종학…… 등 여러 학문들의 관점에서 인과관계적으로 설명되어야 할 것이다. 그러나 철학적 관점에서는 한 민족의 정신적 기틀 가운데 하나인 민족철학을 실마리로 하여 그 물음의 일부를 해결하려고 시도할 수 있다. 민족의 철학과 감정표현 방식의 상관관계는 눈으로 볼 수 있는 실증적인 것도 아니고 양적으로 측정가능한 것도 아니므로 그것에 대한 설명은 하나의 가설과 추측수준에 머물 수밖에 없다.

한국민족의 철학과 감정표현 방식간의 관계를 생각해 보기 전에 거기에 전제되는 동양과 서양의 철학의 대략적 차이를 알아보기로 한다. 먼 과거로부터 내려온 동서양의 철학들에는 천차만별의 가지각색의 것들이 있기 때문에 동서양간에 서로 유사한 것들도 얼마든지 발견될 수 있다. 중국의 명가는 소피스트나 보편논쟁을 연상케 하며, 인간의 선악을 논할 수 없다는 니체의 사상은 노장사상과 상통한다. 신유가의 이기론은 플라톤과 아리스토텔레스와 비교할 만하다. 그럼에도 불구하고 동서양간의 확연히 드러나는 몇몇 가지 차이를 인정하지 않을 수 없다. 자연을 보는 눈에 있어서 서양철학에서는 자연지배 사상이 주류를 이루는 반면, 동양철학에서는 인간과 자연의 합일사상이 지배적이다. 심신의 관계를 보면 서양철학에서는 심신이원론이, 동양철학에서는 심신일원론이 우세하다. 탐구대상과 방법으로 볼 때 서양철학이 이성적 사고중심의 주지주의 합리주의라면, 동양철학은 감성주의적이고 직관주의적이다. 서양철학이 추상적이고 사변적이며 관념주의적인 반면, 동양철학은 구체적인 삶의 세계 및 직접적 체험의 세계와 유리되지 않는다.[29] 그러므로 동양적 사고에서는 '신체없는 의식' '감성과 동떨어진 이성'은 존재하지 않는다.[30] 이성과 감성은 본질적으로 서로 다른 능력이 아니라 서로 연속적이며 단지 정도차이만을 갖는다.[31] 그 밖의 동서간의 차이는 존재-소유, 비언어적-언어적, 개념-각, 이론-현실, 인격-기술, 자연-인위, 이해-설명…… 등으로 규정지을 수 있다.[32]

1) 한국철학에서 유교의 위치와 전개

한국인의 의식을 현재까지 지배하고 있는 중심적인 사상은 유교, 불교, 도교라고 할 수 있다. 불교는 고구려 소수림왕

29) 이승환, 눈빛·낯빛·몸짓 : 유가전통에서 덕의 감성적 표현에 관하여, 철학연구회 1994년 가을 발표논문, 75쪽.
30) 같은 곳.
31) 같은 곳.
32) 이동식, 도와 공감, 현상학회 발표논문, 64쪽.

(서기 372년) 때 중국에서 전래된 이래 고려시대까지 국가의 지지를 받았고, 도교는 고구려 영무왕(서기 624년) 때 중국에서 전래되어 불교와 섞이면서 일상생활 속에 깊이 침투되었다. 유교의 전파시기는 정확히 알려져 있지 않으나 고구려 소수림왕 때 이미 유교 교육기관인 태학이 설립되었고, 고려말기부터 문제시된 국가재정 소모 등의 불교의 폐단으로 조선시대에 이르러 국가가 숭유억불 정책을 펼치자 그때부터 유교전성시대가 펼쳐진다. "유교는 중국뿐만 아니라, 한국, 일본, 베트남 등 동아시아 국가의 공통된 문화체계요 가치체계로서 오랫동안 전통문화의 주된 기반이었다. 특히 한국에 있어서의 유교는 일반성과 독자성을 아울러 지니면서, 학문과 사상의 중심이 되어 우리의 의식구조 및 가치관의 형성에 주된 역할을 하였고 사회와 문화의 전반에 걸쳐 막대한 영향을 끼쳤다. 그러므로 우리 민족사의 주류를 이루어 왔다고 해도 지나친 말이 아니다."[33]

조선시대 유학사상사의 중심은 고려 충렬왕 때 전래된 신유가 사상인 성리학이었다. 성리학은 점점 더 이론적으로 심화되어 퇴계와 율곡에 이르러 극치를 이루었다.[34] 여말선초의 경세지향적인 유학은 실학파에 전승·발전되었으나 퇴계이후로 점점 이론지향적인 이기론이나 심성론으로 전향하게 되었고, 퇴계와 율곡에 의거하여 각기 주리, 주기 등의 학파로 분립하게 되었다.[35] 성리학은 유가의 수기치인의 경세철학과 인의의 도덕철학을 인식론적으로 또는 형이상학적으로 이론화 체계화한 신유학으로, 성즉리(性卽理, 모든 개체의 본성은 곧

---

33) 최영성, 한국유학 사상사, 고대 고려 편, 1994, 아세아 문화사, 15쪽.

34) 김길환, 조선조 후기의 유가철학, 한국철학연구 하권, 한국철학회 편, 1978, 동명사, 2쪽.

35) 같은 책, 3쪽.

보편적 천리와 같다)의 기본명제하에 인간의 심성과 우주의 이기에 관한 이론을 정립한 지식체계를 지니고 있다.[36] 주리학파는 理 위주의 논리로 우주원리와 생성 그리고 인간의 심성을 해명하려는 입장을 견지하는 것으로 퇴계(1501~1570)의 이기호발설(기뿐만 아니라 이도 움직인다는 견해)과 기가 있기 전에 이가 먼저 존재한다는 설, 그리고 이와 기는 서로 섞일 수 없다는 이론체계를 지지한다.[37] 주기학파는 氣 위주의 논리로 우주의 원리와 생성 그리고 인간의 심성을 해명하려고 한다.[38] 이것은 율곡(1536~1584)의 기가 발하여 이가 기를 따른다는 설, 이와 기에는 선후가 없다는 설, 이와 기는 서로 분리될 수 없다는 설을 지지하여 이론을 전개한다.[39] 주리학파가 이기의 이원성, 사단칠정의 이원성, 인심도심의 이원성을 지지하고 이와 사단, 도심의 우위성을 강조하는 반면, 주기학파는 사단칠정의 비이원성, 인심도심의 비이원성을 강조하여 이, 사단, 도심의 구현을 지향한다.[40] 퇴계와 율곡의 공통점은 이가 형이상자이고 기는 형이하자이며, 이는 생성의 근저이며 기는 이를 실현시키는 질료라는 것, 그리고 이는 자연법칙인 동시에 선의 원리라는 것이다.[41]

2) 사단칠정론에서 부끄러움의 위치

조선시대 성리학자들간의 중요한 논쟁주제 가운데 하나는 사단칠정론이었다. 사단은 맹자가 이야기한 인간본성인 네 가지 도덕감정이다 : 측은하게 느끼는 마음(측은지심), 악을 부

36) 같은 책, 2쪽.
37) 같은 책, 3쪽.
38) 같은 책, 9쪽.
39) 같은 곳.
40) 같은 곳.
41) 장숙필, 율곡의 사단칠정론, 사단칠정론, 민족과 사상연구회 편, 94쪽.

끄러워하고 싫어하는 마음(수오지심), 사양하고 양보하는 마음(사양지심), 옳고 그름을 가리는 마음(시비지심)[42] 그리고 칠정이란 희로애락구애오욕(기쁨, 노여움, 슬픔, 즐거움, 두려움, 사랑, 증오, 욕망)이라는 인간이 날 때부터 본능적으로 가지고 있는 감정들의 총체이다.[43] 율곡은 사단을 칠정의 일부로 보는 반면 퇴계는 사단과 칠정을 분리시켜서 본다.[44] 사단은 퇴계에 의하면 이에서 생성된 것으로 순수선이며 칠정은 기에서 발한 것으로 선이 될 수도 있고 악이 될 수도 있다. 사단은 본연지성의 소산이고 칠정은 기질지성의 소산이다. 선이란 도덕적 본성이 기질에 의해 방해받지 않고 실현된 것이며 악이란 본성이 기질의 작용에 의해 매몰된 결과이다.[45] 반면 율곡에 따르면 칠정뿐만 아니라 사단도 기에서 발하는 것이다.[46] 율곡의 이기설에서 이는 움직이지 않으며 기만이 움직이며 발하는 것이기 때문이다. 사단은 칠정에 속하며 칠정 가운데 선한 것만을 가리킨다.[47]

사단칠정 가운데 셸러의 부끄러움과 의미가 상통하는 것은 사단 가운데 수오지심이다. 수오지심은 도덕적 본성에서 발현되는 것이고 수오지심을 확충시킴으로써 도덕이 완성된다. 셸러가 말하는 부끄러움 역시 도덕과 양심의 근원이다. 사단 가운데 측은지심과 수오지심은 각기 인(仁)과 의(義)의 실마리로서 대비를 이룬다. 측은지심은 말 그대로는 동정심을 뜻하나 그것이 인의 실마리임을 감안한다면 그것은 동정심보다는 인간애 및 사랑이라고 할 수 있다. 공자는 인이 타인에 대한

42) 이승환, 눈빛·낯빛·몸짓, 80쪽.
43) 장숙필, 같은 책, 97쪽.
44) 같은 곳.
45) 김기현, 퇴계의 사단칠정론, 사단칠정론, 민족과 사상연구회 편, 63쪽.
46) 장숙필, 같은 책, 98쪽.
47) 같은 곳.

사랑이며 의는 형식적 도리나 의무라고 보았다.[48] 맹자는 인이 인간이 마땅히 할 일인 의의 내용이고, 의는 인의 외적인 표현이라고 보았다.[49] 그렇다면 측은지심이 사랑이라면 수오지심은 정의감이라고 할 수 있다. 셸러에 있어서는 모든 감정과 인식의 어머니가 사랑이다. 그러므로 부끄러움도 사랑에 토대를 둔 것이며, 부끄러움이 선의 원천이라면 사랑은 최고선 그 자체이다. 반면 성리학에서는 부끄러움(수오지심)과 사랑(측은지심)이 서로 동등하며 둘 다 선의 근원이다.

3) 유교와 한국적 수줍음

유가사상은 한국의 학문세계뿐 아니라 일상적 삶의 세계에도 뿌리깊은 영향을 끼쳤다. 예를 들면 백제시대에 유교적 예법의 영향으로 의식주 생활에서 남녀와 장유의 구별이 나타나고 혼인예법과 상례제도가 변하였고 충(忠), 효(孝), 열(烈)의 유교적 예의사상이 고조되었다.[50] 열과 관련된 사실을 살펴보면, 왕에 대한 정절을 지키기 위해 백제멸망 직후 낙화암에서 뛰어내려 죽었다는 삼천궁녀의 전설은 백제여인들의 정절관념을 단적으로 보여 준 예이다.[51] 충·효·열의 정신과 남녀·장유의 구별은 현재까지 한국인의 의식에 깊이 자리잡고 있다.

유교의 영향이 아무리 크다고 해도 한국민족의 모든 측면을 유교의 영향으로만 돌릴 수는 없다. 그러나 한국민족이 가진 어떤 측면이든지간에 유교의 영향을 전적으로 배제할 수는 없다. 세계의 각 민족마다 부끄러움의 정서에 영향을 준 각기

48) 풍우란, 중국철학사, 정인재 역, 1992, 형설, 65쪽.
49) 같은 책, 109쪽.
50) 최영성, 같은 책, 82쪽.
51) 같은 책, 84쪽.

다른 요인이 있으며, 인간이면 누구나 부끄러움의 소질을 가지고 있다. 한국민족의 부끄러움의 정서는 다각적인 요인에 기인한 것이겠지만, 유교의 영향 또한 배제할 수 없다. 유교의 어떤 요인이 부끄러움의 정서에 영향을 줄 수 있는지 이 자리를 빌어 추측적 가설을 세워 보는 것도 큰 무리가 아닐 것이다.

인간의 타고난 본성 그대로가 다치지 않고 보존된 상태를 이상적 인간형으로 보며 자연스런 감정표출을 진실하다고 보는 도가와는 대립적으로, 유교는 인간의 선천적 감정과 충동의 절제를 요구한다. 유가적 공동체의 구성원들은 공동체의 다른 구성원들 앞에서 예절바른 낯빛과 몸짓으로 자신을 드러내야 한다. '예'라는 공동체의 질서에 '동화'하기 위해서는 개인의 감정과 욕망에 대한 끝없는 절제와 극기가 요구된다.[52] 유가사상은 몸과 마음의 일원론으로서 몸은 곧 마음의 표현이라고 본다. 심지어 눈빛과 낯빛뿐 아니라 의복까지도 한 사람의 정신성이 밖으로 드러난 것이라고 본다.[53] 그러므로 유가에서는 감정표현의 절제 또한 필연적이다. 감정의 절제는 곧 감정표현의 절제를 가져오며 감정의 외부적 표현의 절제는 감정의 내부적 절제를 유발한다. 셸러에 따르면 부끄러움이란 저급한 충동의 절제를 통해 고차적 정신이 우세하도록 하는 기능을 갖는다. 그러므로 감정과 충동의 절제를 요구하는 유가사상은 일상적 삶에서 부끄러움을 부추기는 요인이 될 수 있다.

다른 한편으로 유가의 예법은 한국사에서 남녀, 장유, 군신간의 구분을 뚜렷이 할 것을 요구하여 충·효·열의 정신을 불어넣었다. 남녀와 장유 그리고 군신간에는 각각 본질의 차

52) 이승환, 같은 책, 89쪽.
53) 같은 책, 83쪽.

이뿐만 아니라 가치의 차이가 있다. 가치가 낮은 자는 높은 자에 대해 겸손과 경외심과 어려워하는 마음을 가지고 예를 다하여야 한다. 그러한 유가적 예법에 따른다면 지위높은 자와 낮은 자, 남자와 여자 그리고 나이많은 자와 나이어린 자 간에 간격이 벌어질 수밖에 없다. 유교사상은 인간애를 제일로 하는 사상인 동시에 구체적 삶에서는 그런 인간애가 예라는 형식을 통해 실현될 것을 요구한다. 유교지배적인 사회에서의 개인은 타인에게 다가가려는 충동을 느끼는 동시에 타인과 자신의 본질적 가치적 차이로 인한 간격을 느끼게 된다. 그러므로 대인관계에서 타인에게 다가가려는 마음과 물러서려는 마음 사이에서 갈등을 겪게 된다. 이것은 셸러가 주장하는 충동과 정신간의 갈등이라는 부끄러움의 본질과 다름없다.

한국적 수줍음에는 부끄러움뿐만 아니라 다른 사람들 앞에서 사고나 의지행위가 부자연스러워지는 현상인 소심함 (schüchtern), 타인에 대한 경외심, 타인을 어려워함 (Scheu), 겸손(Demut) 등이 함께 혼합되어 있다. 수줍음이 이끌리는 이성에 대한 감정이라면 그것은 성적 부끄러움의 한 형태이다. 남녀간의 간격과 가치서열의 차이는 인류역사상 어느 시대 어느 민족에나 있어 왔지만 한국에서는 유교가 그런 남녀간의 간격을 뚜렷이 하는 데 큰 영향을 주었고, 여자의 정숙·정절관념을 강화시켰다. 그래서 여자가 남자에게 적극적으로 접근하는 것은 여성성에 부합되지 못하는 것이며 따라서 수줍음은 여성의 미덕이라고까지 할 수 있다.

개인의 감정과 행위를 지배하는 요인에는 의식적인 것과 무의식적인 것이 있다. 민족적 정서와 같은 것은 몸에 배인 무의식적 요인이다. 개인의 개성적 인격에 따라 의식적 요인이 달라지며 무의식에 의해 지배되는 정도 또한 달라진다. 그러므로 한 민족의 개개인이 어떤 것에 대해 어느 정도만큼 부끄러움을 느끼는가는 천차만별이 될 수밖에 없다. 따라서 모든 상황에서 모든 한국인이 유교적 민족정서의 영향으로 부끄러움을 느낀다고 단언할 수는 없다.

결 론

본 논고는 한국민족의 의식을 가장 크게 지배해 온 유가사상 속의 수오지심과 셸러의 부끄러움 이론을 비교해 보는 한편 유가사상이 일상적 삶과 수줍음의 정서에 미친 영향을 생각해 봄으로써 한국적 수줍음의 근원을 해명하려고 시도하였다. 유가사상과 민족정서의 하나로서의 수줍음의 관계를 살펴보는 것은 순수사색적인 철학의 범위를 넘어서 사실적인 역사세계와 일상적 삶의 세계의 방대한 자료를 들여다볼 것과 그리고 거꾸로 그런 구체적인 것들을 철학적으로 해석해 낼 것을 요구한다. 그런 작업은 결코 쉽지 않았다. 이 논고에서는 셸러의 부끄러움 이론을 기준으로 한국적 수줍음을 해석하려고 시도했으나 거꾸로 한국적 수줍음에 비춰 본 셸러 이론의 비판이나 재해석은 이루어지지 못했다. 본 논고의 탐구의 의의는 추상적인 철학이론과 구체적인 삶의 세계의 접합시도라는 점과 서양철학적 이론과 동양세계의 정서와의 연결시도라는 점에 놓여 있다.

〈특별기고〉

한국에서의 현상학 연구

한전숙

1. 근대초기(1900-1945)

1995년 세계는 UN 창설 50주년을 기념하고 있다. 이 해는 한국으로서는 해방 50년이며 광복 50년이기도 하다. 그것은 우리가 1909년부터 2차대전이 끝나는 1945년에 이르기까지 36년간 일본 제국주의 식민통치하에서 나라를 잃고 있었기 때문이다.

이에 앞서 한국은 3세기에 벌써 중국에서 수입된 유교와 인도에서 발상하여 중국을 통해서 수입된 불교와의 종합의 바탕 위에 중국식도 아니고 일본식도 아닌 독자적인 문화전통을 확립하고 있었다. 그후 오랫동안 강대국 중국의 살벌한 입김에 노출되면서도 한국은 그 고유한 문화적 특성과 정치적 주권을 내내 견지해 오고 있었다. 그런데 19세기 후반에 이르러 한반도를 노리는 중국, 러시아, 일본 등 열강들의 제국주의적 침략의 각축에서 일본이 이겨 1909년 우리는 드디어 일본의 식민지로 되어 버렸다.

사실 서양철학이 우리에게 처음으로 전달된 것은 17세기 초였지만 그것은 기독교와 얽힌 도입이어서 당시 한국의 유교적 세계관에 정면으로 대립되는 것으로서 처음부터 순탄하지 못하였다. 그러나 일본이 1924년에 식민지 한반도에 제국대학을 창립하여 그 학부 철학과에서 서양철학이 강의됨으로써 서양철학의 한반도 도입은 순조롭게 이루어진 셈이다. 물론 처음부터 제한된 수의 한국인만을 허용한 이 식민지 대학의 철학과 졸업 한국학생은 첫해(1929년) 6명, 다음해부터 5명, 4명, 2명, 4명 등 얼마 되지 않았다. 더구나 1930년대에 들어와서 일제의 동화정책(즉 한민족 말살정책)이 점점 심화되고 사상적 탄압이 강해짐에 따라서 저들의 활동은 거의 보잘것없는 것이었다.

그때 일본은 오랫동안 정치적 문화적으로 독일과 동맹관계에 있었으며 1920년을 전후해서 프라이부르크의 후설에게서 직접 배운 학자들도 적지 않아서 특히 1920년대의 일본에서는 후설 현상학이 대유행을 이루고 있었다. 그리하여 한반도의 대학에서도 브렌타노, 후설 등의 저술이 읽혀지고 있었다.

2. 해방부터 50년대 말까지(1945-1959)

1945년 8월 15일, 즉 제2차 세계대전의 종식은 한반도에 대한 일본의 식민통치의 끝을 의미하지만 그러나 겨우 되찾은 조국은 두 동강이 조국이었다. 북쪽엔 소련군이, 남쪽엔 미군이 진주하여 일본군을 무장해제시키고 곧 이어 북쪽엔 조선민주주의인민공화국의, 남쪽엔 대한민국(1948년)의 정부가 수립되었다. 그리하여 한반도는 동서 이데올로기의 각축장이 되었다. 급기야 1953년 6월 25일엔 한국전쟁이 발발하여 53년까지 동족상잔의 비극적 전쟁이 이어졌으며 그 여파는 50년대를 완전히 뒤덮었다.

그런 가운데서도 우리 철학계는 1953년 9월 전란 속의 서울에서 한국철학회를 창립하였고 1955년 5월에 『철학』 제1집을, 그리고 1957년 7월에 제2집을 냈지만, 그러나 그후 10여 년 동안 다음 호를 내지 못하고 있는 데서 나타나듯이 당시의 철학계는 썩 활발하지는 못하였다. 다만 현상학과 관련해서는 1948년에 서울대학교 철학과를 졸업한 윤명로의 졸업논문 제목이 "후설에서의 명증개념(Begriff der Evidenz bei Husserl)"이었음을 부기해 둔다.

이때의 우리 철학계의 관심은 주로 독일 관념론과 실존철학이었다. 그것은 당시(해방직후) 한국 철학계의 중진들이 대부분 독일철학에 젖어 있던 일본인 교수들로부터 교육받은 분들이었고 또 식민통치, 해방, 남북분단, 전란 등 조국의 극한적인 사회상황 때문이었다. 그리하여 대학에서도 플라톤, 아리스토텔레스, 칸트, 헤겔 등의 고전과 더불어 하이데거, 야스퍼스, 사르트르 등 실존철학과 후설의 현상학이 논의되고 있었다.

우리의 주제와 관련하여 후설 현상학과 실존철학이 당시 어떻게 이해되고 있었는가를 알아보자. 먼저 현상학에 관해서는 해방직후부터 서울대학교 교수였던 박종홍의 서양철학 특강 하나를 택하기로 한다. 그것은 "객관적 태도와 실존해명—헤겔 시대 이후를 개관하면서"라는 제목으로 1947년 가을학기부터 다음해 봄학기까지 두 학기 동안 계속된 강의이다.[1] 이 강

---

1) 당시 1학기 시작은 9월, 2학기 시작은 3월이었다. 이 강의보고는 필자가 철학과 2학년생으로서 직접 청강·작성하여 지금도 간직하고 있는 노트를 토대로 엮은 것이다. 박종홍은 휴강이 없는 분으로 이름난 교수이다. 이 강의의 첫 시간은 1947년 10월 7일로 되어 있고 둘째 시간은 10월 10일로 되어 있다. 그런데 이렇게 첫 주만 두 번 강의가 있고 다음 주부터는 다음 학기 강의가 끝날 때까지 주 한 번 강의가 계속되고 있다. 한 번 강의는 두 시간 연속이고 또 강의는 늘 받아쓰기 식이었다. 참고로 노트에 따라서 그때의 강의 날짜를 적어 보면 다음과 같다 : 1947년 10월 7일, 10일, 14일, 21일, 11월 4일, 공백, 18일, 25일, 12월 2일, 1948년 3월 24일, 31일, 4월 7일, 14일, 21일, 5월 19일, 26일, 6월 9일.

의는 철학은 객관적 엄밀성과 내적인 진실성의 양쪽을 더불어 포괄해야 한다는 대전제하에서 독오(獨墺)학파의 객관적 태도와 실존철학의 내면적 진실성을 살피면서 그 종합을 찾아가는 줄거리이다. 후설은 독오학파를 살피는 제일 끝에 등장한다. 그리하여 그의 현상학은 볼짜노의 순수논리학의 세계를 브렌타노의 심리학에서 생각하려는 의도라고 정의된다. 즉 브렌타노에서의 대상의 지향적 내재와 내부지각의 명증성 사상에 의해서 명제 자체, 진리 자체를 강조하는 볼짜노에서의 진리인식의 난문제를 해결하려는 것이다. 그리하여 후설은 "사태 자체에로!"라는 구호 아래 객관적 태도를 강조하되 이것을 주관작용 속에서 관철하고자 한다.

원래 현상(phainomena)이란 나타난다는 뜻이요, 그것은 주관의 관여를 필연적으로 요구하지만 그렇다고 주관에 의해서 구성된 것(칸트의 Erscheinung)이 아니라 사태 자체가 스스로 자기를 제시하는 것, 백일하에 드러나 있는 것(was sich zeigt, aber das sich zeigende. was am Tage liegt.)이다(4월 7일 강의). 여기에 후설 현상학에 모든 선입견과 편견을 버리고 모든 기성적 입장으로부터 벗어나는 판단중지가 등장하고 이어서 형상적(形相的) 환원과 선험적 환원이 등장하는 것이다. 그것은 일상적인 자연적 태도에서 대하는 사물이나 세계가 아니라 이런 것들이 있는 그대로의 자태로 나타나는 순수의식으로 환원해 감을 말한다(4월 14일 강의).

그러나 우리는 묻는다. 일단 배제된 외계의 실재는 영영 문제될 수 없는 것인가? 즉 후설에게는 순수의식으로의 환원이 있을 뿐, 거기에서부터 다시 배제된 외계로 나오는 통로가 없다. 의식의 지향작용이 곧 외계의 인식은 아니다. 우리의 근본요구는 오히려 외계의 실재를 어떻게 해결하는가에 있지 않는가? (4월 21일 강의)

여기서 우리는 위 서술이 주로 후설의『이념들 Ⅰ』에 의거하고 있으며, 그렇게 그려진 현상학은 선험적 관념론으로서의 현상학임을 알 수 있다. 이것은 1948년의 강의의 일단이지만 후설 현상학에 대한 이러한 해석은 앞으로 오래도록 우리 철학계 전반에서 수용되어 온 견해이기도 하다.

다음에 실존철학은 그때 어떻게 이해되어 있었는가? 이것을 알기 위해서는 박종홍의『철학개설』(1954)을 들추어보는 것이 좋을 것이다. 해방이 되고 나서 갑자기 늘어난 대학 신입생들에게 철학개론이 교양필수로 되어 있는데 마땅한 교과서가 없어서 주로 간추린 철학사로 대신하고 있을 때, 이 책은 우리 현실의 창조적 건설을 지향하는 참신한 내용의 철학 입문서로 각광을 받았다. 더구나 박종홍이 1945년 가을부터 서울대학교에서 교편을 잡았다는 사실과 겨누어 보면 이 책이 나온 1954년 당시는 그의 제자들이 전국 거의 모든 대학에 퍼져있는 때라서 이 책은 대학가에 크나큰 영향을 미치게 되었다.

저자 박종홍에 있어서 철학의 출발점은 우리의 현실이요, 그 귀착점도 현실이다. 그런데 이 현실을 파악하는 시각에는 향외적인 것과 향내적인 것의 둘이 있다. 이 책은 이 두 방향성을 기준으로 서양철학사를 정리하고 있다. 실존주의는 프라그마티즘, 논리실증주의, 변증법적 유물론 등 향외적 경향에 대립되는 향내적 현실파악의 현대적 유형으로서 거론된다. 실존주의란 보편타당적인 객관적 진리가 아니라 한계정세에 놓여진 인간의 혼을 일깨워 주는 힘을 가진 주체적 진리에 대한 요구에 대응코자 한다(183).[2] 그리하여 인간의 본래적인 존재방식을 찾아 헤매는 실존사상은 자연히 무, 심연, 어둠, 죽음 등의 문제에 부딪치게 되어 신 또는 초월자의 문제와 대결하지 않을 수 없게 된다(184). 여기에 저자는 사르트르에 따

2) 이 숫자는『철학개설』, 동양출판사, 1961. 4. 改訂初版에 따른 쪽수이다.

라서 유신론적 실존사상과 무신론적 실존사상을 분류하여 한 쪽에서 키르케고르, 야스퍼스, 마르셀과 다른 쪽에서 니체, 하이데거, 사르트르의 경우를 살피고 있다. 그런데 이들 실존사상은 향내적이라고 특징지워지는 데서도 알 수 있듯이 그와 대립되는 향외적 방향과 마찬가지로 그 현실파악이 지극히 일면적이요 그 한계를 가지고 있다. 대립되는 두 사상이 서로 변증법적으로 상호보완함으로써만 참된 진리파악에 도달할 수 있는 것이다.

우리는 여기서 저자가 실존사상에 붙인 '향내적'이라는 특징은 그가 소개하는 후설 현상학에도 해당됨을 볼 수 있다. 그것은 안으로, 자기자신 속으로 반성해 들어가는 경향을 말한다. 그러나 양자에서 철학함의 분위기는 전혀 다르다. 후설은 철저하게 독일 관념론의 이성주의의 길을 밟고 실존철학은 인간의 혼에 호소하는 주체적 진리를 추구하는 것이다.

3. 60년대와 70년대

이 기간은 1960년 4월 19일의 혁명으로 새로운 민주정권이 들어선 바로 후에 5. 18 쿠데타로 군사정권이 연이어 들어서서 이른바 "한강의 기적"을 낳는 획기적인 경제적 발전의 시기이다. 학문적으로도 경제에 못지않게 고도의 발전을 거둔 시기인데 그것은 60년대 후반부터 해외 유학생들이, 특히 미국으로부터 많이 귀국하기 시작한 데 힘입은 바 크다. 덕분에 철학계에서는 관심의 다양화와 연구풍토의 쇄신이라는 변화가 일어난다.[3)]

1) 관심의 다양화 : 이미 본 바와 같이 이제까지의 우리 나

---

3) 이명현, 「한국철학의 전통과 과제」, 심재룡 외, 『한국에서 철학하는 자세들』, 집문당, 89. 8, 3판, 26-27쪽 참조.

라 철학의 관심은 독일 관념론과 실존철학에 국한되어 있었다. 그런데 해외에서 훈련받은 학자들이 속속 돌아옴에 따라서 철학적 논의의 대상은 분석철학, 사회철학, 역사철학 그리고 한국의 전통철학 등 여러 방향으로 확대해 나갔다.

2) 연구풍토의 쇄신 : 원래 우리 나라 전래의 학문하는 태도는 훈고학적이다. 그것은 전통적인 학적 관심대상인 유교와 불교에서 연구대상은 각기 그 경전(經典)이었는데 경전이란 한 자도 소홀히 하지 않는 정확한 이해가 문제이지 비판의 대상은 아니었기 때문이다. 이런 훈고학적인 태도는 그러나 서양의 자유로운 학문적 세계에서 훈련받은 젊은 학자들에 의해서 비판적 이해의 태도로 바뀌지지 않을 수 없었다.

이 두 가지 요인은 우리의 철학계를 활성화하는 데 충분하였다. 그것은 다음과 같은 구체적인 실례에 여실히 나타나 있다 :

1) 1953년에 발족한 한국철학회가 유명무실하게 세월을 보내고 있는 것을 보다못해 젊은 철학도들이 1963년 서울과 지방(대구)에 하나씩 새로운 학회를 창립하였다. 서울에는 철학연구회가, 지방에는 한국칸트학회(1965년 한국철학연구회로 개칭)가 발족하여 각기 철학잡지를 내기 시작한 것이다. 또 연구발표회도 정기적으로 개최되고 토론도 아주 자유롭게 그리고 활발하게 이루어졌다. 학문에 관한 한 스승이나 선배의 의견에 무조건 따르는 수직적 관계가 아니라 서로 대등한 수평적 관계에서 진리를 목표로 하는 진지한 학술적 토론이 이루어지게 된 것이다.

2) 여기에 자극받아 그동안 부진하기만 하던 한국철학회가 늦으나마 1969년부터 『철학』을 속간하면서 서서히 활기를 띠기 시작하였다. 그리하여 그동안 철학인구가 급증하고 또 관심분야가 다양화해 감에 따라서 한국철학회는 1976년 산하에

분야별 분과연구회를 두기로 하였다. 이때 서양 고대철학, 중세철학, 사회철학, 분석철학, 현상학, 논리학, 동양철학, 한국철학, 인도철학 등 16개의 분과연구회가 등록하였다.

이런 상황에서 1976년 12월에 발족한 '현상학분과연구회'는 우리 나라 현상학 연구자들의 최초의 공적인 모임이다. 처음엔 후설의 『이념』(다섯 강의)의 윤독회 등으로 시작[4)]하다가 관심을 가지고 모여드는 사람들이 많아지자 1978년 2월에 모임을 '한국현상학회'로 개칭하고 본격적인 연구활동으로 들어갔다. '부록 I 한국현상학회 연혁'의 1976-1979년도에 나타나 있듯이 학회가 발족한 후부터는 거의 매달 연구발표회를 가졌으며, 1979년 4월에는 현상학 이해를 위해 필수적이라고 생각되는 외국의 논문들을 모아 *Selected Essays on Phenomenology I*를 발간하였다. 학회지를 내지 못하는 대신이었다.

아래 〈표 1〉에서 보듯이 60년대와 70년대에 현상학, 실존철학 관계논문으로 박사학위를 얻은 한국인은 국내 10명, 국외 14명, 도합 24명인데 이들의 논문을 주제별로 분석해 보면 〈표 2〉와 같다(부록 II 참조):

〈표 1〉

현상학 관계 박사학위 취득자의 수

	국 내	국 외	
60-69	2	4	6
70-79	8	10	18
80-89	2	9	11
90-94	12	17	29
합 계	24	40	64

4) 이때의 참여자는 윤명로, 한전숙, 소광희, 김여수, 이영호, 김홍우 등이고 조금 지나서 차인석, 손봉호 등도 합류한다.

〈표 2〉

60년대와 70년대의 국내외 박사학위 논문 주제별 분류

	후설	하이데거	기타 실존철학	기타	합계
국내	5	4	0	1*	10
국외	6	2	3**	3***	14
	11	6	3	4	24

* : 하르트만

** : 야스퍼스, 사르트르, 마르셀

*** : 하르트만, 셸러, 해석학

즉 현상학 관련 학위논문에서 후설 현상학과 실존철학(하이데거 포함)에 대한 관심이 거의 비슷한 정도임을 알 수 있다. 그리고 이때 이 두 주제는 위에서 비쳤듯이 한쪽은 학술적, 객관적인데 비해서 다른 한쪽은 기분 내지 정서적, 주관적이고, 또 하나는 인식론적인데 대해서 다른 하나는 존재론적이라 하는 등 서로 대립적인 입장으로 여겨졌었다는 것이 그 특징이다. 구체적으로 어떻게 이야기되는지 알아보자.

당시의 우리 나라 실존주의 이해를 선도한 것은 조가경의 『실존철학』(1961)이다. 조가경은 하이델베르크 대학에서 뢰빗 교수의 지도로 하이데거의 관점과 老子의 사상을 비교연구한 논문 「Einheit von Natur und Geist」으로 1957년에 박사학위를 취득하였다.[5] 1959년부터 모교 서울대학교에서 강의하다가 1970년에 버팔로 대학에 파버 교수의 후임으로 부임하였다. 그 사이 1961-63년, 1966-68년에 예일 대학과 뉴욕 주립대학에 객원교수로 나가 있어서 모국에 있는 기간이 충분히 길지는 못하였다. 그렇지만 대학에서의 강의는 물론, 메모만 가지고 한 시간 내지 두 시간 이어지는, 여기저기에서의 공개

5) 조국광복 후 우리 나라의 철학하는 젊은이가 유럽에서 철학박사 학위를 딴 것은 아마도 조가경이 처음일 것이다.

강연도 언제나 대만원이고 대호평이었다. 강의나 강연의 짜임새가 물샐 틈 없이 조직적 체계적이고 게다가 그렇게 철두철미 학술적이면서도 현지 독일에서의 생생한 호흡을 그대로 전해 주고 있었던 것이다. 저술 『실존철학』도 그런 뛰어난 솜씨를 십분 발휘한 작품이다. 그것은 60년대와 70년대의 당시로는 거의 유일한 실존철학 전문 소개서이다. 저자가 조국에 오래 있지 못한 대신 이 책은 출판되자 계속해서, 그리고 지금에 이르기까지 판을 거듭하면서 조국 사상계에 오래도록 깊은 영향을 미치고 있다.

이 책은 전문서적답게 실존사상의 발상, 실존철학의 방법, 근본문제, 학문이론, 그리고 야스퍼스 대 하이데거, 하이데거 대 사르트르, 사르트르 대 마르셀 등의 비교를 통한 개별적 형태들의 특징 등 실존철학을 포괄적으로 다루고 있다. 실존철학의 방법으로서의 현상학적 방법은 제2부 제2장 "현상학적 방법과 실존"에서 다루고 있다. 이에 따르면 현상학의 가장 중요한 원칙은 개관주의이다(132).[6] 그것은 우연적 부수적인 것을 배제한 후(형상적 환원) 남는 본질을 파악하기 때문이다. 이 본질이 현상학에서의 현상, 즉 스스로를 나타내는 것(das-Sich-selbst-Zeigende)이다(129). 이런 현상학은 원래 실존철학과는 전혀 독립적으로 발전된 것인데(126) 그럼에도 실존철학에 크게 영향을 미쳤다면 두 사상에 어떤 공통점이 있기 때문일 것이다. 그 공통점은 둘 다 주체성의 파악이라는 데 있다(135). 후설의 논리적 정신에는 주체적 체험을 유일한 진리의 근원으로 보는 키르케고르와 상통하는 면이 있는 것이다(139).

그러나 그 주체적 체험이란 양자에서 반드시 똑같은 성격인

---

6) 『실존철학』, 박영사, 1970. 3, 修正增補版의 쪽수.

것은 아니다. 실존철학에서는 불안에 휩싸여 세계 전체가 그 밑바닥에서부터 동요하는 것을 경험하지 않고서는 자기자신이 누구인지 알지 못한다고 하는데, 후설은 판단중지를 통하여 심정의 안정을 기하여 냉철한 본질직관을 일삼는 것이 철학이라고 한다. 이렇게 이 책은 실존철학과 후설 현상학의 공통점을 지적하면서도 그 뚜렷한 차이점이 더욱 강조되고 있는 인상이 깊다.

이 기본논조는 1970년에 새로이 제6부(실존철학의 비판, 491-515)를 첨부한 증보판에서도 대체로 마찬가지다. 이번에는 생활세계 논의를 바탕으로 한 후기 후설의 사상이 가장 직접적으로 실존철학과 연결됨을 지적하고 있다. 논리 이전의 선과학적인 직접경험은 종전의 철학에서는 늘 천대만 받아 왔지만 그러나 사실인즉 순서상 우리에게 제일 가깝고 세계를 개시해 주는 두터운 신빙성을 지니고 있다. 바로 이 선판단적인 선의견(Vor-meinung)의 기능을 일깨워 준 것이 실존철학의 크나큰 공이다. 하이데거의 날카로운 분석은 우리가 일상생활에서 쇠망치가 무엇인지 '인식'하기 이전에 그것이 무엇인지 숙지하고 있음을 여실히 보여 준다. 쇠망치는 그것으로 못을 박음으로써 본래적으로 이해되고 있는 것이다. 이것이 사물과의 일차적인 교섭양식이요, 학문의 세계는 거기서 파생된 이차적인 교섭양식이다(506).

후설도 경험의 직접태를 분석하여 논리적 및 수학적인 명증보다 직관의 명증을 더 높은 권위로 인정하였다. 그러나 후설이 볼 때 하이데거에서의 용도적인 관심은 순수성을 흐리게 하는 눈길이다. 사물의 가장 기초적인 층은 인간의 해석이나 이해가 개입하기 전에 순수하게 지각될 수 있는 바 있는 그대로의 모습이다. 직접경험의 최하층은 지각, 직관이요, 이것을 그대로 보아야(직관해야) 하는 것이다(507). 〈표 2〉에서 보듯이 당시의 철학적 관심은 국내외적으로 후설 현상학과 하이데거를 비롯한 실존철학으로 양대분되지만, 당시 두 사상은 밀접한 연관성에서보다는 실존에 대한 관심과 본질에 대한 물음으로 대립적인 면에서 논의되고 있는 것이다.

4. 80년대(1980-1989)

〈표 1〉에서 보면 80년대는 현상학 인구의 증가세가 잠시 주춤하는 시기이다. 그러나 학회모임이나 저술 등 일반적인 학문활동은 오히려 더욱 활발하다. 먼저 70년대 말에 발족한 학회의 활동은 80년대에 와서 제 궤도에 올라섰다고 할 수 있다. 매해 평균 4내지 6회의 연구발표회를 가지면서 1989년 말에는 제50차 발표회를 가지기에 이르렀다. 그리고 1985년과 86년 여름방학에는 각각 "지향성", "현상개념"이라는 주제하에 1박2일의 합동 세미나도 가지게 되었다(부록 I 참조). 그러는 가운데 학회발족 때부터 소망하던 학회지 『현상학 연구』의 발간이 드디어 성사되어 1983년에 제1집(『현상학이란 무엇인가』, 초대 학회장 윤명로 교수 회갑기념 논문집을 겸함), 85년에 제2집(『현상학과 개별과학』), 88년에 제3집(『현상학의 전개』, 2대 학회장 한전숙 교수 회갑기념 논문집을 겸함)을 낼 수 있었다. 더구나 학회의 국제적 교류도 운을 떼었다. 먼저 윤명로 당시 회장이 독일현상학회에서 "한국현상학회의 현황"에 관해서 발표하고(Trier, 1980. 4. 9-12) 차인석 교수는 일본현상학회 제2차(1980. 5. 30), 제4차(1982. 8. 20-22) 발표회에 참석하여 한국에서의 현상학 연구현황을 소개하였다. 다른 한편 화란의 반 퍼어슨(A. van Peursen)이 와서 "Lebenswelt and Forms of Life"라는 제목으로 강연하였으며(1981. 5 7), 또 일본현상학회 사무장 다데마츠(立松)

교수(1980. 9. 2)와, 그리고 국제현상학연구회장 티미에니에츠카(Anna-Teresa Tymieniecka) 여사의 내방(1980. 10. 28)도 있었다.

80년대는 국내외 박사학위 취득의 수에 있어서는 다른 연대에 떨어지지만 현상학에 관한 저술, 번역에 있어서는 앞선 연대에 비해 급격한 증가를 보이고 있다(〈표 3〉 참조).

〈표 3〉

현상학에 관한 출판물 (논문 제외)

기간	저술	번역		
		일차자료	이차자료	
60-69	1	0	0	1
70-79	3	3	3	9
80-89	15	4	20	39
90-94	15	6	15	36
합계	34	13	38	85

우선 우리 나라 현상학 연구에서의 제1세대에 속하는 윤명로, 한전숙의 논문집 『현상학과 현대철학』(1987)과 『현상학의 이해』(1984)는 때늦은 감이 없지는 않으나 위에 언급한 학회지 3권과 더불어 현상학에 관심있는 후학들에게 좋은 지침이 되었다. 뿐만 아니라 80년대에는 후설과 메를로-뽕띠의 저술이 번역되기도 하고 또 후설이나 현상학에 관한 단행본의 번역이 쏟아져 나오다시피 하였다:

먼저 일차자료의 번역 :

후설 『현상학의 이념. 엄밀한 학으로서의 철학』(이영호·이종훈 역, 88), 『서양의 위기와 현상학』(『위기』의 일부. 이종훈 역, 89)

메를로-뽕띠 『현상학과 예술』(『지각의 현상학』의 서론 수록. 오병남 역, 83), 『의미와 무의미』(권혁민 역, 85)

이차자료의 번역

『현상학이란 무엇인가』(P. Thevenaz, 심미화 역, 82)

『현상학 강의』(W. Szilasi, 이영호 역, 84)

『후설 사상의 발달』(Th. De Boer, 최경호 역, 86)

『에드문드 후설의 현상학』(P. Janssen, 신귀현·배의용 역, 86)

『현상학 : 그 발생과 전망』(Q. Lauer, 최경호 역, 87)

『현상학이란 무엇인가』(J. -F. Lyotard, 김연숙·김관오 역, 88)

『현대철학』(L. Landgrebe, 강영계·김익현 역, 89)

『현상학』(W. Marx, 이길우 역, 89)

『현상학의 흐름』(木田 元, 이수정 역, 89)

여기에 70년대 말에 나온 박이문의 저서 『현상학과 분석철학』(77)과 80년대 초에 나온 동명의 번역서 『현상학과 분석철학』(C. A. van Peursen, 손봉호 역, 80)은 분석철학이 한창인 당시의 풍토에서 현상학의 이해에 크게 도움을 주었다. 또 위의 일차자료의 번역에 메를로-뽕띠의 것이 두 권 포함되어 있다는 것은 현상학적 운동이나 후기 후설의 사상에 관하여 한국 현상학계에서 정식으로 논의될 토양이 마련되기 시작하였음을 의미한다고 할 수 있을 것이다.

이 시기에 나타난 현상학의 새로운 식구들 중에서 우리 나라의 현상학 연구와 관련하여 주의하고 싶은 두 사람이 있다. 두 사람 다 1984년에 독일에서 박사학위를 따고 귀국하여 우리의 연구 분위기에 조용하고도 지속적인 충격을 주고 있다.

그 하나는 독일의 본 대학에서 "Subjektivität und Intersubjektivität. Untersuchungen zur Theorie des geistigen Seins bei Edmund Husserl und Nicolai Hartmann"으로 박사학위를 딴 이길우이다. 그가 주목을 끄는 것은 후설의 윤리사상을 파헤치고 있다는 점이다. 후설의 윤리사상은 유럽에서도 아직 덜 논의된 분야요, 우리 나라로서는 더욱 귀중한 연구분야이다. 1995년 봄에 모교 고려대학으로 돌아오기까지 10년 동안 강원대학에서 교편을 잡으면서 기회가 닿을 때마다 한국현상학회에서 후설의 윤리학 사상을 소개하면서,

「자아의 태도와 습득성」(『자아와 실존』, 87)

「현상학적 윤리학—후설의 순수윤리학의 이념을 중심으로」(『현상학의 전개』, 현상학 연구 제3집, 88)

「공동주관성의 문제」(『후설』, 이영호 편, 90)

「정서적 동기관계와 상호주관적 습득성」(『현상학과 실천철학』, 철학과 현상학 연구 제7집, 93)

등 많은 논문과 또 번역서

『후설의 윤리연구』(A. 로트 원저, 91)[7]를 내고 있다.

이 시기에 우리가 주의하고 싶은 또 한 사람은 뮌헨 대학에서 "Sein und Zeit' als strenge Wissenschaft. M. Heideggers Neubegründung wissenschaftlicher Philosophie durch Phänomenologie"로 박사학위를 딴 이기상이다. 그가 주목을 끄는 것은 귀국직후부터의 정력적인 작품활동과 제자양성으로 우리 나라의 하이데거를 중심으로 한 실존철학 연구분야에 새 바람을 불어넣었다는 점이다. 우리 나라에서의 실

7) 이상의 논문과 번역서는 윤리학에 관계된 것만을 든 것이다. (편의상 90년대 작품도 포함함) 그외에 박사학위 논문의 소개서 『현상학적 정신이론』(1986)과 번역서 『현상학』(W. 마르크스 원저, 1989)도 있다. 둘 다 초보자를 위한 역자의 친절한 각주를 달고 있어 적절한 현상학 입문서가 없는 자리를 조금이라도 메우려고 애쓰고 있다.

존철학 연구는 해방 후부터 50년을 헤아린다. 그럼에도 업적 면에서는 몇 개의 논문과 그리스도교철학연구회에서 펴낸 『하이데거의 철학사상』(1978) 정도에 그친다. 이기상은 1985년에 외국어대학 철학과에 취임 후 1994년 말까지 10년 동안 저서 3권, 번역서 4권, 논문 9편을 내고 있다. 이것은 그러나 그가 일찍부터 깊이 관여하여 현재 회장직을 맡고 있는 한국철학회 산하 철학교육분과연구회 관계의 또 많은 논문과 번역을 제외하고서이다.

하이데거 관련논문만을 보면 :

「하이데거는 현상학자다」(『철학과 신학의 만남』, 85)

「하이데거의 현상학적 방법. 『존재와 시간』에 나타난 현상학적 분석의 세 단계」(『철학』 제24집, 85)

「하이데거의 기초존재론과 학문의 정초」(『철학연구』 제43집, 87)

「하이데거의 현상학 이해」(『현상학의 전개』, 현상학 연구 제3집, 88)

「하이데거의 현사실성의 해석학」(『생활세계의 현상학과 해석학』, 철학과 현상학 연구 제5집, 92)

80년대에 집중된 이런 준비과정을 거치고 나서 다음과 같은 큰 저술과 번역이 뒤따른다 :

저서 : 『하이데거의 실존과 언어』(91)
『하이데거의 존재와 현상』(92)
『하이데거 철학에의 안내』(편저, 93)

번역서 : 『실존철학』(F. 찜머만, 87)
『기술과 전향』(하이데거, 93)
『마르틴 하이데거 사유의 길』(O. 푀겔러, 이말숙과 공역, 93)
『현상학의 근본문제』(하이데거, 94)[8)]

그의 하이데거론은 그의 귀국 후의 첫 작품 「하이데거는 현상학자다」(1985)에 뚜렷이 나타나 있다. 이 제목은 본인의 의사와는 관계없이 우리의 학계에서는 큰 의의를 지닌다. 그것은 우리가 위에서 지적해 왔듯이 특히 국내에서는 후설과 하이데거는 20세기 철학의 대립되는 두 흐름을 대표하는 것으로 보는 견해가 지배적이었기 때문이다. 그러면 이기상은 두 사람을 어떤 의미에서 연결시키고 있는가. 우선 하이데거는 현상학의 방법을 순수하고 엄밀하게 이행하여 철학의 원천적 변혁을 기도한다는 후설의 취지를 그대로 받아들이고 그런 의미에서 『존재와 시간』은 철두철미 현상학적이라고 생각한다 (14).[9] 그러나 하이데거가 현상학이라고 할 때 그것은 후설의 현상학적 방법을 말하는 것이지 초월론적 철학(transzendentale Philosophie[10])으로서의 후설 현상학을 말하는 것이 아니다. 따라서 하이데거가 후설에서 이어받은 것은 그 방법뿐이다. 후설의 방법을 하이데거는 "사실 자체에로! (Zu den Sachen selbst!)"[11]라는 구호로 표현했다. 그런데 하이데거에서 이때의 사실(Sache)은 "존재자의 존재"인데 대해서 후설에서 그것은 "나타남에서 나타나 있는 것, 즉 의식에 주어져

---

8) 역시 편의상 90년대 작품도 나열하였음.

9) 「하이데거는 현상학자다」는 원래 『철학과 신학의 만남』(성바오로출판사, 1985, 173-186쪽)에 실린 논문이다. 이 논문은 후에 『하이데거의 존재와 현상』(문예출판사, 1992)의 서론(13-23쪽)에 재록되었다. 이 쪽수는 후자에 따른 것이다.

10) 'transzendental'을 이기상은 '초월론적'이라고 번역하고 있어서 여기에 그대로 옮기고 있지만 필자는 관행대로 '선험적'이라고 번역한다. 백종현은 그의 논문 「'선험적'과 '초월적'의 의미」(『철학과 현실』, 90 여름호, 334-342쪽. 이 논문은 F. 카울바하 지음, 백종현 역, 『칸트. 비판철학의 형성과정과 체계』, 서광사, 92, '부록 3 칸트 철학용어 해설'에 재수록되어 있음)에서 '초월적'이라는 번역을 공적으로 제안하고 있다.

11) 'Sache'를 이기상은 '사실'이라고 번역하고 있지만 필자는 앞으로 보듯이 '사태'라고 번역한다.

있는 것"을 말한다(19). 즉 하이데거에서 철학이 정말로 "최종적인 근거확립에 의한 학문"이 되려면 초월론적 현상학에 머물러 있어서는 안 되고 기초존재론이 되어야 하는 것이다(21).

이렇게 보면 하이데거를 현상학자라고 하는 것은 그가 현상학적 방법에 따른다는 제한된 의미에서 하는 말이다. 그렇다면 이것은 종전의 하이데거 연구가들도 충분히 인정하고 있는 바이다. 다만 종전에는 암묵리에 시인되었을 뿐 주제화하여 거론하는 데까지 중요시되지 않았던 것을 표면화하여 하이데거와 후설의 연계성을 강조한 것이라 할 수 있다. 그러나 현상학적 방법이 이렇게 후설에서의 선험적 관념론이라는 밑받침에서 떨어지면 그 자신 변질되는 것이 아닐까. 하이데거를 비롯한 실존적 현상학자들이 따르고 있는 현상학적 방법은 결코 순수의식, 선험적 주관성으로 이끌어 가지는 않는다.

5. 90년대(1990-1995 여름)

이 시기는 기간은 5년 남짓에 불과하지만 내용적으로는 그에 앞선 10년 또는 20년에 버금간다. 한마디로 현상학 연구가 양과 질 모든 면에서 그간의 준비기간을 거쳐 새로운 도약을 하기 시작하는 시기라고 할 수 있겠다. 이 사정을 우리는 1) 연구인구의 급증 2) 다양한 학회활동 3) 여러 학회의 독립 4) 후설 현상학에 대한 보다 폭넓은 이해 5) 기타로 나누어서 고찰해 보고자 한다.

1) 인구의 급증

우선 이 방면의 연구자가 국내외적으로 급증한다. 그 일단을 우리는 위 〈표1〉에서 볼 수 있다. 이에 따르면 1990년부터

94년까지의 5년간에 탄생한 국내외 박사의 수(29)는 1970년부터 89년까지의 20년간의 수(18+11)와 꼭 같다. 학회의 회원수도 80년대 말 80명이던 것이 95년 여름에는 150명으로 늘어나고 있다. 또 〈표 3〉에 따르면 90년대 5년간의 출판물의 양(36)이 80년대 10년간의 양(39)과 비슷하다. 그리고 80년대 후반부터는 우리 나라 현상학 연구의 제1세대들의 제자들이 등장하여 그 스승들과 같이 활동하게 되어 학계가 중층적인 성격을 띠게 된다. 더구나 이들 젊은 학자들의 관심은 스승들의 그것을 넘어 아주 다양하다. 이제 80년대와 90년대의 국내외 박사학위 논문을 주제별로 나누어(아래 〈표 4〉와 〈표 5〉) '60년대+70년대'의 그것(〈표2〉)과 나란히 놓고 비교해 보면 70년대에서 실존철학 전반에 대한 관심이 끊어지고 그 이후부터는 현대 철학조류의 여러 국면으로 관심이 쏠려 있음을 알 수 있다 :

〈표 2〉

60년대와 70년대의 국내외 박사학위 논문 주제별 분류

	후설	하이데거	기타 실존철학	기타	합계
국내	5	4	0	1*	10
국외	6	2	3**	3***	14
	11	6	3 4	24	

* : 하르트만

** : 야스퍼스, 사르트르, 마르셀

*** : 하르트만, 셸러, 해석학

이제 우리는 브렌타노, 셸러, 메를로-뽕띠는 물론 가다머, 하버마스, 리쾨르, 거비치 등 현상학과 관련된 현대의 거의 모든 분야의 대표자의 전공자를 보유하고 있는 것이다.

〈표 4〉

80년대의 국내외 박사학위 논문 주제별 분류

	후설	하이데거	기타 실존철학	기타	합계
국내	1	1	0	0	2
국외	4	1	1*	3**	9
	5	2	1	3	11

* 니체

** 칸트, 하르트만, 해석학

〈표 5〉

90-94년의 국내외 박사학위 논문 주제별 분류

	후설	하이데거	기타 실존철학	기타	합계
국내	8	2	1*	1	12
국외	4	5	0	8**	17
	12	7	1	9	29

* 메를로-뽕띠

** 니체, 셀러, 브렌타노, 하버마스, 리쾨르, 거비치, 가다머, 지향성

2) 다양한 학회활동

90년대에 들어와서 학회가 학회다운 정상적인 활동을 할 수 있게 된 것은 그동안 우리 땅이 이렇게 비옥하게 되었기 때문이라 하겠다. 한국현상학회는 이 시기에 들어와서 정기적으로 연구발표회를 계속하면서도 이른바 '신춘 세미나'를 매해 개최하게 되었고 또 1983년, 85년, 88년에 각각 제1집, 2집, 3집을 낸 학회지도 1990년 10월에 제4집을 낼 때부터는 그 제호 『현상학 연구』를 『철학과 현상학 연구』로 바꾸면서 5년 동안에 4권을 내기에 이르렀다.

신춘 세미나의 주제[12]:

90년도 현상학과 포스트모더니즘

91년도 현상학과 해석학

92년도 현상학과 종교(영남대학교 종교연구소와 공동주최)

93년도 현상학과 실천철학

94년도 현상학과 정신의학(한국정신치료학회와 공동주최)

95년도 해석학과 현상학 및 한국사상의 현상학적 조명—Orbis를 위한 워크숍(한국해석학회와 공동주최)

『철학과 현상학 연구』 제4집부터의 주제[13]:

제4집 (90년 10월) 후설과 현대철학

제5집 (92년 8월) 생활세계의 현상학과 해석학

제6집 (92년 11월) 세계와 인간 그리고 지향성

제7집 (93년 12월) 현상학과 실천철학

〔제8집 (96년 초 예정) 한국사상의 현상학적 조명〕

이렇게 주제만 나열해 봐도 이제 우리가 다룰 수 있는 연구 분야가 얼마나 다채로워졌는가를 알 수 있다. 이리하여 우리는 1992년 8월 17-18일에 국제현상학회(World Institute for Advanced Phenomenological Research and Learning)의 제30회 국제현상학회 겸 제3회 동양현상학회를 서울로 유치하여 "Phenomenology of Life, the Cosmos and the Human Condition"이라는 주제로 국제회의를 개최하였다. 그 발표논문은 아래와 같다:

---

12) 세부목차는 '부록 I' 참조.

13) 세부목차는 '부록 IV' 참조.

A. T. Tymieniecka (U. S. A.) Logos in the Individualisation of Life, Sociality, Culture

Nam-In Lee (Korea) Wissenschaftliche Lebensphilosophie als Grundchrakter der Phänomenologie

Sitansu Rav (Indo) Man in the Universe : Reflections in Tagore-Song

Yin-Hui Park (Korea) The Natural and the Cultural

C. O. Schrag (U. S. A.) Communication in the Context of Cultural Adversity

Jung-Sun Han (Korea) Kritik an der Neokofuzianischen Vernunft

Jeong-Ok Cho (Korea) Die Stellung des Lebens und Vitalen Wertes bei M. Scheler und in Taoismus (Yang Chu)

Tyong-Bok Rie (Korea) Eine Hermeneutik des Symbols im "Buch derWandlungen"

Yang ju Chou (Taipei) Phenomenological Elements in Lao-Tze's Great Tao and Tai-Chi from Yi-Ching/Taichi Tao

3) 여러 학회의 독립

인구의 급증, 연구대상의 다양화는 현상학 내부에 분야별의 분화작용을 일으키게 되었다. 원래 1976년 말 한국철학회 산하에 16개의 분과연구회가 등록했는데 그중에서도 가장 활발하게 활동한 분과회는 서양철학 쪽에서는 분석철학연구회와 현상학연구회였다. 학기 중에 거의 매달 발표회를 가지고 또 나중엔 겨울방학 때 세미나도 가지곤 하였다. 그런데 이 두 분과연구회는 회를 거듭할수록 자연히 영미철학과 대륙철학이라는 두 흐름을 대표하는 모임이 되었다. 한국현상학회로 개칭한 현상학연구분과회에는 따라서 칸트, 헤겔, 하이데거 등 대륙의 전통철학뿐만 아니라 해석학, 비판철학, 포스트모더니즘 등 후설 이후에 나타난 여러 대륙 현대사상을 전공한 학자들이 모두 모여들었다. 그래서 현상학 연구의 마당을 그렇게 풍부하게 하였던 것이다. 그러다가 제일 먼저,

i) 한국칸트철학회(나중에 한국칸트학회로 개칭)가 1991년 12월에 창립하였다. 그 초대회장은 현상학회의 부회장을 맡고 있는 손봉호이다. 역시 칸트 연구자는 많고 열정적이다. 최근에 제16차 발표회를 열었는데 드디어 『칸트연구』 창간호(『칸트와 형이상학』, 95. 5)를 내고 있다. 다음에,

ii) 한국하이데거학회가 1992년 9월에 창립하였다. 그 초대회장은 사계의 원로 소광희이다. 역시 지난 5월에 제6회 발표회를 가졌으며 『하이데거 연구』 창간호(『하이데거의 존재사유』, 95. 5)를 내고 있다. 그 다음에,

iii) 한국해석학회가 1994년 8월에 창립했다. 초대회장은 해석학 연구의 원로인 이정복이다. 이 학회는 제일 늦게 출범했으면서도 그래서 발표횟수는 많지 못하면서도 창립하자마자 기다렸다는 듯이 『현대철학과 해석 Ⅰ』(94. 12)과 또 『해석학 연구』 창간호(『해석학이란 무엇인가 Ⅰ』, 95. 2)라는 두둑한 논문집 두 권을 내고 있다. 해석학 인구의 폭이 넓고 정력적임을 여실히 나타내고 있다.

4) 후설 현상학에 대한 보다 폭넓은 이해

위에서 보았듯이 우리 나라에서 한국현상학회가 대륙의 여러 현대적 사조를 모두 자기 속에 포용하고 있다가 칸트학회, 하이데거학회, 해석학회가 순차적으로 분가해 나갔다는 것은 그만큼 현상학적 운동이 내용적으로 풍부해졌다는 것을 의미

하기도 하지만 그러나 다른 한편으로는 현상학의 본래의 흐름에서부터 그만큼 많이 빠져 나갔다고 볼 수도 있다. 70년대말 한국현상학회가 발족할 무렵에 동참했던 사람들 중에는 칸트, 하이데거, 사회철학, 정치철학 등을 전공한 사람들도 있어서 순수현상학과 응용현상학에 관한 논의가 있기도 하였다.[14] 그런데 지금 90년대에 들어와서 순수현상학이라는 것이 과연 있을 수 있을까? 슈테크뮐러의 순수현상학이 후설의 선험적 현상학을 의미한다면 과연 지금도 그런 순수현상학이 설땅이 있을까? 후설 현상학 다음에 현대사에 등장하는 모든 사조들, 즉 비판철학, 해석학, 구조주의, 포스트모더니즘, 그리고 심지어 후설의 뒤를 잇는다는 이른바 실존적 현상학까지도 모두 다 자기들의 주장을 내세울 때마다 한결같이 그에 앞선 후설 현상학의 한계를 논하고 그것을 자기의 새 사상으로 극복한다고 주장하고 있다. 이런 분위기이니 후설을 전공하지 않은, 그러면서도 현상학에 호의를 가지고 한몫을 주는 많은 학자들이 이제 후설 현상학은 한물갔다, 후설은 이미 고전이 되었다고 믿는 것은 당연한 일이다.

90년대에 들어와서 이런 일반적인 믿음을 명시적으로 대변한 젊은 학자가 나타났다. 그는 한국현상학회 감사를 수년간 역임하면서 학회활동을 바로 옆에서 지켜 보아 온 칸트 학자 강영안[15]이다. 그것은 1993년 5월 22일 철학연구회 제53회

---

14) 이 논의는 W. Stegmüller가 *Hauptströmungen der Gegenwartsphilosophie. Eine kritische Einführung Bd*. I (6. Aufl. Stuttgart, 1978)에서 현상학적 사조를 순수현상학과 응용현상학(pure und angewandte Phänomenologie)으로 나누어 설명하고 있는 것과 관련해서였다.

15) 강영안은 1985년 10월에 화란 Amsterdam 자유대학에서 논문 "Schema and Symbol. A Study in Kant's Doctrine of Schematism"으로 박사학위를 얻고 계명대학(1986년 3월부터)을 거쳐 현재 서강대학(1990년 3월부터)에 있다. 1986년 이후 계속해서 칸트에 관한 논문(1995년 7월 현재까지 9편)을 내는 한편 셸링(3편), 레비나스(6편), 라깡(1편), 스피노자(3편)에 관한 논문도 내는 등 아주

발표회(주제 : 철학의 방법과 그 성과)에서 이선관이 발표한 논문 「현상학적 방법과 그 의의」에 대한 논평에서 개진되었다. 강영안은 논평의 제목을 「현상학으로부터 우리는 무엇을 배울 수 있는가?」라고 붙이고 있다. 거기서 그는,

> 불행하게도 이제 현상학은 철학의 방법으로 실천되기보다 역사적, 문헌적 연구대상으로 거의 고정되고 말았다. 그 결과, 현상학은 하나의 창조적 철학으로서는 종지부를 찍게 되었다 (271).[16]

고 단언한다. 이선관은 주제논문에서 현상학의 고유한 방법은 현상학적 판단중지와 선험적 환원의 두 단계로 나누어지는 환원의 방법이요, 이 방법을 수행해 가는 추동력은 후설의 엄밀학의 이념과 철학적 근본주의라고 한다. 사실 후설 철학에 깔려 있는 바 모든 인식의 최후적 근거까지 추구해 들어가는 윤리적 실천적 파토스는 아무도 의심할 수 없다. 그러나 논평자 강영안은 그의 근본주의와 엄밀학의 이념은 과연 철학적으로 근거가 있는가라는 물음을 던져야 하지 않는가고 묻는다 (276). 현상학이 20세기 초반과 중엽에 누렸던 영광을 다시 누릴 수 있으려면 "현상학적 철학함의 방법과 정신이 오늘 우리의 철학함에 실제로 그리고 몸으로 실천되지 않으면 안 된다."(271) 그런데 하이데거, 사르트르, 메를로-뽕띠, 이들은 그렇지 못하지 않느냐 하는 말이다. (논평자는 이때 존재론적 입지, 신체론적 견지 등을 염두에 두고 있었을 것이다.) 그것은 그들이 형식상 현상학적 방법을 자신의 방법으로 채택하면

의욕적인 연구활동을 벌이고 있다. 현재 한국칸트학회 총무.

16) 이 논평은 『철학연구』 제32집, 1993년 봄, 270-277 쪽에 실려 있다. 괄호 속의 숫자는 이 책의 쪽수를 가리킨다.

서도 그것을 뒷받침해 주는 관념론과 지성주의를 수용하지 않았기 때문이요, 그 결과 현상학적 방법 그 자체의 변형을 수반(270)했기 때문이다. 그래서 논평자는 묻는다: "과연 현상학으로부터 우리는 무엇을 배울 수 있는가?"라고.

위에서 본 바와 같이 이것은 논평자 한 개인의 물음에 그치지 않고 시대의 물음이기도 하다. 여기에 대해서 90년대 우리나라 현상학계는 무엇이라고 말하고 있는가? 물론 우리 나라 학자들의 현상학적 연구작업이 모두 다 이 물음을 의식하고 있다고는 할 수 없겠지만 그러나 대체적으로 보아 이 물음에 대해서 우리는 세 가지 면에서 그 답을 찾을 수 있다고 생각한다. i) 첫째는 후설의 현상학의 방법은 한마디로 정초주의라 할 수 있는 것으로 그것은 철학의 본래의 방법으로서 영원한 가치를 지닌다는 주장이다. ii) 둘째는 후설을 논하는 사람들은 긍정적이든 부정적이든 대부분 그의 현상학을 선험적 관념론으로 보고 있는데 이것은 그의 한쪽 모습에 불과하며 그의 이른바 후기사상을 파고들면 현상학의 다른 면모, 또는 그 진면목이 드러날 뿐더러, 거기서 우리는 실존적 현상학을 비롯한 현대의 여러 사조와의 내면적 연관을 밝혀 낼 수가 있다는 주장이다. iii) 셋째는 넓은 의미에서의 현상학적 사상을 동양 내지 한국의 특정한 사상과 비교연구한다든가 일보 더 나아가서 동양 내지 한국의 고유한 사상을 현상학적 방법에 따라서 새로이 조명분석하는 작업이다. 이제 이것을 순차적으로 알아보자.

i) 후설 현상학의 방법은 철학적 근본주의를 밑에 깐 정초주의이다. 이렇게 주장하는 사람들 중에서 우리는 춘천에 있는 이종관(춘천교육대학)과 이선관(강원대학) 두 사람을 거론하고 싶다. 먼저 우리의 논의와 관련된 그들의 논문을 보자.

이종관 박사학위 논문 Welt und Erfahrung. Zur transzendental-phänomenologischen Thematisierung der Welt bei Edmund Husserl als Kritik des objektivistischen Weltbegriffs(Trier, 1990).

「과학, 현상학 그리고 세계—탈근대적 세계를 향한 현상학적 모색」, 『철학연구』 28집, 91 봄.

「생활세계는 근원적인가」, 『생활세계의 현상학과 해석학』(철학과 현상학 연구 5집), 92.

「최고위험과 위기. 현상학에서 본 과학의 모습」, 『철학연구』 31집, 93.

「근대적 삶과 현상학적 미래」, 『현상학과 실천철학』(철학과 현상학 연구 7집), 93.

「근대화의 불화 : 하이데거의 또 다른 은밀한 전회에 관하여」, 『철학논고』 4호, 93.

「마지막 탱고가 끝난 후 : 주체의 에로틱—현상학적 정초주의의 옹호」, 『인간다운 삶과 철학의 역할 3』(한민족철학자대회 1995 대회보 3), 95. 8.

이선관 박사학위 논문 Untersuchungen über die Kostitution der Hyle in der transzendentalen Phänomenologie Edmund Husserls(Mainz, 1991)

「현상학에 있어서 철학적 근본주의의 정신에 관하여」, 『철학연구』(고려대 철학회 논문집) 16집, 1991.

「지향성과 구성」, 『세계와 인간 그리고 의식지향성』(철학과 현상학 연구 6집), 92.

「현상학적 방법과 그 의의」, 『철학연구』 32집, 93.

「현상학이 존재형이상학으로 탈바꿈될 수 있는가? —형이상학의 계보와 현대 존재론의 전개」, 『소광희 교수 화갑기념 논문집』, 95.

지금까지 발표된 위 논문들을 보면 이종관은 후설 현상학을 다른 사조와의 대결을 통해서 분명히 하는 논문을 많이 쓰고, 이선관은 현상학의 주장을 그 속에 들어가서 보다 분명하게 분석·설명하는 논문을 주로 쓰고 있다. 위에서 이선관의 논문 "현상학적 방법과 그 의의"에 언급한 바가 있으므로 여기서는 이종관의 탱고 논문을 들여다보자.

이 논문은 리요타나 라깡 등 대표적인 포스트모던 철학자들의 현상학 비판을 논박함으로써 후설 현상학의 정초주의를 적극적으로 옹호하고 나선다. 이종관에 따르면 저들의 비판은 데카르트에서 비롯한 근대의 정초주의에는 해당하지만 현상학에는 해당하지 않는다. 후설의 정초주의는 근대의 정초주의가 충분히 철저하지 못했다는 비판적 성찰의 결과인 것이다. 그러면 정초주의의 본래의 이념은 무엇인가?

정초주의의 본래의 이념은 출처를 알 수 없이 진리라는 이름으로 다가오는 불투명한 권위의 강압으로부터 벗어나기 위한 것이다. 따라서 우리가 강압적 진리로부터 벗어나려 한다면 위장된 진리의 억압으로부터 벗어나려 한다면 정초주의는 포기될 수 없다. 정초주의에는 투명성과 자기주장에 대한 책임의식이 배여 있다(98).[17]

이 투명성과 책임성을 가장 잘 보장해 주는 곳이 후설에서 명증적 자기의식인 것이다. "의식의 자기인식의 이 투명성과

17) 이종관, 「마지막 탱고가 끝난 후 : 주체의 에로틱—현상학적 정초주의의 옹호」 『인간다운 삶과 철학의 역할 3』(한민족철학자대회 1995 대회보 3, 1995. 8)의 쪽수. 참고로 이 논문 바로 뒤에 실린 이 논문에 대한 이남인의 논평에 이 논문의 취지가 잘 요약되어 있다.

명증적 인식이 원리적으로 가능"하며 "이 원리적 가능성을 실현하려는 끊임없는 노력과 시도"가 바로 후설의 현상학이다 (103).

정초주의란 문자 그대로 모든 인식을 최후적인 기초, 절대 명증적인 기초로까지 소급해 가서 정당화하는 것을 말한다. 이런 "모든 인식형성의 궁극적 원천에로 되물어 가려는 동기" (『위기』, 100)를 후설은 '선험적(transzendental)'이라고 불렀다. 따라서 이 '궁극적 원천'인 주관은 선험적 주관이며 이 주관에 의해서 모든 것이 설명되므로 후설의 현상학은 선험적 관념론이 되는 것이다. 후설에서의 정초주의를 옹호하는 사람들은 대체로 후설 현상학을 선험적 관념론 체계로 생각한다. 그러나 돌이켜 보면 철학한다는 것이 본래 근거준다는 일, 즉 이론적으로는 논리적인 근거를 제시하고 실천적으로는 책임질 수 있는 행동을 한다는 것이 아닌가? 그렇다면 납득할 수 있는 근거의 제시, 합리성의 요구, 이것은 선험철학에 국한된 특징은 아니다. 다만 후설이 궁극적인 근거에까지 파고들어가는 데 있어서 뛰어나게 모범적이라는 것이 조금 다를까, 그 취지에 있어서는 어느 철학이나 모두 마찬가지일 것이다. 이렇게 보면 후설 현상학의 방법이 정초주의를 주축으로 한다는 것은 옳은 말이지만 정초주의를, 특히 관념론적 이성주의의 밑받침과 떨어진 정초주의를 특별히 후설 현상학의 특징이라고 내세우는 것은 적절해 보이지 않는다. 더구나 후설에서 그 '궁극적 원천'은 세계적이 아닌, 초월적인 선험적 주관성인데 대해서 가령 현상학적 방법에 따른다는 하이데거에서 그것은 사실적 인간존재로서의 현존재이다. 하이데거에서 주관의 구성작용은 현존재의 실존의 한 가능성이다. 그러므로 그는 세계의 선험적 구성을 보기 위해서 사실적인 자기의 존재를 버리고 순수의식 속으로 들어갈 필요가 없는 것이다. 그리고 바로 이런 학문적 태도를 하이데거는 "사태 자체에로!"라고 구호화하였던 것이다.

ii) 현대의 여러 신생사조의 비판에 대해서 후설 현상학을 옹호하는 위 i)에 속하는 사람들은 대부분 후설을 선험적 관념론이라는 사상체계에서 옹호한다. 여기에 대해서 선험적 관념론이라는 체계 또는 개념은 후설의 넓고도 깊은 사상을 모두 포용하지 못하고 그 일면을 나타내는 데 불과하다고 하면서 또 다른 한 면으로서 그의 이른바 후기사상을 강조하는 사람들이 이 두번째에 속한다. 첫번째에 속하는 사람들이 그렇다고 후설의 후기사상을 부정하는 것은 아니다. 단지 후기사상도 선험적 관념론의 체계 안에 들어 있는 사상으로 보는 것이다. 여기에 대해서 두번째에 속하는 사람들은 후설의 후기사상은 그의 선험적 관념론이라는 틀에 담을 수 없다고 보는 것이다. 이 대립을 선명하게 보여 주는 것이 생활세계 개념이다.

후설의 생활세계 개념이 비교적 자세히 다루어지고 있는 『위기』나 『경험과 판단』에 따르면 이념의 옷을 벗어 버리고(생활세계적 환원) 돌아온 생활세계는 그러나 역시 소박한 자연적 태도에 머물러 있으므로 다시 그 구성원천으로 되돌아가서(현상학적 환원) 선험적 주관에 의해서 구성된 세계임이 밝혀져야 한다. 선험적 관념론의 이런 체계에서는 생활세계는 '현상학적 철학함'의 종착점이 아니라 중간 통과점이다. 여기에 대해서 둘째 범주에 속하는 사람들은 "모든 과학에 앞선 직접적 경험에서 언제나 이미 체험되고 주어져 있는 세계"로서의 생활세계를 그 이상 더 소급해 올라갈 수 없는 종착점이라 해석한다. 이것은 사실인즉 필자가 1970년대 말에 이미 지적한 바이다. 그것은 아래 논문에서였다:

한전숙,「후설의 생활세계 개념」,『사색』제5집(숭전대학 철학과), 77. 7.
「현상학에 있어서의 경험의 의의 II」,『철학연구』제12집, 77. 12.
〔두 편 다『형상학의 이해』(민음사 84. 7)에 수록되어 있음〕

모든 존재와 의미의 궁극적 원천인 선험적 주관성이 하는 일은 대상구성 작용이다. 그것은 [질료+노에시스→노에마]로 표현되는 것이 보통이다. 여기에서 질료와 노에시스 둘 중 노에시스(의미부여 작용으로서의 주관작용) 쪽이 강조되면 선험적 관념론이 생긴다. 이때 질료는 주어지는 데 불과하다. 그러나 이 질료가 어떻게 주어지는가고 물으면 어떻게 되는가? 후설은 여기에 정적 현상학과 발생적 현상학을 나눈다. 의식의 흐름을 가로로 자르면 정적 현상학이 생기고 세로로 자르면 발생적 현상학이 생긴다. 즉 전자에서 일부러 도외시했던 시간차원이 더불어 고려될 때 발생적 현상학이 생기는 것이다. 이것은 질료의 발생을 추구하여 결국 선술어적 수동적인 원초적 작용으로 소급해 간다. 그 원초적 영역은 바로 신체적 주관이 직접 체험한 세계요 이것이 생활세계이다. 이것은 연합의 법칙 등을 통해서 그 나름의 질서를 가지고 노에시스 작용에 제공된다. 이때의 구성작용은 생활세계에 잠겨 있는 숨은 질서를 밝혀 내는 작용으로 된다. [질료+노에시스→노에마]에서 노에시스 아닌 질료에 무게가 더 실린 것을 알 수 있다. 생활세계는 선술어적인 이 원초적 영역에서 출발하여 이것을 소재로 하여 구성된 의미의 세계 즉 문화세계, 역사의 세계도 포함한다. 그리하여 생활세계를 토대로 하는 현상학을 생활세계적 현상학이라고 부른다. "후설의 현상학의 근본태도가 존재를 의식을 통하여 구명코자 하는 데 있다는 일반적 견해는 관념론적 전통에서부터의 해석이요, 생활세계적 현상학은 여기에 반기를 든다."[18]

후설 현상학에 대한 이러한 해석은 그러나 80년대까지만 해도 외로운 제안에 머물러 있었다. 후설을 연구한 대부분의 한국학자들은 후설을 독일 관념론의 충실한 후예로만 생각하였던 것이다. 그러나 90년대에 들어와서 사정은 조금씩 달라지기 시작하였다. 그것은 세 가지 계기를 통해서였다. 그 첫째는 후설의 이른바 후기사상에 관한 필자의 연이은 논문의 발표이고, 그 둘째는 이남인의 '본능의 현상학'의 등장이고, 셋째는 신체에 관한 연구의 급증이다. 먼저 필자의 아래에 열거하는 논문들은 위 70년대의 발상에 이어 이른바 후기사상을 생활세계적 현상학이라고 명명하면서 후설 현상학에서의 그 명확한 자리매김을 다지는 작업이다. 이때 신체에 관한 후설의 깊은 연구가 큰 역할을 한다:

한전숙, 「후설의 후기사상」, 『철학사상』 제1호(서울대 철학사상연구소), 91. 11.
「생활세계적 현상학」, 『생활세계의 현상학과 해석학』(철학과 현상학 연구 제5집), 92. 8.
「후설 현상학에 있어서의 "코페르니쿠스적 전회의 전도"」, 『철학과 현실』 92 겨울.

후설도 자기의 질료론을 선험적 감성론이라고 부른다. 그러나 그렇다고 이것을 칸트에서와 같이 선험적 관념론의 체계 안에 들어가 있는 것으로 해석하면 그때의 감성은 주관의 이

18) 한전숙, 「현상학에 있어서의 경험의 의의 II」, 『현상학의 이해』(민음사, 84), 269쪽.

성작용에 의한 일방적인 지배에서 벗어나지 못한다. 감성작용이 이성의 횡포에 휘말리지 않고 제대로의 모습대로 밝혀지는 감성론을 기반으로 하는 생활세계론, 이것이 생활세계적 현상학이다.[19)]

다음에 이남인은 1991년 7월에 독일에서 「후설의 본능의 현상학」이라는 논문으로 박사학위를 취득하고 귀국하여 다음해부터 정력적으로 논문을 발표하고 있다. 그것을 두 부류로 나누어 보면 다음과 같다:

이남인 〈후설 현상학 자체의 천착〉

박사학위 논문 Edmund Husserls Phänomenologie der Instinkte(Wuppertal, 91. 7).

「본능의 현상학과 선험적 현상학」, 『철학연구』 30집, 92 봄.

「발생적 현상학과 지향성 개념의 변화」, 『세계와 인간 그리고 의식지향성』 (철학과 현상학 연구 6집), 92.

「본능과 타자구성」, 『현대의 윤리적 상황과 철학적 대응』, 92.

「본능적 지향성과 상호주관적 생활세계의 구성」, 『현상학과 실천철학』 (철학과 현상학 연구 7집), 93.

「현상학에서의 실재관」, 『동서양의 실재관』, 정해창·정인재·방인·이남인 공저, 정신문화연구원, 94.

「하이데거의 실재론적 해석학」, 『해석학 연구』 1집, 95.

〈후설 현상학과 타 사조와의 연관〉

「선험적 현상학과 해석학」, 『생활세계의 현상학과 해

19) 한전숙, 「후설 현상학에 있어서의 "코페르니쿠스적 전회의 전도"」, 『철학과 현실』 92 가을호, 240쪽 참조.

석학』(철학과 현상학 연구 5집), 92.
「데리다의 후설 비판」, 『철학논구』(서울대 철학과) 20집, 92.
「선험적 현상학과 탈현대」, 『철학연구』 31집, 92 가을.

그의 논지는 귀국 후의 첫 논문 「본능의 현상학과 선험적 현상학」에 뚜렷이 나타나 있다. 원래 '본능의 현상학'이라는 말부터가 도무지 후설에게는 맞지 않는 듯한 인상을 준다. 그러나 그는 후설 현상학에는 정적 현상학과 발생적 현상학이라는 "두 얼굴"(230)[20]이 있다고 하면서, 정적 현상학의 과제는 타당성의 정초관계를 해명하는 데 있고 발생적 현상학의 과제는 발생적 정초관계의 해명에 있다고 한다. 본능의 현상학은 발생적 현상학의 제일 밑바닥에 위치한다. 그는 "이론이성은 실천이성의 기능이며 지성은 의지의 시녀이다"(『제일철학 II』 201)라는 후설의 말을 인용하면서, 선험적 현상학이 다른 지향성에 대한 광의의 이론이성의 절대적 우위를 주장하는데 대해서 발생적 현상학은 이성에 대한 의지, 본능의 절대적 우위를 주장한다고 한다(255). 그리하여 선험적 현상학은 처음엔 정적 현상학으로 출발하여 스스로 인식론임을 선언하고 나서지만 발생적 현상학적 분석의 심화와 더불어 인식론이라는 좁은 틀을 부수고 실천철학, 역사철학, 문화철학, 생철학, 실존철학, 그리고 존재론, 형이상학, 신학 등으로 자신의 지평을 무한히 확장해 나간다고 한다(257).

이리하여 이남인은 후설의 본능의 현상학을 통해서 실존적 현상학을 비롯한 후설 이후의 현대의 여러 사조들이 후설 현

20) 이남인, 「본능의 현상학과 선험적 현상학」, 『철학연구』 30집(1992)의 쪽수. 이것은 후설의 『상호주관성 III』 617쪽에서 인용한 말이다.

상학과는 다른 새로운 입장을 주장하고 나설 때 그것은 후설을 극복하고 그것과 단절함으로써가 아니라 오히려 후설 현상학과의 깊은 내면적 연관에서 이루어질 수 있다는 것을 보여주고 있다. 이 점은 필자가 신체의 직접적 체험이라는 도크사의 영역, 즉 생활세계를 바탕으로 한다는 점에서 후설 현상학이 다른 현대사조들과 내면적으로 연결되어 있다는 주장과 궤를 같이한다. 또 이남인이 "후설이 후기철학에서 본능의 현상학을 통해 일상적 의미의 실재론적 전회를 수행했다고 할 수도 있다"(256)고 하는 점도 필자의 「후설 현상학에 있어서의 "코페르니쿠스적 전회의 전도"」와 같은 입장을 취하는 듯한 인상을 주고 있다. 그러나 이남인은 위 말에 곧 이어서 말한다:

> 그러나 우리는 이러한 전회가 곧바로 선험적-현상학적 관념론의 포기를 의미하는 것이 아니라 거꾸로 이를 관철시키기 위한 후설의 집요한 노력을 반영하고 있는 것임을 알아야 한다. 즉 본능의 현상학을 통해 후설이 밝히고자 했던 것은 구성적 관점에서 볼 때 의미로서의 세계가 구체적 주관으로서의 선험적 모나드의 구성작용에 의존해 있다는 사실이었다(같은 곳).

여기서 보면 이남인의 입장은 위 1)의 범주에 속하는 것 같기도 하다. 그는 후설의 선험적 관념론은 본능의 현상학을 통해 "일상적인 주관적 관념론 내지 유아론적 관념론과는 달리" "그 내용이 아주 구체적이고 실재론적"(같은 곳)이라고도 한다. 이리하여 그에 있어서는 본능의 현상학과 선험적 관념론과의 관계가 분명치 않다.[21] 여기에 대해서 필자는 선험적 현

21) 이남인은 위 논문 각주 98)에서 이 문제를 그의 학위논문 제VI부 제III장 : "Die Phänomenologie und die transzendentale Phänomenologie als ein transzen-

상학과 생활세계적 현상학은 서로 대립되는 주장, 즉 하나는 주관의 이성작용 위주이고 다른 하나는 감성위주라는 점에서 대립된다고 주장한다. 물론 이때 감성은 지식의 형성과정에서 이성의 전단계로서 이성에 소재를 제공하는 데 그치는 그런 감성이 아니라 신체적 주관이 동기부여적 인과관계에 따라서 선술어적 도크사의 세계를 (선)구성하는 감성, 따라서 그 나름의 질서를 가지고 당당히 자기주장을 할 수 있는 질료를 (선)구성하는 감성이다. 그것은 옛날부터 내려온 바 로고스에 항거하는 파토스와 같은 존재이다.[22] 더구나 필자는 이런 감성을 토대로 하는 질료학적 고찰은 후설의 후기에 비로소 나타나는 것이 아니라 선험적 환원이 처음으로 도입되는 바로 그때부터 시작하였으며, 따라서 저렇게 상충하는 두 고찰은 후설의 사상이 무르익기 시작하는 1904년경부터 줄곧 나란히 이어져 왔다고 주장한다.[23]

후설 현상학의 이른바 후기사상에 한국 철학계가 관심을 돌리기 시작한 세번째 계기는 신체에 관한 연구가 90년대에 들어와서 급증했다는 사실이다. 신체는 메를로-뽕띠만이 아니라 사르트르도 마르셀도 중요시하였다. 신체와 관련된 우리의 문헌을 정리해 보자 :

신체와 관련된 작품

신오현, 『자유와 비극. 사르트르의 인간존재론』, 문

dental-phäno-menologischer Idealismus"에서 자세히 다루었다고 적고 있다.

22) 한전숙, 「후설 현상학에 있어서의 "코페르니쿠스적 전회의 전도"」, 『철학과 현실』 92 겨울, 240쪽 참조. 거기에는 이런 말도 있다 : "파토스의 특징은 본시 로고스와의 이런 상호보완적 관계가 아니라 그 자체의 본성에서 찾아져야 한다. 그 본성은 로고스적이 아님, 결코 로고스화될 수 없음, 그러니까 로고스에 굴하지 않고 끝까지 자기주장을 관철하는 데에 있다."

23) 한전숙, 위 논문 241쪽 참조. 또 「후설의 후기사상」, 『철학사상』 제1호(서울대 철학사상연구소, 91), 228쪽 이하 참조.

학과 지성사, 79. 10.

김홍우, 「M. 메를로-뽕띠에 있어서의 보는 것의 의의」, 『사회과학의 철학』, 한국사회과학연구소 편, 민음사, 80. 12.

손봉호 역, 『몸 · 영혼 · 정신. 철학적 인간학 입문』(C. A. Peursen), 서광사, 85.

한자경, 「메를로-뽕띠의 '신체성'과 후설의 '선험적 주관성'의 비교」, 『철학』 32 집, 89. 11.

김홍우, 「Merleau-Ponty의 유기체론. "행동의 구조"를 중심으로」, 『사회과학과 정책연구』 제 13권 2호, 서울대 사회과학연구소 편, 91. 12.

한전숙, 「생활세계적 현상학」, 『생활세계의 현상학과 해석학』(철학과 현상학 연구 제5집), 92. 8.

한전숙, 「후설 현상학에 있어서의 "코페르니쿠스적 전회의 전도"」, 『철학과 현실』 92 겨울호.

서우석 · 임양혁 역, 『메를로-뽕띠의 지각의 현상학』(M. M. Langer), 청하, 92.

김홍우, 「모리스 메를로-뽕띠」, 『철학과 현실』 93. 봄.

최경호 역, 『신체의 현상학』(R. M. Zaner), 인간사랑, 93. 6.

조광제, 「현상학적 신체론—후설에서 메를로-뽕띠에로의 길」, 박사학위 논문, 93. 8.

박만중 역, 『의식과 신체. 사르트르의 인간개념에 대한 분석적 접근』(P. S. Morris), 93. 12.

최재식, 「메를로-뽕띠의 현상학에 있어 형태개념에 의거한 사회성 이론」, 『현상학과 실천철학』, 철학과 현실사, 93. 12.

조관성, 「신체적 자아의 이중적 실재성에 관하여」, 『전북대 인문대 기념논총』, 94. 2.

김정현, 『니체의 몸철학』, 지성의 샘, 95. 6.

메를로-뽕띠에 관한 연구가 많은데 이것은 또 후설 자신의 신체개념 분석과 무관할 수가 없다. 이런 연구자료는 후설의 현상학을 보다 넓게 그리고 깊게 이해하는 데 충분히 풍부하였다. 여기서 주의하고 싶은 학자가 1975년에 조지아 대학에서 후설 현상학을 중심으로 한 논문 "Phenomenology and Political Philosophy" (75, Georgia)으로 정치학 박사학위를 취득한 김홍우이다. 그는 귀국 후 서울대 정치학과에 적을 두고 한국현상학회가 발족(1978. 12)하기 이전 후설의 『이념』 윤독회 시절부터 현상학 연구 운동에 적극적으로 참여하여 왔으며 또 정치학회와 현상학회 양쪽에서 활발한 작품활동을 해왔다. 현상학회에서 발표한 논문만 추려 보면 다음과 같다:

김홍우 〈현상학회에서 발표한 논문〉

「Alfred Schutz and Social Ontology」, 한국철학회 현상학분과연구회 8차 발표회, 77. 12. 3.

「메를로-뽕띠와 현상학」, 한국현상학회 4차 발표회, 78. 9. 30.

「현상학적 마르크스주의」, 한국현상학회 25차 발표회, 83. 12. 21.

「메를로-뽕띠의 스탈린주의 논고」, 한국현상학회 40차 발표회, 87. 2. 7.

「메를로-뽕띠의 유기체론—"행동의 구조"를 중심으로」, 한국현상학회 62차 발표회, 91. 9. 28.

「폭력과 정치」, Orbis 프로그램 참여자 연구논문

Workshop, 95. 2. 19.

여기에 위에 열거한 신체와 관련된 김홍우의 논문을 모아 보면 다음과 같다

「메를로-뽕띠에 있어서의 보는 것의 의의」, 『사회과학의 철학』, 한국사회과학연구소 편, 80. 12.
「메를로-뽕띠의 유기체론―"행동의 구조"를 중심으로」, 『사회과학과 정책연구』 13권 2호, 서울대 사회과학연구소 편, 91. 12.
「모리스 메를로-뽕띠」, 『철학과 현실』 93 봄.
Phenomenology of the Body and Its Implication for Humanistic Politics. International Conference Korea : Modernity, Postmodernity and Cultural Transform. 95. 6. 7-10. Seoul National University, Seoul Korea.

여기서 보면 김홍우의 관심이 오랫동안 메를로-뽕띠와 그의 신체론에 집중되어 왔음을 알 수 있다.

후설 현상학은 20세기의 현대철학의 테두리 안에서, 즉 실존적 현상학을 비롯한 현대의 여러 사조와의 관계에서 볼 때 그 관념론적 측면보다는 이른바 후기사상, 즉 생활세계적 현상학의 측면이 더욱 중요한 의의를 지닌다. 우리는 위에서 이런 측면에 대해서 특히 90년대에 들어와서 필자, 이남인, 김홍우 등등에 의해서 다각도로 연구되어 왔음을 보았다.

iii) "현상학으로부터 무엇을 배울 수 있는가?"라는 물음에 대한 우리 현상학계의 셋째번 답으로서 우리는 동양 내지 한국사상에 대한 반성을 들고자 한다.

바깥으로 향한 시선은 언젠가는 안으로 되돌아오게 마련이다. 철학이 원래 보다 나은 삶, 보다 사람다운 삶을 위한 노력일진대 그 전개는 당연히 내 고장, 내 몸에 이어 오는 전래의 사상을 바탕으로 해야 할 것이다. 외래사상은 여기에 이 전래의 고유한 사상과의 융합관계에서 이해되지 않을 수 없다. 한국의 철학계가 서양철학과의 관계에서 우리의 고유한 사상에 대한 체계적인 반성을 한 것은 박종홍 교수가 1959년부터 3년간 계속한 '한국철학사' 강의가 처음이었다. 그러나 현상학계에는 이런 반성이 더욱 늦게 나타났다. 아래에서 보듯이 고형곤, 김형효의 71년, 72년의 작품이 없는 것은 아니나 일반의 주의를 끌지 못하고 대체로 90년대에 들어와서 눈을 뜨게 되었다. 이와 관련된 논문이나 저술을 편의상 분야별로 나누어 보면 다음과 같다:

ㄱ) 주역

이정복, 「주역논리의 해석학적 시도(후설 현상학의 생활세계 존재론의 입장)」, 『정신문화 연구』 36집, 89.

이정복, 「주역의 해석학적 연구(후설 현상학에 대한 비판)」, 『철학』 33집, 90.

이정복, 「주역의 논리 서론(후설의 현상학과 동양의 근원성)」, 주역학회·동서철학회 발표, 91.

이정복, 「동아시아적 사유의 근본경험에 대한 현상학적 해석」, Orbis 프로그램 참여자 연구논문 Workshop, 95. 2. 17-19.

ㄴ) 도가

신오현, 「자유의 현상학 : 老子와 하이데거의 비교연구」, 『동양학』 19집(단국대 동양학연구소), 89.

김형효, 『데리다와 老莊의 독법』, 한국정신문화연구원,

94. 9.

ㄷ) 유교

김형효, 「율곡과 메를로-뽕띠와의 비교연구」, 『민태식 박사 고희기념 논총』, 72.

한정선, 「신유교적 이성비판」, 『현상학과 실천철학』(철학과 현상학 연구 7집), 93. 12.

한정선, 「통일성과 다양성의 측면에서 본 신유교적 이성의 위기」, Orbis 프로그램 참여자 연구논문 Workshop, 95. 2. 17-19.

김형효, 「율곡적 사유의 이중성과 이기철학의 현상학적 비전」, Orbis 프로그램 참여자 연구논문 Workshop, 95. 2. 17-19.

신귀현, 「퇴계 이황의 居敬窮理의 성리학과 후설의 지향성 : 구조분석을 통한 본질직관의 현상학에 관한 비교고찰」, 『인간다운 삶과 철학의 역할 2』(한민족철학자대회 1995 대회보 2), 95. 8.

ㄹ) 불교

고형곤, 『禪의 세계』, 태학사, 71. 8.

조정옥, Die Stellung des Lebens und Vitalen Wertes bei M. Scheler und in Taoismus (Yang Chu) 92. 8.

한자경, 「유식사상에 있어서 식의 지향성」, 『세계와 인간 그리고 의식지향성』, 서광사, 92. 11.

신옥희, 「원효와 칼 야스퍼스의 종교철학. 비교철학적 접근」, 『철학』 42집, 94.

박순영, 「후설 생활세계 개념에 대한 선불교적 고찰」, Orbis 프로그램 참여자 연구논문 Workshop, 95. 2, 119.

신옥희, 「원효와 야스퍼스의 인간이해」, 『실존윤리 신앙. 동서양 사상을 중심으로』, 한울아카데미, 95. 6.

한자경, 「후설 현상학의 선험적 주관성과 불교 유식철학의 아뢰야식의 비교—선험적 주관성의 구성작용과 아뢰야식의 전변작용을 중심으로」, 『인간다운 삶과 철학의 역할 2』(한민족철학자대회 1995 대회보 2), 95. 8.

ㅁ) 한국 토속사상

김형효, 「'삶의 세계'와 한국사상사의 진리—후기 현상학의 방법론에 입각하여」, 『한국학보』 제1집, 75.

김형호, 「한국 고대사상의 철학적 접근」, 『한국철학 연구』(상), 한국철학회, 87.

조정옥, 「셸러의 부끄러움에 관한 이론에 의거한 한국인의 수줍음의 분석」, Orbis 프로그램 참여자 연구논문 Workshop, 95. 2. 17-19.

홍성하, 「풍수지리에서 나타난 대지개념에 대한 현상학적인 고찰」, 『인간다운 삶과 철학의 역할 2』(한민족철학자대회 1995), 95. 8.

위 작품들은 크게 현상학과 동양 내지 한국사상의 비교연구와 한국 토속사상의 현상학적 해석의 둘로 나눌 수 있다. 여기서 비교연구 쪽에서 한자경을, 토속사상 쪽에서는 김형효를 주의하고 싶다. 한자경은 1987년 12월 독일에서 칸트에 관한 논문 "Transzendentale Philosophie als Ontologie"(프라이부르크 대학)로 박사학위를 취득하고 1988년 9월부터 계명대학에 취임, 연구에 몰두하면서 89년 9월에 동국대학의 불교학과 석사과정에 입학, 95년 2월에 석사학위를 따고 3월에 박사과정에 입학한, 현재 4살과 2살 된 두 아이들의 엄마이다. 그러면서 지방과 서울의 여러 학회의 연구발표회와 학회지에 계속 논문을 발표하고 있다. 우리는 그 일단을 현상학과 관련된 한에서 위에서 엿볼 수 있다. 불교의 오묘한 사상이 현상학과 어떻게 연관이 되는지 우리는 그녀의 앞으로의 깊은 연구에 기대하는 바 크다.

다음에 1968년에 "Le Sensible et l'Ontologique dans la Philosophie de Gabriel Marcel"로 Louvain 대학에서 박사 학위를 취득하여 그해 12월에 귀국한 김형효이다.

김형효, 「G. 마르셀과 J. P. 사르트르의 철학사상 비교」, 『문학과 인간』, 79.

『구조주의의 사유체계와 사상. 레비 스트로스, 라깡, 푸꼬, 알뛰쎄르에 관한 연구』, 인간사랑, 89. 11. (625쪽)

『가브리엘 마르셀의 具體哲學과 旅程의 형이상학』, 인간사랑, 90. 2. (420쪽)

『베르그송의 철학』, 민음사, 91. (297쪽)

『데리다의 해체철학』, 민음사, 93. (429쪽)

등 프랑스 철학에 대한 대작을 계속 내고 있으며 또,

『孟子와 荀子의 철학』, 삼지원, 90. (260쪽)

「孟子的인 것과 荀子的인 것」, 『정신문화 연구』 통권 51호, 한국정신문화연구원, 93.

등 중국철학에 관한 전문 연구서적도 있으나 우리가 여기서 주의하고 싶은 것은 동서 비교철학과 특히 한국 고유사상에 대한 현상학적 연구에 관한 것이다.

먼저 동서 비교철학적 연구:

「율곡과 메를로-뽕띠와의 비교연구」, 『민태식 박사 고희기념 논총』, 72.

「J. Derrida와 莊子」, 『정신문화 연구』 통권 45호, 한국정신문화연구원, 91.

『데리다와 老莊의 독법』, 한국정신문화연구원, 94. 9.

다음에 한국 고유사상에 대한 현상학적 접근:

「지성의 현상학적 본질」, 『새물결』 제68호, 75.

「'삶의 세계'와 한국사상사의 진리—후기 현상학의 방법론에 입각하여」, 『한국학보』 제1집, 75.

「현상학과 경험의 세계」, 『문학사상』, 76. 7.

「현상학적 방법의 한국적 조명」, 『철학』 제12집, 78.

「한국 고대사상의 철학적 접근」, 『한국철학 연구』(상), 한국철학회 편, 87.

「고대신화에 나타난 한국인의 철학적 사유」, 『한국철학사』(상), 한국철학회 편, 87.

「율곡적 사유의 이중성과 이기철학의 현상학적 비전」, Orbis 프로그램 참여자 연구논문 Workshop, 95. 2. 17-19.

그 대표적인 것으로 「'삶의 세계'와 한국사상사의 진리—후기 현상학의 방법론에 입각하여」(75)를 들여다보자. 그가 '후기 현상학의 방법론'이라고 하는 것은 후설에서의 생활세계와 메를로-뽕띠에서의 사실성의 세계로 돌아감을 말한다.[24] 후설의 생활세계란 ‘나는 생각한다’가 아닌 ‘나는 할 수 있다’에 따라서 나의 신체가 살고 있는 곳이요, 거기서는 ‘내가 지각한다’는 것은 ‘세상 사람들이 지각한다’는 뜻이다. 그리하여 그것은 언제나 거기에 있어 온, 우리의 모든 행위의 궁극적 원천, 근원적 도크사의 영역이다. 이것이 메를로-뽕띠의 사실성으로 이어지면 과거의 필연과 미래의 자유로운 기투가 상호교차하고 있는, 주객미분의 땅이 된다. 그것은 언제나 이미 거기에 있었던 세계로서 언제나 우리의 미래적 자유에의 결단을 제약하고 있다.

그러면 우리 나라의 생활세계는 어떤 성격을 띠고 있는가? 그것을 우리는 한국인의 고향의식으로서의 단군신화나 또는 옛부터 내려오는 巫教(Shaman)의식(儀式)에서의 神明(신바람)에서 찾을 수 있다(131 이하[25]). 즉 신바람 의식은 儒佛道 등 외래종교 사상이 수입되기 전에서부터 우리 민족의 사유방식과 의식구조를 지배해 왔던 우리 민족고유의 기질이다. 그것은 미치려는 의식(神에의 몰입)과 풀려는 의식(신과의 혼융일체)의 양면을 가지고 있다(136). 이런 신바람은 우리가 선택한 것이 아니라 신바람이 우리를 선택하는 것이다. 따라서 신바람은 우리의 모든 자유로운 미래적 엶(開示)을 제약한다(139). 그러므로 한국의 철학도 바로 이런 신바람과의 마중과 대화라는 변증법적 연계성에서 고려되어야 올바로 이해될 수 있다. 그리하여 김형효는 한국불교의 두 거봉 元曉와 知訥, 그리고 한국유교의 두 거상 退溪와 栗谷의 사상을 신바람과의

24) 그는 다른 논문 「현상학적 방법의 한국적 조명」(『철학』 12집, 1978)에서는 다음과 같이 말하고 있다 : “철학한다는 것은 결국 우리가 이미 태어나기 전에 우리 앞에 있어 온 고향으로서의 세계를 다시 배우는 것이며 또한 고향에서 생긴 것들의 지각에로 재귀하는 것이다.”(146)

25) 김형효, 「‘삶의 세계’와 한국사상사의 진리—후기 현상학의 방법론에 의거하여」, 『한국학보』 제1호, 1975의 쪽수임.

관련에서, 즉 그 순기능과 역기능의 양면에 걸쳐 분석·해명하고 있다(141-146).

여기 하나 첨가하고 싶은 것이 홍성하의 「풍수지리에서 나타난 대지개념에 대한 현상학적인 고찰」이다. 홍성하는 여기서 한국고유의 풍수지리 사상에 나타난 대지개념을 후설이나 하이데거에서 논의되는 대지개념과 비교하면서 고찰하고 있다.

5) 기타

위 1), 2), 3), 4)에서 언급되지 않은 분야에서의 연구도 놓칠 수가 없다.

i) 미학 :

오병남, 「현상학과 미학의 문제」, 『현상학이란 무엇인가』, 한국현상학회 편, 심설당, 83. 2.

오병남, 「M. Merleau-Ponty에 있어서의 예술과 철학」, 『현상학의 전개』, 양서원, 88. 4.

박상규, 『미학과 현상학』, 문예출판사, 91. 7.

김채현 역, 『미적 체험의 현상학』 상·중·하(M. Dufrenne), 이화여자대학 출판부, 91. 10.

이정복, 「미와 해석」, 『생활세계의 현상학과 해석학』, 서광사, 92. 8.

박이문 외, 『현상학』, 고려원, 92. 9.

ii) 음악 :

서우석 편, 『음악과 이론 I』, 심설당, 85. 2.

정호근 역, 「음악적 지각에의 현상학적 접근방법」(A. Pike), 『현상학과 개별과학』, 대학출판사, 86. 3.

서우석, 『음악현상학』, 서울대 출판부, 89. 6.

서우석, 「음악현상의 계층성」, 『생활세계의 현상학과 해석학』, 서광사, 92. 8.

iii) 간호학 :

신경림・안규남 역, 『해석학적 현상학의 인간과학 연구방법론』(밴 매넌 Max van Manen), 동녘, 94. 9.

이상 한국에서의 현상학 연구는 반세기에 가까운 준비기간을 거쳐 지금 새로운 도약을 내다보고 있다. 지금 한국현상학회는 독일의 Alber 출판사와의 계약으로 『현상학에 대한 한국의 기여(*Koreanische Beiträge für Phänomenologie*)』(가제)라는 단행본의 간행을 준비중이다. 이 책은 한국이 낳은 세계적인 현상학 권위자인 조가경 박사(Buffalo 대학)가 일본의 닛다 박사와의 공동편집으로 1993년부터 간행하기 시작한 현상학 관계의 새로운 총서 *Orbis Phaenomenologicus*의 일환으로 기획되고 있다. 여기에 우리는 한국사람이 본 현상학의 여러 문제들, 유교나 불교, 도교 등 한국고유의 사상에 대한 현상학적 조명 등 10여 편의 논문을 실을 예정이며, 현재 1996년 말 간행을 목표로 하고 있다(부록 I 한국현상학회 연혁 중 '1995년 신춘 세미나' 참조). 그러나 이것은 겨우 제일보에 불과하다. 한국현상학회는 이제 당면하는 인류의 공동문제들을 지구가족의 일원으로서 더불어 고민함과 동시에 선진국가들이 새삼스럽게 눈을 돌리고 있는 동양적인 것, 한국적인 것을 발굴하여 온 세계에 알림으로써 21세기의 인류역사를 보다 풍요롭고 밝은 방향으로 이끌어 가는 데 응분의 역할을 다할 수 있게 되어야 할 것이다.

1995년 여름

부 록

I 한국현상학회 연혁

전사(前史)

1976. 12. 18 한국철학회 현상학분과연구회 발족
후설『현상학의 이념. 다섯 강의』윤독회
참여자 : 윤명로, 한전숙, 소광희, 김여수, 이영호, 김홍우 등

1977. 8. 16 제7차 발표회 한전숙 후설의 생활세계 개념
12. 3 8차 김홍우 Alfred Schutz and Social Ontology

1978. 1. 12 9차 김영한 후설에 있어서 객관과 規整의 문제
2. 17 10차 신귀현 후설에 있어서 시간과 시간의식

한국현상학회 일지

1978. 2. 17 창립총회 (여의도 사회과학연구소)
회장 윤명로
부회장 한전숙
총무이사 차인석
연구이사 이영호

1978. 7. 1 제1차 연구발표회
이영호 후설의 상호주관성 개념
7. 28 2차 김영한 하이데거와 현상학
8. 16 3차 정양은 형태심리학에 관하여
9. 30 4차 김홍우 메를로-뽕띠와 현상학
11. 25 5차 진교훈 셸러와 현상학

12. 22　6차 신오현　사르트르와 현상학
1979. 4　*Selected Essays on Phenomenology I* 발간
4. 28　7차 오병남　미학과 현상학
7. 7　8차 심현섭　법과 현상학
10. 13　9차 차인석　미국과 동유럽에 있어서의 현상학 연구현황
12. 28　10차 김정오　현상학과 피아제(Piaget)의 발달심리학
1980. 4. 9-12
윤명로 회장　독일현상학회(Trier 대학, 주제 : 현상학과 문학)에서 한국현상학회의 현황에 관하여 발표(Bericht über die Aktivität der Koreanischen Gesellschaft für Phänomenologie)
1980. 5. 30
차인석 교수　일본현상학회 제2차 발표회〔나고야(名古屋) 난산(南山) 대학, 주제 : 생활세계〕 참석
1980. 9. 2
일본현상학회 사무장 다데마츠(立松) 교수 내방, 간담회
1980. 10. 28
국제현상학연구회장 티미에니에츠카(Anna-Teresa Tymieniecka) 여사 내방, 간담회
1980. 11. 1　11차 이부영　의식과 무의식의 관계
—융(Jung)의 심리학을 중심으로
12. 30　12차 손봉호　후설의 데카르트 비판
임원개선
회장　한전숙
부회장　차인석
총무이사　이영호
연구이사　손봉호
1981. 3. 13　13차 한전숙　현상학에 있어서의 경험의 의의
5. 2　14차 변규룡　폴 리쾨르(Paul Ricoeur)에 있어서 metaphor의 문제
5. 7　특별 강연회　C. A. van Peursen : Lebenswelt and Forms of Life

7. 23 15차 박이문 경험과 언어
—현상학, 실존주의 및 구조주의에 있어서

9. 26 16차 김영한 Eine Studie über das Gottesproblem in System der Transzendentalphänomenologie Husserls

1981. 10.
Phenomenology Information Bulletin vol. 5 (World Institute for Advanced Phenomenological Research and Learning에서 발간)에 본 학회의 활동상황이 보고되어 있음(이후 매회 게재예정)

10. 31 17차 서해길 현상학의 최근동향

12. 12 18차 이동식 道

1982. 5. 22 19차 신귀현 지향성

7. 21 20차 김영한 현상학과 신칸트주의

8. 20-22 차인석 교수 일본현상학회 제4차 발표회〔센다이(仙臺) 도호쿠(東北) 대학〕에서 한국에서의 현상학 연구 현황 소개

12. 11 21차 이종관 후설의 선험적 상호주관성에 관한 연구
이남인 본질학의 일반적 구조와 그 이념

1983. 3. 26 『윤명로 교수 화갑기념 논문집』 봉정식
(현상학 연구 제1집 『현상학이란 무엇인가』 발간)

4. 30 22차 박순영 해석학과 현상학

7. 2 23차 김정오 지각심리학에 있어서의 현상학적 접근

10. 15 24차 정진홍 종교현상학의 발달

12. 21 25차 김홍우 현상학적 마르크스주의

1984. 7. 4 26차 이영호 후설에 있어서의 이론과 실천

9. 29 27차 한전숙 뮌헨 현상학파

11. 17 28차 이길우 주관성과 상호주관성
—후설의 정신이론을 중심으로

12. 29 29차 이창대 플라톤에 있어서의 지각과 인식

1985. 1. 19-20 30차 신춘 세미나 주제 : 지향성
정대현 지향성과 나의 반성
신귀현 후설의 지향성 개념

이명현 서얼(Searle)의 지향성 개념
3. 10 현상학 연구 제2집『현상학과 개별과학』발간
3. 30 31차 서우석 음악현상의 공간성에 관하여
5. 11 32차 양종회 사회학에 대한 현상학적 접근
7. 10 33차 배의용 후설의 언어철학—쟈크 데리다의 비판을 중심으로
9. 14 34차 이기상 현상학적 방법. 『존재와 시간』에 나타난 현상학적 분석의 세 단계
12. 7 35차 차인석 사회인식의 선이해 구조
임원개선
회장 차인석
부회장 이영호
총무이사 백종현
연구이사 이기상
1986. 1. 29 36차 신춘 세미나 주제 : 현상개념
이길우 이성비판과 윤리현상
이남인 셸러의 현상개념
이기상 하이데거의 현상개념
배의용 메를로-뽕띠의 현상개념
4. 19 37차 박선자 시적 연마에서의 아름다움의 의미
10. 11 38차 조명환 명제표상과 연역적 추리
12. 20 39차 백종현 칸트의 "선험적 진리"에 관하여
1987. 2. 7 40차 김홍우 메를로-뽕띠의 스탈린주의 논고
5. 9 41차 이길우 현상학에서 본 순수윤리학 서설
1988 1. 29 42차 한자경 선험철학과 존재론
4. 23 43차 현상학 연구 제3집『현상학의 전개』발간 및 한전숙 선생님 화갑기념 발표회
오병남 메를로-뽕띠에 있어서의 예술과 철학—〈눈과 마음〉을 중심으로
이길우 현상학적 윤리학
6. 20 44차 김채영 교육학에서 본 현상학의 이해
9. 6 45차 조가경 의식작용의 반성과 그 한계

11. 19 46차 손동현 정신에 대한 하르트만의 존재론적 규정과 그 문제
1989. 1. 11 47차 백종현 사물의 본질과 존재—칸트의 「순수지성의 종합적 원칙들」의 체계와 의미
2. 22 48차 원승룡 후설의 자아론
5. 26 49차 정화열 푸코의 권력개념에 대한 현상학적 비판
12. 8 50차 한정선 언어와 사고의 세계—후설의 「논리연구」를 중심으로
1990. 1. 17 51차 신춘 세미나 주제 : 현상학과 포스트모더니즘(수안보에서)
이영호 모더니즘, 현상학 그리고 포스트모더니즘
김진석 해체 : 니체와 데리다를 중심으로
이진우 후설에 나타난 억견의 재평가와 탈현대
강영안 레비나스에서의 주체성 철학 비판
이광래 포스트 구조주의와 미셸 푸코
3. 23 52차 박은진 칼 포퍼의 인식진보 이론. 진화론적 인식론과 세계 이론
4. 28 53차 이정복 현상학과 이해로서의 존재역사—후설과 가다머를 중심으로
6. 16 54차 강학순 하이데거에 있어서 형이상학 극복의 문제—니체 해석을 중심으로
9. 22 55차 조관성 후설이 본 윤리적 자아로서의 인격적 자아
11. 20 철학과 현상학 연구 제4집 『후설과 현대철학』 발간 (종전의 "현상학 연구"를 앞으로 "철학과 현상학 연구"로 개칭키로 함)
10. 13 56차 조정옥 셸러에 있어서 사랑과 인식
12. 17 57차 이종관 현상학 그리고 자아와 세계
임원개선
회장 이영호
부회장 손봉호
연구이사 이기상
총무이사 손동현
편집이사 이길우

감사 강영안

1991. 1. 15 58차 신춘 세미나 주제 : 현상학과 해석학(강릉대학에서)
김의수 딜타이에 있어서 역사문제
이기상 하이데거의 현사실성의 해석학
이정복 미와 해석—가다머의 「진리와 방법」을 중심으로
박순영 아펠의 선험적 실용론(Pragmatik)
윤평중 하버마스와 탈현대 논쟁

3. 30 59차 박찬영 올바른 감정의 인식에 대해
—브렌타노의 기술심리학

4. 27 60차 안세권 후설의 시간론과 자기동일성의 문제

6. 19 61차 조가경 해외 현상학의 근황

9. 28 62차 김홍우 메를로-뽕띠의 유기체론
—'행동의 구조'를 중심으로

10. 26 63차 이창환 헤겔 변증법의 과제
—헤겔의 칸트 비판을 중심으로

11. 16 64차 최신한 헤겔의 학문개념

12. 14 65차 이남인 본능의 현상학과 선험적 현상학

1992. 2. 20-22 66차 신춘 세미나 주제 : 현상학과 종교(해인사 관광호텔에서, 영남대 종교연구소와 공동주최)
신귀현 후설 현상학이 종교학에 미친 영향
김영필 후설 현상학에 있어서 신의 문제
성 염 아우구스티누스의 감각적 지각론에서 지향의 역할
조정옥 감정적 표현 및 행위에 대해서
—그 현상학적 본질분석의 한계
윤평중 상호주관성과 담화의 논리
이기상 현대기술의 본질 : 도발과 닦달
—하이데거의 기술론

4. 4 67차 김상환 사족—〈정염론〉을 통해서 본 데카르트 철학의 콤플렉스

6. 13 68차 백금서 감성적 실천과 인간

8. 17-18 69차 국제현상학회 개최

국제현상학회가 주관하고 한국현상학회의 주최로 제30회 국제현상학회 겸 제3회 동양현상학회 개최(주제 : Phenomenology of Life, the Cosmos and the Human Condition)

A. T. Tymieniecka(U. S. A.) Logos in the Individualisation of Life, Sociability, Culture

Nam-In Lee(Korea) Wissenschaftliche Lebensphilosophie als Grundcharakter der Phänomenologie

Sitansu Rav(Indo) Man in the Universe : Reflections in Tagore-Songs

Yin-hui Park(Korea) The Natural and The Cultural

C. O. Schrag(U. S. A.) Communication in the Context of Cultural Adversity

Jeong-Ok Cho(Korea) Die Stellung des Lebens und Vitalen Wertes bei M. Scheler und im Taoismus(Yang Chu)

Tyong-Bok Rie(Korea) Eine Hermeneutik des Symbols im Buch der Wandlungen

Yang ju Chou(Taipei) Phenomenological Elements in Lao-Tze's Great Tao and Tai-Chi from Yi-Ching/Taichi Tao

1992. 8. 20 철학과 현상학 연구 제5집 『생활세계의 현상학과 해석학』 발간

9. 19 70차 최상옥 하이데거를 통해서 본 존재론의 새로운 방향과 앞으로의 과제

11. 13 71차 철학과 현상학 연구 제6집 『세계와 인간 그리고 지향성』 발간 및 윤명로 선생 고희기념 발표회

박찬영 브렌타노의 지향성 개념

이선관 현상학적 선험철학의 의의

12. 12 72차 이종훈 후설에서 '생활세계'의 이중성에 관해

1993. 2. 19-20 73차 신춘 세미나 주제 : 현상학과 실천철학(유성 신협 연수원에서)

홍성하 역사적 공동체 기억에 대한 고찰

김혜련 마골리스(Margolis)의 문화적 창달의 개념—행위로서의 해석

임홍빈 도덕적 합리성의 유형에 관하여

3. 6 74차 K. Held Intentionalität und Erfüllung
4. 17 75차 여종현 초월론적 철학과 실존론적 철학의 분기점—후설과 하이데거에서 시간의 근원에 관한 문제를 중심으로
6. 19 76차 김상봉 진리와 주관성—1772년 마르쿠스 헤르츠(M. Herz)에게 보낸 칸트의 편지에서 나타난 선험적 논리학의 이념
9. 11 77차 윤병태 안다는 것의 의식적 구조—헤겔의 의식이론과 시대정신의 비판적 수용
10. 16 78차 정기철 이야기의 해석학적 변형—리쾨르의 이야기 이론
11. 13 79차 최우원 베르그송의 생물학 이론
이사회에서 "Orbis Phaenomenologicus" 발간계획에 참여하여 논문집 "Koreanische Beiträge zur Phänomenologie"(가제)를 발간하기로 결정.
12. 15 철학과 현상학 연구 제7집『현상학과 실천철학』발간
12. 18 80차 구승회 루카치는 그런 사람이 아니었다
총회에서 이사 보강
한정선, 이종관, 이남인, 박순영
1994. 2. 19-20 신춘 세미나 주제 : 현상학과 정신의학(유성 호텔에서, 한국정신치료의학회와 공동주최)
이기상 현대의 실존적 상황과 인간의 상실
이죽내 정신의학에서 현상학적 접근의 의의—현존재 분석과 분석심리학을 중심으로
이영호 후설에서의 직관과 경험
강석헌 공감과 이해
이동식 도(道)와 공감
4. 30 81차 조광제 신체의 선험적 주체성에 대하여
윤형식 퍼스에 있어서 기호학의 기초로서의 범주론
6. 18 82차 정호근 근대성의 변증법과 비판적 이성의 기능 및 가능성—하버마스의 의사소통적 이론에 대한 비판적 검토

이정우 과학사의 위상학

9. 24 83차 차건희 멘느 드 비랑(Maine de Biran)의 자아존재

10. 28 84차 조가경 후설에서 Anfang의 문제

11. 19 85차 전동진 근원적 현존재 방식으로서의 "초연한 내맡김(Gelassenheit)"

12. 16 86차 최재식 거비치(A. Gurwitch)의 장(Feld)의 현상학에 대한 비판적 고찰

총회에서 전 회장단을 고문으로 추대하고 새 이사진은 편집진을 겸임키로 하고, Orbis Program 편집위원 한전숙, 편집간사 이남인 임명

1995. 2. 17-19 87차 신춘 세미나(주제 : 해석학과 현상학) 및 Orbis Program 참여학자 연구논문 Workshop(대전 경원관광 호텔에서, 한국해석학회와 공동주최)

이남인 하이데거의 후설 비판과 현상학적 해석학

정기철 시간과 이야기. 하이데거와 리쾨르의 해석학적 현상학

이정복 동아시아적 사유의 근본경험에 대한 현상학적 해석

신귀현 지향성의 구조분석과 거경(居敬)의 방법

홍성하 한국 풍수지리에서의 대지개념에 대한 현상학적 고찰

박순영 후설 생활세계 개념에 대한 선불교적 고찰

한자경 후설 현상학의 선험적 주관성과 불교 유식철학의 아뢰야식 비교

김형효 율곡적 사유의 이중성과 이기철학의 현상학적 비전

조정옥 셸러의 부끄러움에 관한 이론에 의거한 한국인의 수줍음의 분석

한정선 통일성과 다양성의 측면에서 본 신유교적 이성의 위기

이종관 후설 현상학. 그 버림받아야 할 정초주의?

정호근 문제로서의 세계. 후설, 하버마스, 루만에서 지평, 복합성 및 무중심적 세계개념
신상희 하이데거에서 "사이-나눔(Unter-Schied)". "통일성과 차이"의 유래
김홍우 폭력과 정치
최재식 피아제의 발생적 인식론과 메를로-뽕띠의 현상학
조관성 잉가르덴의 현상학에 대한 이해

8. 17-19 한민족철학자대회 현상학분과 발표

18일 오후 주제 : 현상학과 한국사상
신귀현 퇴계 이황의 居敬窮理의 성리학과 후설의 지향성 구조분석을 통한 본질직관의 현상학에 관한 비교고찰
한자경 후설 현상학의 선험적 주관성과 불교 유식철학의 아뢰야식의 비교—선험적 주관성의 구성작용과 아뢰야식의 전변작용을 중심으로
홍성하 풍수지리에서 나타난 대지개념에 대한 현상학적인 고찰

특수강연 조가경 현상의 로고스. 한나 아렌트(Hannah Arendt)에 곁들여

19일 오전 주제 : 새로운 시대상과 새로운 삶의 방식
이종관 마지막 탱고가 끝난 후 : 주체의 에로틱—현상학적 정초주의의 옹호
정호근 문제로서의 세계—은유와 무의미의 사이에서
홍기수 후기 산업사회에서의 계몽의 기획과 그 실천적 전망 : 하버마스의 "의사소통 공동체"의 이상향에 대하여

Ⅱ 현상학 관계 박사학위 논문

1) 국내

1. 하기락 64. 2 경북대 니콜라이 하르트만에 있어서의 존재론의 문제
2. 이영춘 66.10 충남대 Heidegger의 신의 문제—Hölderlin과의 관계에 있어서—
3. 고형곤 70. 8 서울대 "禪"의 존재론적 연구
4. 윤명로 71. 8 동국대 獨墺학파의 객관주의에 관한 연구—Husserl과 Meinong을 통해서 본—
5. 김규영 74. 2 동국대 Husserl의 시간구성에 있어서의 지향성과 시선
6. 한전숙 75. 8 서울대 Husserl에 있어서의 Descartes적 길과 비 Descartes적 길
7. 김기태 75. 8 경북대 Heidegger에 있어서의 역사의 문제
8. 서해길 77. 2 충남대 현상학적 지평에서의 시간과 역사성
9. 소광희 77. 8 서울대 시간과 시간의식 —Augustinus와 Husserl을 중심으로
10. 안상진 79. 8 서울대 Martin Heidegger의 실존적 사유와 존재의 사유
11. 이상백 88. 2 고려대 『존재와 시간』의 목표와 방법
12. 김영필 89. 계명대 E. Husserl의 명증이론에 관한 연구
13. 최정실 90. 4 이화대 교육학과 지식교육에 대한 현상학적 고찰
14. 원승룡 90. 8 서울대 현상학적 초월론 철학과 자아론
15. 김준연 91. 2 충남대 후설의 현상학에 있어서의 선험적 인식에 관한 연구
16. 배의용 91. 동국대 E. Husserl의 전현상학기의 기호이론에 관한 연구
17. 조주환 91. 영남대 후설의 존재론에 관한 연구
18. 최영희 92. 2 부산대 후설의 생활세계에 관한 연구
19. 배학수 92. 2 서울대 하이데거의 칸트 해석

20. 여종현 93. 2 서울대 시간지평에서의 '세계'의 이해 —후설과 하이데거의 현상학을 중심으로—
21. 이종훈 93. 2 성균관대 후설의 생활세계 개념 연구 —선험철학 입장에서의 해석과 그 의의—
22. 조광제 93. 8 서울대 현상학적 신체론 —후설에서 메를로-뽕띠에로의 길
23. 한상철 94. 8 서울대 하이데거와 리쾨르의 해석학적 사유

2) 국외

1. 조가경 57. Heidelberg Einheit von Natur und Geist
2. 김여수 66. Bonn Die Bedeutungstheoretische Problematik in der Philosophie Husserls und Wittgensteins
3. 차인석 68. Freiburg Eine Untersuchung über den Gegenstandsbegriff in der Phänomenologie Edmund Husserls
4. 김형효 68. Louvain Le Sensible et l'Ontologique dans la Philosophie de Gabriel Marcel
5. 이정복 71. München Die Problematik des Grundgedankens in der alten chinesischen Philosophie Eine Einleitung in die ontotheologische Differenz bei Heidegger
6. 손봉호 72. Amsterdam Science and Person. A Study on the Idea of Philosophy as "Rigorous Science" in Kant and Husserl
7. 진교훈 72. Wien Über das Verhältnis von Person und Liebe bei Max Scheler
8. 강성위 73. Mainz Nächstenliebe und Fernstenliebe. Eine kritische Auseinandersetzung mit Nicolai Hartmann
9. 김영한 74. Heidelberg Husserl und Natorp. Zur Problematik der Letztbegründung der Philosophie bei Husserls Phänomenologie und Natorps neukantianischer Theorie
10. 김홍우 75. Georgia Phenomenology and Political Philosophy

11. 백승균 75. Tübingen Geschichte und Geschichtlichkeit. Eine Untersuchung zum Geschichtsdenken in der Philosophie von Karl Jaspers

12. 박순영 76. Bochum Die Rezeption der deutschen Philosophie in Japan und Korea, dargestellt als Problem der Übersetzung philosophischer Texte

13. 신오현 77. Michigan Sartre's Concept of the Self

14. 신귀현 77. Basel Die Struktur des inneren Zeitbewuβtseins. Eine Studie über den Begriff der Protention in den veröffentlichten Schriften Edmund Husserls

15. 이길우 84. Bonn Subjektivität und Intersubjektivität. Untersuchungen zur Theorie des geistigen Seins bei Edmund Husserl und Nicolai Hartmann

16. 이기상 84. München "Sein und Zeit" als strenge Wissenschaft. M. Heideggers Neubegründung wissenschaftlicher Philosophie durch Phänomenologie

17. 손동현 85. Mainz Die Seinsweise des objektivierten Geistes. Eine Untersuchung im Anschluß an N. Hartmanns Problematik des geistigen Seins

18. 김의수 85. Bochum Anthropologie und Hermeneutik. Die Explikation einer Fragestellung W. Ditheys in den Schriften von G. Misch, H. Plessner und O. Bollnow

19. 백종현 85. Freiburg Phänomenologische Untersuchung zum Gegenstansbegriff in Kants "Kritik der reinen Vernunft"

20. 공성진 86. The Claremont Graduate School Toward a Unity of Theory and Practice : a phenomenological Perspective on the Limits of political Obligation in Organization

21. 한정선 89. Hamburg Die Struktur der Wahrheitserlebnisse und die Wahrheitsauffassungen in Edmund Husserls "Logische Unter-suchungen"

22. 조관성 89. Freiburg Ich-Phänomen und Ich-Begriff. Eine

Phänomenologische Untersuchung zum Ich in der Philosophie Ed. Husserls

23. 이진우 89. Augusburg Politische Philosophie des Nihilismus. Nietzsches Neubestimmung des Verhaltnisses von Politik und Metaphysik

24. 김진석 90. Heidelberg Hermeneutik als Wille zur Macht bei Nietzsche

25. 조정옥 90. München "Liebe" bei Max Scheler unter besonderer Berücksichtigung des Begriffs "Eros". Eine kritische Interpretation insbesondere an Hand seines Werkes "Wesen und Formen der Sympathie"

26. 박찬영 90. Würzburg Untersuchungen zur Werttheorie bei Franz Brentano

27. 이종관 90. Trier Welt und Erfahrung. Zur transzendental-phänomenologischen Thematisierung der Welt bei Edmund Husserl als Kritik des objektivistischen Weltbegriffs

28. 강학순 90. Mainz Die Bedeutung von Heideggers Nietzsche-Deutung im Zuge der Verwindung der Metaphysik

29. 안세권 90. Southern Illinois Intentionality, Time and Self-Identity

30. 이남인 91. Wuppertal Phänomenologie der Instinkte bei E. Husserl

31. 이선관 91. Mainz Untersuchungen über die Konstitution der Hyle in der transzendentalen Phänomenologie Edmund Husserls

32. 홍성하 92. Freiburg Phänomenologie der Erinnerung

33. 최상욱 92. Freiburg Sein und Sinn : Hermeneutik des Seins hinsichtlich des Und-Zusammenhangs

34. 신상희 92. Freiburg Wahrheitsfrage und Kehre bei M. Heidegger. Die Frage nach der Wahrheit in der Fundamentalontologie und im Ereignis-Denken

35. 전동진 93. Würzburg Ursprünglichkeit und Gelassenheit. Zu

Heideggers Konzeption des Seins als des je einzigen Ereignisses

36. 박찬국 93. Würzburg Die seinsgeschichtliche Überwindung des Nihilismus im Denken Heideggers

37. 정호근 93. Freiburg Kritik der Moderne. "Zwischen Philosophie und Wissenschaft." Zur Kritik der Theorie des kommunikativen Handelns von Jürgen Habermas

38. 정기철 93. Bochum Der hermeneutische Ansatz zu einer Theorie der Erzählung bei Ricoeur

39. 최재식 94. Bochum Der phänomenologische Feldbegriff bei Aron Gurwitsch

40. 이미숙 94. Bochum Sein und Verstehen in der Gegenwart

41. 김희봉 95. Wuppertal Der Anfang der Philosophie und die phänomenologische Reduktion als Willensakt

Ⅲ 현상학 관계 발간물

1) 저술

박종홍 철학개설, 박영사, 54

조가경 실존철학, 박영사, 61

김형효 한국사상 散考, 일지사, 76

박이문 현상학과 분석철학, 일조각, 77. 2

신오현 자유와 비극 : 사르트르의 인간존재론, 문학과 지성사, 79

한전숙·차인석 현대의 철학 I. 실존주의·현상학·비판철학, 서울대 출판부, 80. 9

김영한 Husserls Phänomenologie und Natorps Neukantianismus. Hyung Sul Verlag, 82

진교훈 철학적 인간학 연구(I), 경문사, 82

한국현상학회 편 현상학이란 무엇인가? (현상학 연구 제1집), 심설당, 83. 2

한전숙 현상학의 이해, 민음사, 84. 7

서우석 편　음악과 이론 1, 심설당, 85. 2

김형효　한국정신사의 현재적 인식, 고려원, 85

이길우　현상학적 정신이론, 강원대 출판부, 86. 8

한국현상학회 편　현상학과 개별과학(현상학 연구 제2집), 대학출판사, 86. 3

Kim, Hong Woo　Phenomenology and Political Philosophy. SNU Press 87. 2

윤명로　현상학과 현대철학, 문학과 지성사, 87. 8

김영한　하이데거에서 리쾨르까지—현대철학적 해석학과 신학적 해석학, 박영사, 87. 9

차인석　사회인식론. 인식과 실천, 민음사, 87.

한국현상학회 편　현상학의 전개(현상학 연구 제3집), 양서원, 88. 4

서우석　음악현상학, 서울대 출판부, 89. 6

김형효　가브리엘 마르셀의 구체철학과 旅程의 형이상학, 인간사랑사, 90

이영호 편　후설, 고려대 출판부, 90. 9

한국현상학회 편　후설과 현대철학(철학과 현상학 연구 제4집), 서광사, 90. 11

최경호　나의 의식에 떠오르는 존재여 Ⅰ, 푸른산, 90. 6. Ⅱ·Ⅲ, 90. 12

박상규　미학과 현상학, 문예출판사, 91. 7

이기상　하이데거의 실존과 언어, 문예출판사, 91, 8

———　하이데거의 존재와 현상, 문예출판사, 92

한국현상학회 편　생활세계의 현상학과 해석학(철학과 현상학 연구 제5집), 서광사, 92. 8

박이문 외　현상학, 고려원, 92. 9

최경호　죽어서 다시 태어난 바람아. 현상학의 시학적 전개, 정신세계사, 92. 11

한국현상학회 편　세계와 인간 그리고 의식지향성(철학과 현상학 연구 제6집), 서광사, 92. 11

김영필　현상과 진리, 대일출판사, 92. 12

이기상 편저　하이데거 철학에의 안내, 서광사, 93. 9

한국현상학회 편　현상학과 실천철학(철학과 현상학 연구 제7집), 철학

과 현실사, 93. 12
김영민 현상학과 시간, 까치, 94. 3
이종훈 현대의 위기와 생활세계, 동녘, 94. 7
진교훈 철학적 인간학 연구(II), 경문사, 94
한국해석학회 편 현대철학과 해석 I, 지평문화사, 94. 12
한국해석학회 편 해석학은 무엇인가 I (해석학 연구 I), 지평문화사, 95. 2
한국칸트학회 편 칸트와 형이상학(칸트 연구 I), 95. 5
한국하이데거학회 편 하이데거의 존재론(하이데거 연구 I), 95. 5

2) 번역

a. 외국 현상학자들의 원저(일차자료)의 번역

차인석 현상학과 사회과학(A. Schutz), 『신동아』 제105호, 73. 5
이영호 현상학의 이념, 삼성출판사 '세계사상전집', 77. 1
박상규 현상학 서설, 대양서적 '세계사상대전집', 78. 10
오병남 현상학과 예술(메를로-뽕띠, 『지각의 현상학』의 서문 수록), 서광사, 83. 7
권혁면 의미와 무의미(메를로-뽕띠), 서광사, 85. 5
이영호·이종훈 현상학의 이념-엄밀한 학으로서의 철학, 서광사, 88. 1
이종훈 서양의 위기와 현상학, 경문사, 89. 8
신오현 현상학적 심리학 강의. 후설의 현상학적 심리학 I, 민음사, 92. 12
이기상 기술과 전향(하이데거), 서광사, 93. 2
이종훈 유럽 학문의 위기와 선험적 현상학, 이론과 실천, 93. 2
——— 데카르트적 성찰, 철학과 현실사, 93. 8
신오현 편역 심리현상학과 선험현상학. 후설의 현상학적 심리학 II, 민음사, 94
이기상 현상학의 근본문제들(하이데거), 문예출판사, 94

b. 참고문헌(이차자료)의 번역

이영호 후설에서 사르트르에로(에도 피브체비츠), 지향사,

75. 12
진교훈　철학적 인간학(M. 란트만), 경문사, 77
백승균　삶의 철학(O. F. 볼노), 경문사, 79
손봉호　현상학과 분석철학(C. A. 퍼어슨), 탑출판사, 80. 2
백승균　하이데거의 철학이론(W. 비멜), 박영사, 80
심미화　현상학이란 무엇인가? (피에르 테브나즈), 문학과 지성사, 82. 6
백승균　철학적 해석학(알빈 디머), 경문사, 82. 9.
이영호　현상학 강의(W. 질라시), 종로서적, 84. 3
손봉호　몸, 영혼, 정신. 철학적 인간학 입문(C. A. 퍼어슨), 서광사, 85
신오현　사르트르의 철학(A. C. Danto), 민음사, 85
최경호　후설 사상의 발달(데오드르 드 보에르), 경문사, 86. 8
신귀현·배의용　에드문드 후설의 현상학(파울 얀센), 이문출판사, 86. 9
진교훈　철학적 인간학(E. 코레트), 종로서적, 86
최경호　현상학 : 그 발생과 전망(퀀틴 라우어), 경문사, 87. 2
백승균　생철학(Fischl 외), 서광사, 87
———　생철학과 현대(Fischl 외), 계명대 출판부, 87
이기상　실존철학(F. 찜머만), 서광사, 87
김연숙·김관오　현상학이란 무엇인가(장 프랑소와 리오타르), 까치, 88. 4
박찬국　실존철학과 형이상학의 위기 : 하이데거 철학의 이해를 위해(막스 뮐러), 88. 9
백승균　비판이론 서설(D. 헬트), 계명대 출판부, 88
강영계·김익현　현대철학(L. 란트그레베), 서광사, 89. 1
이길우　현상학(W. 마르크스), 서광사, 89. 1
이수정　현상학의 흐름(기다 겐), 이문출판사, 89. 5
김영필　후설 : 현상학의 위기(H. 파인), 형설출판사, 90. 5
이길우　후설의 윤리연구(A. 로트), 세화, 91. 3
김채현　미적 체험의 현상학 상·중·하(미셸 뒤프렌), 이대출판부, 91. 10
조주환·김영필　에드문드 후설(알빈 디머), 이문출판사, 90. 10. 수정

제2판, 91. 10

최경호·박인철 현상학적 운동 I (H. 스피겔버그), 이론과 실천, 91. 12

김도종·전영길 현상학 탐구(D. Sinha), 원광대 출판국, 91

최경호 현상학적 구성이란 무엇인가(R. 소코로프스키), 이론과 실천, 92. 4

최경호 현상학적 운동 II (H. 스피겔버그), 이론과 실천, 92. 7

——— 신체의 현상학(리차드 M. 자너), 인간사랑, 93. 6

백승균 인식의 해석학. 인식의 철학 I (O. F. 볼노), 서광사, 93. 10

——— 진리의 양면성(O. F. 볼노), 서광사, 93

박순영 해석학의 철학, 서광사, 93. 12

이기상·이말숙 마르틴 하이데거 사유의 길(O. 푀겔러), 문예출판사, 93

최경호 의식의 장—형태의 지각에 뿌리를 둔 선험적 현상학(아론 거비치), 인간사랑, 94. 3

Ⅳ 한국현상학회 학회지 총목차

한국현상학회 학회지

처음엔『현상학 연구』라 하였지만 제4집부터는『철학과 현상학 연구』로 고침.

제1집『현상학이란 무엇인가』, 심설당, 1983. 2.

I 현상학의 기초개념

윤명로 후설에 있어서의 현상학의 구상과 지향적 함축

차인석 현상학에 있어서의 지향성과 구성

신귀현 현상학적 환원과 그 철학적 의의

한전숙 현상학에 있어서의 선험성의 문제

소광희 현상학적 자아론

손봉호 생활세계

Ⅱ 인접학문에 미친 현상학의 영향

신오현 현상학과 실존철학

김영한 현상학과 신칸트주의

오병남 현상학과 미학의 문제

박이문 현상학과 문학

김홍우 현상학과 정치철학

제2집 『현상학과 개별과학』, 대학출판사, 1986. 3.

Ⅰ 개별과학의 현상학적 연구

차인석 사회인식의 선(先)이해 구조

김정오 지각심리학에서의 현상학적 전통과 그 방법론

정진홍 멀치아 엘리아데 연구

김인관 현상학과 문예학 (I)

정호근 역 음악적 지각에의 현상학적 접근방법 (A. Pike)

Ⅱ 현상학의 특수문제

한전숙 뮌헨 학파 현상학

소광희 타자의 문제

배의용 후설의 언어철학

원승룡 역 후설 유고의 구출과 후설 문고의 창립과정 (M. I. van Breda)

제3집 『현상학의 전개』, 양서원, 1988. 4.

Ⅰ 인식과 존재

한전숙 후설 현상학에 있어서의 의미론

이정복 Husserl의 『생활세계』에 있어서 현상과 역사

이기상 하이데거의 현상학 이해

서해길 칸트의 자의식과 후설의 현상지평

배종현 칸트에서의 "초험적 진리"에 관하여 (Über den Begriff der transzendentalen Wahrheit bei Kant)

신귀현 현상학과 심리학
진교훈 카롤 보이틸라(Karol Wojtyla)의 체험과 의식에 관한 연구

Ⅱ 예술과 해석
오병남 M. Merleau-Ponty에 있어서의 예술과 철학—『눈과 마음』을 중심으로—
서우석 음악현상의 이해
김영한 리쾨르의 『악의 상징론』에 전개된 현상학적 해석학적 사고

Ⅲ 사회와 윤리
이길우 현상학적 윤리학—후설의 순수윤리학의 이념을 중심으로—
김홍우 M. Merleau-Ponty의 스탈린주의 논고—Stojanovic의 비판을 중심으로—
양종회 사회학에 있어서 실증주의적 조망의 대안으로서 현상학적 조망—민생방법론을 중심으로—
김채영 교육현상학의 동향과 전망

제4집 『후설과 현대철학』, 서광사, 1990. 11.

제1부 후설과 전통철학
백종현 의식의 초월성
한자경 경험의 논리와 초월의 논리
한전숙 생철학과 후설 현상학

제2부 후설과 언어논리 철학
한정선 프레게의 "산술철학 비평"이 후설에게 미친 영향
엄정식 비트겐슈타인 : 언어비판으로서의 철학과 현상학

제3부 후설과 존재론
이길우 구성이론과 존재론
이정복 현상과 존재해석
김영한 리쾨르의 현상학적 사고

제4부 후설과 포스트모더니즘
김영한 레비나스 철학에서 주체성과 타자
이진우 후설 현상학과 탈현대
김진석 형이상학적 의미론의 해체를 비스듬히 가로지르며

제5집 『생활세계의 현상학과 해석학』, 서광사, 1992. 8.

제1부 생활세계와 현상학
한전숙 생활세계적 현상학
손봉호 고통의 현상학
이종관 생활세계는 근원적인가
이종훈 생활세계의 역사성

제2부 생활세계와 해석학
한정선 후설과 마르크스의 생활세계의 학
손동현 하르트만에서 생활세계의 의의
박순영 아펠의 선험적 실용론에 대한 고찰
윤평중 하버마스와 탈현대 논쟁의 철학적 조망

제3부 현상학과 해석학
이남인 선험적 현상학과 해석학
이기상 하이데거의 현사실성의 해석학
강학순 후기 하이데거의 해석학 고찰

제4부 예술과 현상학
이정복 미와 해석
서우석 음악형성의 계층성

제6집 『세계와 인간 그리고 의식지향성』, 서광사, 1992. 11.

제1부 의식지향성과 전통철학의 세계관
성 염 아우구스티누스의 감각적 지각론에서 지향의 역할
김상환 현명한 관념론과 우둔한 관념론

백종현　칸트에서 인간과 자연

제2부　현상학적 세계와 의식지향성
　윤명로　현상학에 있어서의 사유와 직관
　박찬영　브렌타노의 지향성
　조관성　대상, 지향성 그리고 자아
　이선관　지향성과 구성
　이남인　발생적 현상학과 지향성 개념의 변화

제3부　인간사회의 의미와 의식지향성
　소흥렬　마음의 지향성과 사회성
　정대현　지향성과 반성
　조정옥　비지향적 내면세계의 탐구방향
　한자경　유식사상에 있어서 식의 지향성

제7집 『현상학과 실천철학』, 철학과 현실사, 1993. 12.

제1부　실천적 삶의 세계
　진교훈　인간의 삶에 있어 정신의 지위
　이남인　본능적 지향성과 상호주관적 생활세계의 구성
　여종현　초월론적 세계이해와 실존론적 세계이해
　신상희　생기(生起)-사유의 근본정기(根本情氣)

제2부　실천적 삶의 사회적 토대
　이종훈　후설 현상학의 실천적 의미
　홍성하　역사적 공동체 기억에 대한 고찰
　이종관　근대적 삶과 현상학적 미래
　정기철　역사 이야기 이론을 위한 해석학적 고찰

제3부　실천적 삶의 도덕적 규범
　박찬영　더 좋아함에 대하여
　이길우　정서적 동기관계와 상호주관적 습득성
　조정옥　하르트만의 관점에서 본 칸트의 법칙주의와 셸러의 가치주의

필자소개

신귀현

서울대학교 철학과를 졸업하고 스위스 바젤 대학에서 철학박사 학위를 받았다. 현재 영남대학교 철학과 교수로 재직중이다.

지은 책으로는 『Die Struktur des inneren Zeitbewuβtseins』, 『현상학이란 무엇인가?』(공저) 등이 있고, 논문으로는 "후설의 심리학주의에 대한 비판", "지향성에 관한 연구" 등이 있다.

김형효

서울대학교 철학과를 졸업하고 벨기에의 루벵 대학교에서 철학박사 학위를 받았다. 현재 한국정신문화연구원 교수로 재직중이다.

지은 책으로는 『한국 정신사의 현재적 인식』, 『구조주의의 사유체계와 사상』, 『베르그송의 철학』 등이 있다.

한정선

이화여자대학교 철학과를 졸업하고 독일 함부르크 대학에서 석사 및 박사학위를 받았다. 현재 감신대 교수로 재직중이다.

지은 책으로는 『후설의 "논리연구"에 있어 진리체험의 구조와 진리개념』, 『현대와 후기현대의 철학적 논쟁』 등이 있으며, "프레게의 산술철학 비평이 후설에 미친 영향", "후설의 순수윤리학에서 감정의 역할", "후설에서 마르쿠제에로" 등의 논문이 있다.

한자경

이화여자대학교 철학과를 졸업하고 동 대학원에서 석사학위를 받았으며, 독일 프라이부르크 대학에서 박사학위를 받았다. 현재 계명대 교수로 재직중이다.

지은 책으로는 『존재론으로서의 초월철학』(쾨니히스 하우젠과 노이만 출판사)이 있으며, 논문으로는 "칸트와 피히테에서 대상과 자아", "하이데거 철학에서 실존과 윤리", "경험의 논리와 초월의 논리" 등이 있다.

박순영

한신대학교를 졸업하고 연세대학교 대학원에서 석사과정과 박사과정을 수료하였으며, 독일 보쿰 대학교에서 박사학위를 받았다. 현재 연세대학교 교수로 재직중이다.

지은 책으로는『산업사회의 이데올로기』,『사회구조와 삶의 질서』가 있으며, 드로이젠, 딜타이, 리케르트 가다머의 해석학에 대한 논문이 있다.

이정복

서울대학교 철학과를 졸업하고 동 대학원에서 석사과정을 마쳤으며, 독일 뮌헨 대학교에서 철학박사 학위를 받았다. 현재 한양대학교 교수로 재직중이다.

지은 책으로는『서양철학사 연구』,『현대철학과 신학』이 있고, 옮긴 책으로는『근대 형이상학에 있어서의 신』이 있다.

홍성하

숭실대학교 철학과를 졸업하고 성균관대학교 대학원에서 석사학위를 받았으며, 독일 프라이부르크 대학에서 박사학위를 받았다. 현재 우석대 교수로 재직중이다.

지은 책으로는 『Phänomenologie der Erinnerung』(K&N Verlag)이 있으며, 그 밖에 "시간의식과 정립에 관한 소고", "레비나스에 있어 타자에 대한 윤리적인 문제" 등의 논문이 있다.

조정옥

성균관대학교 철학과 졸업, 서울대 대학원에서 석사학위를 받고 독일 뮌헨 대학교에서 박사학위를 받았다. 현재 성균관대, 청주대 등에서 강사로 활동중이다.

지은 책으로는『Liebe Bei M.Scheller』, 논문으로는 "셸러에서 인간의 의식적 내면세계의 단일성과 감정의 위치", "감정과 표현의 행위화" 등 다수가 있다.

한전숙

서울대학교 철학과를 졸업하고 동 대학원에서 철학박사 학위를 받았다. 하이델베르크 대학에서 수학하기도 했으며, 전북대학교 및 서울대학교 교수를 역임하였으며 한국현상학회장을 역임하였다. 현재 서울대학교 명예교수이다.

지은 책으로는『현대의 철학 Ⅰ』(공저),『현상학의 이해』,『현상학』(민음사)이 있고 "생활세계적 현상학" 등 다수의 논문이 있다.

현상학과 한국사상
한국 현상학회 편

1996년 9월 1일 1판 1쇄 인쇄
1996년 9월 5일 1판 1쇄 발행
편 자 한국현상학회
발행인 전 춘 호
발행처 철학과현실사
서울시 서초구 양재동 338-10
☎ 579-5908, 5909
등 록 1987.12.15 제1-583호

값 10,000원
ISBN 89-7775-170-5 03100